Härtel/Kabus (Hg.)

# Das Westpaket

Dieses Buch ist allen unermüdlichen Päckchenpackern in Ost und West gewidmet. Stellvertretend für die vielen Menschen, die uns bei der Arbeit mit Ratschlägen und Ideen, Materialien und Geschichten unterstützt haben, danken wir unseren Tanten in Kassel und Erfurt, die uns mit ihren liebevollen Paketsendungen überhaupt erst in den Stand versetzt haben, bei diesem Thema mitreden zu können.

Christian Härtel
Petra Kabus (Hg.)

# Das Westpaket

## Geschenksendung, keine Handelsware

Ch. Links

Ch. Links Verlag, Berlin

**Editorische Notiz**

In diesem Buch wurden die Originalzitate vorsichtig in Orthographie und Zeichensetzung angepaßt, wenn es den Inhalt oder die Stillage eines Textes nicht veränderte. Häufig zitiert wurde aus: BArch = Bundesarchiv und aus SAPMO-BArch = Stiftung Archiv der Parteien und Massenorganisationen der DDR im Bundesarchiv.

**Die Deutsche Bibliothek – CIP-Einheitsaufnahme**

**Das Westpaket** : Geschenksendung, keine Handelsware /
Christian Härtel ; Petra Kabus (Hg.). – 2. Aufl. – Berlin : Links, 2001
ISBN 3-86153-221-2

2. Auflage, Februar 2001

Schönhauser Allee 36, 10435 Berlin, Tel. (030) 44 02 32-0
www.linksverlag.de; mail@linksverlag.de
Herstellung und Satz: Susanne Heerdegen, Ch. Links Verlag, Berlin
Umschlaggestaltung: KahaneDesign, Berlin
Umschlagidee und Fotos: Christian Härtel, Berlin
Lithos: LVD GmbH, Berlin
Druck und Bindung: Friedrich Pustet, Regensburg

ISBN 3-86153-221-2

# Inhalt

Aus der Serie »Kaffeepaket« von Wolfgang Petrovsky (1989).

Christian Härtel/Petra Kabus

# Zwischen Gummibärchen und »Playboy«

## Ein innerdeutscher Dialog



*Herausgeberin Ost:* Eigentlich müßte diesem Buch eine Geruchsprobe beigelegt werden – so wie die nicht mehr zu rekonstruierende Duftmischung aus Apfelsinen, Schokolade, Kakao, Kaffee und Seife riecht der »real existierende Kapitalismus« nie. Was für ein Fest der Sinne, wenn das langersehnte Weihnachtspaket endlich angekommen war und schon das Packpapier diesen feinen Duft verströmte und um so mehr das *T-Shirt* – ein neuer Begriff für *Nicki*, den ich vom Beipackzettel der Westtante lernte. Wie genüßlich habe ich an den Westseifen geschnuppert, die meine Mutter sorgfältig hütete, und einmal hat unser junger Hund eine Fa angeknabbert, was für ein Drama! Wie überwältigend, wenn man die Straße entlangging, und aus der geöffneten Tür des Intershops bei uns in Cottbus schwappte eine betörende Welle glitzernder, weicher Luft! Das Geschäft war in einem winzigen Laden in einer schäbigen kleinen Seitenstraße untergebracht. Aber wie weitete sich der Raum, wenn man hereintrat, wie bunt standen die Regale mit *Ostfriesennerzen* und Smarties. Hier habe ich meine erste Levi's bekommen, und wenn ich mich recht erinnere, kostete sie 55 DM, genauso wie die Cordhose aus der *Jugendmode* 55 DDR-Mark, Umtauschkurs 1:1 sozusagen.

In der Drogerie im Wedding, aus der wir im November '89 fünf kostenlose Probierfläschchen Flüssigseife auf einmal mitgenommen haben, ist dieser Duft noch gewesen. Im Badezimmer meiner Tante aus Kassel ist er heute noch. Aber meine HO-Kaufhalle, die inzwischen ein *Kaiser's Verbrauchermarkt* ist, riecht auf keinen Fall so. Obwohl sie doch müßte. Oder rieche auch ich jetzt nach Westen und bemerke einfach den Duft der weiten Welt nicht mehr? Ein schmerzlicher Verlust!

Wie haben eigentlich die Ost-Pakete gerochen?

*Herausgeber West:* Natürlich hatte auch die verflossene DDR eine eigene Duftmarke. Einen Eisenbahnwaggon der Reichsbahn konnte man, wenn man ihn in Frankfurt am Main bestieg, schon am Geruch erkennen. Auch den Paketen aus dem Osten haftete ein ähnlicher Duft an. Er wurde von einer synthetischen Note dominiert – möglicherweise schwerer zu beschreiben als die Mischung aus Kaffee und Seife. Bei den Geschenksendungen, die uns zu Weihnachten oder zu Geburtstagen im tiefen Süd-Westen Deutschlands erreichten, riefen meine Geschwister aus: »Das riecht nach DDR!« Sie wußten das genauer, hatten sie das Land doch schon vor mir mit eigener Nase gerochen. Mich interessierten damals vor allem die schweren Pakete meiner Tante, deren Fracht aus Gummibärchen bestand – Made in GDR. Ich liebte diese süßen Tiere. Sie waren etwas kleiner, Inhalt und Verpackung nicht ganz so bunt wie die Konkurrenzprodukte aus der Bundeshauptstadt. Geschmacklich war ich dem Sozialismus im zarten Alter von zehn Jahren verfallen. Ich hätte das Geschenk meiner Tante nicht gegen die doppelte Menge Goldbären tauschen wollen. Heute, aus der Distanz, vermute ich, daß auch die Gummibärchen ihren Teil zu diesem charakteristischen synthetischen Geruch beigetragen haben, der zudem den Schnittenbrettchen aus Holz, den Kompottschälchen aus Plast(ik) und dem verwendeten Verpackungsmaterial eigen war.



Doch auch rein äußerlich war ein Ostpaket, von denen sich vor allem in der Vorweihnachtszeit einige in unserer Wohnung ansammelten, als solches zu erkennen. (Allerdings sprachen wir damals nicht von »Ostpaket«.) Das Packpapier war etwas grobfaseriger, es wurde nicht mit Tesa-Packband nachgeholfen, sondern echte Schnur verwendet, die Ecken gelegentlich mit etwas Heftpflaster versiegelt. Die Präsente waren in braunes, oft wie mit Kartoffeldruck verziertes Geschenkpapier eingeschlagen – ein Material, das bei uns im Westen, mit dem Aufdruck »Öko«, »Recycling« oder »Umwelt« versehen, erst in den achtziger Jahren in Mode kam.

*Ost:* Ich habe wie ein Reichsbahnwaggon gerochen? Was für eine grauenhafte Vorstellung! Im übrigen fand ich natürlich Goldbärchen entschieden besser. Allein schon wie sie glänzten im Gegensatz zu ihren ostdeutschen Brüdern und Schwestern, die immer so leicht staubig wirkten. Freilich kann ich nur froh sein, daß wir so selten ein Westpaket bekamen, denn damals waren die Gummitiere ja noch knallbunt, nicht so öko-biobIaß wie heutzutage, sondern voll kapitalistischer Farb- und sonstiger Schadstoffe. Deshalb ist es natürlich lobenswert, daß Deine Tante Dir Ostbärchen geschickt hat. Ansonsten wäre es doch absolut lächerlich gewesen, volkseigene Süßigkeiten in den Westen zu senden. Oder es war ein Racheakt. Meine Unterstufenlehrerin hat immer erzählt, wie sie *von drüben* Puddingpulver geschickt bekam: Stellt euch vor, Kinder, die Leute in der BRD glauben doch wirklich, wir haben hier nicht genügend Puddingpulver! Vielleicht habt auch Ihr die Tante mit Puddingpulver genervt?!

Plastetüten hättet ihr schicken sollen, einfach leere Tüten, das war echte Mangelware! Allerdings durfte man mit der Reklame darauf nicht in die Schule oder zur Arbeit. Also drehte man sie um. Natürlich schimmerte der Aufdruck immer noch durch, aber darüber sahen die Autoritäten hinweg. Im stillen habe ich mich schon gewundert, daß man sie auf diese Weise befriedigen konnte. Heute bin ich erschrocken, wie früh und unbefangen wir die Doppelzüngigkeit übten. Damals war ich froh, daß meine Tante einfarbige unbedruckte Tüten ins Paket legte.

-päckchenverkehrs mit Westdeutschland, Westberlin und dem Ausland bestand in einer Vielzahl von ein-

In Gladenbach in Hessen werden Westpakete sorgsam verschnürt und versandfertig gemacht (1985).



*West:* Vielleicht war es riskant, die Cottbuser Innenstadt mit gewendeten Hertie-Tüten zu durchqueren, aber auch Ostpakete haben bei ihren Empfängern oft genug für Irritationen gesorgt. Nicht immer kamen Räuchermännchen oder Christstollen zum Vorschein: Ich hatte eine fahrbare russische Raketen-Abschußrampe in meinem Kinderzimmer (einige Zeit vor dem Nato-Doppelbeschluß), und ein Teil meiner Jugendlektüre bestand aus »Bummi«-Kinderbüchern, obwohl ich mir unter einem Jungen Pionier nichts vorstellen konnte. Auch viele Prominente aus dem »Urania-Universum« waren mir gänzlich unbekannt. Mancher Spruch aus zum Teil vorzüglichen DDR-Kinderbüchern wurde im Familienkreis zum geflügelten Wort. »Ei, wie freut sich da der Traktorist« konnte als Zeichen spontaner Begeisterung ausgerufen werden. Freunde ohne Ostverwandtschaft schüttelten da nur den Kopf.

ihre Sendungen ohne Beanstandungen und ohne Gefährdungen der Empfänger ihr Ziel erreichen. 1. Gezelnen gesetzlichen Bestimmungen und gab zu Unklarheiten in der Bevölkerung Anlaß. Im Interesse

*Ost:* Kinderbücher – was für ein schmerzliches Stichwort.

Wir bekamen zwei-, dreimal im Jahr das obligatorische Paket mit Schokolade, Kaffee, Kakao, Seife, Apfelsinen, Gummibärchen, Plastetüten ... genossen alles häppchenweise, und ein Päckchen Kakao reichte locker übers Jahr. (Was ich damals nicht wußte, ist, daß auch die Westtante einen Beitrag zur sozialistischen Volkswirtschaft leistete: Die private Einfuhr von Genußmitteln wurde ganz selbstverständlich in die staatlichen Bilanzen mit eingerechnet, denn was sich die Leute privat verschafften, mußte nicht mehr importiert werden!)

Manchmal hätten wir uns etwas mehr Abwechslung gewünscht. Aber auch das sehe ich heute etwas anders, denn die Tante packte über Jahrzehnte hin treu zu



Ostern, Weihnachten und Kindergeburtstag, und mit jedem heranwachsenden Geschwisterkind mehrte sich die Zahl der Empfänger. Da wird ihr auch die westlicherseits zugestandene Steuerermäßigung nicht viel geholfen haben.

Natürlich wollten wir uns ordentlich bedanken: Wir wollten nicht kleinlich sein, als hätten wir die Pakete, die uns ehrlich freuten, wirklich nötig. Aber was sollten wir schicken in ein Land, in dem es alles gab? Also drechselte mein Vater Kerzenständer, und meine Mutter packte dem etliche Jahre jüngeren Westcousin meine Kinderbücher ein. Der hatte längst das östliche Sandmännchen, das er im *Zonenrandgebiet* empfangen konnte, als das bessere erkannt. Ich war den Büchern entwachsen und trauerte ihnen doch nach, denn schließlich hätte ich sie für meine Kinder aufheben können, die freilich noch in weiter Ferne waren. Meine Mutter lachte nur über meinen Protest. Aber entsprang er nicht vielleicht einer typisch ostdeutschen Regung, Dinge ewig aufzuheben, weil alles bestimmt noch einmal zu verwenden war?

*West:* Die Kinderbücher, die Du nur unter Protest abgegeben hast, haben sich dann wohl in meinem Kinderzimmer gestapelt. Aber ich halte Dir zugute, daß Du auch auf die Opfer westlicherseits zu sprechen kommst. Die gewöhnliche vorweihnachtliche Hetzjagd war für die Familien, die vielleicht noch ein Dutzend West-Ost-Pakete packen mußten, besonders verschärft. Unmengen von Genußmitteln waren zusammenzutragen. Beim Einkaufen traf man Bekannte mit Ost-Verwandtschaft, die Tips gaben: »Dort und dort gibt es noch günstige Nikoläuse ...« Es war ein rein logistisches Problem, und das nicht nur am heimischen Küchentisch. Auch die Bundespost hatte Jahr für Jahr Hunderttausende Päckchen zu bewegen. Der westdeutsche Einzelhandel hat sich vermutlich über den erheblichen Umsatz gefreut, kamen doch so pro Familie und Jahr etliche hundert DM in die Geschäfte. Die kommerziellen Anbieter von Westpaketen wie Genex und westliche Versandhäuser konnten nicht von allen in Anspruch genommen werden. Wir zum Beispiel bildeten in Stoßzeiten unsere eigene Versandabteilung. Daß die Steuerermäßigung nur ein schwacher Trost war, ist richtig, vor allem mußte auch hier akribisch Buch geführt werden. Sollte die eine Packliste, die dem Paket beizuge-

schenksendungen sind nach sowjetzonaler Auffassung »unentgeltliche Zuwendungen, die unmittelbar der Bevölkerung und zur Verhinderung des Mißbrauchs des Geschenkpaket- und -päckchenverkehrs

Paketverteilung im Ostberliner Bahnpostamt der Deutschen Post der DDR (1986).
In der Vorweihnachtszeit war stets ein Mehrfaches des gewöhnlichen Paketaufkommens zu bewältigen.

von einem privaten Absender (natürliche Person) an einen privaten Empfänger (natürliche Person) auf zur Beförderung von Handelsware zu Spekulationszwecken wird folgendes verordnet: I. Allgemeines.

ben war, die kontrollierenden *Organe* möglichst genau über den Inhalt und den Empfänger über die Vollständigkeit unterrichten, so war die andere fürs Finanzamt bestimmt. Dort stand dann: »Tante Trude: 1 Pfund Kaffee, Weinbrandbohnen, Deo-Roller, Niveacreme … Zusammen: 51,65 DM.« Mein Vater, der Vorarbeiter am Packtisch, führte diese Listen mit höchster Präzision. Hier konnte man einem Hang nach Genauigkeit nachgehen ähnlich wie bei einem DDR-Besuch mit Zollerklärung. Auf einem kleinen, grobfaserigen Zettelchen waren nach einer solchen Visite die paar Tage zu bilanzieren, die man sich bei 25 DM Zwangsumtausch eben leisten konnte: Eingeführt soundsoviel Valuta-Mark, eine Feinstrumpfhose, eine Mundharmonika. Ausgeführt bei der Rückreise am Grenzübergang Gerstungen Orwo-Fotopapier, Modellautos und einen »Tristram Shandy« aus der Dietrich'schen Verlagsbuchhandlung mit wunderbaren Illustrationen.



Womit wieder einmal bewiesen wäre, daß die Wessis a.) immer bilanzieren und mitrechnen und b.) alles einsacken und wegschleppen.

*Ost:* Daß auch Du Antiquitäten geschmuggelt hast, wertvolle Illustrationen und so! Andere haben das freilich in viel größerem Stil gemacht, und der Staat hat dabei kräftig mitgemischt. Zollbestimmungen galten vor allem für die kleinen Leute. Die DDR brauchte eben ständig Devisen. Reparationsleistungen statt Marshall-Plan, auferlegte Handelsbeziehungen zu den Bruderstaaten, keine konvertierbare Währung, eine wenig effektive Planwirtschaft – und am Ende sah die sozialistische Persönlichkeit Bananen vor allem im Westfernsehen.

Apropos Westfernsehen, der Moment ist mir in tiefer Erinnerung geblieben, an dem mein Vater am Fernseherknopf drehte und sagte: Ach, guckt mal, plötzlich ist hier ein neuer Sender! Ich war zu jung, um seine Überraschung zu durchschauen, aber gerade alt genug, um ARD und ZDF zu verkraften und vor allem zu kapieren, daß man davon nicht jedem erzählen durfte. Es soll freilich Lehrer gegeben haben, die den Test aufs häusliche Fernsehverhalten machten und ihre Schüler fragten, ob die Uhr im Fernsehen Striche oder Punkte als Minutenmarkierung hat. Ob ich für diese Kontrolle gerissen genug gewesen wäre?

*West:* Beim Stichwort Kontrolle fallen mir sofort die Beklemmungen an der Grenze zur DDR ein, die wir Wessis stets fühlten. Natürlich haben wir versucht, das Geld, das wir per Zwangsumtausch an diesen Staat verloren glaubten, in möglichst viele nützliche Güter umzusetzen. Kann schon sein, daß da auch mal ein paar echte alte Porzellantassen dabei waren. Wenn die Grenzer die Untertassen gegen das Licht hielten, um eventuell ein paar Meißner Schwerter zu erkennen und die Ware konfiszieren zu können, dann liefen uns schon die Schweißperlen über die Stirn. Um so erleichterter war man, wenn man den Grenzübergang Richtung Westen verlassen konnte. Auch aus Westpaketen heraus wurde ja beschlagnahmt: unerlaubt Verschicktes wie angebliche westliche Propaganda in Buchform, Zeitschriften al-

Grund persönlicher Beziehungen zum persönlichen Verbrauch oder Gebrauch« versandt werden. Sen-

§1 Geschenksendungen im Sinne dieser Verordnung sind unentgeltliche Zuwendungen, die unmittelbar

»Postkraftwagenfahrer Willy Zock« bei der Zustellung von Geschenkpaketen
in Ostberlin (1961).



dungen, die erkennen lassen, daß sie von Firmen, Lebensmittelgeschäften oder juristischen Personen zuvon einem privaten Absender (natürliche Person) an einen privaten Empfänger (natürliche Person) auf

ler Art und auch »Unzüchtiges« wie der »Playboy«. Wäre noch zu fragen, welche Folgen der hochdosierte Konsum von »Playboy« und Co. für den Stasi-Mann hatte, der all die beschlagnahmten Schätze »verwalten« durfte.

*Ost:* Der wird genauso fasziniert davorgesessen haben wie ich vor den drei bunten Zeitungen mit Sex, Horror, Crime, die meine Tante einmal unterm Autositz geschmuggelt hatte. Die Blätter hatten eine eigenartige Anziehungskraft, und es verbot sich, sie irgendwann wegzuwerfen. Sie haben nach einem streng vertraulichen Umlauf bei guten Bekannten bestimmt ein Jahrzehnt im Wohnzimmerschrank überdauert, in einem Fach ganz oben, eingewickelt in eine Lage »Neues Deutschland«. (Meine Oma hat von ihren Nazibüchern nur den Buchrücken abgetrennt, und so standen für fremde Augen getarnt das »Hausbuch für die deutsche Familie« und »Wir beginnen das Wunschkonzert für die Wehrmacht« neben Lenin und Rosa Luxemburg, den späteren Anschaffungen meines Großvaters, und ich las Biermann ganz ohne Einband in der U-Bahn in Ostberlin.)



Ich kann mich nur an diese einmalige Gabe von Druckerzeugnissen solcher Art erinnern. Was die Tante aber immer mitbrachte und womit sich nach und nach alle Familienmitglieder ein Stündchen zurückzogen, waren Versandhauskataloge. Da saß man dann wie vorm Werbefernsehen (West) und war entzückt, selbst wenn man im Einzelfall die exakt aufgefädelten Gardinen, die Eiche-dunkel-Möbel und die sittsamen Damenröcke potthäßlich fand. So schwappten Leitbilder ins ostdeutsche Wohnzimmer, denen die eigene Wirtschaft nicht standhielt, und die Leute wurden gierig, obwohl ihr Staat gemäßigte Bedürfnisse und höhere Ideale propagierte. Und warum, um Gottes willen, hat die Tante diese Kataloge mitgebracht? Vielleicht hat sich ihre Mutter mal eine Bluse aussuchen dürfen. Von weiterem praktischen Wert weiß ich nichts. Sollten wir eingestehen, daß die Tante, die erst Ende der fünfziger Jahre nach drüben gegangen war, den besseren Lebensweg gewählt hatte?

Überhaupt ließ sich ja Ideologisches vortrefflich über alte Traditionen legen. Nach dem Krieg hatten die Westler selbst von CARE-Paketen profitiert, jetzt gaben sie quasi die Hilfe weiter und konnten sich gleichzeitig eine Spur von Hochmut zulegen – oder urteile ich zu hart?

*West:* Sicher hat es auch Leute gegeben, die sich gefreut haben, ihr Überlegenheitsgefühl kultivieren zu können. Aber das war wohl eher eine Minderheit, und von ideologischem Mißbrauch kann meiner Ansicht nach nicht die Rede sein. Natürlich gab es in den fünfziger und sechziger Jahren jene Appelle an die Bevölkerung, die *Brüder und Schwestern im Osten* nicht zu vergessen, aber daneben doch auch jede Menge echte, idealistische Motive für den deutsch-deutschen Warenaustausch. Es war nun mal ein geteiltes Land mit einer Grenze, die eben nicht nur Mittelgebirgslandschaften, sondern auch Familien zerschnitt: Meine ganze

sammengestellt, verpackt oder abgesandt werden, werden von den sowjetzonalen Kontrollbehörden

Grund persönlicher Beziehungen zum persönlichen Verbrauch oder Gebrauch zum Versand gebracht

Große Freude beim Auspacken eines Westpakets in Torgau in Sachsen (1985).



nicht als Geschenksendung anerkannt und können daher der Beschlagnahme verfallen. Schon der Auf-

Verwandtschaft befand sich in Sachsen und Thüringen. Ein Taufgeschenk, das ich auch heute noch bisweilen am Handgelenk trage, ist eine Glashütte-Armbanduhr von meinem Großvater. Ein in jeder Familie üblicher Austausch war hier auf ungewöhnliche Weise kanalisiert. Sicher ist durch diese Zwangslage in Familien vielfach erst ein bewußter Zusammenhalt geschaffen oder erhalten worden, der sonst gar nicht mehr bestanden hätte. Die Mauer hat vermutlich – paradoxerweise – manche Menschen erst recht zusammengeschmiedet. Es wäre zu fragen, wie sich dieser Zusammenhalt nach 1989 entwickelt hat. Ich habe nach der Maueröffnung viele aus dem Blick verloren. In der gleichen Zeit gewannen dann aber »normale« Kommunikationsformen zwischen Ost und West an Bedeutung, und Tante Gerda aus Plauen kann nun ohne Umstände die lieben Verwandten im Taunus anrufen oder besuchen.



*Ost:* Meine Tante hat für meinen Geschmack gar nicht hinreichend darüber gestaunt, daß ich im Dezember '89 extra von Ostberlin mit dem Fahrrad in den Westteil der Stadt gefahren bin, um ihr telefonisch zum Geburtstag zu gratulieren. Vielleicht lag es ja einfach daran, daß Kassel so klein ist. Heute genieße ich es, beim Telefonieren nach Hamburg oder München auf dem Sofa sitzen bleiben zu können, und pflege auch andere »West«-Kontakte als die zur Kasseler Tante.

Damals war das Telefonieren noch unsere geringste Sorge. Das geradezu trotzige Beharren auf familiären und nationalen Bindungen über Jahrzehnte der offiziellen Trennung hinweg ist schon erstaunlich, wo doch gleichzeitig in Briefen und Paketen das Sich-immer-weiter-Entfernen allein schon in den Alltagsfragen sichtbar wurde. Jedes Paket, das von West nach Ost und umgekehrt gelangte, hatte sinnbildlich die Mauer durchbrochen, und gleichzeitig stand diese Mauer auf einmal mitten im Wohnzimmer, und aus dem Paket schaute einen eine fremde Welt an. Das Bild vom eigenen und vom jeweils anderen deutschen Staat war auf beiden Seiten vor allem davon geprägt, was jeder seinen Bürgern an materiellen Gütern bieten konnte: Die DDR war grau und dürftig, weil ihre Verpackungen aus Packpapier bestanden und meistens nicht das in die Tüte kam, was man gerade suchte. Im Gegenzug blendeten westliche Hochglanzprospekte auch den *Neuen Menschen* im Osten. Der Westen war nicht nur Gegen-, sondern immer öfter auch Leitbild. Dabei ging es weniger um den Kapitalismus an sich als vielmehr um seine geschätzten Produkte. (Daß auch umgekehrt der Osten einen gewissen Einfluß hatte und die Marktwirtschaft zu einer sozialen Gangart bewegte einzig durch seine Existenz und weil man seiner Hetze nicht entsprechen wollte, zeigte sich später.)

*West:* Natürlich hat die DDR auch aus West-Sicht als Gegenbild herhalten müssen. Am bekanntesten ist sicher der Spruch: »Na dann geht doch rüber!« Er wurde jugendlichen Unruhestiftern gerne entgegengehalten, wenn sie für Veränderungen in der westdeutschen Gesellschaft eintraten. Auch Pazifisten, die die Rüstungsan-

Die Gegengeschenke ließen nicht lange auf sich warten. Westdeutsche Kinder hinter einer Mauer aus Ostpaketen (1963).



strengungen der Bundeswehr kritisch sahen, wurden auf den *Feind* im Osten verwiesen. Insofern war der Umgang mit den Bildern vom anderen Deutschland auch im Westen ideologisiert. Und bestimmt diente auch das Paket in die DDR vielen zur regelmäßigen Selbstbestätigung: Wir sind schon jetzt auf der richtigen Seite der Geschichte! Man konnnte darauf verweisen, wie schlecht die Versorgungslage in der DDR sei, um sich zu vergegenwärtigen, wie prächtig man selbst lebte. Für einen DDR-Bürger beleidigende Gaben wie Puddingpulver oder abgetragene Kleidung waren dabei vor allem Ausdruck des Bildes der DDR in unseren Köpfen. Aussagen meines Großvaters, der bis 1966 noch in Thüringen wohnte und dann zu uns in den Westen übersiedelte, prägten bei mir zum Beispiel dieses Bild mit: »Die ham doch nüscht! Die machen nich mehr lange!« – so seine feste Überzeugung. Selbstverständlich stellte unsere Familie zu Weihnachten Kerzen in die Fenster, die an unsere Brüder und Schwestern im Osten erinnern sollten. War das Hochmut? Ich fand es einen schönen Brauch, zunächst ohne seinen politischen Hintergrund zu kennen.

oder aus Westdeutschland beträgt 7 kg. (2) Das zulässige Höchstgewicht für Geschenksendungen nach

Doch sogar antikommunistisch geprägte Paketpacker waren nicht gegen Angriffe aus den eigenen Reihen gefeit. Schließlich war es umstritten, ob man *das Regime* nun auch noch wirtschaftlich unterstützen solle. Man wußte zwar noch nichts von den in die Handelsbilanz fest eingeplanten Geschenksendungen, die wie zum Hohn als »keine Handelsware« zu deklarieren waren, ahnte aber, daß die Genossen kühle Rechner sein mußten. Ich weiß von vielen Westberlinern, die um keinen Preis, schon gar nicht um den des Zwangsumtauschs, einen Schritt nach Ostberlin gemacht hätten und aus derselben Überzeugung nie mit der bis 1984 ost-verwalteten S-Bahn fuhren. Alles nach dem Motto: »Dieser Staat bekommt von mir keinen Pfennig.«



***Ost:*** Im übrigen wußte man ja kaum wirklich etwas voneinander. Die wenigen – meist einseitigen – Besuche konnten das Fremdwerden nicht wirklich aufhalten. Dein Opa und meine Tante kamen aus dem Osten und wußten – auf eine subjektive Weise – Bescheid. Aber der Normalbürger West hatte keinen genauen Einblick in den Alltag im Osten und war wenig daran interessiert. Und der Normalbürger Ost durfte in aller Regel die Seiten nicht wechseln und Erfahrungen dann wieder *zurück*bringen. Ich hatte Glück und durfte meine ersten »fremden« Westbürger schon mit 13 kennenlernen, sozusagen als Auszeichnung, und das kam so: Meine Schulklasse hatte den soundsovielten Wettbewerb im Altstoffsammeln gewonnen und durfte zur Belohnung ins Pionierferienlager am Werbellinsee fahren, wo wir neben Kindern von Genossen auch solche aus sozial bedürftigen Familien kennenlernten. Sie alle waren, wenn ich mich recht entsinne, vollkommen normal. Wir sammelten ihre bunten Sticker und Aufkleber ein, und ich verguckte mich ein wenig in einen Türkenjungen namens Fevzi, was sich darin äußerte, daß ich gegen ihn den Indianer-ernst-guck-Wettbewerb gewann.

***West:*** Deine Westkinder waren aus politischen Gründen in der DDR, ich dagegen einfach aus familiären Motiven. Neben der Abhängigkeit von östlichen Gummibärchen hatte ich noch eine – vermutlich genetisch bedingte – Liebe zu einem ganz bestimmten Landstrich in der DDR: dem schönen Sachsen. Um genauer zu sein, galt meine Liebe eigentlich dem Sächsischen. Eine Neigung und Schwäche, die noch heute, sobald ich mich zu ihr bekenne, bei vielen Verwunderung auslöst.

Ich hörte Sächsisch stets aus dem Mund meines Vaters. Der hatte zwar die damalige SBZ bereits 1948 verlassen, seinen Dialekt allerdings exportiert. In unserer süddeutschen Kleinstadt sammelte sich im Laufe der Jahre eine kleine mitteldeutsche *Community*. Die bekam auch regelmäßig Besuch von Rentnern aus der DDR. In meiner Kinderzeit war Sächsisch für mich eine Sprache der Erwachsenen, der alten Leute. Wie erstaunt war ich bei meinem ersten Besuch in Ostdeutschland, daß hier alle Altersklassen in diesem schönen Idiom kommunizierten. Kinder in meinem Alter fragten mich breit: »Gommst de aus'm Westen? Gibt's da Gaubois?«

werden; auch sollten die Sendungen zeitlich gestreut werden, auch wenn verschiedene Empfänger in

Diesen Lauten verfiel ich, als sie von einem bildhübschen Mädchen gebraucht wurden, das mit »Na, mei Gudsder?« Kontakt zu mir aufnahm. Ich gestehe, daß diese Erfahrungen nicht spurlos an mir vorbeigegangen sind und bis heute das Bild von meiner Traumfrau entscheidend prägen. Irgendwie bin ich auf diese Weise auch ein Opfer deutsch-deutscher Verwicklungen geworden.

*Ost:* Zu Deinen sächsischen Vorlieben wird die schlesisch-wienerische Preußin vornehm schweigen. Nur eine Anmerkung: Wie Dir das Sächsische so hübsch altertümlich vorkam, liebte ich das Schlesisch (Schlesisch mit hartem, kurzem »e«) meiner Großeltern. Und es scheint ja die DDR in mancher Hinsicht Züge des Früheren konserviert zu haben – derart, daß das Leben weniger technisiert, amerikanisiert, internationalisiert war. Auf diese Weise stimmen dann auch Deine etwas abwegigen Assoziationen ... 

Hätten meine brieflichen Kontakte mit dem Türkenjungen länger gehalten, hätte vielleicht irgendwann die Stasi mit uns Arbeit bekommen. Wie viele Briefe wurden jährlich geöffnet und abgefangen! Übrigens nicht nur, um die Inhalte mitzuschreiben: Allein in den letzten fünf Jahren der DDR wurden den Postsendungen über 30 Mio. DM und dazu Waren im Werte von weiteren 10 Mio. DM entnommen, und mich empört noch immer die Zielstrebigkeit, mit der das geschah. Natürlich traf meine Tante Vorsichtsmaßnahmen, wenn sie Geld in eine goldgeprägte dicke Glückwunschkarte legte. Aber wir hätten eher auf die Postfrau als potentielle Diebin getippt, nicht auf eine so wohlgeordnete und völlig unromantisch arbeitende Maschinerie.

*West:* Dein Treffen im Pionierlager erinnert mich an einen Abend in einer Gaststätte irgendwo in Sachsen. Als »staatlich anerkannter« Kriegsdienstverweigerer leistete ich gerade Zivildienst in einem Behindertenheim und war zu Besuch in der DDR. (Ich glaube, ich mußte diese Reise meiner vorgesetzten Behörde anzeigen, obwohl ich bestenfalls hätte verraten können, wo sich in unserem Heim die Küchenvorräte befanden ...) Ich war mit Freunden ausgezogen, das eine oder andere Bier zu trinken, zu unserer Gesellschaft gehörte auch ein junger Leutnant der NVA. Schnell kamen wir zu politischen Diskussionen, wobei ich mich plötzlich in der Rolle fand, die Bundesrepublik zu verteidigen, obwohl ich damals eigentlich reichlich Kritikpunkte hatte. Aber die anderen, in ideologischen Auseinandersetzungen offenbar gründlicher geschulten Diskutanten standen einfach besser da. Der größte Schock für mich war das Bekenntnis des schneidigen Leutnants, er würde – egal wieviel Biere wir nun gemeinsam geleert hätten –, sollte ich ihm auf dem wirklichen Schlachtfeld auf der Seite des Klassenfeindes gegenübertreten, nicht lange zögern und mich zur Verteidigung seines Staates erschießen. So etwas hatte mir nun wirklich noch niemand gesagt, der Abend war für mich gelaufen, mein pazifistisches Weltbild schwer erschüttert. Mir wurde nun erstmals klar, was das Feindbild, das man auf beiden Seiten kultivierte (markige Sprüche von Bundeswehroffizieren gab es ja ebenso), für konkrete Auswirkungen auf den einzelnen haben konnte.

*Ost:* So wie Du damals die Bundesrepublik in Schutz genommen hast, verteidigen manche Ostdeutsche heute ihre vom Lauf der Geschichte disqualifizierte DDR, egal wie wenig sie sie einst geliebt haben: Weil auch ihr Leben mit dem Land, in dem es stattfand, disqualifiziert wird, weil sie an ihrem Land auch gehangen haben und man sowieso lieber selber über die eigenen Verhältnisse meckert, als daß es andere tun, weil man immer erst hinterher merkt, was man verloren hat. Übrigens haben sie sie schon immer verteidigt: Die glühendsten Lobreden auf die DDR wurden an Kaffeetafeln (zur Feier des Tages trank man Jacobs Krönung) vor Westtanten und -onkels gehalten, denn schließlich lebte man hier, und keiner sollte hämisch meinen, man könnte ja nicht anders! Die größte Sorgfalt wurde darauf verwandt, angemessen Freude zu zeigen: lebhaft, denn nur wer Freude erzeugt, schenkt gern weiter. Nicht zu lebhaft, um nicht zu bedürftig zu wirken. Und mit Gegengeschenken, die alles andere als ärmlich wirken sollten, denn man war, und das wußte man, während man die Kaugummis, Bananen und Jeans vermißte, nicht wirklich arm.

Heute sind wir reicher. Wir können uns die Westpakete selbst packen, und wir waren einmal auf der anderen Seite und kennen die Unterschiede.

Unseren Kindern werden wir später erst einmal erklären müssen, was West- und Ostpakete überhaupt waren. Sie werden sie dann ganz nüchtern als eine Form der Kommunikation zwischen Menschen betrachten. Wir dagegen verbinden damit viele Erinnerungen und ganz spezifische deutsch-deutsche Erfahrungen. Einen Teil davon haben wir in dieses Bücherpaket gelegt. Nun ist es an Ihnen, liebe Leser, die Schnur sorgsam aufzuknüppern (sie soll ja noch mal verwendet werden), das Packpapier zu entfernen und zusammenzulegen, um dann, mit der Inhaltsliste in der Hand, sich mit neugierigem Blick den bunten Päckchen und Dosen im Innern zu nähern …

gen für Bewohner der Deutschen Demokratischen Republik beim Volkseigenen Handelsunternehmen

# »Darstellungen unzüchtigen Charakters sind vom Geschenkpaketverkehr ausgeschlossen«

## West- und Ostpaket im Blickfeld von Post, Zoll und Staatssicherheit

»Standart Nr. 4«.
Dreiteiliges Kartonobjekt von A. R. Penck (1972/73).

versiegelte und unversiegelte Wertpakete bis 7 kg und mit einer Wertangabe bis 500.- DM (bei unver-

(VEH) Deutscher Innen- und Außenhandel Nahrung, Abteilung Geschenksendungen, zu bestellen.

**Eine ganz besondere Waffelfüllung**

Seit ich mich erinnern kann, klagte meine Omi über Migräne, und wie so oft erlebte ich sie, den Kopf haltend, am Küchentisch sitzen mit schmerzverzerrter Miene. »Kannst du bitte in die Apotheke gehen? Ich war die Woche schon zweimal dort, und die geben mir bestimmt nichts mehr ... Also bring dann bitte gleich eine große Packung zu 3,75 Mark.« Wie immer trabte ich los, denn wenn Omi kopfschmerzfrei war, dann konnte ich mit ihr so richtig etwas anfangen: nähen, Hühner füttern, dem verirrten Igel Milch geben und die Wäsche auf der Rumpel waschen. Das war alles viel spannender als die Ordnung zu Hause.



Einmal, es muß in der Vorweihnachtszeit gewesen sein, denn da kamen immer die Pakete von Onkel Willy aus Westberlin an, war ich Zeuge eines mir bis heute in Erinnerung gebliebenen besonderen Ereignisses. Ich durfte beim Öffnen und Auspacken eines Westpaketes dabei sein – unglaublich, denn sonst machte das Oma lieber alleine, um uns Enkeln zum Heiligen Abend einen Teil von Onkel Willys Schokolade auf den Gabentisch zu legen. Warum also diese Abweichung? Oma erwartete etwas ganz Besonderes, und ich sollte beim Suchen helfen: Onkel Willy hatte für Oma Zäpfchen gegen Migräne im Paket versteckt, und da die West-Zäpfchen schneller halfen als die trägen Ost-Zäpfchen, war das für Omi eine lang ersehnte Postsendung. Nur finden konnten wir das Medikament nicht. Versteckt werden mußte es ja, denn solche Sachen gehörten nach den DDR-Zollbestimmungen nicht in die Weihnachtspost, aber wo war das Versteck? Im Kaffee? Im Tee? Zwischen den Strumpfhosen? Überall Fehlanzeige. Oma war richtig traurig.

Ich dagegen war nicht ganz so traurig, denn obwohl ich bei der Suche gern der Entdecker gewesen wäre, entschädigten mich eine Packung Bubble Gum und eine Tüte mit Waffeln.

Auf dem Weg nach Hause konnte ich mir den Biß in eine der rosaweiß gefüllten Waffeln nicht verkneifen – und biß auf ein Zäpfchen! Hatte doch Onkel Willy tatsächlich die Schmuggelware darin vergraben! Der Geschmack war fürchterlich, doch Oma freute sich riesig, als ich mit der Tüte zurückkam.

*Carola F., Erfurt*

siegelten Wertpaketen Wertangabe nur auf der Paketkarte). Pakete können auch als dringende Pakete

(2) Die entsprechenden Beträge können von diesen Personen in der für sie gültigen Währung bei Ver-

Bernd Lindner

# »Dein Päckchen nach drüben«

## Der deutsch-deutsche Paketversand und seine Rahmenbedingungen



Im September 1969 erhielt Frau Sigrid U. aus Karl-Marx-Stadt einen Antwortbrief der Zollverwaltung der Deutschen Demokratischen Republik auf ihre Beschwerde. Sie hatte bei der Abteilung Recht, Sachgebiet Eingaben, der für sie zuständigen Bezirksverwaltung moniert, daß die Zollorgane der DDR ein an sie gerichtetes Westpaket beschlagnahmt hatten. Das Paket von ihrem Onkel enthielt folgende Gegenstände: eine Packung Kaffee, zwei Packungen Kakao, 13 Tafeln Schokolade, elf Packungen Schokoladenwaren, sieben Packungen Zuckerwaren, vier Packungen Tortenguß, drei Kopftücher (bunt) und einen Kleiderbügel. Informiert worden war sie über die Beschlagnahmung mittels eines Entscheides, der alle im Paket enthaltenen Gegenstände (samt Gewicht) akribisch auflistete. Im Zusatztext des Protokolls hieß es zugleich: »Gegen diesen Entscheid steht Ihnen das Rechtsmittel der Beschwerde zu. Diese ist innerhalb von zwei Wochen unter Angabe der Nummer des Beschlagnahme/Einziehungs-Entscheides ... einzulegen und zu begründen.«[1]

Eingaben dieser Art gab es viele, worauf schon die Einrichtung eines eigenen Sachgebietes dafür hindeutet. Allein – die Eingaben machten wenig Sinn. Wie Frau U. wurde auch den meisten anderen Beschwerdeführern beschieden, daß die Entscheidung des jeweiligen Postzollamtes »zu Recht besteht und nicht geändert werden kann«. Unserer Beschwerdeführerin teilte man mit, daß in der an sie gerichteten Sendung die Höchstmengen an Genußmitteln »bei Kaffee um 100 Prozent, bei Kakao um 80 Prozent und bei Schokolade um 700 Prozent überschritten« worden waren. Das stelle »einen sehr groben Verstoß gegen die Geschenkverordnung vom 5. August 1954 dar, der gemäß § 15, Absatz 1, dieser Verordnung mit der entschädigungslosen Gesamteinziehung der Sendung geahndet wird«. Auch eine Teilfreigabe der Sendung oder das Ausliefern der beschlagnahmten Waren gegen Verzollung wurde abgelehnt, da im Geschenkpaketverkehr auf dem Postweg mit Westdeutschland und Westberlin – anders als bei Paketsendungen aus anderen Staaten – kein Zoll erhoben wurde. Im übrigen hätte ihr Onkel die Möglichkeit gehabt, »sich eingehend über die geltenden Bestimmungen zu informieren«, die »bereits seit 1954 unverändert in Kraft sind«.

In der Tat ist die »Verordnung über den Geschenkpaket- und -päckchenverkehr

verschickt werden. Geschenke und Medikamente dürfen nach den sowjetzonalen Bestimmungen nicht in

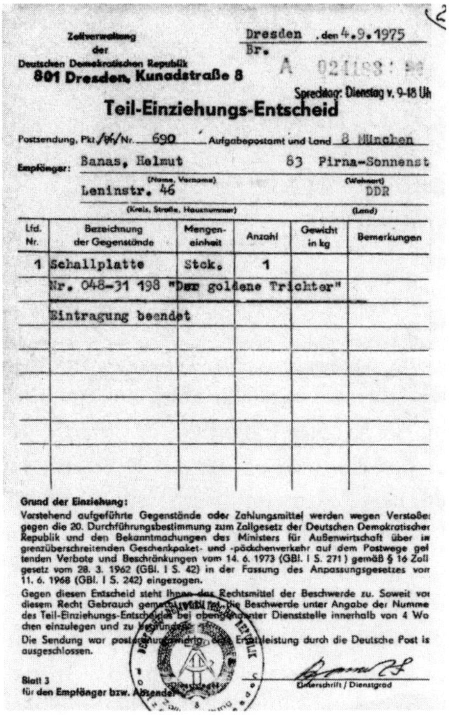
Zollverwaltung der Deutschen Demokratischen Republik
801 Dresden, Kunadstraße 8

Dresden, den 4.9.1975
Br.
A 024188 : 96

Sprechtag: Dienstag v. 9-18 Uh

**Teil-Einziehungs-Entscheid**

Postsendung, Pkt./Pk/Nr. 690 Aufgabepostamt und Land 8 München

Empfänger: Banas, Helmut (Name, Vorname) 83 Pirna-Sonnenst (Wohnort)
Leninstr. 46 (Kreis, Straße, Hausnummer) DDR (Land)

| Lfd. Nr. | Bezeichnung der Gegenstände | Mengen-einheit | Anzahl | Gewicht in kg | Bemerkungen |
|---|---|---|---|---|---|
| 1 | Schallplatte | Stck. | 1 | | |
| | Nr. 048-31 198 "Der goldene Trichter" | | | | |
| | Eintragung beendet | | | | |

Grund der Einziehung:
Vorstehend aufgeführte Gegenstände oder Zahlungsmittel werden wegen Verstoßes gegen die 20. Durchführungsbestimmung zum Zollgesetz der Deutschen Demokratischen Republik und den Bekanntmachungen des Ministers für Außenwirtschaft über im grenzüberschreitenden Geschenkpaket- und -päckchenverkehr auf dem Postwege geltenden Verbote und Beschränkungen vom 14. 6. 1973 (GBl. I S. 271) gemäß § 16 Zollgesetz vom 28. 3. 1962 (GBl. I S. 42) in der Fassung des Anpassungsgesetzes vom 11. 6. 1968 (GBl. I S. 242) eingezogen.
Gegen diesen Entscheid steht Ihnen das Rechtsmittel der Beschwerde zu. Soweit von diesem Recht Gebrauch gemacht wird, ist die Beschwerde unter Angabe der Nummer des Teil-Einziehungs-Entscheides bei obengenannter Dienststelle innerhalb von 4 Wochen einzulegen und zu begründen.
Die Sendung war postordnungswidrig, eine Ersatzleistung durch die Deutsche Post ist ausgeschlossen.

Blatt 3
für den Empfänger bzw. Absender

Unterschrift / Dienstgrad

Wenn der DDR-Zoll einzelne Waren aus Geschenksendungen entnommen hatte, informierte ein Formblatt den Empfänger im Osten über die erfolgte Teileinziehung.

auf dem Postwege mit Westdeutschland, Westberlin und dem Ausland«[2] vom 5. August 1954 durch die gesetzgebenden Organe der DDR über 35 Jahre im Grundsatz nicht prinzipiell geändert, sondern höchstens durch neue Durchführungsbestimmungen modifiziert worden. Diese Verordnung löste Mitte der fünfziger Jahre eine Vielzahl von gesetzlichen Einzelbestimmungen ab, die »zu Unklarheiten in der Bevölkerung Anlaß« gegeben hatten. Zugleich sollte sie nach dem Willen der Verordnenden den Mißbrauch des Geschenkpaket- und -päckchenverkehrs »zu Spekulationszwecken« verhindern. Daher wurde im § 1 der Verordnung eindeutig festgelegt, daß Geschenksendungen unentgeltliche Zuwendungen sind, »die unmittelbar von einem privaten Absender (natürliche Person) an einen privaten Empfänger (natürliche Person) auf Grund persönlicher Beziehungen zum persönlichen Verbrauch oder Gebrauch zum Versand gebracht werden«. Dafür wurde zugleich ein Höchstgewicht von sieben Kilogramm pro Paket festgelegt. Zusätzlich war das Paket von seinem Absender mit der Aufschrift »Geschenksendung, keine Handelsware« zu versehen (§ 6). Dem ostdeutschen Empfänger wurde der Verkauf oder Tausch der in den Paketen und Päckchen enthaltenen Waren untersagt. Gleiches galt auch für den Erwerb von auf diesem Wege eingeführten Waren durch Dritte (§ 10).

Diese Verordnung kam nicht von ungefähr. Tatsächlich ging es nicht nur darum, den Schwarzhandel mit westlichen Waren zu unterbinden (der hatte durch die offene Grenze zu Westberlin einen viel effektiveren Nachschubweg als den per Post), sondern sich der aufkommenden Sogwirkung des westdeutschen Wirtschaftswunders auf die ostdeutsche Bevölkerung zu erwehren. Zwar war der »ständige Blick über die Zonengrenze gen Westen nicht erst eine Folge der bundesdeutschen Prosperität der fünfziger Jahre, sondern bereits in der unmittelbaren Nachkriegszeit üblich«, wie der Historiker Rainer Gries anhand von vergleichenden Analysen der Versorgungslage in Leipzig, München und Köln nach dem Zweiten Weltkrieg feststellte,[3] doch bekam das westdeutsche Beispiel erst in der Mitte der

Deutscher Innen- und Außenhandel Nahrung hat entsprechende Geschenksortimente bereitzustellen



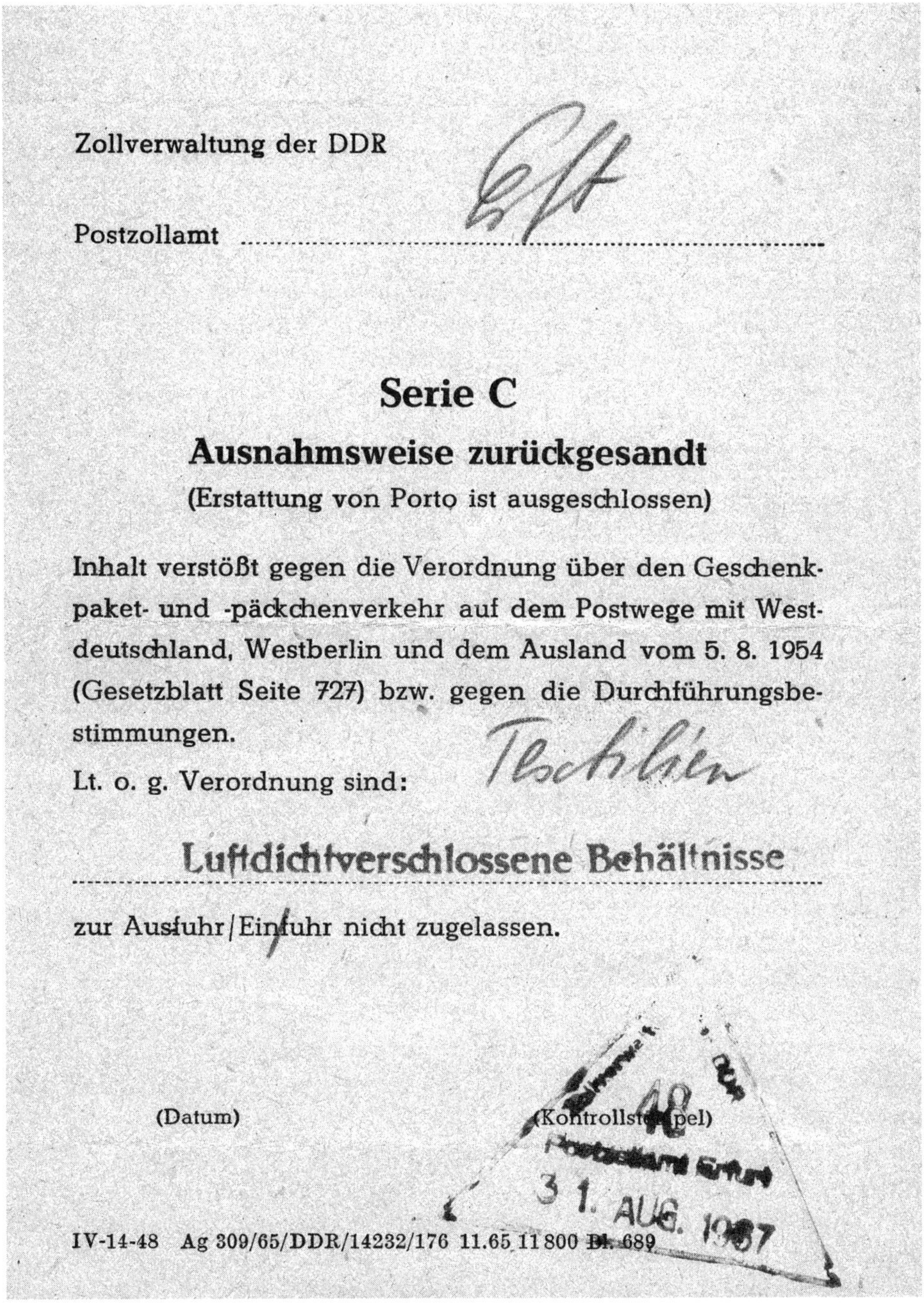

Zollverwaltung der DDR

Postzollamt ..............................................................................

**Serie C**

**Ausnahmsweise zurückgesandt**

(Erstattung von Porto ist ausgeschlossen)

Inhalt verstößt gegen die Verordnung über den Geschenkpaket- und -päckchenverkehr auf dem Postwege mit Westdeutschland, Westberlin und dem Ausland vom 5. 8. 1954 (Gesetzblatt Seite 727) bzw. gegen die Durchführungsbestimmungen.

Lt. o. g. Verordnung sind: Textilien

Luftdichtverschlossene Behältnisse

zur Ausfuhr/Einfuhr nicht zugelassen.

(Datum) (Kontrollstempel)

48
Postzollamt Erfurt
31. AUG. 1967

IV-14-48 Ag 309/65/DDR/14232/176 11.65 11 800 Bl. 689

In umgekehrter Richtung wies der Zoll Pakete komplett zurück, wenn einzelne Teile darin nicht der Verordnung über den Geschenkpaket- und -päckchenverkehr entsprachen.

nach der Sowjetzone ist nicht begrenzt. Nach den sowjetzonalen Bestimmungen soll jeder Bewohner der und Vermittlerfirmen zu beauftragen. §5 (1) Vom Geschenkpaket- und -päckchenverkehr sind ausge-



fünfziger Jahre so richtig Glanz. Es waren vor allem Genußmittel wie Kaffee, Schokolade und Zigaretten, die bei den Ostdeutschen in besonderer Weise für das Wirtschaftswunder West standen. Gerade deren Einfuhr in die DDR wurde jedoch durch die neue Verordnung bewußt eingeschränkt. An Höchstmengen pro Päckchen waren laut § 10 der Verordnung gestattet: »250 g Kaffee (roh, gebrannt, gemahlen oder gemischt), 250 g Kakao (auch in gemischter Form), 300 g Schokolade in Tafeln oder sonstiger Form (auch gefüllt oder mit Beimischungen) sowie 50 g Tabak oder Tabakerzeugnisse«.
Zur selben Zeit wie die Westpäckchen-Verordnung wurde mit der »Bekanntmachung des Beschlusses über Maßnahmen zur weiteren Entwicklung des Handels« noch ein staatliches Dekret vorgelegt. Es machte deutlich, wie dramatisch die Versorgungslage im Osten Deutschlands mittlerweile war. Zugleich ist der Zusammenhang mit der neuen Einfuhrregelung von Geschenksendungen aus der Bundesrepublik unübersehbar, auch wenn die Bekanntmachung zum Binnenhandel der DDR bezeichnenderweise bereits eine Woche zuvor veröffentlicht worden war.[4]
Knapp ein Jahr nach dem Volksaufstand vom 17. Juni 1953, der seine Ursache neben den Forderungen der Demonstranten nach Rücknahme der Normerhöhungen und der Einräumung politischer Rechte auch im niedrigen Lebensstandard und der mangelnden Versorgungslage in der DDR hatte,[5] liest sich dieses Dokument wie eine erneute Bankrotterklärung. Nur sparsam von den wenigen Erfolgsmeldungen des »Neuen Kurses« kaschiert, heißt es bereits in der Präambel der Bekanntmachung: »Trotz der bisher erreichten Erfolge gibt es noch ernsthafte Fehler und Schwächen im Handel, die die weitere Verbesserung der Versorgung der Bevölkerung ... hemmen. (...) Ein schwerwiegenderer Mangel zeigt sich bei der Versorgung der Bevölkerung auf dem Lande und der kleineren Kreisstädte. (...) Die Ausschöpfung betrieblicher Reserven für die Herstellung von Massenbedarfsartikeln wird von den Handelsorganen unterschätzt. Die Handelsorgane kämpfen noch ungenügend um die Einhaltung der Verträge. Das führt zu einer nichtsaisongemäßen und nichtbedarfsgerechten Versorgung der Bevölkerung, Terminverzögerungen, Mängeln in Qualität und im Sortiment, Überplanbeständen ...«
Eine der Schlußfolgerungen des Staates daraus war, daß »in der Produktion von Lebensmitteln besonders schnell der Anteil hochwertiger Nahrungs- und Genußmittel wachsen« müsse.[6]

Die DDR war von Beginn an auf die Päckchensendungen aus dem Westen angewiesen, um damit immer wieder die Löcher im eigenen Versorgungssystem zu stopfen. Zugleich konnte und wollte die SED-Führung dies nicht eingestehen, um in der Öffentlichkeit nicht als der wirtschaftlich schwächere Bruder zu erscheinen. Statt aber die Möglichkeiten des innerdeutschen Päckchenverkehrs stillschweigend zum eigenen Vorteil zu nutzen, baute man mit der neuen Paketverordnung noch zusätzliche Hürden auf, denn ein direkter Vergleich war nicht erwünscht. Neben den Beschränkungen im Genußmittelbereich wurde – vorwiegend aus ideologi-

Sowjetzone nicht mehr als 12 Pakete im Jahr annehmen. Der Empfang von Geschenksendungen für an-

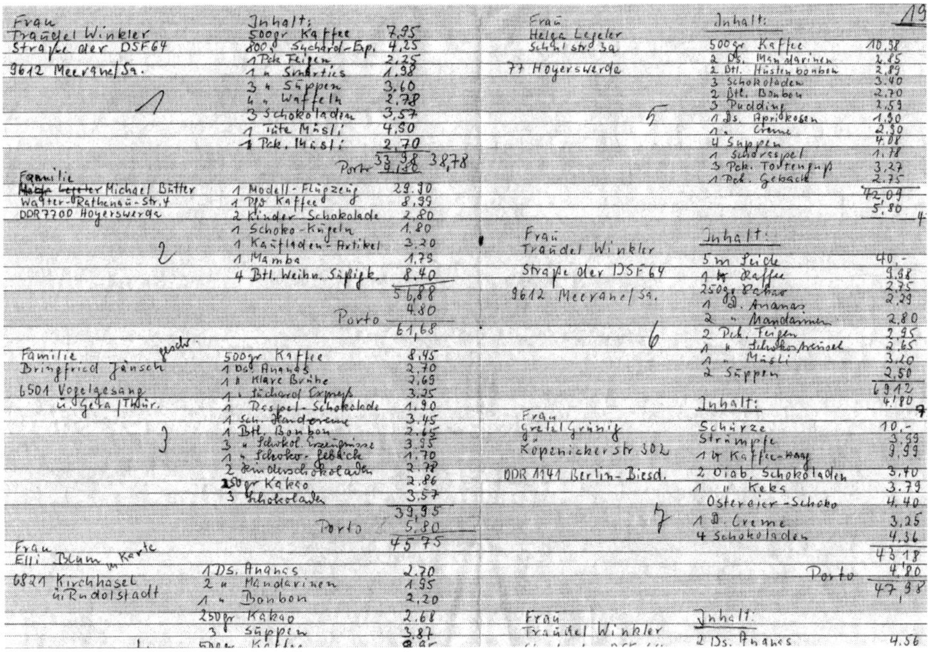

Frau
Traudel Winkler
Straße der DSF 64
9612 Meerane/Sa.
1

Inhalt:
500 gr Kaffee 7,95
800 g Sucharol-Exp. 4,25
1 Pck. Feigen 2,25
1 " Smarties 1,98
3 " Suppen 3,60
4 " Waffeln 2,78
3 Schokoladen 3,57
1 Tüte Müsli 4,50
1 Pck. Müsli 2,70
33,98
Porto 4,80
38,78

Familie
Michael Bätter
Walter-Rathenau-Str. 4
DDR 7700 Hoyerswerda
2

1 Modell-Flugzeug 29,90
1 Pfd Kaffee 8,99
2 Kinder Schokolade 2,80
1 Schoko-Kugeln 1,80
1 Kaufladen-Artikel 3,20
1 Mamba 1,75
4 Btl. Weihn. Süßigk. 8,40
56,88
Porto 4,80
61,68

Familie
Bringfried Jänsch
6501 Vogelgesang
ü. Gera/Thür.
3

500 gr Kaffee 8,45
1 Ds. Ananas 2,70
1 " Klare Brühe 2,69
1 " Sucharol Express 3,25
1 Doppel-Schokolade 1,90
1 Sch. Handcreme 3,45
1 Btl. Bonbon 2,65
1 " Schoko-Gebäck 1,70
2 Kinderschokoladen 2,78
250 gr Kakao 2,86
3 Schokoladen 3,57
39,95
Porto 5,80
45,75

Frau
Elli Blum
6821 Kirchhasel
ü. Rudolstadt

1 Ds. Ananas 2,70
2 " Mandarinen 1,95
1 " Bonbon 2,20
250 gr Kakao 2,68
3 Suppen 3,87

Frau
Helga Legeler
Schulstr. 3a
77 Hoyerswerda
5

Inhalt:
500 gr Kaffee 10,98
2 Ds. Mandarinen 2,85
2 Btl. Hustenbonbon 2,89
3 Schokoladen 3,40
2 Btl. Bonbon 2,70
3 Pudding 2,59
1 Ds. Aprikosen 1,90
1 " Creme 2,90
4 Suppen 4,08
1 Schoko-Streusel 1,78
3 Pck. Tortenguß 3,27
1 Pck. Gebäck 2,75
42,09
5,80

Frau
Traudel Winkler
Straße der DSF 64
9612 Meerane/Sa.
6

Inhalt:
5 m Seide 40,-
1 Kaffee 9,98
250 gr Kakao 2,75
1 Ds. Ananas 2,29
2 " Mandarinen 2,80
2 Pck. Feigen 2,95
1 " Schokostreusel 2,65
1 " Müsli 3,20
2 Suppen 2,50
69,12
4,80

Frau
Gretel Grünig
Köpenickerstr. 302
DDR 1141 Berlin-Biesd.
7

Inhalt:
Schürze 10,-
Strümpfe 3,99
1 Kaffee-Hag 9,99
2 Tafeln Schokoladen 3,40
1 " Keks 3,79
Ostereier-Schoko 4,40
1 Ds. Creme 3,25
4 Schokoladen 4,36
43,18
Porto 4,80
47,98

Frau
Traudel Winkler

Inhalt:
2 Ds. Ananas 4,56

Im Westen wurde über jede Sendung genauestens Buch geführt. Mit den entsprechenden Listen und Einlieferungsbelegen der Post konnten die Aufwendungen für »Pakete in die DDR« beim Finanzamt als Sonderausgaben geltend gemacht werden.



schen Gründen – eine ganze Palette weiterer Produkte sogar generell von der Einfuhr in die DDR ausgeschlossen. Verboten war der Versand von »schriftlichen und gedruckten Mitteilungen, Literatur, soweit diese anti-demokratischen Charakter hat bzw. gegen die Erhaltung des Friedens gerichtet ist, Schriftstücken und Darstellungen unzüchtigen Charakters, Kinderspielzeug militaristischen Charakters, Schallplatten, Bildern und Landkarten, Magnetophonbändern, Filmen, Photoplatten, Photopapier« sowie von Zahlungsmitteln jeder Art, Wertpapieren und Briefmarken, um das staatliche Finanz und Wertpapiermonopol in der DDR nicht unterlaufen zu können (§ 5).[7]

Den Totalverboten für Bild- und Tonträger – egal welchen Inhaltes! – wurden Teilverbote mit gummiartigem Charakter zur Seite gestellt. Zum Beispiel waren nirgends eindeutige Kriterien dafür formuliert, welche Literatur »antidemokratisch« und »gegen die Erhaltung des Friedens gerichtet« war. Die Beschlagnahmepraxis des DDR-Zolls verriet es bald: Damit waren nicht nur rechtsradikale Propagandaschriften, kriegsverherrlichende Landserhefte etc. gemeint, sondern vor allem auch jede Art von Schriften, die Kritik an der kommunistischen Ideologie beziehungsweise an ihrer praktischen Umsetzung in den sozialistischen Staalungen, Literatur, soweit diese antidemokratischen Charakter hat bzw. gegen die Erhaltung des Friedens

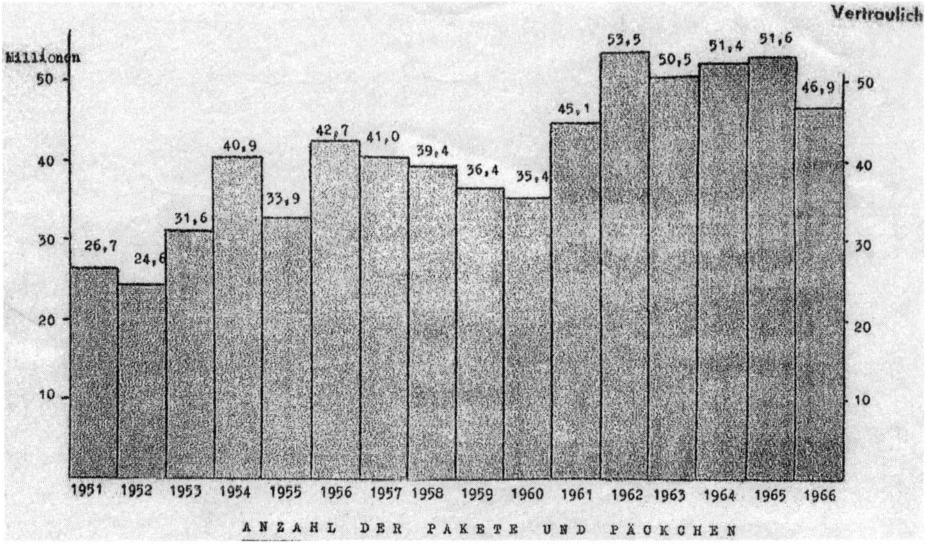


Diese Statistik aus dem Ministerium für gesamtdeutsche Fragen in Bonn zeigt eine deutliche Zunahme des Paketaufkommens nach dem Mauerbau 1961.

ten übte. Neben Büchern galt dies auch für Tageszeitungen und Illustrierte aus der Bundesrepublik, denen a priori eine sozialismusfeindliche Haltung unterstellt wurde. Von einer Verschickung in die DDR lange Zeit ausgenommen waren aber auch Fachzeitschriften, unabhängig davon, ob es sich dabei um naturwissenschaftliche Blätter oder bloß um Gartenjournale oder Einrichtungstips à la »Schöner Wohnen« handelte. All dies, so meinten die Gralshüter der sozialistischen Ordnung, könnte ihnen potentiell gefährlich werden, und sei es nur als vorzeigbarer Beleg eines höheren Lebensstandards im Westen Deutschlands.[8]

Waren mit den »Schriftstücken und Darstellungen unzüchtigen Charakters« im Kern vor allem pornographische Erzeugnisse gemeint, so war dennoch auch dieser Passus wegen seiner schwammigen Formulierung letztlich beliebig deutbar, ebenso wie der des Kinderspielzeuges mit militaristischem Charakter. Im Zweifelsfall gehörten bereits eine Zündplättchenpistole oder ein Sheriff-Stern dazu, wie die Zollpraxis tausendfach belegte. Fanprodukten zu den westdeutschen Karl-May-Verfilmungen der sechziger Jahre wurde ein »militaristischer Charakter« unterstellt, wie den dazugehörigen literarischen Vorlagen lange Zeit auch. Während Gojko Mitic als die leibhaftige Inkarnation des »guten Indianers« über die Leinwände der DDR-Kinos ritt, wurde Winnetou, dargestellt von Pierre Brice, gleichzeitig wie ein kalter Krieger ausgegrenzt.

Widersprüche dieser Art, die keinem Bürger der DDR ernsthaft zu vermitteln waren, häuften sich in den letzten beiden Jahrzehnten der Existenz des Landes im-

seiner Haushaltsangehörigen nicht überschreiten«. Lebensmittel sind noch immer für viele Menschen gerichtet ist, Schriftstücke und Darstellungen unzüchtigen Charakters, Kinderspielzeug militaristischen

mer mehr. Dies galt insbesondere auch für den Bereich der »Tonträger«. Hatte ihr Einfuhrverbot in den Zeiten totaler Ablehnung der westlichen Rockmusik durch die SED-Kulturpolitik, also nach dem 11. Plenum 1965[9], noch eine gewisse (innere) Logik – auch wenn sie die meisten Jugendlichen der DDR nicht teilten –, wurde es spätestens in den siebziger Jahren widersinnig, als AMIGA selbst Lizenzplatten auf den Markt brachte. Dennoch konnte es einem Jugendlichen noch in den achtziger Jahren in der DDR passieren, daß die Stones-Platte, welche sein Cousin aus München ihm zum Geburtstag schicken wollte, vom DDR-Zoll aus dem Päckchen entfernt wurde, während ihm gleichzeitig ein Freund mit guten Beziehungen zum örtlichen Plattenladen eine AMIGA-Platte mit »The Best of Rolling Stones« auf den Gabentisch legte.



Im Februar 1973 machte das Gesamtdeutsche Institut Bonn in einem von ihm herausgegebenen Faltblatt (vgl. dazu den Beitrag von Christian Härtel in diesem Buch) die Bundesbürger darauf aufmerksam, daß die Verordnung über den Geschenkpaket- und -päckchenverkehr aus dem Jahre 1954 nach wie vor in Kraft sei. Dementsprechend galt auch Anfang der siebziger Jahre noch unverändert: »Der Versand von Schallplatten, Tonbändern, Filmen, Fotoplatten und Fotopapier ist nicht zulässig.«[10] Im Zuge der Normalisierung der deutsch-deutschen Beziehungen bahnte sich jedoch auch hier bald eine differenziertere Herangehensweise an. Eine Neuauflage des Faltblattes vom Oktober 1975 schließt nun den Versand von Schallplatten in die DDR nicht mehr kategorisch aus. Einschränkend ist jedoch vermerkt: »Zugelassen sind nur Schallplatten, soweit diese ›Werke des kulturellen Erbes oder des wirklich kulturellen Gegenwartsschaffens‹ betreffen. Bitte beachten Sie, daß die DDR-Zollverwaltung diese Bestimmung sehr strikt anwendet.«[11] Was aber bitte war Mitte der siebziger Jahre »wirklich kulturelles Gegenwartsschaffen«? Waren es die Bee Gees oder Smokie gerade noch und die Sex Pistols und Clash nicht mehr? Oder war darunter gar nur zeitgenössische Sinfonik zu verstehen? Die Bestimmungen blieben auch jetzt noch schwammig und damit für die DDR-Kontrolleure willkürlich handhabbar.

Nach wie vor verboten blieb dagegen der Versand von Magnettonbändern und anderen Tonträgern sowie – und das war neu – »allen anderen visuell nicht lesbaren Datenträgern«. (Das Computerzeitalter warf seine ersten Schatten voraus.) Viele Bundesbürger konnten dennoch nicht dem Versuch widerstehen, Tonkassetten in die DDR zu senden. Die erreichten aber höchst selten ihre Empfänger – warum, das wurde verdutzten Bürgerrechtlern 1989 schlagartig klar: Als sie im revolutionären Herbst in Erfurt, Leipzig, Dresden und anderswo die Zentralen der Staatssicherheit besetzten, fanden sie in deren Depots Kisten voller westlicher Tonkassetten. Allerdings war auf ihnen nicht mehr Musik von Cindy und Bert, Heino oder den Einstürzenden Neubauten zu hören, wie es deren Etiketten immer noch auswiesen; genauer gesagt, war auf den Bändern überhaupt nichts mehr aufge-

eine wertvolle Hilfe. Besonders erwünscht sind auch Kurzwaren (wie Gummiband, Nähgarn und Näh-

Charakters, Schallplatten, Bilder und Landkarten, Magnetophonbänder, Filme, Photoplatten, Photo-

zeichnet als stetiges Rauschen. Denn bevor die Bürgerrechtler die weiträumigen Gebäudekomplexe stürmen konnten, hatten Stasi-Mitarbeiter alle Kassetten mittels eines großen Elektromagneten gelöscht. Dies geschah jedoch nicht wegen der westdeutschen Schlager oder Punkklänge, die ursprünglich auf den Bändern waren. Schon lange vorher hatte man sie überspielt, denn die Staatssicherheit nutzte die aus Westpäckchen entnommenen Musikkassetten, um darauf abgehörte Telefongespräche von Oppositionellen, Antragstellern auf Ausreise aus der DDR, bekannten Schriftstellern und Künstlern, aber auch Personen in leitenden Staats- und Parteifunktionen mitzuschneiden. »Nach Aussagen ehemaliger Mitarbeiter hörte das MfS jährlich mindestens 7000 Teilnehmer gezielt ab.«[12]



Die Geschichte des Westpäckchens war also über die 40 Jahre deutscher Teilung hinweg nicht nur eine Geschichte der freudigen Erwartung, der besonderen Düfte und Überraschungen, sondern auch eine der Enttäuschungen und des gezielt verhinderten Empfanges von sehnsüchtig erwarteten Produkten der westlichen Warenwelt. Auch wenn die Zahl der Pakete und Päckchen aus der Bundesrepublik seit 1978 nahezu konstant bei 25 bis 26 Millionen Stück pro Jahr lag,[13] bedurfte es zu Beginn der deutschen Zweistaatlichkeit in den fünfziger Jahren noch gehöriger staatlicher Werbekampagnen, um die Neubundesbürger zu animieren, ihre »Brüder und Schwestern in der Ostzone« nicht zu vergessen. Auch sie sollten mit einem Oster- oder Weihnachtspaket am erstarkenden Wirtschaftswunder des Westens teilhaben können. Ein Plakat mahnte, mit goldenen Weihnachtssternen versehen, kurz vor dem Fest der heiligen Familie: »*Dein Päckchen nach drüben* – sie warten darauf!« Auf einem gleichlautenden Handzettel wurde erklärend hinzugefügt: »*Dein Päckchen nach drüben*[14] soll ein Zeichen der Verbundenheit mit den Verwandten, Freunden und Bekannten jenseits der Elbe und Werra sein. (...) *Dein Päckchen nach drüben* ist mehr als materielle Unterstützung, mehr als ein Beitrag zum täglichen Leben – es öffnet den Weg von Mensch zu Mensch und gibt unseren Landsleuten drüben das Gefühl, nicht vergessen zu sein. *Dein Päckchen nach drüben* soll helfen, die Bindungen zu erhalten und zu vertiefen, die uns Deutsche über die politische Zonengrenze hinweg zusammenhalten.«

Hier ging es also nicht allein um eine soziale Motivierung der Bundesbürger zum Päckchenpacken: Bis vor kurzem selbst noch Empfänger von CARE-Paketen aus den USA, mußten sie – durch das Wirtschaftswunder zu kleinem Wohlstand gekommen – das Versenden von Paketen an andere erst einmal erlernen. Es ging auch um eine politische Motivierung zum Festhalten an der deutschen Einheit: das Päckchen in den Osten als symbolische Handlung! Gerade dieser von bundesdeutschen Politikern bewußt geförderte Nebeneffekt war es, der die Westpäckchen den ostdeutschen Funktionären immer suspekt sein ließ. Die Empfänger im Osten dagegen nahmen sie überwiegend als »Gaben von reinem Herzen« an. Daß die Bundesbürger nicht jedes Paket, welches im Osten ankam, auch wirklich selbst

seide, Reißverschlüsse), Wolle, gute Seife und Waschmittel, Bekleidung (auch gut erhaltene gebrauchte), papier sowie alle nach den Bestimmungen der Postordnung des Weltpostvertrages in Postsendungen

Verladen von Paketen im zentralen Paket- und Verzollungspostamt (Postamt 77) am U-Bahnhof Gleisdreieck in Westberlin (um 1970). Ein Großteil davon ging in den Osten.



Gewürze usw. An Genußmitteln sind zugelassen: 250g Kaffee (roh, gebrannt, gemahlen, gemischt), nicht zugelassene Gegenstände. (2) Geschenke im Sinne dieser Verordnung dürfen nicht in Briefen zum

Pressefoto des Arbeitskreises karitativer Vereinigungen. Von 1956 an begann sich der Arbeitskreis für eine »Bücherbrücke West–Ost« zu engagieren. Vor allem wollte man der »irrigen Meinung« entgegentreten, der private Buchversand in die DDR sei generell verboten.

zusammengestellt hatten und die finanziellen Aufwendungen dafür zudem als zusätzliche Belastung von der Steuer absetzen konnten, war den wenigsten DDR-Bürgern vor 1989 bekannt (vgl. dazu auch die Beiträge von Petra Kabus und Franka Schneider in diesem Buch).

Spätestens nach dem Bau der Mauer im August 1961, der die persönlichen Kontakte jäh unterbrach, wurde das Versenden von Paketen und Päckchen neben dem Briefwechsel zu einer der wichtigsten persönlichen Brücken zwischen Freunden und Verwandten in West und Ost. Denn auch aus der DDR wurden Päckchen in nennenswertem Umfang in den Westen geschickt. Die bereits zitierte Studie des Leipziger Institutes für Marktforschung weist für den Zeitraum ab 1978 jährlich ca. neun bis elf Millionen solcher »Ausfuhrsendungen« in die Bundesrepublik aus.[15]

Viele DDR-Bürger versuchten damit einen »Ausgleich« zu schaffen, der aufgrund der unterschiedlichen Warendecken in Ost und West jedoch nie adäquat sein konnte. Sie wollten dennoch nicht die nur Nehmenden sein. Bei aller Freude über die Pakete und Päckchen aus dem Westen quälte sie mitunter auch ein schlech-

250 g Kakao (auch gemischt), 300 g Schokolade in jeder Form, 50 g Tabak oder Tabakerzeugnisse. Buch-

Versand gebracht werden. § 6 Bei Geschenksendungen ist vom Versender neben der Anschrift der Ver-

Schaufenster mit Tonträgern in Ostberlin (achtziger Jahre). Schallplatten boten sich als Gegengeschenke für Freunde und Verwandte in der Bundesrepublik an.



tes Gewissen.[16] Zugleich stürzte sie die Suche nach einem geeigneten (Gegen-)Geschenk für die Verwandten und Freunde in der Bundesrepublik in neue Schwierigkeiten. Nicht nur, weil es in der DDR wenig Originelles zu kaufen gab, womit man die von der Marktwirtschaft verwöhnten westdeutschen Verwandten hätte überraschen können, sondern weil zugleich auch rigide Ausfuhrbestimmungen bestanden. Bereits die erste Verordnung von 1954 enthielt in ihrem Anhang eine lange Liste ausfuhrverbotener Güter (unter anderem Edelmetalle, Edelsteine und wertvoller Schmuck, Zier- und Gebrauchsporzellan, Bettfedern und Daunen) beziehungsweise ausfuhrbeschränkter Konsumwaren. Textilien durften nur bis zu einem Höchstwert von 100 Mark[17], optische Geräte bis zu 30 Mark[18] sowie Kunstgegenstände und Antiquitäten nur mit Sondergenehmigung ausgeführt werden. Verboten war der Versand und die Mitnahme von Planungsunterlagen wie technischen Zeichnungen, Konstruktionsplänen, Erfindungen und Patenten sowie Teilen von Geräten und Industrieanlagen, zum einen um der Industriespionage vorzubeugen, zum anderen um den in den fünfziger Jahren scharenweise aus der DDR fliehenden Kleinunternehmern die Mitnahme ihrer bisherigen Produktionsgrund-

sendungen sind erlaubt. Bücher sollen stets gesondert, also nicht zusammen mit anderen Gegenstänmerk »Geschenksendung, keine Handelsware« anzubringen. § 7 Sendungen, die von Firmen, Organisa-



lagen – also ihres Eigentums – zu verwehren. Aus dem gleichen Grund war auch die Ausfuhr von Aktien, sonstigen Wertpapieren sowie von Umzugs- und Erbgut verboten. Wer sich entschloß, der DDR den Rücken zu kehren, sollte es nach dem Willen der SED-Funktionäre mit dem Verlust von allem Hab und Gut bezahlen.

Schon ein Jahr später, 1955, wurden die Versandmöglichkeiten weiter eingeschränkt. Nun durfte der Gesamtwert eines Geschenkpaketes oder -päckchens 30 Mark nicht übersteigen, und optische Geräte waren ganz verboten.[19] Erst 1973, nach den Verhandlungen zum deutsch-deutschen Grundlagenvertrag, wurde die Wertgrenze für Pakete aus der DDR auf 100 Mark angehoben. Die Liste der von der Ausfuhr ausgeschlossenen Waren war aber immer noch lang. Neben Produktionsmitteln und Forschungsunterlagen gehörten dazu feuerfeste Glaswaren (»Saale-Glas« des VEB Jenaer Glas), Kinder- und Babybekleidung, Untertrikotagen, Bettwäsche und Fleischwaren.[20]

Durch die oben genannten starken Einschränkungen blieben als Päckcheninhalt für Sendungen gen Westen oft nur kunstgewerbliche Gegenstände beziehungsweise Selbstgebasteltes oder -gebackenes: Die Erinnerungen an die Tausenden von Stollen, die jede Weihnachten – mit Zutaten aus den Westpäckchen veredelt – wieder per Paket die (Rück-)Reise in die Bundesrepublik antraten, oder an die Weihnachtspyramiden aus dem Erzgebirge, von denen nahezu ganze Jahresproduktionen als Exportschlager des staatlichen Außenhandels wie als private Geschenksendungen im Westen landeten, sind Legion.

So beschränkt also die Möglichkeiten der DDR-Bürger waren, sich angemessen für die empfangenen Westpakete zu revanchieren, so einfallsreich war der ostdeutsche Staat, wenn es galt, neue Schikanen gegen den deutsch-deutschen Päckchenverkehr zu erfinden. So kamen zu der ohnehin schon langen Liste von Waren, für die die Einfuhr verboten war, im Laufe der Jahre neu hinzu: Medikamente, sogenannte Werbematerialien (vom dicken Versandhauskatalog bis zum popeligen Kugelschreiber mit Werbeaufdruck), Funksende- und -empfangsanlagen, Fernsehgeräte sowie Zusatzgeräte dafür (zum Beispiel für den Programmempfang im UHV-Bereich)[21], Vervielfältigungsapparate oder Produktionsmittel. Besonders schikanös waren die Bestimmungen zum Verschicken von gebrauchten Textilien und Schuhen in die DDR: Das war nur gestattet, wenn der Paketsendung »eine Bescheinigung des zuständigen Landesgesundheitsamtes über eine erfolgte Desinfizierung (der Kleidungsstücke) beigefügt« war. Neben der Fahrt zur Textilreinigung und den Kosten für diese selbst kamen also noch zusätzliche Behördengänge hinzu, wenn westdeutsche Verwandte modische, aber nicht abgetragene Sachen in die DDR schicken wollten. Doch damit nicht genug: Aus der geforderten Bescheinigung mußten auch »die Anzahl und die Bezeichnung der desinfizierten Gegenstände, das verwendete Mittel sowie die Art der Desinfizierung zu ersehen sein. Eine Bescheinigung, die früher als 14 Tage vor der Einfuhr in die DDR ausgestellt wurde«, verlor zudem ihre Gültigkeit.[22]

den, versandt werden. Sie dürfen weder in ihrem textlichen und bildlichen Inhalt, noch in ihrer Aufma-

tionen oder anderen juristischen Personen zusammengestellt, verpackt oder abgesandt worden sind,

**Jahresmenge der Einfuhren 1988 – ausgewählte Waren**

| | Mengeneinheit | Menge | Relation zur Versorgungsplanmenge in % |
|---|---|---|---|
| Röstkaffee | Kilotonnen | 11,2 | 18 |
| Tee, echt | Kilotonnen | 0,49 | 21 |
| Kakaopulver | Kilotonnen | 2,23 | 164 |
| Schokolade / Pralinen | Kilotonnen | 9,12 | 12 |
| Herrenschuhe und Damenschuhe | Millionen Paar | 2,84 | 11 |
| Kinderschuhe | Millionen Paar | 0,87 | 3,5 |
| Oberbekleidung für Herren | Millionen Stück | 4,26 | 42 |
| Oberbekleidung für Damen | Millionen Stück | 17,13 | 116 |
| darunter Blusen | Millionen Stück | 5,7 | 184 |
| Oberbekleidung für Kinder | Millionen Stück | 5,61 | 17 |
| Strumpfhosen | Millionen Stück | 13,46 | 30 |
| Obertrikotagen | Millionen Stück | 15,03 | 45 |
| Oberhemden | Millionen Stück | 3,33 | 37 |

Quelle: Institut für Marktforschung / Susanne Müller: Von der Mangel- zur Marktwirtschaft. Analyse der Konsumbedingungen und des Konsumverhaltens in der DDR. Leipzig 2000, Anlage 28/4.



Der Gesamtwert der privaten Einfuhrsendungen belief sich 1988 auf 4,3 Prozent des Einzelhandelsumsatzes. Die Statistik zeigt, daß bei bestimmten Produkten ein Vielfaches der Menge, die laut Plan im eigenen Land produziert wurde, per Paket aus dem Westen kam.

Immer schwankend zwischen der Angst, die Kontrolle über die Bürger zu verlieren, und der Befürchtung, deren Ansprüchen nicht mehr genügen zu können, entschloß sich die Staats- und Parteiführung der DDR letztlich – auch angesichts der Produktions- und Versorgungslücken im Land –, die Inhalte der Westpäckchen, quasi unter der Hand, zu festen Plangrößen zu machen. Das schon mehrfach benannte Institut für Marktforschung wurde Ende der sechziger Jahre erstmals beauftragt, aus den vom Zoll der DDR gezogenen Stichproben den Gesamtumfang der per Paket und Päckchen pro Jahr in die DDR eingeführten Warenmengen hochzurechnen und mit den entsprechenden Mengen des Versorgungsplanes zu vergleichen. Wurden die Stichproben anfangs noch durch das Öffnen jedes x-ten Päckchens ermittelt, setzte der Zoll dafür später immer perfektere Durchleuchtungsanlagen ein. In das Ausgangsmaterial für die Hochrechnungen hatten an dem Leipziger Institut neben dem Direktor nur noch die beiden unmittelbaren Bearbeiter Einblick. Nach erledigter Arbeit mußten von ihnen alle originalen Erfassungsbögen des Zolls vernichtet werden. Die von ihnen erarbeiteten Studien wa-

chung (Werbeeindrucke!) politischen oder antikommunistischen Charakter haben. Im allgemeinen wird ren »Geheime Verschlußsache«. Leider liegen heute nur die von 1978 an ermittelten Werte vor.[23] Doch allein die lassen bereits eine Ahnung davon aufkommen, warum um diese Zahlen solch eine Geheimniskrämerei betrieben wurde. Der Gesamtwert der Einfuhrsendungen belief sich bereits 1978 auf 3,7 Prozent des Einzelhandelsumsatzes der DDR, der laut Statistischem Jahrbuch 1992 490 Mio. Mark betrug. Ihr Wert wuchs bis 1988 auf immerhin 4,3 Prozent an, das sind 5504 Mio. Mark der DDR. Das entsprach einem Durchschnittswert von 197 Mark pro Päckchen.[24] In welch erheblichem Umfang einzelne Positionen des Zentralen Versorgungsplanes der DDR auf diese Weise entlastet wurden, macht der Blick auf zwei Branchen deutlich: Bei Genußmitteln betrug 1988 der Wert der Einfuhrsendungen 1221 Mio. Mark (das entspricht 5,2 Prozent des Einzelhandelsumsatzes), bei Textilien gar 3881 Mio. Mark (das waren stolze 23,8 Prozent des Einzelhandelsumsatzes). Während der Prozentsatz der Genußmittel im Vergleich zu 1978 leicht rückläufig war, erlebte der im Textilbereich bis zum Ende der DDR weitere, erhebliche Steigerungen (sein Anteil am Einzelhandelsumsatz lag 1978 noch bei 18 Prozent). Oder um es für konkrete »Einzelhandelspositionen« zu benennen: Bei Herren-Oberbekleidung hatte die per Paket aus dem Westen eingeführte Menge bis zum Ende der DDR eine Relation zur staatlich geplanten Versorgungsgröße von 42 Prozent (das entspricht 4,26 Mio. Stück) und bei Damen-Oberbekleidung von 116 Prozent erreicht (das entspricht 17,13 Mio. Stück, darunter 5,7 Mio. Blusen, was 184 Prozent der Versorgungsplanmenge entsprach!). Per Paket wechselten 1988 aber auch 13,46 Mio. Paar Strumpfhosen, 13,44 Mio. Stück Seife und 11,20 Kilotonnen Röstkaffee sowie 9,12 Kilotonnen Schokolade und Pralinen von West nach Ost. Die erreichten dann auch überwiegend ihren Empfänger, was von den 4,38 Mio. Büchern, 5,58 Mio. Tonbandkassetten, 1,03 Mio. Schallplatten oder 8,17 Mio. Zeitschriften und Romanheften nicht ohne weiteres behauptet werden kann (siehe oben)! Um hier sicher zu gehen, ob der eingepackte Inhalt des jeweiligen Päckchens tatsächlich auch seinen richtigen Empfänger erreichte, blieb dem Absender in der Bundesrepublik auch Ende der achtziger Jahre nichts anderes übrig wie bereits in den Jahrzehnten zuvor: Er schickte parallel zu dem Päckchen an seine Verwandten in der DDR einen Brief, in dem auf einem beigelegten Zettel detailliert vermerkt war, welche Geschenke sie demnächst erreichen (sollten). Bis zum Schluß blieb so »Dein Päckchen nach drüben« ein Warenstrom mit Hindernissen.

Inkrafttretens dieser Verordnung entfällt das bisher für Geschenksendungen nach Westdeutschland

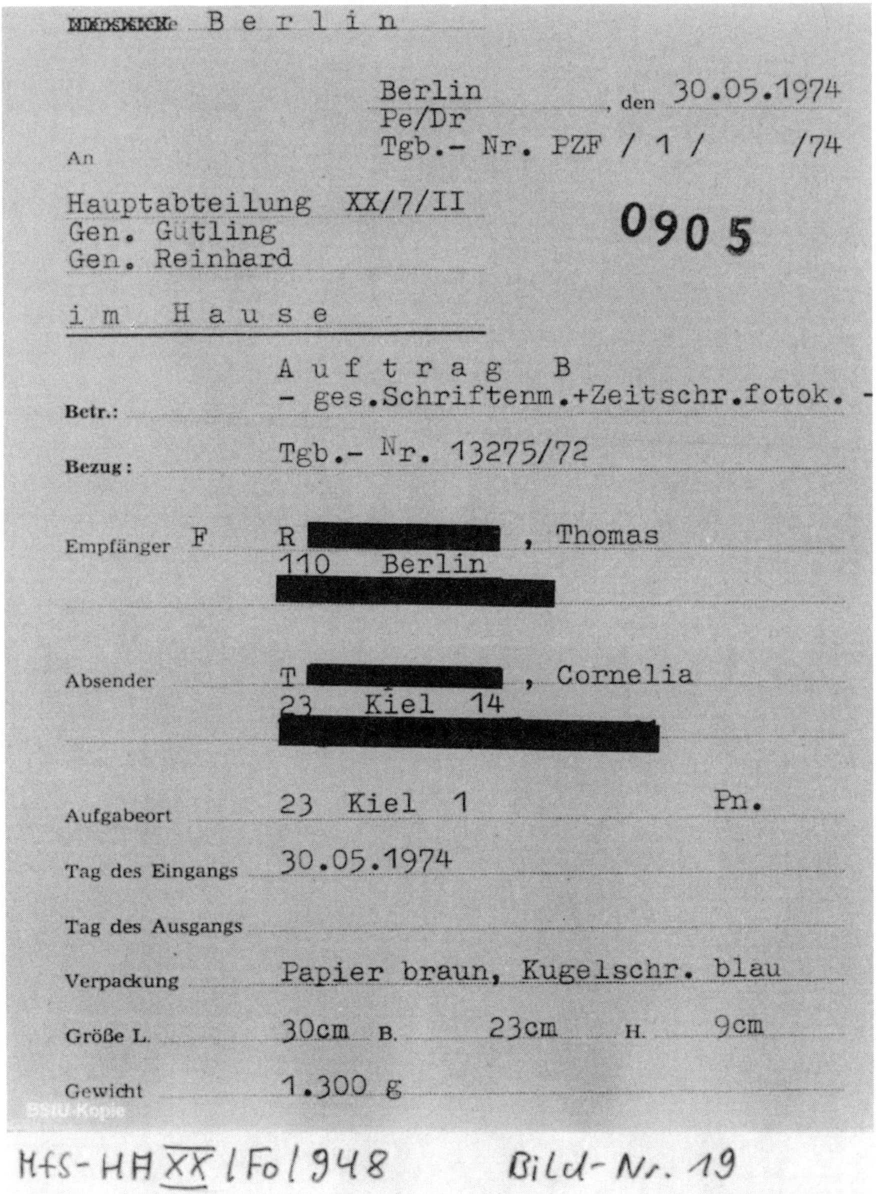

~~xxxxxxx~~ Berlin

Berlin, den 30.05.1974
Pe/Dr
Tgb.- Nr. PZF / 1 / /74

An

Hauptabteilung XX/7/II
Gen. Gütling
Gen. Reinhard

im Hause

0905

Betr.: Auftrag B
- ges.Schriftenm.+Zeitschr.fotok. -

Bezug: Tgb.- Nr. 13275/72

Empfänger F R [redacted], Thomas
110 Berlin
[redacted]

Absender T [redacted], Cornelia
23 Kiel 14
[redacted]

Aufgabeort 23 Kiel 1 Pn.

Tag des Eingangs 30.05.1974

Tag des Ausgangs

Verpackung Papier braun, Kugelschr. blau

Größe L. 30cm B. 23cm H. 9cm

Gewicht 1.300 g



MfS-HA XX/Fo/948 Bild-Nr. 19

Bericht im Rahmen eines Fahndungsauftrages des Ministeriums für Staatssicherheit. Mit ihm wurde die Inhaltskontrolle bei Paketsendungen ausgelöst. Das Formular enthält Angaben zum Fahndungsziel (die Suche nach Schriftenmaterial und Zeitschriften) und zur auftragserteilenden Diensteinheit. Im vorliegenden Fall wurde die Paketkontrolle von der Hauptabteilung XX, zuständig für die Sicherheit/Aufklärung von »Staatsapparat, Kultur, Kirche und Untergrund«, veranlaßt.

ratur!), Unterhaltungsromane, Bildbände und Kunstkalender, Biographien, religiöses und wissenschaft-

und Westberlin erforderliche Inhaltsverzeichnis. (2) Den Geschenksendungen nach dem Ausland sind

Zunächst wurde jedes Paket bei den Kontrollen vor dem Öffnen fotografiert. Teilweise waren die Paketsendungen zusätzlich mit Tesafilm verklebt. In diesem Fall versuchten die Mitarbeiter des MfS durch eine Röntgenaufnahme den Inhalt des Paketes festzustellen. Erst dann wurde über ein Öffnen der Sendung entschieden.

liches Schrifttum, Fachliteratur. Reisebeschreibungen sind vorzugsweise erwünscht. Medikamente dür-

die erforderlichen Zollinhaltserklärungen beizufügen. § 9 (1) Von dem Geschenkpaket- und -päckchen-

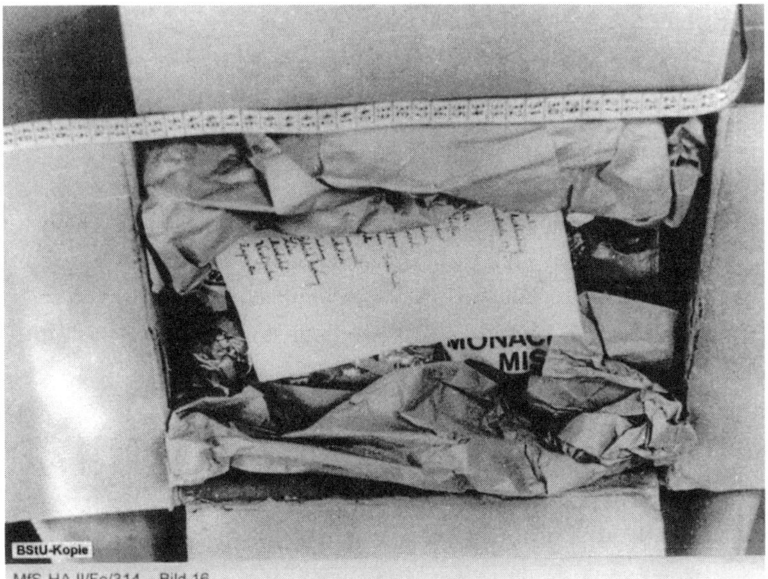


MfS-HA II/Fo/314 – Bild 16

MfS-HA II/Fo/314 – Bild 18

Hatte man sich entschlossen, das Paket auszupacken, wurde jeder Schritt der Kontrolle im Bild festgehalten. Auf diese Weise konnte beim Verschließen der Sendung der ursprüngliche Zustand rekonstruiert werden (oben). Danach wurden alle im Paket befindlichen Waren fotografiert und mit dem beiliegenden Inhaltsverzeichnis verglichen (unten).

fen nur versandt werden, wenn ein Rezept von einem in der Sowjetzone zugelassenen Arzt beigefügt ist.

versand nach Westdeutschland, Westberlin und dem Ausland sind die in der Anlage I zu dieser Verord-

**Schnittmuster ersatzlos eingezogen**

Mein Mann und ich freuten uns auf einen Urlaub in Bulgarien. Das schrieb ich auch meiner Freundin im Westen. Überraschend kam ein Paket bei uns an, obwohl keiner Geburtstag hatte. Auf dem Paket war ein Stempel »geöffnet«. Ich war erschrocken, dachte mir, was hat sie wohl da hineingetan, wo sie doch genau weiß, daß man nicht alles schikken darf! Im Paket fand ich ein Schriftstück vom Zoll, woraus hervorging, daß vom Inhalt zwei Dinge beschlagnahmt und ersatzlos eingezogen worden waren: ein Medikament und ein Druckerzeugnis. Mir ließ das keine Ruhe, und um Aufklärung bemüht, rief ich beim Zollamt an. Auf die Auskunft, daß ich nur auf eine schriftliche Anfrage Aussicht auf Bearbeitung hätte, schrieb ich auch noch einen Brief.

Nach drei Tagen kamen zwei Beamte vom Zoll in Uniform, da wurde mir ganz anders. Wollten die mich verhaften? Ich fing an zu zittern. Als mir aber dann erklärt wurde, was der Grund für die Beschlagnahme war, konnte ich insgeheim nur lächeln: Das Medikament war eine Probepackung Rennie, die meine Freundin mitgeschickt hatte, weil sie meinte, es gebe manchmal in fremden Ländern Probleme mit dem Magen. Und als Druckerzeugnis stellte sich ein Schnittmusterbogen heraus, den sie einem Kleiderstoff mit beigelegt hatte! Alles war nur gut gemeint, aber verboten und verursachte so viel Aufwand.

*Marta Traut, Erfurt*



**Eine Ostfrau packt ein Westpaket**

Hier mußte es doch irgendwo sein: In Berlin die Hasenheide runter, kurz vor der Graefestraße auf der rechten Seite sollte sich der vielbeschworene ALDI-Laden befinden. Endlich fand ich das blau-weiße A über dem Eingang. Drinnen lange Regalreihen mit unausgepackten Pappkartons voller Waren. Eine lange Schlange an nur einer geöffneten Kasse. Ich war enttäuscht.

Im April 1984 war ich von Ost- nach Westberlin übergesiedelt, und nun, kurz vor Weihnachten, stand mein erstes Weihnachts-Westpaket an die Eltern und die Schwester ins Haus. Und hier sollte ich es zusammenstellen? Den ALDI-Tip hatte ich von mit mir übergesiedelten Leidensgenossen bekommen, aber dieser Laden schien mir der Bedeutung des Ereignisses ganz und gar nicht angemessen. Damit das Unterfangen nicht ganz umsonst war, packte ich ein paar Süßigkeiten zum Auffüllen des Pakets in den Korb. Dann nahm ich doch lieber den Gang durch

Dabei ist es ohne Bedeutung, ob die Medikamente rezeptpflichtig sind oder nicht. Es ist zu empfehlen, nung aufgeführten Gegenstände ausgenommen. (2) Für den Geschenkpaket- und -päckchenversand

etwas bessere Geschäfte in Kauf, auch wenn dort allgemeiner Weihnachtseinkaufsstreß herrschte.

Ich versuchte mich zu erinnern, was mir in der DDR am meisten gefehlt hatte. Das waren nicht billige Kosmetikartikel, Süßigkeiten oder der obligatorische Kaffee gewesen, sondern Dinge, oft nur Kleinigkeiten, die etwas Freude und Farbe in den Alltag brachten. Schließlich fand ich für meine Mutter ein Buch von Hildegard Knef, für meinen Vater, den passionierten Hobby-Gärtner, ein Buch über biologisches Gärtnern, für meine Schwester Duftstäbchen, Grasparfüm und ein paar Espandrillos – im Westen ein »Pfennigartikel«, in der DDR Mangelware und sehr teuer. Viele Dinge, die ich gerne geschickt hätte, wären nicht angekommen. Zeitungen und Zeitschriften wären beschlagnahmt worden, exotisches Gemüse und Obst oder Milchprodukte auf dem Paketweg sicherlich verdorben. Ich legte Wert auf eine liebevolle Verpackung der Geschenke und Pakete. Jedoch ist das Innere meiner Sendungen immer vollständig auseinandergenommen und zerfetzt und dann lieblos mit einem schmutzigen Bindfaden wieder zusammengebunden worden. So sind die Sachen dann bei meinen Eltern angekommen.



Mit der Zeit verblaßten meine Erinnerungen an das Leben in der DDR, ich durfte ja auch nicht zu Besuchszwecken zurückkehren, und die zeitliche Belastung durch Studium, Jobs und alltägliche Erledigungen nahm immer mehr zu. So entwickelten sich auch meine Geburtstags- und Weihnachtssendungen im Laufe der Zeit zu solchen Paketen, wie ich sie aus meiner Kindheit und Jugend kannte, mit Kaffee, Seife, Süßigkeiten. Jetzt fehlten nur noch die abgetragenen Kleidungsstücke!

Natürlich schickten mir auch meine Eltern Pakete. In einem Weihnachtspaket versuchte mir meine Mutter einmal eine selbstgebackene Stolle zu senden. Aus langjähriger Erfahrung verpackte sie diese gegen das Austrocknen in ein Geschirrhandtuch. Das Stollenpaket erreichte mich jedoch nicht, sondern ging zurück an seinen Absender mit der Begründung, daß es nicht gestattet sei, Gebrauchstextilien aus der DDR auszuführen. Erfahrungen dieser Art waren sehr bitter und trafen Absender und Empfänger gleichermaßen hart. Außerdem war es immer wieder unangenehm, daran erinnert zu werden, daß sich in die Familienbeziehung wegen meiner Übersiedlung eine unnachgiebige Überwachungsinstanz gedrängt hatte.

*Ute J., Berlin*

Medikamente eingeschrieben aufzugeben und keine anderen Geschenke beizupacken. Uhren und nach Westdeutschland, Westberlin und dem Ausland sind die in der Anlage 2 zu dieser Verordnung auf-



# MERKBLATT

## für Geschenksendungen in die Sowjetzone

**Im Paket- und Päckchenverkehr mit der Sowjetzone sind, vor allem im Interesse des Empfängers, bestimmte Richtlinien zu beachten. Hierüber gibt ein Merkblatt Auskunft, das unentgeltlich am Schalter .................................................. abgegeben wird.**

10 53 264

Mit solchen Aushängen wurde in den Postämtern in Westdeutschland auf dort erhältliche Merkblätter hingewiesen (fünfziger Jahre).

Schmucksachen aus Edelmetallen dürfen geschickt, sollten aber stets gesondert auf den Weg gebracht geführten Gegenstände in dem dort angegebenen Wertumfang zugelassen. (3) Änderungen oder Ergän-

Christian Härtel

# Ostdeutsche Bestimmungen für den Paketverkehr im Spiegel westdeutscher Merkblätter



Der nichtkommerzielle deutsch-deutsche Warenverkehr, zu dem – neben der Mitnahme bei Besuchsreisen – vor allem der Geschenkpaket- und -päckchenverkehr in beide Richtungen gehörte, war einer Vielzahl von Bestimmungen durch die DDR-Regierung unterworfen. Zumeist wurden zeitgleich gesonderte Regelungen für die Ein- und Ausfuhr erlassen, diese betrafen also sowohl die Pakete von DDR-Bürgern an ihre westdeutschen Verwandten als auch die Mitnahme von Geschenken im Reiseverkehr in beiden Richtungen.

In der Bundesrepublik Deutschland versuchte man durch Merkblätter, die in den ersten Jahren von verschiedenen Verbänden und Vereinen, später vom Ministerium für innerdeutsche Beziehungen herausgegeben wurden, auf die jeweils veränderte Lage bzw. die neu bekanntgewordenen Verordnungen zu reagieren. Die Bevölkerung sollte so über die veränderten Einfuhrbestimmungen informiert und mit Tips für ein sinnvolles Westpaket versehen werden. Man wollte den Postaustausch so reibungslos wie möglich gestalten. Für Besuchsreisen in die DDR gab es gesonderte Hinweisblätter.[1]

*Ost:* Die »Verordnung über den Geschenkpaket- und -päckchenverkehr auf dem Postwege mit Westdeutschland, Westberlin und dem Ausland« vom 5. August 1954 bildete über viele Jahre die wichtigste gesetzliche Grundlage für den privaten Paketverkehr zwischen der DDR und der Bundesrepublik (vgl. dazu den Beitrag von Bernd Lindner in diesem Buch). Die hier festgelegten Regelungen wurden danach immer wieder – teilweise nur in Nuancen – mit Durchführungsbestimmungen variiert. Nur die wichtigsten dieser Änderungen sind in die folgende Chronologie aufgenommen worden.

*West:* In einem frühen »Merkblatt für Geschenksendungen in die Sowjetzone« (nach 1954), zusammengestellt vom Hilfsring – Vereinigung ehrenamtlich arbeitender Frauen e. V., wird vor allem dazu geraten, das Paket als private Sendung zu kennzeichnen und mit der Aufschrift »Geschenksendung, keine Handelsware« zu versehen. Der Hilfsring gehörte zu den sogenannten Zuwendungsempfängern, also jenen Institutionen, die in ihrer Arbeit mit Bundesmitteln unterstützt wurden.

werden, und zwar als Einschreib- oder Wertsendung (bis zu 500.- DM- West zulässig), um damit eine zungen der Anlagen 1 und 2 können nur vom Ministerium für Außenhandel und Innerdeutschen Handel

**Merkblatt für**
**Geschenksendungen**
**in die Sowjetzone**

**Ausgabe Juni 1956**

**Alle Absender von Geschenksendungen sollten die nachstehenden Bestimmungen und Hinweise sorgfältig beachten, damit ihre Sendungen ohne Beanstandung durch die Kontrollstellen der Sowjetzone und ohne Gefährdung der Empfänger ihr Ziel erreichen.**

Merkblatt von 1956, das schon detailliert über die Verordnungen der DDR zum Geschenkverkehr informiert.

Zugelassen seien – so heißt es in dem Merkblatt weiter – gewöhnliche Pakete bis zu einem Gewicht von sieben Kilogramm. Der Inhalt der Geschenksendungen solle »abwechslungsreich« zusammengestellt werden. Empfohlen werden vor allem noch Grundnahrungsmittel wie Fett (bis 1000 Gramm), Reis (bis 500 Gramm), Mehl (bis 500 Gramm) oder Hülsenfrüchte (bis 500 Gramm). Kaffee und Kakao seien bis zu je 250 Gramm erlaubt.

Besonders wird darauf hingewiesen, daß keine Zeitungen, Zeitschriften oder Broschüren verschickt werden dürfen. Auch solle man nur unbedrucktes Verpackungsmaterial verwenden und der Sendung keine schriftlichen Mitteilungen beifügen, auch nicht auf der Paketkarte.

Als von Beschlagnahmung bedroht werden »Pakete mit ausländisch etikettierten Erzeugnissen (z. B. franz. Ölsardinen)« angesehen oder sogenannte Kettenpakete, also mehrere zeitgleiche Pakete desselben Absenders an einen Empfänger. Es empfehle sich immer, die Sendung durch eine Postkarte beim Adressaten anzukündigen und sich von ihm den Empfang bestätigen zu lassen. Man solle sich allerdings durch Beschlagnahmung nicht entmutigen lassen, die »Hilfe an bedürftige Bekannte und Freunde in der SBZ« fortzusetzen. Wer keine Bekannten habe, könne sein Paket einem »Hilfswerk oder einem der karitativ tätigen Wohlfahrtsverbände« zuleiten.

*Ost:* Die »Durchführungsbestimmung zur Verordnung über den Geschenkpaket- und -päckchenverkehr auf dem Postwege« vom 14. Januar 1955 legt fest, daß »luftdichtverschlossene Behältnisse« für den Versand – in beide Richtungen – nicht

sorgsame Behandlung zu erreichen. 4. Unzulässig ist der Versand von »luftdicht verschlossenen Behältvorgenommen werden. III. Einfuhr. § 10 (1) Der Inhalt und die Anzahl von Geschenkpaketen und -päck-



zugelassen sind. Des weiteren wird geregelt, daß jeder Bewohner der DDR monatlich eine Geschenksendung empfangen und verschicken darf. Medikamente können nur dann eingeführt werden, wenn der Sendung ein von einem in der DDR zugelassenen Arzt ausgestelltes Rezept beiliegt.

In einer zweiten »Durchführungsbestimmung« vom 10. Dezember 1956 wird die Begrenzung auf ein Paket pro Monat und DDR-Bürger dahingehend modifiziert, daß nun pauschal zwölf Pakete pro Jahr erlaubt sind – ungeachtet des Monats, in dem sie zum Versand kommen. Diese Regelungen betrafen auch die Sendungen *aus* der DDR.

*West:* Recht präzise macht das »Merkblatt für Geschenksendungen in die Sowjetzone« (Ausgabe Oktober 1958), herausgegeben vom Arbeitskreis karitativer Vereinigungen in Bonn, auf die geltenden Mengenbeschränkungen, den Versand von Medikamenten nur auf Rezept und das Verbot luftdicht verschlossener Behälter, also von Konserven aus Blech oder Glas, aufmerksam.

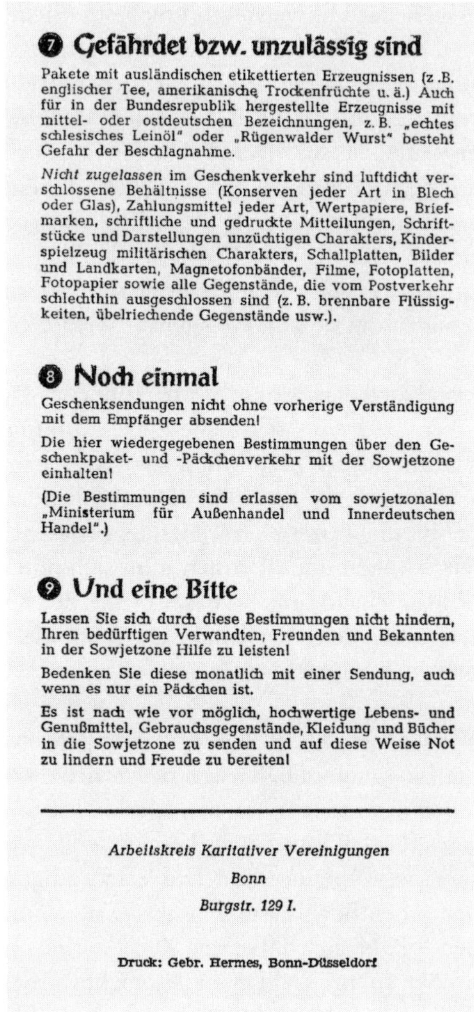

**❼ Gefährdet bzw. unzulässig sind**

Pakete mit ausländischen etikettierten Erzeugnissen (z. B. englischer Tee, amerikanische Trockenfrüchte u. ä.) Auch für in der Bundesrepublik hergestellte Erzeugnisse mit mittel- oder ostdeutschen Bezeichnungen, z. B. „echtes schlesisches Leinöl" oder „Rügenwalder Wurst" besteht Gefahr der Beschlagnahme.

*Nicht zugelassen* im Geschenkverkehr sind luftdicht verschlossene Behältnisse (Konserven jeder Art in Blech oder Glas), Zahlungsmittel jeder Art, Wertpapiere, Briefmarken, schriftliche und gedruckte Mitteilungen, Schriftstücke und Darstellungen unzüchtigen Charakters, Kinderspielzeug militärischen Charakters, Schallplatten, Bilder und Landkarten, Magnetofonbänder, Filme, Fotoplatten, Fotopapier sowie alle Gegenstände, die vom Postverkehr schlechthin ausgeschlossen sind (z. B. brennbare Flüssigkeiten, übelriechende Gegenstände usw.).

**❽ Noch einmal**

Geschenksendungen nicht ohne vorherige Verständigung mit dem Empfänger absenden!

Die hier wiedergegebenen Bestimmungen über den Geschenkpaket- und -Päckchenverkehr mit der Sowjetzone einhalten!

(Die Bestimmungen sind erlassen vom sowjetzonalen „Ministerium für Außenhandel und Innerdeutschen Handel".)

**❾ Und eine Bitte**

**Lassen Sie sich durch diese Bestimmungen nicht hindern, Ihren bedürftigen Verwandten, Freunden und Bekannten in der Sowjetzone Hilfe zu leisten!**

**Bedenken Sie diese monatlich mit einer Sendung, auch wenn es nur ein Päckchen ist.**

**Es ist nach wie vor möglich, hochwertige Lebens- und Genußmittel, Gebrauchsgegenstände, Kleidung und Bücher in die Sowjetzone zu senden und auf diese Weise Not zu lindern und Freude zu bereiten!**

*Arbeitskreis Karitativer Vereinigungen*
*Bonn*
*Burgstr. 129 I.*

**Druck: Gebr. Hermes, Bonn-Düsseldorf**

Es wurden Hinweise zum Inhalt, den erlaubten Mengen sowie zu der geeigneten Verpackung und der nötigen Beschriftung gegeben.

Auch bei Büchern und Drucksachen wird zur Vorsicht gemahnt: »Sie dürfen weder in ihrem textlichen und bildlichen Inhalt noch in ihrer Aufmachung (Werbeeindrucke!) politischen oder antikommunistischen Charakter haben.« Bei der genauen Beschreibung des Erlaubten sind auch die Herausgeber auf Vermutungen und gesammelte Erfahrungen angewiesen. Entsprechend vorsichtig formulieren sie: »Im allgemeinen wird man schicken dürfen: Klassikerbände und Werke der Weltliteratur, gute Jugendbücher (keine Kriegsliteratur!), Unterhaltungsromane, Bildbände und Kunstkalender, Biographien, religiöses und wissenschaftliches Schrifttum, Fachliteratur.«

nissen«, also Konserven in Blech oder Glas, von Zahlungsmitteln aller Art, Wertpapieren, Briefmar-

chen aus Westdeutschland, Westberlin oder dem Ausland muß den Bestimmungen des § I dieser Ver-

Viele der Hinweisblätter nichtstaatlicher Vereinigungen in den fünfziger Jahren sind oft weniger nüchterne Informationsschriften als vielmehr Aufrufe zur Unterstützung für »die Zone«. »Lebensmittel [seien] noch immer für viele Menschen eine wertvolle Hilfe«. Die reinen Merkblätter wurden zudem von Werbematerial begleitet, das für »Dein Päckchen nach drüben« *mobilisieren* sollte. In einer gleichnamigen Broschüre, ebenfalls vom Arbeitskreis karitativer Vereinigungen herausgegeben (November 1958), wird dann auch auf die »Not und die Bedrängnis« verwiesen, »in der 17 Millionen Deutsche leben«. Es werden »Briefe von drüben« zitiert, die voller Dankbarkeit sind und in denen Bürger der DDR erzählen, wie sehnsüchtig sie auf das nächste Westpaket warten.



*Ost:* Nach dem Mauerbau tritt mit der »Durchführungsbestimmung« vom 17. Oktober 1961 eine merkliche Einschränkung des bisher offiziell Erlaubten ein, »die Einfuhr von Arzneimitteln aller Art« wird nunmehr generell verboten.

Schon mit der nächsten »Durchführungsbestimmung« vom 21. November 1961 greift eine weitere Verschärfung der Regelungen: Für den Versand von gebrauchten Schuhen und Textilien muß sich nun der Absender im Westen eine Desinfektionsbescheinigung besorgen. »Aus der Bescheinigung muß die Anzahl und die Bezeichnung der entseuchten Gegenstände, das verwandte Mittel sowie die Art der Entseuchung zu ersehen sein.«

*West:* Nachdem in den fünfziger Jahren noch stark auf eine besondere »Notsituation« in der DDR angespielt wurde, um die Hilfsbereitschaft im Westen zu motivieren, wird schon in den Merkblättern der frühen sechziger Jahren das Problem eines für den Empfänger beschämenden Gebens von oben herab erkannt und entsprechend thematisiert. Die Versorgung mit Grundnahrungsmitteln der »mitteldeutschen Bevölkerung« – das Wort »DDR« wird immer noch peinlichst vermieden – habe sich in letzter Zeit deutlich verbessert. »Ohne besondere Bitten von drüben sollten nicht mehr geschickt werden: Mehl, Nährmittel, Reis, Zucker, Tee«, heißt es mit Nachdruck in einem Merkblatt »Geschenksendungen nach Mitteldeutschland« des Büros für gesamtdeutsche Hilfe. »Die Menschen [dort] sind nicht anders als wir. Sie möchten endlich auch an den Annehmlichkeiten des Lebens teilnehmen und sich an etwas freuen, was nicht unbedingt zum primitiven Lebensbedarf gehört … Nur wir können ihnen diese Wünsche erfüllen, und wir können große Freude damit bereiten.« Da der Unterschied im Bereich der Grundversorgung in Ost und West nicht mehr so gravierend zu sein scheint, werden eher Konsumgüter und Waren des gehobenen Bedarfs empfohlen. Drüben sei all das begehrt, »was ›etwas Farbe in den Alltag‹ bringt. Die Menschen … freuen sich über das, was auch uns Freude macht. Sie wollen ähnlich leben wie wir.«

ken, schriftlichen und gedruckten Mitteilungen, Zeitungen und Zeitschriften, Kinderspielzeug »militari-

ordnung entsprechen und darf den Bedarf des Empfängers und dessen Haushaltsangehörigen nicht über-

*Ost:* Die »Verordnung zur Änderung der Verordnung über den Geschenkpaket- und -päckchenverkehr« vom 7. Januar 1963 hebt das Verbot der Ein- und Ausfuhr von Schallplatten in Päckchen »mit Ausnahme der Aus- und Einfuhr von und nach Westdeutschland und Westberlin« auf. Dies hat zur Folge, daß nun aus dem Ausland Tonträger in die DDR geschickt werden dürfen, ausgenommen die Bundesrepublik.

*West:* Das Merkblatt des Büros für gesamtdeutsche Hilfe vom Oktober 1964 zählt daher Schallplatten und Tonbänder zu den ausdrücklich nicht zugelassenen Artikeln. Auch Zahlungsmittel aller Art sind »nach der sowjetzonalen Verordnung« ausdrücklich verboten. Des weiteren solle man zum Beispiel keine Damenbekleidung an einen männlichen Empfänger schicken, da nur Geschenksendungen für den Eigenbedarf zugelassen seien. Um dem Vorwurf zu begegnen, die Desinfektionsbescheinigung fehle, empfiehlt man, »bei neuen Sachen die Preisschilder nicht zu entfernen oder Kassenzettel beizulegen«.



Der Buchversand, für den immer wieder ausdrücklich geworben wird, sei »teilweise durch willkürliche Auslegung der Bestimmungen durch die sowjetzonalen Kontrollämter erschwert«, heißt es in dem Faltblatt. Bücher mit weltanschaulichem oder geschichtlichem Inhalt seien auf alle Fälle gefährdet, ebenso »Heimat- und andere Kalender mit Hinweis auf politische Ereignisse der Gegenwart (17. Juni!)«.

Das andauernde Verbot für den Versand von Arzneimitteln wird von dem Büro in seiner Broschüre »Geschenksendungen in die Sowjetzone. Fragen und Antworten« im März 1966 scharf kommentiert. Medikamente seien nach der »Dritten Durchführungsbestimmung zur sowjetzonalen Geschenkpaketverordnung« verboten. »Die Folgen dieser unmenschlichen Bestimmung haben ungezählte Kranke in Mitteldeutschland zu tragen.«

*Ost:* Anfang der siebziger Jahre zeichnet sich im Verhältnis zwischen beiden deutschen Staaten im Zuge der Verhandlungen zum Grundlagenvertrag eine deutliche Entspannung ab, die sich auch in den Regelungen zum nichtkommerziellen Warenverkehr niederschlägt. Erstmals kommt es wieder zu nennenswerten Erleichterungen durch verschiedene Neuregelungen. Vom 1. Juli 1971 an ist das zulässige Höchstgewicht für Pakete von sieben auf 20 Kilogramm angehoben worden. Mit der »Durchführungsbestimmung« für den grenzüberschreitenden Geschenkpaket- und -päckchenverkehr vom 10. September 1972 werden neue Höchstmengen erlaubt: Kaffee darf bis 500 Gramm, Schokolade bis 1 000 Gramm eingeführt werden. Auch wird das Verbot der Ein- und Ausfuhr von luftdicht verschlossenen Behältnissen in Geschenksendungen und im Reiseverkehr aufgehoben.

stischen Charakters«, Schallplatten, Bildern und Landkarten, Magnetophonbändern, Filmen, Photoplatschreiten. (2) In Geschenkpaketen und -päckchen aus Westdeutschland, Westberlin und dem Ausland

**Hinweise für Geschenksendungen in die DDR und nach Berlin (Ost)**

**1. Vorbemerkung**

Für den Versand von Geschenken in die DDR und nach Berlin (Ost) gelten die Bestimmungen der Zwanzigsten Durchführungsbestimmung zum Zollgesetz der DDR vom 14. Juni 1973, zuletzt geändert mit Wirkung vom 21. September 1977. Danach ist nur der Versand auf dem Postwege, nicht aber der Bahnversand vorgesehen.

Die folgenden Hinweise berücksichtigen die Versandbestimmungen der DDR sowie die einschlägigen postalischen Bestimmungen. Für alle Geschenke gilt die Vorschrift, daß der Inhalt von Geschenksendungen für den persönlichen Bedarf der Empfänger bestimmt sein muß. Bei der Zusammenstellung jeder Sendung muß daher darauf geachtet werden, daß auch nicht der Anschein eines Versandes von Handelsware entstehen kann (keine größeren Mengen oder Stückzahlen eines Produktes in einer Sendung!).

Die Deutsche Post der DDR ist verpflichtet, alle Geschenksendungen der Zollverwaltung der DDR vorzuführen. Verstöße gegen die DDR-Bestimmungen können zur entschädigungslosen Einziehung der gesamten Sendung bzw. des beanstandeten Teils der Sendung führen. In diesen Fällen leistet die Deutsche Bundespost keinen Ersatz (s. unter „5. Haftung der Deutschen Bundespost").

Beanstandete Sendungen können auch zurückgewiesen, d.h. an den Absender zurückgeschickt werden. Dies kann stets nur die ganze Sendung betreffen. Beanstandete Teile einer Geschenksendung werden nicht zurückgeschickt.

Um entschädigungslose Einziehungen oder Rücksendungen zu vermeiden, sollten bei der Zusammenstellung und beim Versand von Geschenksendungen die nachstehenden Hinweise genau beachtet werden. Insbesondere muß darauf geachtet werden, daß **nur Gegenstände für den persönlichen Bedarf** versandt werden.

Ausgabe Oktober 1981

Nach dem deutsch-deutschen Grundlagenvertrag von 1972 waren die Merkblätter in Ton und Aufmachung wesentlich nüchterner gehalten.

*West:* Vom Beginn der siebziger Jahre an ist die »Sowjetzone« aus den Merkblättern, die nun mehrheitlich vom Gesamtdeutschen Institut, einer dem Bundesministerium für innerdeutsche Beziehungen nachgeordneten Behörde, herausgegeben werden, verschwunden. Das Gesamtdeutsche Institut/Bundesanstalt für gesamtdeutsche Aufgaben (gegründet 1969) hatte in erster Linie Informationen über die DDR zu sammeln, zur Verfügung zu stellen und zu analysieren. Entsprechend gehörte auch die Erstellung von Merkblättern für den Geschenkpaketversand und den Reiseverkehr zu seinem Arbeitsbereich.

Die »Hinweise für Geschenksendungen nach der DDR und Ostberlin« vom September 1972 stehen ganz im Zeichen der fortschreitenden innerdeutschen Verhandlungen. Die neuesten »Erleichterungen im Geschenkversand und Reiseverkehr« werden in diesem Merkblatt mit ausdrücklichem Verweis auf die »19. Durchführungsbestimmung« vom 10. September 1972 durch ein loses Einlegeblatt ergänzt, da diese Änderungen bei Drucklegung noch nicht bekannt waren. Die Deutsche Demokratische Republik ist nun auch als Bezeichnung für den zweiten deutschen Staat nicht länger tabu.

*Ost:* Selbstbewußt ist in § 1 (1) der »Durchführungsbestimmung« vom 14. Juni 1973 von Geschenksendungen die Rede, die »über die Staatsgrenze der Deutschen Demokratischen Republik« zum Versand gebracht werden. Diese Formulierung sucht man in der ersten Verordnung von 1954 vergeblich.

Das Verbot der Einfuhr von Arzneimitteln wird verschärft, indem darunter jetzt auch ausdrücklich »ihnen gleichgestellte Stoffe und Zubereitungen« fallen. Die

ten, Photopapier, sowie von allen Gegenständen, die nach den Bestimmungen der Postordnung des Weltsind nachstehende Genußmittel bis zu den angegebenen Höchstmengen zugelassen: Kaffee (roh, ge-

Pflicht, gebrauchter Kleidung Desinfektionsbescheinigungen beizulegen, wird beibehalten und sogar noch ergänzt. Es werden nur noch solche Bescheinigungen anerkannt, die nicht älter als 14 Tage sind.

Auch die Bestimmungen zur Einfuhr von Druckerzeugnissen werden in gewisser Weise präzisiert, indem nun auch »Adressenverzeichnisse, Kalender, Almanache und Jahrbücher« verboten sind.

*West:* Nach den Neuregelungen heißt es bei den »Hinweisen« vom Oktober 1973 ausdrücklich, daß »über die Auslegung und Anwendung dieser Versandbestimmungen durch die Zollverwaltung der DDR bisher noch keine ausreichenden Erfahrungen« vorliegen. »Die Hinweise können dabei nur bei einigen Genußmitteln genaue Angaben der zugelassenen Mengen enthalten.« Diese betragen: für Kaffee und Kakao je 500 Gramm, für Schokoladen und Schokoladenwaren je 1000 Gramm, für Tabakwaren 250 Gramm, für Spirituosen einen Liter und für Wein oder Sekt zwei Liter.

- Funksende- und Empfangsanlagen, Fernsehgeräte, deren Teile sowie Ersatz- und Zubehörteile einschließlich der entsprechenden Dokumentationen, Bauanleitungen und anderen schriftlichen Unterlagen;
- Produktionsmittel; Vervielfältigungsapparate; Umzugs- und Erbschaftsgut (Versand unter besonderen Bedingungen möglich. Auskunft auf Anfrage beim Gesamtdeutschen Institut, Postfach 16 40, 5300 Bonn 1);
- gültige und ungültige Zahlungsmittel und Münzen; Wertpapiere;
- alle Gegenstände, die nach den allgemeingültigen Bestimmungen im Postverkehr nicht zugelassen sind. Hierzu gehören leicht entflammbare Stoffe, Sprengstoffe, Schußwaffen, Betäubungsmittel, Giftstoffe, unzüchtige und unsittliche Gegenstände sowie Tiere und Pflanzen, wenn deren Einfuhr nicht durch die zuständigen Behörden der DDR genehmigt ist.
  Rohe Bestandteile von Tieren, wie z. B. Naturdärme, dürfen in Geschenksendungen nicht enthalten sein.
  Blumenzwiebeln und Saatgut für den Kleinstbedarf dürfen mit einem amtlichen Pflanzengesundheitszeugnis verschickt werden. Dieses Zeugnis ist bei den Pflanzenschutzämtern erhältlich.

**5. Haftung der Deutschen Bundespost**

Nach den geltenden Bestimmungen haftet die Deutsche Bundespost dem Absender für

- den Verlust von eingeschriebenen Briefsendungen (hierzu gehören auch eingeschriebene Päckchen) – unabhängig vom Wert der Sendung – in Höhe von 40 DM je Sendung;
- den Verlust und die Beschädigung von gewöhnlichen Paketen in Höhe des unmittelbaren Schadens bis zum Höchstbetrag von 500 DM je Sendung;*)
- den Verlust und die Beschädigung von Paketen mit Wertangabe in Höhe des unmittelbaren Schadens bis zum Betrag der Wertangabe.

Für den Verlust oder die Beschädigung von gewöhnlichen Briefsendungen (hierzu gehören auch gewöhnliche Päckchen) haftet die Deutsche Bundespost nicht.
Für entschädigungslos eingezogene Sendungen oder Sendungsteile leistet die Deutsche Bundespost keinen Ersatz (s. hierzu auch unter „1. Vorbemerkung").

*) nach Inkrafttreten des Staatshaftungsgesetzes am 01. 01. 82: 1000 DM je Sendung.

---

Herausgeber:
Gesamtdeutsches Institut, Bundesanstalt für gesamtdeutsche Aufgaben
Anschrift: Postfach 16 40, 5300 Bonn 1
Druck: Joachim Weichert, Glogauer Straße 21, 1000 Berlin 36

Herausgeber der Informationsblätter war seit seiner Gründung 1969 das Gesamtdeutsche Institut im Auftrag des Ministeriums für innerdeutsche Beziehungen.



*Ost:* In einer »Änderung der Bekanntmachung über im grenzüberschreitenden Geschenkpaket- und -päckchenverkehr geltende Verbote und Beschränkungen« vom 10. Juni 1976 wird die Forderung nach einer Desinfektionsbescheinigung bei der Einfuhr von gebrauchten Textilien und Schuhen aufgehoben. Verboten bleiben solche Waren, wenn sie »nicht gewaschen oder gereinigt wurden und sich nicht in einem hygienisch einwandfreien Zustand befinden«. Die Behörden der DDR behalten sich vor, »bei Besonderheit der epidemiologischen Lage« die Einfuhrbestimmungen wieder zu verschärfen.

postvertrages vom Postverkehr ausgeschlossen sind (z. B. brennbare Flüssigkeiten, übelriechende Gebrannt, gemahlen, gemischt) 250g, Kakao (auch in gemischter Form) 250g, Schokolade in Tafeln oder

Mit der »Durchführungsbestimmung« vom 13. September 1976 reagieren die DDR-Behörden auf eine schwierige Versorgungslage im eigenen Land und erhöhen die im Post- und Reiseverkehr zur Einfuhr zugelassene Kaffeemenge von 500 auf 1 000 Gramm. Schon ein Jahr später, mit der »Durchführungsbestimmung« vom 19. September 1977, werden die bisherigen Mengenbegrenzungen für Kaffee, Tabakwaren, Spirituosen, Wein und Sekt auf dem Postweg und im Reiseverkehr gänzlich aufgehoben. Die Einfuhr ist nun – soweit zum persönlichen Verbrauch bestimmt oder als Geschenk gedacht – auch in größeren Mengen zulässig (vgl. dazu auch den Beitrag von Annette Kaminsky in diesem Buch).



*West:* In den »Hinweisen für Geschenksendungen« von 1978 hebt die bundesdeutsche Seite hervor, daß Arzneimittel immer noch verboten sind. Dies kann ebenfalls »gleichgestellte Stoffe oder Zubereitungen« betreffen. »Arzneimittel sind nach DDR-Auffassung z. B. auch Süßstoffe, Melissengeist, Vitaminpräparate und einige Arten von Hustenbonbons.« Was die Organe der DDR unter Arzneimitteln in der Praxis verstanden, konnte also nunmehr nach gesammelten Erfahrungen genauer bestimmt und den Bundesbürgern in Merkblättern mitgeteilt werden.

*Ost:* 1983 fällt mit der »Durchführungsbestimmung zum Zollgesetz« vom 29. November 1983 die »Begrenzung für den Empfang von jährlich bis zu zwölf Geschenksendungen für jeden Bürger« der DDR. Für den Versand *aus* der DDR bleibt diese Begrenzung aber bestehen.

Von Januar 1984 an ist auch der Versand von Medikamenten in die DDR unter bestimmten Voraussetzungen wieder erlaubt.

*West:* Die »Hinweise« vom Oktober 1984 vermerken erstmals, daß ein gesondertes Merkblatt zum Arzneimittelversand beim Gesamtdeutschen Institut erhältlich ist.

Immer noch wird empfohlen, man solle als Verpackungsmaterial nur unbedrucktes Papier verwenden, da die Einfuhrbestimmungen für Druckerzeugnisse aller Art oft recht willkürlich gehandhabt würden. Die Erfahrung lehre aber, daß Papier mit Farb- und Schmuckmustern im allgemeinen nicht beanstandet werde.

*Ost:* Am 6. Oktober 1987 werden mit der »Änderung der Bekanntmachung über den grenzüberschreitenden Geschenkpaket- und -päckchenverkehr« nun Schallplatten uneingeschränkt zur Einfuhr zugelassen. Auch Magnettonbänder und Tonbandkassetten sind nicht länger verboten. Sogar bei den Druckerzeugnissen werden weitere Zugeständnisse gemacht: Kalender, Almanache und Jahrbücher sind nicht mehr ausdrücklich verboten. Auch dürfen nicht mehr nur jene Zeitschriften eingeführt werden, die in der sogenannten Postzeitungsliste der DDR verzeichnet sind.

genstände usw.). 5. Verpackung und Aufschrift. Die Sendungen sollten eigenhändig so verpackt wer-

sonstiger Form (auch gefüllt oder mit Beimischung) 300 g, Tabak oder Tabakerzeugnisse 50 g. (3) Ein Ver-

***West:*** Im vermutlich letzten Merkblatt von westlicher Seite im Oktober 1989 ist neben rezeptpflichtigen Arzneimitteln, die unter bestimmten Umständen erlaubt sind, eine ganze Reihe von sonstigen der Gesundheit dienenden Erzeugnissen aufgelistet, die jetzt versandt werden dürfen. Dazu gehören Vitamin- und Mineralstoffpräparate, Weine mit arzneilich wirksamen Bestandteilen oder Haft- und Pflegemittel für Zahnprothesen.

Auch Heimcomputer darf man nun verschicken, Programm- und Reinigungsdisketten allerdings nur zusammen mit dem Rechner. Leerdisketten sind dagegen in Geschenksendungen nicht erlaubt.

Außerdem wird darauf hingewiesen, daß »nur Kinderspielzeug versandt werden [darf], das keinen ›militaristischen‹ oder kapitalistischen Charakter hat. So erreichen Kriegsspielzeug und Monopoly-Spiele regelmäßig nicht die Empfänger.«



Die Versuche, *kapitalistisches Spielzeug* aller Art aus der DDR fernzuhalten, fanden mit dem Fall der Mauer ihr Ende. Die anschließende Paketflut, insbesondere aus den westdeutschen Versandhäusern, stellte Post und Zoll vor zeitweise gewaltige logistische Probleme. Auch der Reiseverkehr lief vom Herbst 1989 an quasi unkontrolliert. Mit dem 3. Oktober 1990 wurde die Zollverwaltung der DDR aufgelöst.

Auch das Ministerium für innerdeutsche Beziehungen stellte seine Arbeit zum 18. Januar 1991 ein, das Gesamtdeutsche Institut folgte zum Ende desselben Jahres. Der Paketaustausch zwischen Deutschland (Ost) und Deutschland (West) verlief fortan nur noch nach den Wünschen der jeweils Beteiligten, nicht mehr nach den absurden Verordnungen staatlicher Behörden.

den, daß sie bei den Kontrollstellen der Sowjetzone ohne Schaden für den Inhalt geöffnet und wieder verkauf, Kauf oder Tausch der in Geschenkpaketen und -päckchen eingeführten Gegenstände ist nicht zu-

**Verfolgungsjagd im Postberg**

Bei meiner Oma war die Post, oder besser gesagt: Meine Oma war die Post. In ihrem Wohnzimmer von etwa 20 Quadratmetern stand vorn rechts ein alter Schreibtisch mit Telefon und Telefonbuch darauf. Und wenn meine Oma daran saß, war das die Dorfpost.

Zu den abendlichen Öffnungszeiten, wenn selten ein Kunde störte, durfte ich am Schreibtisch sitzen und Briefmarken aufkleben. Die begehrten Sondermarken waren reserviert für die wenigen Sammler im Dorf und für die, die sich bei ihren Verwandten im Westen damit für das eine oder andere Paket bedanken wollten. Wer seine Briefe unfrankiert und mit dem nötigen Kleingeld versehen in Omas Kasten warf, bekam nur Walter Ulbricht.



Spannend war auch, das Kleingeld zu sortieren. Im Schreibtisch gab es außerdem ein Fach für Paket- und Telegrammvordrucke. Noch bevor ich schreiben konnte, hatte ich etliche Telegrammformulare in allen Zeilen hieroglyphisch ausgefüllt. Und in meinem tiefsten Innern denke ich heute noch, daß man Formulare so und nicht anders ausfüllen sollte.

Das Beste an der Post aber waren die Pakete und Päckchen. Sie kamen in großen graubraunen Säcken mit schwarz-rot-goldenen Streifen und dem exotischen Aufdruck »Deutsche Bundespost«. Sie waren so groß, daß sie selbst zum Sackhüpfen nicht taugten. Dafür aber zum Kartoffelnstoppeln, der Nachlese auf den LPG-Feldern, die den Wintervorrat für ein bis zwei Schweine im privaten Stall sicherte. Die Bundespost-Säcke waren die besten Säcke, die Kartoffeln je gesehen haben.

Die Pakete und Päckchen kamen fast alle aus dem Westen. Sie wurden eigentlich immer sofort ausgetragen, außer in der Hochsaison vor Weihnachten. Dann war selbst der riesige Gepäckträger auf dem gelben Postfahrrad zu klein, und meine Oma mußte zwei- oder dreimal täglich fahren. Das war dann meine Chance: In dem Paketberg ließ es sich prima spielen. Wenn er groß genug war, konnte ich mir sogar einen Iglu aus Paketbausteinen bauen. Auf jeden Fall reichte es immer für ein Auto. Das größte Paket als Sitzbank, aus dem Rest wurden Motorhaube und Kotflügel gebaut. Darin saß ich dann, spielte Verfolgungsjagd und wartete auf meine Oma, bei der sich so mancher glückliche Empfänger eines Westpaketes mit einer Tafel Westschokolade oder einem Päckchen Kaffee für die schnelle Auslieferung bedankte.

*Lutz H., Berlin*

schlossen werden können. Es empfiehlt sich, gut erhaltenes, gebrauchtes, unbedrucktes Packmaterial

**Brennholz für den Westen**

Genommen hat die Westpakete erst mal jeder, und gefreut hat sich auch jeder. Mein Vater ist nach dem Tod meiner Mutter in die Bundesrepublik übergesiedelt. Zu Weihnachten schrieb er, ob sich mein Sohn denn über ein ferngesteuertes Boot freuen würde. Nun hat ja jedes Boot hinten eine Fahne, und da dieses Spielzeugboot ein amerikanisches Modell war, fuhr es unter amerikanischer Flagge. Da hat mein Vater selber eine kleine DDR-Fahne gebastelt aus einem Zahnstocher und Pappe, hat das Emblem raufgemalt, ja, und dann kam das Boot ohne Probleme zu uns.



Auf wirklich abenteuerlichen Wegen sind einmal Möbelstücke von Ost nach West gelangt. Meine Schwiegereltern hatten eine hübsche kleine Kommode und einen Garderobenständer, die sie verschenken wollten. Sie informierten sich beim Zoll: Also, es war verboten. Dann haben sie gefragt: Darf man Holz schicken? Kaminholz oder so? Und das war gestattet.

Also haben die Eltern dieses Schränkchen vollkommen auseinandergenommen, die Bänder und die Kugelfüße abgeschraubt, alles in einen Jutesack gepackt und als Feuerholz deklariert. Wahrscheinlich hat keiner damit gerechnet, niemand hat für möglich gehalten, daß jemand aus dem Osten Feuerholz in den Westen schickt. Und vor lauter Überraschung haben sie den Sack passieren lassen. Weil das gutgegangen war, wurde auch der Garderobenständer auf Reisen geschickt. Den haben sie mehrmals zersägt. Drüben ist dann alles geklebt und geschliffen worden, und das Schränkchen steht heute noch in der Diele meines Schwagers und sieht wunderhübsch aus.

Aber so was hat nicht immer geklappt. Meine Schwester aus Nürnberg wünschte sich für ihre Kinder Hausschuhe. Schuhe zu schicken war aber verboten. Und da habe ich so gedacht, im Kunstgewerbe, diese Hüttenschuhe, die kaufste. Und die schickte ich lange vor Weihnachten weg. Es dauerte durch die Kontrolle ja immer recht lange, ehe die Pakete ankamen. So nach 14 Tagen klingelt's, und da kam das Paket wieder. Da waren meine Hausschuhe wieder da mit einem Vermerk, daß ich mich nicht an die gesetzlichen Vorschriften gehalten hätte. Ach, habe ich gedacht, probierste's einfach noch mal. Habe die Schuhe wieder weggeschickt. Und Heiligabend klingelt's an der Tür. Die Kinder riefen schon: Ach, wir kriegen noch ein Westpaket! Und da war das wieder mein Paket! Kamen also Heiligabend diese Kinderhausschuhe wieder zurück!

Man war ja auch ein bissel blauäugig. Ich habe immer gedacht, die gehen dann rüber und werden an der Grenze irgendwo kontrolliert ... nee, das passierte ja schon hier. Hier waren schon solche Kontrollstellen – das ging gar nicht erst weit weg, das Paket.

Ich glaube, die wurden alle aufgemacht. Da wurden nicht bloß Stichproben gemacht. Warum hat das denn alles so lange gedauert?

Ich erinnere mich noch gut, da kriegten wir auch mal einen Zettel von der Post, wir möchten uns persönlich melden. Und ich komme dort hin, und der Postbeamte knallt mir eine Packpapiertüte auf den Tresen: Das ist Ihr Paket. Ich sage: Was soll denn das? – Ja, es war schlecht verpackt! Und da hatten die alles in diese Tüte geschüttet! Da waren aber Apfelsinen drin, die sich mittlerweile verflüssigt und Schimmel angesetzt hatten, und dazwischen Schokolade und so weiter. Das habe ich gleich dagelassen. Ich hab gesagt: Nee, danke. Können Sie gleich wegwerfen.



Man hat ja gesehen, wenn ein Paket geöffnet war. Ich habe gesagt, das ist für mich ein persönliches Geschenk, und das hatte nun schon jemand anders in den Fingern und weiß nun ganz genau, was ich bekomme. Aber was solltest du denn machen? Solltest du dort hingehen mit fliegenden Fahnen und protestieren? Das war tatsächlich so etwas wie Gottergebenheit, man hat es hingenommen. Letzten Endes war man froh, wenn es überhaupt angekommen ist. Es sind ja auch Pakete weggekommen.

Sicher haben wir uns machmal über bestimmte Dinge mokiert oder aufgeregt, aber ich glaube, umgedreht war das auch so. Als zum Beispiel in der DDR die Welle des Heimwerkens war und jeder gedrechselt hat, hat auch jeder gedrechselte Leuchter in den Westen geschickt. Da wurde schon mal eine kleine Spitze geworfen: Also, Leuchter haben wir aber nun genug!

Das Paketeschicken ist nach der Wende wirklich ganz abrupt abgebrochen, weil man sich jetzt auch treffen kann. Und wenn man sich besucht, nimmt man ja immer etwas mit. Wenn ich heute zum Beispiel nach Nürnberg fahre oder nach Wiesbaden, da wünschen die Verwandten sich immer Gewürzgurken aus dem Spreewald. Die bringen wir praktisch kartonweise mit.

*Renate J., Cottbus*

Hans Pleschinski

# Wenn sie drüben was reichlich haben, dann ist es Schnaps



Welche wunderbare Stille vor dem Niemandsland. Auf den Gräsern blinkte das Eis. Der verjährte Grenzstein zwischen dem Königreich Hannover und dem Königreich Preußen trug würdevoll seine Schneekrone. Unter den kahlen Apfelbäumen gefror in den Straßengräben das Laub. Kein Auto weit und breit. Hinter mir nur die Lichter aus den Gehöften der Dörfer Rade und Suderwittingen.

Auch vor mir, im Osten, auf der anderen Seite des Todesstreifens herrschte Abendruhe. Die Peitschenlampen hinter dem Stacheldraht und dem Minenfeld beleuchteten die leere Betonpiste für Geländewagen der Volksarmee. Ein matter Schein fiel aus dem Wachtturm, in dem DDR-Grenzsoldaten neben ihren schußbereiten Waffen die Fußballergebnisse ihrer Heimatvereine *Lokomotive Leipzig*, *Energie Cottbus* hörten oder Popmusik aus dem Funkhaus Hannover, die Les Humphries Singers und die leicht verrucht wirkende Daliah Lavi mit der eigentümlichen Botschaft ihres Songs: »Meine Art Liebe zu zeigen, das ist ganz einfach schweigen«.

Im Kaff Waddekath, nur einen Steinwurf vom Gebiet der Nato entfernt, schnatterten die LPG-Gänse, und ich sah einen DDR-Bürger, mit dem ich niemals Zurufe austauschen durfte, auf ein Moped steigen. Möglicherweise fuhr er, in seinem sozialistisch-revolutionären Drittel Europas, zum Skatabend in die altmärkische Kreisstadt Salzwedel.

Ich wanderte in jungen Jahren gern am Eisernen Vorhang entlang. In der leeren Pufferzone zwischen den feindlichen, zum Todeskampf aufgerüsteten Machtblöcken konnte ich laut singen, schreiend über die Äcker stampfen oder unbehelligt irgendeine Trauer durch den Wind tragen. Es war ein Selbstfindungsgebiet mit einem scharfen weltpolitischen Akzent.

Drei Kilometer weiter westlich bereitete sich derweil in der kapitalistisch-niedersächsischen Kleinstadt Wittingen meine Familie auf die heimeligen Freuden des Weihnachtsfestes vor.

»Die Kartons verstopfen die ganze Stube!«

»Die Pakete müssen vorm Nikolaustag auf die Post, sonst sind sie erst nächstes Jahr in Berlin.«

»Räumt den großen Tisch leer!«

»Der reicht nicht.«

»Wir dürfen diesmal Hertha in Meißen nicht vergessen! ... Liegt das Packpapier noch

(2) Änderungen oder Ergänzungen der Anlage 3 können nur vom Ministerium für Außenhandel und In-

im Flur? Heinz und Hilde haben letztes Jahr keine Sardellenpaste bekommen. Hilde hat es im Brief ganz beiläufig erwähnt ...«

»Aber erwähnt hat sie's!«

Das Erdgeschoß unseres Hauses neben der Schmiedewerkstatt war hell erleuchtet. Die Türen standen offen. Flur und Stube erinnerten Anfang Dezember immer an eine Verladerampe, wo ein Frachtschiff mit Hilfsgütern für ein ostafrikanisches Katastrophengebiet beladen werden sollte.

Kartons mit *Hanseaten-Kaffee*, Paletten voller *Kaba, der Plantagentrank*, Kisten mit *Libby's Ananas* oder *Früchte-Cocktail* lagerten neben Tomatenstiegen, in denen jetzt tütenweise Datteln und Feigen, diese um 1970 bereits altmodischen Weihnachtsleckereien, auf



ihren Versand harrten. Auf dem Sofa und dem zuvor leergeräumten Schreibtisch meines Vaters türmten sich *Sprengel-Schokolade* und die neue, unüberbietbare Süßigkeit für den gehobenenen Geschmack: *Mon Chéri mit der Piemont-Kirsche*.

Dieses gewaltige Warenlager, das griffbereit dalag, duftete kaum. Schon in der Regierungszeit Willy Brandts waren Lebensmittel in Westdeutschland geruchsfest verschweißt, in Dosen vakuumverpackt oder mit Sicherheitsgummi gegen das Auslaufen gesichert. Das war begrüßenswert. Allein durch unser Familien-Kontingent an Packungen mit Lachsersatz hätte sich sonst ein Interzonen-Paketwaggon in einen triefenden, stinkenden Lachsersatz-Bomber verwandeln können.

Vor dem 6. Dezember erlebte unser Haus den größten Winter-Aufruhr. Das lag, wie fast alles Unangenehme, am Zweiten Weltkrieg. Meinem Vater war im April 1945 noch die Flucht in den Westen geglückt. Er hatte in Wehrmachtsuniform die Elbe durchschwommen. Seine Eltern und die meisten Geschwister aber waren aus dem Oder-Gebiet mit den Flüchtlingstrecks nur bis Berlin vorgedrungen. Dort hatten sie später allesamt ein Zuhause und Arbeit im Ostsektor gefunden. Diese überwältigende Mehrheit der väterlichen Familie wohnte seit der Nacht des 13. August 1961 plötzlich hinter der Mauer, dem *antifaschistischen Schutzwall* der Deutschen Demokratischen Republik, saß mit der Einheitspartei fest.

»Lebt Tante Mariechen noch? Oder hab' ich jetzt einen Karton zu viel?« Die Frage meiner Stiefmutter war begreiflich. Nach dem Tod meiner Mutter hatte nun Ursel sich in die ostdeutschen Clan-Verzweigungen der Familie meines Vaters einzuarbeiten und die richtige Anzahl Marzipanbrote bereitzulegen.

»Natürlich lebt Mariechen noch«, beschied mein Vater: »Wir haben schließlich keine Trauerkarte bekommen.«

»Dann muß sie fast 90 sein!«

»Mariechen hat immer bescheiden gelebt.«

»Ob 90 bescheiden ist?«

Oft erfuhr ich erst durch solche Gesprächsfetzen von der Existenz einiger meiner Blutsverwandten im geheimnisvollen Osten. Die Reise- und Informationsprobleme zwischen EWG und COMECON um 1970 ließen vor allem die nachwachsenden Generationen beidseitig des Eisernen Vorhangs auseinanderdriften. Die genaue Anzahl meiner Cousins und Cousinen ist mir bis heute unklar geblieben.

(auch beim Versand von Medikamenten) ist zu vermerken: »Geschenksendung – Keine Handelsware«

nerdeutschen Handel vorgenommen werden. § 13 Die Zollerhebung richtet sich nach den gültigen Zoll-

Schaufenster eines Delikat-Ladens in Rostock (1989).



»Sollten wir nicht doch noch *Mariacron* kaufen, Ursel?«

»Wenn sie drüben was reichlich haben, dann ist es Schnaps. Außerdem gehen die Flaschen kaputt.«

Ungefähr zwei Tage dauerte die alljährlich wiederkehrende Aktion, den Staat Ulbrichts und später Honeckers, das verwunschene Land der grauen Häuser mit Westwaren zu beglücken. Und billig war diese Demonstration mitmenschlicher Verbundenheit keineswegs.

Schon Ende November fuhr mein Vater mit unserem Hanomag-Transporter zu einem Edeka oder einem noch konzernfreien Lebensmittelgeschäft und lud – gemäß der Einkaufsliste – Ostfriesentee und Camembert auf. In der Hochsaison waren elf Pakete mit dem entscheidenden Vermerk »Geschenksendung, keine Handelsware« auf der Post abzuliefern.

Die Geschäfte, in denen meine Eltern die Warenmassen einkauften, wurden jedes Jahr bewußt gewechselt. Keiner der Lebensmittelhändler im kleinen Ort sollte sich übergan-

Es empfiehlt sich, jeder Geschenksendung ein Inhaltsverzeichnis beizulegen und die Sendung nicht »An verfahrensvorschriften. IV. Schlußbestimmungen. § 14 (1) Der Geschenkpaket- und -päckchenverkehr



gen fühlen. Der freie Mittelstand, meinte mein Vater, der Handwerksmeister, müsse sich wechselseitig stützen. »Sonst gehen alle Kleineren unter.« Nur Verräter – also Beamte und Angestellte, die Müßiggänger der Nation – wühlten in den Sonderangeboten von Braunschweiger Großmärkten.

Besonders aufwendig zu besorgen waren jedes Jahr die Kosmetika. Mein Vater holte sie bei seinem Kegelbruder, dem Friseur Kurt Blomberg ab. Was wir an Schönheitsartikeln in den Osten schickten, stand schon immer fest: Die gute Seife für besondere Gelegenheiten hieß *Rosa Centifolia*. Dazu kam *Tosca*-Parfüm für die Damen und *Tabac*-Rasierwasser für die Herren. Einige der Tanten und Onkels waren allerdings Mitglied der SED geworden. Dieser Umstand wurde bei uns zu Hause gerne verdrängt oder verklärt: »Günter ist bei der Feuerwehr. Da mußte er als Geheimnisträger in die Partei.« Zu Weihnachten wurde Günter trotzdem wie die übrigen bedacht. Als mein Vater das letzte Mal bei seinem Freund Kurt Blomberg bezahlte, konnte niemand ahnen, daß der fidele Friseurmeister nur wenige Wochen später in der Mittagszeit in die Scheune hinter seinem Haus gehen sollte, um sich, ohne nachvollziehbaren Grund, zu erhängen.

»Nein, Junge, die Clementinen bleiben hier, die sind für uns«, rief meine Stiefmutter, als ich die Mini-Orangen im Netz zu den übrigen Versandsachen packen wollte. »Südfrüchte werden bis Berlin matschig, von Meißen gar nicht zu reden!«

Die Einkaufsliste veränderte sich über die Jahre kaum. Wohl noch heute würden meine Eltern *Nivea*-Creme schicken. Eine Sisyphos-Arbeit war das Erstellen der geforderten Inhaltslisten. Meine Stiefmutter schrieb sich an elf Ausfertigungen lahm und legte sie in elf Pakete.

Wir Kinder – meine am Osten völlig desinteressierte Schwester und ich – profitierten auf den ersten Blick nicht vom Ostpakete-Packen. Alles war abgezählt. Keine Schokolade blieb fürs Westkind übrig. Doch wer schon in zartem Alter weiterdachte, wußte, daß um den 20. Dezember im Gegenverkehr dann die Weihnachtspräsente aus dem Osten bei uns eintreffen würden. Nichts war aufregender als Pakete unter dem Weihnachtsbaum aufzuschnüren. Dabei störte es wenig, daß der Inhalt meistens äußerst vorhersehbar war: eine Kerze, manchmal eine karge Krippenfigur aus dem Erzgebirge, fast schon eingetrockneter Stollen, Wäscheklammern aus einem Volkseigenen Betrieb, Unterwäsche Made in China, die selten jemandem paßte. Doch dann und wann fanden wir auch ein Buch, das jenseits der Elbe eingepackt worden war. Dann konnte ich Pioniergeschichten lesen, die auf Rügen spielten, oder mich in die Abenteuer von sowjetischen Komsomolzen vertiefen, die eine Fabrik in Leningrad vor einem Anschlag des südvietnamesischen Geheimdienstes retteten. Dagegen waren West-Kindergeschichten lasch.

Darüber hinaus war es mit dem Austausch von Kulturgütern in unserer Familie nicht weit her.

Wir durften, selbst falls meine Eltern darauf gekommen wären, keine *imperialistischen Druckerzeugnisse* in den Osten schicken. Das Paket hätte der DDR-Zoll, meinten wir, vernichtet oder für Staatsbedienstete beiseite geschafft. Und aus der Mangelwirtschaft mit ihren beeindruckenden Fünfjahresplänen erreichte uns auch nur selten eine *Eterna*-

die Familie ...«, sondern an eine Einzelperson zu adressieren. Dringend wird angeraten, sich vor dem

Schallplatte mit Weihnachtsklängen aus der Lausitz. Peter Schreier, der einmal mit dem Thomaner-Chor aus dem Osten kam, hatte auf einer Platte, die wir besaßen, »Stille Nacht« mit den Regensburger Domspatzen gegen Devisen auch bei der Deutschen Grammophon eingespielt.

»Zigaretten, Hans?« fragte Ursel vor dem vollen Tisch meinen Vater unwillig.

»Hilde kann nicht anders als qualmen. Sie hat als Rotkreuzschwester in der Schlacht um Berlin damit angefangen.«

Hilde, meine nervöse, mondäne Tante in Köpenick, die ins Gorki-Theater ging, bekam als einzige Drogen aus dem Westen. Wir wußten, daß ihre DDR-Marke *Duett* sie pro Schachtel ungeheure acht Mark kostete. Und ihr Mann Heinz bezog nur sein Lehrergeld mit Kriegsversehrten-Zuschlag.



Beim Verstauen von Nüssen hielten wir wohl manchmal inne. Wieso gab es in der DDR keine Nüsse? Wuchsen in Thüringen und Sachsen keine Nußbäume? Wir wurden das Gefühl nicht los, manchmal Waren zu verstauen und in die DDR zu schicken, die zuvor von der DDR-Planwirtschaft in den Westen verkauft worden waren. So verhielt es sich wahrscheinlich auch mit den Preiselbeergläsern, die in die Pakete kamen, und mit den drüben so heiß begehrten Fisch-Delikatessen. Die Makrelenfilets und Heringshappen waren womöglich erst kürzlich von Rostock nach Hamburg exportiert worden. Also bezahlten wir den Ostblock, der uns vernichten wollte! Darüber durfte man nicht näher nachdenken.

Ich fand die DDR alles in allem aufregend, aber nicht sympathisch.

Aber weil die DDR mich Kapitalistenkind vermutlich haßte, umerziehen oder am besten ganz aus der Welt verschwinden lassen wollte, rächte ich mich auf meine Weise. In unbeobachteten Momenten stopfte ich unter die Geschenkartikel zerknüllte Seiten der »Hör Zu«, der »Für Sie« und des »Isenhagener Kreisblatts«. Sollten sie im Osten beim Auspacken doch mit Neid sehen, wie wild und bunt und üppig es im Westen zuging. Möglicherweise lag es an diesen Zeitungsausschnitten, an den Nackedei-Fotos der bei uns versehentlich abonnierten »Neuen Revue«, daß manche Pakete erst nach Weihnachten, geöffnet oder überhaupt nicht in Meißen oder in Pankow ankamen.

Der Clou für die Frauen im Osten blieben die Fein-Strumpfhosen *Nur Die*, wofür die Kessler-Zwillinge mit ihren endlosen Beinen im Fernsehen Reklame tanzten.

Die Männer, auch im Warschauer Pakt, mußten zusehen, daß sie aus *Rotkäppchen*-Camembert und mir selbst viel zu süßen Dominosteinen genug Lebensfreude gewannen.

Scheibletten, die einzeln in Cellophan verpackte, moderne Käse-Fadheit, eigneten sich ideal für den Versand über den Todesstreifen, auf dem Hasen und Menschen in die Luft gingen. Scheibletten, mit Schinken und Ananas, konnten auch in Berlin-Mitte, bei Tante Gisela zum zeitgemäßen Hit-Imbiß *Toast Hawaii* werden.

Mit neutraler Holzwolle wurde alles gepuffert.

Oft war es schon tiefe Nacht, wenn meine Eltern erschöpft vor elf gefüllten, noch offenen Kartons saßen.

des Amtes für Zoll und Kontrolle des Warenverkehrs. (2) Das Ministerium für Post- und Fernmeldewe-



Ich frage es mich erst heute: War es Pflichtgefühl, war es Mitmenschlichkeit, war es Liebe, war es nur Gewohnheit, war es eine gesamt-nationale Protesthaltung gegen die – allerdings selbstverschuldete – Teilung, die zu diesem postalischen Aufwand führte? Es wird eine Mischung aller Motive gewesen sein. Aus diesen Motiven heraus beschenkten sich Familien, die erst nach dem Fall der Mauer zu getrennten Monaden geworden sind. Eine jede für sich, fast ohne Austausch, mit dem Streben nach Glück und größerer Bequemlichkeit befaßt. Heute werden kaum mehr Geburtstagskarten geschrieben, man telefoniert vielleicht noch …

Nun wurden die Inhaltsverzeichnisse auf die Geschenke gelegt. Zwischen der Holzwolle glänzte Weihnachtspapier, das bisweilen schon mehrere Male zwischen West und Ost gependelt und hier wie dort aufgebügelt worden war.

»Das wär's dann also.«

»Das war's«, verbesserte ich grammatikalisch, als ich schon Sextaner im Gymnasium war.

»Bis zum nächsten Mal im nächsten Jahr.«

»Um Gottes willen, bloß noch nicht dran denken«, winkte meine Stiefmutter im Nylon-Kittel ab. »Jetzt wollen erst einmal wir gemütliche Weihnachten haben. Junge, hol mal den Eierlikör und die Gläser! Er steht auf dem Fensterbrett in der Speisekammer.«

»Ich weiß.«

Auch ich, der ich nebenher Fernsehen geschaut hatte, durfte vor der Reihe der elf Pakete Eierlikör schlürfen, zu dem es eine Zeitlang spezielle Schokobecher zu kaufen gab, die man gleich mitverzehrte.

»Etwas fehlt doch noch, Ursel?« Mein Vater musterte die Gaben, die noch verschnürt und zur Post gebracht werden mußten. Dort standen Westler mit fast anachronistischen Ostkontakten in diesen Tagen Schlange, bevor die Briefmarken mit dem Porträt von Heinrich Lübke, dann mit dem Gustav Heinemanns abgestempelt wurden.

»Was soll denn fehlen?«

»Das Weihnachtliche, Ursel!«

»Ach so, natürlich.« Sie nahm das längst auf einem Stuhl bereitliegende Grün und brach einzelne Zweige ab.

In jeden Karton wurde obenauf ein frischer Tannenzweig gelegt. Dann würden in zwei, drei Wochen beim Öffnen die Pakete zum Fest der Liebe nach Tannennadeln duften.

Arbeitskreis Karitativer Vereinigungen, Bonn, Burgstraße 129, Tel. 25214, Druck: Heiderdruck, Bergisch

**Ausbruch aus dem Pflichtprogramm**

Der Vater meines Mannes lebte in der BRD, war zum zweiten Mal verheiratet und hatte aus dieser Verbindung auch mehrere Kinder, die aber schon überwiegend selbständig waren. Mein Mann und ich hatten drei Kinder; das uns zur Verfügung stehende Einkommen war ausreichend, Luxus konnten wir uns jedoch nicht leisten. Da das aber in unserem Bekanntenkreis fast allen so ging, waren wir mit unserem Leben nicht unzufrieden. Natürlich hätten wir uns über einige Extras aus dem goldenen Westen sehr gefreut, wir hatten aber keine Veranlassung, Bittbriefe zu schreiben.



Aus Pflicht- und vielleicht auch Schuldgefühl erhielten wir jährlich von dem Vater meines Mannes ein Paket. Der Inhalt war fast jedes Jahr gleich:

- 1 kg Kaffee
- Backzutaten wie Zitronat, Mandeln und Palmin
- Linsen
- Hirse
- 2 Tafeln Schokolade
- 1 Packung Teebeutel
- Strumpfhosen (meist nicht in meiner Größe)

Die Zutaten waren äußerst professionell verpackt. Der Mann betrieb ein Reformhaus, konnte die Sachen dort entnehmen und wußte, wie man so etwas verschickt.

Während eines Aufenthaltes in einer Heilstätte hatte ich eine Zimmernachbarin, die regelmäßig äußerst liebevoll verpackte Pakete von ihrer Mutter aus Westberlin erhielt. Was da alles zutage kam! Natürlich blieb es nicht aus, daß ich ihre Pakete mit unseren jährlichen Gaben verglich.

Der Zufall wollte es, daß zwei Tage nach meiner Rückkehr wieder das obligatorische Weihnachtspaket mit obigem Inhalt ankam. Und diesmal machte ich, noch unter dem Eindruck der anderen Westpakete, aus meinem Herzen keine Mördergrube, sondern setzte mich hin und teilte meinem Schwiegervater mit, daß ich auf solche Art von Almosen verzichten könne, zumal es sich ja offensichtlich um Ladenhüter aus seinem Geschäft handele. Außerdem hätte ich drei Kinder, was ich da mit zwei Tafeln Schokolade solle!

Diesen Brief habe ich verfaßt und abgesandt und erst danach meinen Mann informiert. Der war ausgesprochen sauer, da er nun den endgültigen Bruch mit seinem Vater befürchtete. Tatsächlich war erst einmal des Warenverkehrs an den Schwerpunkten des Geschenkpaket- und -päckchenverkehrs besondere Kon-

für ein halbes Jahr Funkstille. Aber kurz vor Ostern bekam ich (nicht an die Familie gerichtet) einen Brief von meinem Schwiegervater. Der erste Satz war etwa der: »Ich habe nicht gewußt, daß Kaffee in der DDR ein Ladenhüter ist ...« Dann jedoch gab er zu erkennen, daß er tatsächlich, ohne wirklich darüber nachzudenken, eben die üblichen Sachen, die seine Kundschaft für die Ostverwandtschaft kaufte, eingepackt hatte. In diesem Brief erkundigte er sich zum ersten Mal nach unseren Lebensumständen und interessierte sich für unsere Familie.

Das war der Auftakt zu einer intensiven, bis zu seinem Tod anhaltenden Briefkorrespondenz, die beiden Seiten sehr wichtig wurde. Die Briefe habe ich heute noch und freue mich, so die Verbindung zu ihm gepflegt zu haben. Die Pakete wurden danach nicht umfangreicher, aber persönlicher und auf unsere Wünsche abgestimmt.



*Rosmarie Hennersdorf, Weimar*

**Heimatkuchen**

Wir sind 1952 in den Westen gegangen, wie so oft dem Vater hinterher, der schon ein Jahr zuvor dorthin gereist war. Unsere Familie hatte damals viele Schwierigkeiten zu bewältigen. Heimweh ist etwas Schlimmes, für Kinder und für Erwachsene. Schlimm war es auch für die Großeltern, die in Magdeburg zurückgeblieben waren. Einmal, als meine Oma fürs Wochenende einen Kuchen buk, kam ihr in den Sinn, für die Kinder auch einen zu backen. Zutaten hatte sie zusammengespart; es gab ja noch Marken für Lebensmittel. Ein Schuhkarton war schnell gefunden und mit Pergamentpapier ausgelegt. Der abgekühlte Kuchen kam hinein, das Paket wurde zugeschnürt, und ab ging's zur Post. Als es acht Tage später bei uns ankam, war die Freude riesengroß. Zwar war der Kuchen stark zerbrochen, aber er duftete noch immer. Vater bekam die großen Stücke auf einen Teller und wir Kinder und Mutti einen Löffel in die Hand, und so aßen wir den ganzen Krümelkuchen aus dem Karton.

Seit 1958 wohnten wir dann wieder in Magdeburg bei den Großeltern. Mein Vater allerdings blieb im Westen, und nun schickte er Pakete. Aber die haben sich mir lange nicht so eingeprägt wie jener Kuchen aus dem Osten.

*Marlies K., Magdeburg*

März 1966. Frage: Brauchen die Menschen in Mitteldeutschland noch unsere Hilfe? Antwort: In der Ver-

In Ost und West gab es Produkte, die zur Standardausstattung vieler Sendungen gehörten: Das Parfum Tosca (oben) trug zeitweilig zum spezifischen Westgeruch der Weihnachtspakete bei. Aus dem Osten schickte man im Gegenzug gern Bücher.

II

In einer Ausstellung unter dem Titel »Vorfreude, schönste Freude ...« hat das Werkbundarchiv Berlin 1992 versucht, ein jeweils typisches West- und Ostpaket zu rekonstruieren.

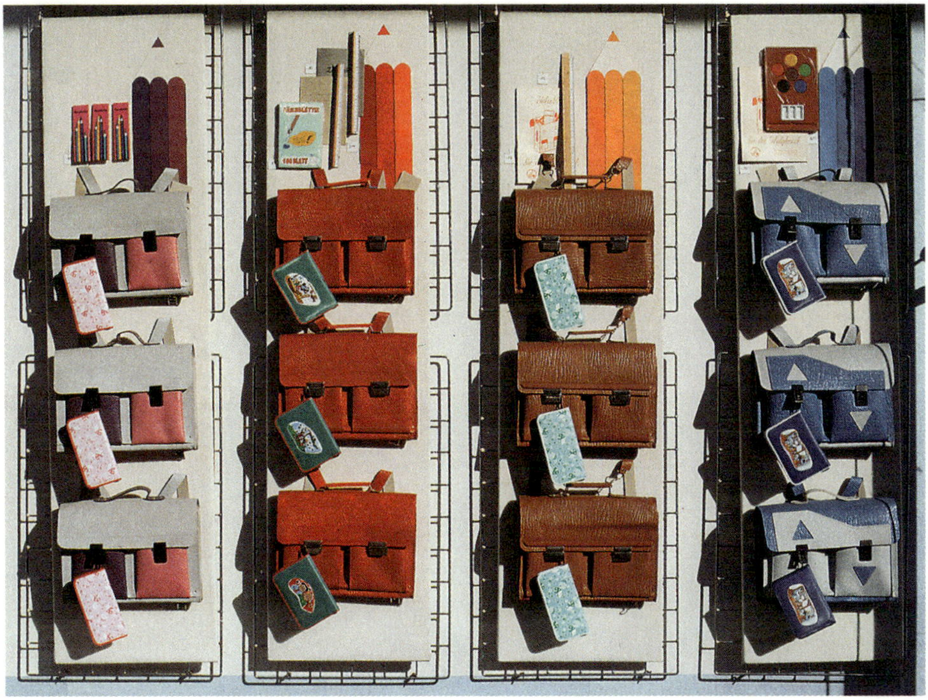

In den siebziger Jahren war besonders die Creme 21 angesagt, manch Federmäppchen Made in GDR wanderte als Gegengeschenk in Richtung Westen.

Unterm Weihnachtsbaum im Osten konnten Markenprodukte aus der Bundesrepublik für den nötigen Glanz sorgen. Im Westen drehte sich dafür die erzgebirgische Weihnachtspyramide und verströmten mitgeschickte Räucherkerzen ihren Duft.

trollstellen einrichten. (3) Die Deutsche Post ist verpflichtet, alle Sendungen, die nach dieser Verord-

Uli Schulte Döinghaus

# Eine »gesonderte Behandlung« jenseits des Regellaufs

## Der Paketverkehr unter Kontrolle von Stasi und Zoll



In Gelehrtenkreisen galt Professor Ernst Günther Schmidt (gest. 1999) als ausgewiesener Altphilologe, der mal über Spezialitäten wie »Peripatetiker-Zitate« forschte, mal Standardwerke zur antiken Literatur schrieb, mal über den »Trojanischen Krieg«. Mitte der achtziger Jahre aber geriet der Jenaer Hochschullehrer in einen Krieg, den er nicht gewinnen konnte: Offenbar systematisch hatte man ihm Westpakete, die an seine Privatadresse in Jena gesandt worden waren, vorenthalten, sie ausgeplündert und den Inhalt (vermutlich) verkauft. Absender: Wolfgang Haase, Hochschullehrer in Tübingen und Herausgeber des Standardwerkes »Aufstieg und Niedergang der Römischen Welt«. Haase hatte Schmidt im Sommer 1985 neun Bände dieser Reihe zugesandt mit der Bitte, künftig am »Aufstieg und Niedergang« mitzuwirken.

Nach dem mysteriösen Verschwinden bemühten sich Schmidt (Ost) und Haase (West) gemeinsam um Aufklärung. Vergeblich. Wo die wertvollen Bände (insgesamt ca. 3000 DM) geblieben sind, weiß man nicht. Gut möglich, daß sie einer Praxis der DDR-Behörden zum Opfer fielen, über die bis heute nur wenig bekannt ist: Weil sich damals ähnliche Fälle häuften, bei denen Westpakete mit wissenschaftlicher Literatur auf dem Weg zu ihren Empfängern in der DDR verschwanden, vermutete die Gelehrtenwelt, daß die Bücher zugunsten staatlicher DDR-Bibliotheken kurzerhand konfisziert worden seien. Allerdings herrschte über solche und ähnliche Raub- und Verwertungsaktionen Stillschweigen – es ist bis heute unklar, ob sie so tatsächlich stattgefunden haben.

Amtliche Aufzeichnungen, gar Quittungen oder Übergabeprotokolle wird man wohl nicht finden. »Ich habe nichts Schriftliches gesehen«, sagte Emgar Eduard Hans Mauksch, »die Stelle 12 sollte konspirativ arbeiten.« Mauksch, in DDR-Zeiten Abteilungsleiter Post- und Zahlungswesen bei der Deutschen Post in Magdeburg, war im September 1992 als Zeuge vor Gericht geladen. Verhandlungsgegenstand: Post- und Telefonkontrolle durch die Staatssicherheit im Bezirk Magdeburg.[1] Ermittlungen der Berliner Staatsanwaltschaft – Abteilung Regierungskriminalität – ergaben: Die DDR-weit zuständige Abteilung M der Stasi entnahm allein zwischen 1984 und 1989 rund 32 Millionen DM aus Postsendungen aus dem Westen sowie Konsumgüter im Wert von 10,2 Millionen Mark.[2]

sorgung der mitteldeutschen Bevölkerung mit Grundnahrungsmitteln und einigen Gegenständen des tägnung der Kontrolle unterliegen, den zuständigen Kontrollstellen unentgeltlich vorzuführen. § 15 (1) Bei

Systematisch plünderten die Mitarbeiter der Abteilung M der Hauptabteilung II (Spionageabwehr) private Briefe, Päckchen und Pakete meist aus Westdeutschland oder Westberlin, die durch die Kontrollen grenznaher Postzollämter geschleust wurden. Fast eine halbe Million privater Briefe, Päckchen und Pakete wurde allein in den vier Jahren vor dem Mauerfall geöffnet. Das entnommene Geld und die Schmuckstücke mußten gegenüber einem Referatsleiter und dem Leiter der Abteilung M der Bezirksverwaltungen des Ministeriums monatlich abgerechnet und in einer verplombten Kuriertasche in die Zentrale des Ministeriums nach Berlin geschafft werden. »Offensichtlich scheute die DDR ein Bekanntwerden dieser Praxis«, schrieb der Regensburger Juraprofessor Friedrich Christian Schröder in



der »Frankfurter Allgemeinen Zeitung«, »diese Einnahmequelle sollte nicht versiegen. Wie eine Spinne wartete das Ministerium für Staatssicherheit darauf, daß sich weitere Sendungen in ihrem Netz verfingen, und nahm sie lautlos an sich.«[3]

Wer immer dem vereinigten Treiben von Stasi, Zollverwaltung und Deutscher Post (DDR) nachspürt, stößt auf die ominöse »Stelle 12« der Staatssicherheit. Diese hieß in den Anfangsjahren der DDR zunächst Auffangstelle für antidemokratischen Schriftverkehr. Dort wurden Postsendungen, Briefe, Päckchen und Pakete dem »Regellauf entzogen«, wie es im Jargon der Logistik heißt, anschließend »behandelt«, schließlich »dem Regellauf wieder zugeführt«. »Was zwischendurch passierte, welche Briefe und Pakete konfisziert oder aufgemacht wurden und welche wieder im Kreislauf landeten – ich wußte es nicht, wollte es eigentlich auch nicht wissen«, sagte später der damalige (und nachmalige) Chef der Postdirektion Schwerin, Gerhard Troschke. Am 11. November 1989 habe er »diese Etage im Bahnpostamt Schwerin zum ersten Mal betreten«.[4]

Die Stelle 12 war in allen Postämtern der DDR-Bezirkshauptstädte präsent; dort wurden Postsendungen vor allem aus und für den Westen kontrolliert. Was dort geschah, ahnten auch viele Mitarbeiter der Deutschen Post, aber man beließ es beim achselzuckenden Geraune, bei Nichtinteresse à la Was-ich-nicht-weiß-macht-mich-nicht-heiß. »Jeder konnte sich seinen Reim machen«, sagte Wolfgang Zeh, bis zu seiner Pensionierung Referatsleiter bei der Postdirektion Erfurt, »aber unser Einfluß auf die Dinge, die dort abliefen, war wirklich denkbar gering.« Weiter berichtet er: »Ich war unter anderem 17 Jahre lang Leiter des Bahnpostamtes Erfurt, also des zentralen Paketpostamtes. Auf der Grundlage des Zollgesetzes mußten sämtliche Sendungen mit Wareninhalt, auch Geschenksendungen, egal, woher sie kamen (selbst aus der Sowjetunion), dem Zoll vorgeführt werden. Und zwar durch Postbedienstete. Es war unsere Aufgabe, daß jedes Paket, ohne Ausnahme, in einem bestimmten Rhythmus dem Zoll übergeben werden mußte. Den Rhythmus diktierte der Zoll, obwohl wir uns ständig bemühten, schnelle Laufzeiten zu halten.«

Wenn es Weihnachten wurde, im sogenannten Jahresendverkehr (JEV), wurden Zollbedienstete und die sogenannten Zollfahnder – in Wahrheit Mitarbeiter der

lichen Bedarfs ist während der letzten Jahre eine Besserung eingetreten. Viele Menschen drüben sind nicht groben Verstößen gegen die Bestimmungen dieser Verordnung unterliegt die gesamte Sendung oder

Staatssicherheit – zu Beutezügen eingeteilt. Der Postler Rudolf Prewing erinnert sich gut, daß »wir jedes Jahr zum JEV aus Direktionen, Innerem Dienst und Verwaltung zu einer bestimmten Tätigkeit im Bahnpostamt Berlin eingesetzt wurden. Dort waren Päckchen und Pakete dem Zoll vorzuführen.«

»Wir von der Post saßen an einem großen, runden Tisch, vor uns Rollen Garn, Strippen, Kleister und Packpapier. Sämtliche Pakete, die uns der Zoll zuschob, mußten wir öffnen. Die Pakete aus Westberlin oder Westdeutschland wurden vorher durchleuchtet, wer ein gutes Auge hatte, konnte zum Beispiel erkennen, ob Papier drin war. Auch ob in einer Verpackung Kaffee oder Medikamente waren, konnte natürlich am Röntgenschirm festgestellt werden. Wenn etwas Interessantes erkannt oder vermutet wurde, sortierte man die Sendung aus, legte sie auf einen Rollbehälter und brachte sie verschlossen zu uns an den runden Tisch.



Zwei Zöllner, Hände auf dem Rücken, saßen in der Mitte und beobachteten uns. Zwei andere liefen auf und ab. Dann mußten wir aufschneiden und auspacken; meist waren das ja Sachen, die niedlich und ein bißchen festlich verpackt waren – Weihnachten stand vor der Tür. Wenn alles fertig aufgebaut und ausgepackt war, dann mußte man sich zurücklehnen. Nichts angucken, nichts anfassen. Der Zöllner kam, kontrollierte und kommandierte. Einpacken! Als auch das wieder erledigt war, entschied der Zöllner, ob ein Stempel auf das geprüfte Paket kommt oder nicht. Auf manches haben sie keinen Kontrollstempel gedrückt, und wenn man danach fragte, hieß es: ›Das geht Sie gar nichts an, machen Sie Ihre Arbeit, und ansonsten haben Sie hier zu schweigen.‹

Die haben was rausgenommen, den Rest wieder eingepackt – und die Post war eben schuld, wenn was fehlte. Manchmal ließen die sich ganze Pakete persönlich in einem abseits gelegenen Raum übergeben, hauptsächlich, das war jedem von uns klar, wurde nach Geld gesucht. Aber auch Westschokolade war bei denen sehr beliebt.«

Wie Hohn las sich da eine Verlautbarung in der offiziellen Fachzeitschrift »Sozialistische Zollkontrolle«: »Namentlich im Geschenkpaket- und Päckchenverkehr werden in Anwendung des sozialistischen Zollrechts täglich eine große Zahl von Entscheidungen getroffen, die auf die Gewährleistung von Ordnung, Sicherheit und Gesetzlichkeit gerichtet sind und gleichermaßen zur Vertiefung des Vertrauensverhältnisses zwischen Staat und Bürgern beitragen.«[5]

So heftig die Zolloberen und Postmanager das »Vertrauensverhältnis« zu den Bürgern beschworen, es war dahin. Schuld daran war der Umgang der »Organe« mit den geliebten Westpaketen, die zu Zehntausenden »behandelt« wurden. Im Glücksfall gingen sie an den Westabsender zurück, weil der überprüfte Inhalt moniert worden war. Mitte der sechziger Jahre, auf dem Höhepunkt der Welle von Westpaketen, beanstandeten Zoll und Mielkes Postzollfahndung[6] 300000 Westpakete jährlich, konfiszierten ihren Inhalt oder schickten sie an die Absender zurück – übrigens zu Lasten der Bundespost (West).

mehr im gleichen Sinne wie früher hilfsbedürftig. Es ist deshalb verständlich, daß sich manche durch Geder Teil der Sendung, der nicht den festgelegten Richtlinien entspricht, der entschädigungslosen Einzie-

So wurden 1973 von den Zollfahndern insgesamt 22 843 Westpakete offiziell beschlagnahmt, für die die Deutsche Bundespost (West) ihren Postkunden von Gesetz wegen Ersatzhaftung zu zahlen hatte, weil es sich um Wertpakete oder eingeschriebene Sendungen handelte. Kosten rund 1,4 Millionen DM jährlich.

Viele Pakete fielen einer sogenannten Teilentnahme zum Opfer: Die Stasi-Zollfahndung hielt Teile ihres Inhalts zurück, sandte den unbeanstandeten Rest an den Empfänger in der DDR. Im schlimmsten Fall blieb das komplette Westpaket bei Zoll und Stasi, weil Inhalt oder Aufmachung politisch nicht genehm waren. »Geschenksendung, keine Handelsware« hatte auf den Paketen von West nach Ost zu stehen, aber ob daraus tatsächlich ein Geschenk wurde, das beim Empfänger ankam – darüber konnte der Postkontrolleur vor Ort selbstherrlich entscheiden. Zwölfmal im Jahr, so sahen es die Vorschriften über die »Behandlung von Einfuhrsendungen« von 1975 vor, durfte der DDR-Bürger ein Geschenkpaket empfangen, dessen Inhalt frei sein mußte von ungeputzten Schuhen, aber auch »von visuell nicht lesbaren Datenträgern« und Almanachen.[7] Dem Zoll oblag es offiziell, eingeführte Literatur, Druckwerke, Manuskripte und sonstige Schreibwaren in Geschenksendungen daraufhin zu überprüfen, ob sie nun antisozialistisch waren oder nicht. Die Lektüre und Bewertung hatten die tatsächlich so genannten Literaturoffiziere, die im Range von Zugführern in allen Postzollämtern Dienst taten, vorzunehmen.



Nach dem Bau der Mauer nahm die Menge an Westpaketen schlagartig zu. Jedes weitere Paket verstärkte das Unbehagen der DDR-Führung und ihrer »Organe«.

Der Kalte Krieg zeigte Wirkung auf beiden Seiten. Als besonders verdächtig galten Westpakete, die nach der Teilung der Stadt Berlin ehemaligen Grenzgängern von ihren Westberliner Ex-Arbeitgebern übermittelt wurden, von Telefunken etwa oder Osram. »Verbrechersendungen« nannte sie eine Arbeitsgruppe bei der Leitung der Zollverwaltung, denn »sie sollen der Aufrechterhaltung der Konzernideologie in Form von Durchhaltepolitik dienen«. Die Verbrechersendungen wurden als standardisierte Westpakete entlarvt, zumal »bei der innerlichen Verpackung Holzwolle mit verwendet wird«. Inhalt: »Kaffee-Messmer, Schokolade, Malz-Puder [!], Quilkana-Käse [!], Knorrsuppen, Kokosraspeln, Mandeln, Nudeln, Trockenobst.«[8]

Auch nach einer anderen Sorte von Paketen wurde besonders Ausschau gehalten. Dies betraf Sendungen des Bundesverwaltungsamtes, einer nachgeordneten Dienstleistungsbehörde des Bundesinnenministeriums, das sich um frühere Staatsbedienstete kümmerte, die unter den Schutz der sogenannten 131er-Regel fielen. Per Gesetz hatte die Adenauer-Regierung 1951 Bund, Länder und Gemeinden angewiesen, Beamte wieder einzustellen, auch wenn sie nachweislich den Nationalsozialisten gedient hatten. Nach der Ausweitung des Gesetzes am 2. Juli 1961

schenksendungen nach Art von »Liebesgaben für Bedürftige« gekränkt fühlen. Mit etwas Taktgefühl und hung durch das Amt für Zoll und Kontrolle des Warenverkehrs. Ein grober Verstoß gegen die Bestim-

konnten selbst Angehörige der Waffen-SS Ansprüche geltend machen, sofern sie nur nachwiesen, »wehrmachtsgleichen Dienst« getan zu haben. Sogar Wachdienste in KZs werden von bundesdeutschen Gerichten in diesem Sinne als »wehrmachtsgleicher Dienst« eingestuft.

Die 131er, die in der DDR lebten, wurden konspirativ und legendiert mit exklusiven Westpaketen bedacht, quasi von Amts wegen. In einem Brief, den der damals neu ernannte Chefinspekteur der Zollverwaltung Gerhard Stauch am 8. Juli 1963 an »Genossen Generaloberst Mielke« schrieb, meldete er: »Während der Kontrolle eines Westberliner Bürgers, der mit westdeutschen Personaldokumenten über die Staatsgrenze in Berlin einreiste, wurden Unterlagen des Bundesverwaltungsamtes in Köln gefunden, aus denen hervorgeht, daß in der DDR wohnende Personen aufgrund des Gesetzes 131 ›Aufwendungen‹ von Bonn erhalten. (...) Zur Realisierung sind Betreuer in Westdeutschland und Westberlin eingeschaltet, die den sogenannten Unterstützungsbeitrag vom Bundesverwaltungsamt in Form von Geld erhalten. Diese ›Betreuer‹ versenden dann an die entsprechenden Bürger in der DDR Päckchen und Pakete. Sie sind gegenüber dem Bundesverwaltungsamt abrechnungspflichtig.«[9]



Derlei Aktivitäten (West), immer konspirativ eingefädelt, oft tolpatschig ausgeführt, waren Wasser auf die Mühlen der Propaganda (Ost). »Im Interesse der imperialistischen Aggressionspolitik werde der Päckchen- und Paketverkehr in Westdeutschland und Westberlin völkerrechtswidrig mißbraucht«, und zwar von Seebohm, Jaksch[10] »und anderen Ostlandreitern«[11]. Das Bundesverwaltungsamt war Topadresse non grata, aber auch Landsmannschaften, Traditionsvereine und das DRK (vor allem der Landesverband Hamburg), »die den Ostverkehr steuern und überwachen«, wie es im Spätsommer 1968 in einer »Argumentation zur völkerrechtswidrigen Ausnutzung des Postverkehrs«[12] hieß. Als völkerrechtswidrig bezeichnete die DDR-Führung alle Vorgänge – besonders zwischen den beiden deutschen Staaten –, die geeignet waren, die Souveränität der DDR zu gefährden, ihr Selbstbestimmungsrecht zu unterhöhlen. In der Tat waren nicht wenige West-Aktivitäten geradezu von der Paranoia eines zivil-, straf- und völkerrechtlichen Alleinvertretungsanspruches der Bundesrepublik Deutschland beseelt. »Selbst der Zeitungshändler in Leipzig, der dort das ›Neue Deutschland‹ verkauft, könnte bestraft werden«, monierte der liberale CDU-Politiker Hans Dichgans im »Handelsblatt«.[13] Er spielte damit auf die Tatsache an, daß das »Neue Deutschland« im Westen gelegentlich die Aufmerksamkeit der Staatsanwaltschaft auf sich zog und als »kommunistische Hetzschrift« beschlagnahmt werden konnte, eine Maßnahme, die so mancher Verfechter des Alleinvertretungsanspruches wohl gerne auch auf die östlichen Landesteile ausgedehnt hätte.

Kein Wunder, daß sich die stets auf Anerkennung durch die Weltöffentlichkeit erpichte DDR bedroht fühlen mußte, wenn gelegentlich politisch motivierte Päckchen und Pakete aus dem Westen herüberkamen.

Verständnis für die Situation des Empfängers, mit ein wenig Überlegung fällt es aber nicht schwer, Gemungen dieser Verordnung liegt insbesondere vor, wenn a) Gegenstände in der Sendung enthalten sind,

Mitarbeiter der Deutschen Post bei der Paketzustellung in Berlin (um 1952). Den Postbediensteten wurde häufig mangelnde Einsatzbereitschaft nachgesagt. Dies sollte eine Erklärung für die langen Laufzeiten der Sendungen zwischen West und Ost sein. Karikatur aus dem »Eulenspiegel« 1962 (rechte Seite).

schenksendungen einen Inhalt zu geben, der helfen kann und zugleich Freude bereitet. (Ausnahme: Rentdie gemäß Anlage I zu dieser Verordnung vom Versand ausgeschlossen sind; b) Gegenstände in der

**Und sie bewegt sich doch!**
*Galilei*



Erhebliche Anstrengungen verwandten Stasi, Zoll und Post darauf, sogenannte Org-Sendungen aus dem Strom der Westpakete auszusortieren. Dahinter verbargen sich Geschenkpäckchen und -pakete, die von Organisationen in der Bundesrepublik über Adressen von Privatpersonen (West) an Adressen von Privatpersonen (Ost) geschickt wurden. (Vgl. dazu auch den Beitrag von Petra Kabus in diesem Buch.) Geschenksendungen, die ihren erkennbaren Ursprung bei mißliebigen Organisationen in der Bundesrepublik hatten, wurden konfisziert und verwertet – unter Berufung auf DDR-Verordnungen, denn »Sendungen, die von Firmen, Organisationen oder juristischen Personen zusammengestellt, verpackt oder abgesandt worden sind, gelten nicht als Geschenksendungen«[14].

In einem Bericht der Abteilung Postverkehr der Zollverwaltung über den Jahresendverkehr 1975 heißt es, man habe sich systematisch auf die »gefährlichen Organisationen« wie »Helfende Hände«, »DRK Hamburg«, »Reinische [!] Hilfsgemeinschaft für den Deutschen Osten« und »Evangelisches Hilfswerk für Internierte und Gefangene« konzentriert.

Konsequenz: Ende der sechziger Jahre soll fast jedes fünfte Geschenkpaket unterschlagen worden sein, das jedenfalls wußten bundesdeutsche Zeitungen zu berichten. Kolportiert, aber nie nachgewiesen wurden Aktionen der Zollverwaltung der DDR, wonach Geschenksendungen, die aus der Bundesrepublik und West-

ner und kinderreiche Familien leben nach wie vor in materieller Not. Sie können sogar reichlich vorhan-

Sendung enthalten sind, die den in der Anlage 2 zu dieser Verordnung angegebenen Wertumfang über-

berlin an Verwandte und Freunde der SBZ und Ostberlin geschickt wurden, »als Spende für die Volksrepublik Vietnam beschlagnahmt worden seien«. Das unschuldige Westpaket wurde zum Politikum, zur Waffe im Kalten Krieg. Zur gleichen Zeit wurde auch im Westen geschnüffelt. Selbst in der vom Bonner Ministerium herausgegebenen »Geschichte der deutschen Post« ist davon die Rede, daß es »eine gewisse Kontrolle des ein- und abgehenden Postverkehrs«[15] gegeben hat.

Offiziell beschränkte sich die Vorführung beim Zoll (West) auf solche Postsendungen, die dem Anschein nach »verfassungswidriges Propagandamaterial« enthielten – inoffiziell herrschte aber ziemliche Willkür, wenn es um verbotene »staatsgefährdende Schriften« oder » Propagandamaterial« aus der DDR ging. Auch in der anderen Richtung konnte es vorkommen, daß bundesdeutsche Zöllner und Verfassungsschützer eingriffen und wissenschaftliche Zeitschriften, etwa von Wissenschaftlern (West) zu Wissenschaftlern (Ost) abgesandt, so lange zurückhielten, bis jemand energisch protestierte. Der Kalte Krieg zog merkwürdige Schleifspuren.



Bis Anfang 1990 wurden Postsendungen aus der DDR und anderen Staaten des Warschauer Paktes vom Bundesnachrichtendienst (BND) nachrichtendienstlich ausgewertet, nach Einschätzungen eines dazu abgeordneten Hamburger Postlers »täglich mehr als 10000 Privatbriefe«[16]. Rechtsbasis: das G-10-Gesetz (Gesetz zu Artikel 10 Grundgesetz) zur Beschränkung des Brief-, Post- und Fernmeldegeheimnisses, das staatlichen Behörden unter Umständen gestattet, Brief- oder Paketsendungen auszuforschen. In Berlin (West) erlaubten Vorbehaltsrechte den Alliierten, Post- und Telefonverkehr aus und in die DDR zu überwachen. Für die US-Alliierten besorgte dies das Army Special Operations Field Office Berlin, dem Postler der Landespostdirektion auf Anforderung Briefe und Pakete zur Einsichtnahme zuzuführen hatten.

Der Westen hielt mit mehreren Millionen Geschenkpaketen und -päckchen jährlich die Häscher, Kontrolleure und Literaturoffiziere auf Trab, teils organisiert, meist in individueller Fürsorge um die Verwandten (Ost). »Dein Päckchen nach drüben« oder »Oft schicken, viel schreiben, beisammen bleiben«, das waren die Bonner Kommunikationsappelle der fünfziger und sechziger Jahre, die von den Bundesbürgern brav befolgt wurden. Vor allem zur Weihnachtszeit.

In der DDR führte die zunehmende Kontrollwut bei gleichzeitigem Anwachsen des Paketverkehrs zu ständig längeren Laufzeiten, die vor allem den Postbediensteten angelastet wurden. »Wer nichts hat und wer nichts kann, der geht zur Post, der geht zur Bahn« – das war das Image der Verkehrsdienstleister im Volksmund der DDR-Bürger.

Als der Paketstau immer größer wurde, mußten mit Millionenaufwand an Westgeld Röntgengeräte aus Belgien angeschafft werden. Die Maschinen brauchten jedoch zusätzlichen Platz. 1967 beklagten sich die Hochbau-Dienststellen des Zolls über »unzulängliche räumliche Verhältnisse in den Postzollämtern« und forderten Millioneninvestitionen für Umbauten und neue Diensträume, besonders für

dene Waren oft nicht kaufen, weil das Geld nicht reicht.) Was die Menschen in der Zone noch mehr brau-

Lagerräume mit entnommener Literatur, die den »Organen« zunehmend Verdruß bereitete, wie aus dem im Bundesarchiv Berlin hinterlassenen Briefverkehr des DDR-Ministeriums für das Post- und Fernmeldewesen hervorgeht.

Obwohl die Literaturoffiziere, um sich über Neuerscheinungen und deren Bewertung auf dem laufenden zu halten, das »Börsenblatt für den Deutschen Buchhandel« (West) ebenso wie sein östliches Pendant abonniert hatten, kamen sie einfach nicht mehr hinterher. Anfang der siebziger Jahre quollen die Zwischen- und Asservatenlager über. Zur gleichen Zeit kam es zu einer Flut von Eingaben und Beschwerden der DDR-Bürger[17], was wiederum zu Auseinandersetzungen zwischen Post und Zollverwaltung führte. Thema: Laufzeitverzögerungen.

Daraufhin vorgenommene interne Stichproben bei den DDR-Postzollämtern ergaben, daß vor allem die leidige Literaturkontrolle den Fluß der Sendungen hemmte. Der Lesedurst der Literaturoffiziere war offenbar begrenzt, denn bei der Überprüfung waren »die Literaturstellen selten besetzt«. Bei 30 Prozent der Sendungen mit Literaturinhalten kam es zu zeitraubenden Rücksendungen, Entnahmen oder Einziehungen. Jede dritte der damals getesteten Postsendungen aus dem »kapitalistischen Ausland« oder »nichtsozialistischen Wirtschaftsgebiet« war nach fünf Tagen noch in der Literaturkontrolle. »Laufzeiten über einen Monat hinaus sind keine Seltenheit. Für die Deutsche Post und den Postkunden«, hieß es in einer der zahlreichen internen Einschätzungen und Informationen des Ministeriums für das Post- und Fernmeldewesen, »ist das eine gleichermaßen unerträgliche Situation.«



Die Damen und Herren Literaturzöllner waren, trotz Offiziersrangs und »Börsenblatt«-Abo, schlicht überfordert. Wie ein Hilferuf liest sich der Brief, den der Chefinspekteur der Zollverwaltung, Stauch, am 29. Januar 1985 an den stellvertretenden Kulturminister Klaus Höpcke schrieb: »Ausgehend von der sich ständig erhöhenden Bedeutung politisch richtiger Rechtsentscheidungen bei den Literatureinfuhren bitte ich, die Möglichkeit zur Bildung einer zentralen Literaturkommission unter Leitung eines Verantwortlichen ihres Ministerbereichs zu prüfen.« Eine Musikkommission funktioniere bereits sehr gut, rapportierte Zollchef Stauch, und setze seine Offiziere in die Lage, antisozialistische Werke von hinnehmbaren Geschenken zu unterscheiden. So etwas fehle für die Literatureinfuhr.

Vollends verwirrt zeigte sich der Zoll, als in empörten Eingaben von Bürgern darauf hingewiesen wurde, daß beispielsweise von der Deutschen Bibliothek zu Leipzig bestimmte »Literaturerzeugnisse des westlichen Auslands« an DDR-Bürger anstandslos ausgeliehen würden, die der Zoll dagegen regelmäßig konfisziere. Darunter:

– Böll, Heinrich: »Der Lorbeer ist immer noch bitter. Aufsätze, Reden Kritiken«
– Biermann, Wolf: »Die Drahtharfe«
– Solschenizyn, Alexander: »August 14«[18]

d) Hetzmaterialien, die sich gegen die Demokratie und die Erhaltung des Friedens richten, in der Sendung



Statt den Zoll anzuhalten, ebenfalls großzügiger zu entscheiden, beschwerte sich Vizekulturminister Höpcke beim zuständigen Hochschulminister über die Ausleihpraxis der ihm unterstellten Deutschen Bücherei. Die Deutsche Bücherei in Leipzig, traditionell ein Gesamtarchiv des deutschsprachigen Schrifttums, bestand auf ihrem Auftrag und ihrer Ausleihpraxis. »Der weitaus größere Teil der westdeutschen Literatur«, schreibt der Leipziger Bibliothekswissenschaftler Gottfried Rost, »blieb über den normalen Ausleihvorgang zugänglich.«[19]

Innerhalb der »Organe« standen Post und Postmitarbeiter stets unter Raubverdacht. Wie aus den Akten von DDR-Zollverwaltung und Deutsche Post der DDR hervorgeht, übermittelte der Zoll alle zwölf, 13 Jahre – zuletzt am 4. Juni 1987 – der Post »Grundsätze zur Erhöhung der Ordnung und Sicherheit bei der Lagerung, Behandlung und Kontrolle von Sendungen des grenzüberschreitenden Postverkehrs an den Postzollämtern«. Tenor: Wir kontrollieren, ihr klaut.

Darin forderte der »Stellvertretende Leiter Operativ« der Zollverwaltung, Seidenzahl,

- daß grenzüberschreitender Postverkehr und Binnenverkehr zu trennen und in räumlich abgegrenzten, verschlußsicheren Kontrollplätzen zu behandeln sei,
- daß kontrollpflichtige Einfuhrsendungen aus der BRD und Berlin (West) mit verschlußsicheren Transportmitteln zuzuführen seien,
- daß über ›Fundgut‹ ein Protokoll in zweifacher Ausfertigung anzufertigen sei,
- daß Wiederverpackung von beschädigten kontrollpflichtigen Ein- und Ausfuhrsendungen durch die Deutsche Post vor der Vorführung zur Zollkontrolle zu gewährleisten sei,
- daß der Personenkreis der Deutschen Post, der zum Betreten der Kontrollplätze und Arbeitsbereiche berechtigt ist, festzulegen sei,
- daß, schließlich, die kontrollpflichtigen Sendungen aus und nach der BRD, aus Berlin (West) und dem übrigen Ausland zu erfassen und nachzuweisen seien.[20]

Nachdem es in den Bezirken Berlin, Potsdam und Rostock Anfang der sechziger Jahre zu »strafbaren Handlungen im Post- und Zeitungswesen«[21] gekommen war, standen die Postler beim Zoll unter einer Art Generalverdacht. Damals hatten sich 15 von 1000 Ostberliner Postangestellten, 14 von 1000 Potsdamer Postlern und rund 13 unter 1000 Rostockern strafbar gemacht. Mit ziemlichem Getöse wurden solche Übergriffe gegen das »sozialistische Eigentum« verfolgt und geahndet. Mit diesem lautstarken Vorgehen gegen einzelne wollte man offensichtlich über die systematischen und organisierten Raubzüge der Postzollfahndung, die Teil des Staatssicherheitsapparates war, hinwegtäuschen.

Zwischen den beiden deutschen Staaten wurde der Paketversand am 30. September 1971 neu geregelt, als in Ostberlin Vertreter beider Postministerien Vereinbarungen über die Ausweitung des Post- und Fernmeldeverkehrs sowie über die

ben« zu sein. Um ihnen diese nahezu lebensnotwendige Hilfe zu geben oder zu erhalten, werden Briefe, enthalten sind; e) Sendungen im Sinne des §7 zum Versand gelangen. (2) Bei sonstigen Verstößen gegen

Verkürzung der Brief- und Paketlaufzeiten unterzeichneten, die erstmals auch Westberlin einschlossen. Es wurde eine Postpauschale von zunächst 30 Millionen DM, ab 1977 dann von 85 Millionen DM jährlich vereinbart, mit der die westdeutsche Seite die Leistungen der Deutschen Post der DDR im grenzüberschreitenden Paket-, Päckchen-, Brief- und Fernmeldeverkehr bezahlte.

Vorausgegangen waren Rechnungen über insgesamt fast zwei Milliarden Mark, die das DDR-Postministerium den zuständigen Stellen des bundesdeutschen Ministeriums und Westberlins regelmäßig zuzustellen pflegte, in denen »zur Zahlung für die Abwicklung des Post- und Fernmeldeverkehrs mit dem Bundesgebiet bzw. Berlin (West) – rückwirkend ab 1948 – aufgefordert wird«[22]. Da die Bundesregierung ganz Deutschland nach wie vor als *ein* Postgebiet betrachtete, fand bis in die siebziger Jahre keine (im Auslandsverkehr übliche) Verrechnung von tatsächlich erbrachten Leistungen statt. Ein Päckchen von München nach Hamburg wurde also unter den gleichen Bedingungen transportiert wie eines zwischen Leipzig und Frankfurt: als innerdeutsches Paket. Auf Druck der Alliierten, die soeben das Vier-Mächte-Abkommen über Berlin geschlossen hatten, war auch Bewegung in die Postverhandlungen gekommen. Dies führte zur Bereitschaft der Bundesregierung, in die bis dahin stets abgelehnten Pauschalzahlungen einzuwilligen. Verbunden damit waren erkennbare Erleichterungen im Paketverkehr.



In den folgenden Jahren fielen nach und nach etliche der Einfuhrbeschränkungen weg: Danach hatte sich der DDR-Zoll nicht mehr für Desinfektionsbescheinigungen gebrauchter Schuhe und Textilien zu interessieren, die maximale Zahl von zwölf Westpaketen pro Jahr war hinfällig, und auch die Mengenbegrenzungen für einzelne Produkte wurden aufgehoben. Sogar Schmuck wurde zur Einfuhr beschränkt zugelassen, wenn er auf den Inhaltsverzeichnissen der Pakete ausgewiesen war. Alle Uhren, außer Quarzuhren, durften nun ins Westpaket, genauso Kfz-Ersatzteile, Wimpel, Anstecknadeln und Souvenirs von Sportveranstaltungen. Hustenbonbons, Verbandsmittel, Süßstoff, sogar Melissengeist wurden hinfort unbeanstandet durch die Röntgengeräte geschleust. Bis dahin waren sie rund 50000 mal pro Jahr Beanstandungen zum Opfer gefallen, weil es sich bei ihnen angeblich um Medikamente handelte.

Was sich ab Anfang der siebziger Jahre als Lockerung in der Praxis durchgesetzt hatte, wurde nun auch offiziell verankert. Auch Ost-Sendungen Richtung Bundesrepublik wurden nur noch stichprobenartig geprüft: In den Päckchen, die aus Plauen oder Dresden kamen, waren zumeist unverdächtige Christstollen. DDR-Briefmarken blieben von der Ausfuhr in Geschenkpaketen in den Westen allerdings weiterhin ausgeschlossen – sie waren begehrte Handelsware, mit der über westdeutsche Briefmarkenhändler gute Geschäfte zu machen war.

Die überlasteten Literaturoffiziere ließen jetzt sogar »Bilderbücher mit kurzen Texten und humanistischer Grundhaltung«, »die nicht den Interessen unseres Staates widersprechen«, in Westpaketen passieren, auch Kunstdruck-, Bild- und Land-

Päckchen und Pakete aus der Bundesrepublik auch dann nicht überflüssig werden, wenn es einmal zu die Bestimmungen dieser Verordnung werden die Sendungen an den Absender zurückgeleitet. (3) Ge-

Vor allem nach dem Mauerfall war die Post im Osten vor erhebliche logistische Probleme gestellt. Das Paketaufkommen hatte sich schlagartig vervielfacht, die Technik war die alte geblieben. Bahnpostamt am Hauptbahnhof in Berlin im Dezember 1990.

schaftskalender und ähnliche Kalender mit Kochrezepten, Blumen oder Tiermotiven rollten anstandslos durch die Röntgenstrahlen.[23] Westzeitschriften blieben von der Einfuhr ausgeschlossen. Wurden sie per Röntgenstrahlen erfaßt, ließ der Zoll sie aus den identifizierten Westpaketen entfernen und in diverse Asservatenkammern der MfS-Zollfahndung überstellen, unter anderem in das riesige Lager Freibrink bei Berlin. Dort konnte man, gegen kleine Gefälligkeiten, aussortierte und konfiszierte West-Zeitungen und -Zeitschriften einsehen und ausleihen. Die Renner seien, so ein ehemaliger Mitarbeiter, »Spiegel«, »Stern« und »Playboy« gewesen.

Nach wie vor, klagte Zollchefinspekteur Stauch 1984, »wird der Geschenkpaket- und -päckchenverkehr insbesondere zur Einfuhr von antisozialistischen Druckerzeugnissen und Materialien mißbraucht. Dabei waren die Materialien zum Teil auf das Wirksamwerden einer sogenannten blockübergreifenden Friedensbewegung und die mißbräuchliche Aktivierung ökologischer Bewegungen (›unabhängige Umweltbewegung‹) zur Schaffung eines feindlichen Untergrundes gerichtet. Ebenfalls verhindert wurde wiederum die Einfuhr der Schriften von Verrätern und Renegaten wie Oertel, Faust, Loeser, Kunze, Biermann, Rasch, Loest, K. Bartsch, Solschenizyn und Kopelew. Darunter befanden sich auch Schriften solcher Bürger der DDR, die sich vom Gegner mißbrauchen lassen wie Stefan Heym, Lutz Rathenow, Monika Maron und Gabriele Eckert. Der Umfang solcher Sendungen hat

einer dauerhaften Verbesserung der gesamten Versorgung in Mitteldeutschland kommen sollte. Frage:

schenkpakete und -päckchen aus dem Ausland, bei denen die zulässige Höchstmenge gemäß § 10 Abs. 2

sich im Verhältnis zu 1983 kaum verändert. Jährlich fallen über 10000 derartige Sendungen an. Des weiteren konnte auch im Jahr 1984 die Einschleusung von Materialien neofaschistischer und revanchistischer Organisationen, von Landsmannschaften, der Sekte ›Zeugen Jehovas‹ sowie verschiedener anderer Richtungen verhindert werden.«[24]

Den »Zeugen Jehovas«, einer eher mitgliederarmen und einflußlosen Glaubensgemeinschaft, galt das besondere Augenmerk der Zollfahnder – trotz der gelockerten Praxis. Mielkes Schnüffler knüpften damit nahtlos an dieVerfolgung der Sekte durch die Nationalsozialisten an.

Trotz einer gewissen Lockerung beschwerte sich die bundesdeutsche Seite immer wieder über »erstaunliche Verluste«[25] im Postverkehr mit der DDR. Allein im Jahre 1984 seien 19288 Pakete und 4596 Einschreibsendungen »in Verlust geraten«. Außerdem kämen, so der Bonner Staatssekretär Winfried Florian, nur 80 Prozent der Briefe und Geschenksendungen in der vorgesehenen Zeit an. Die Verluste im Postverkehr mit der DDR betrügen das Neunfache der Verlustrate des gesamten übrigen Postverkehrs der westdeutschen Bundespost, bei Einschreibsendungen sogar das 32fache.

Die modernen Röntgenschleusen im Postzollamt Potsdam wurden an einem Tag der offenen Tür im Februar 1990 erstmals der Öffentlichkeit gezeigt. Hier konnten täglich mehr als 5000 Pakete überprüft werden.

Trägt unsere Hilfe zur Wiedervereinigung bei? Antwort: Der einzelne Deutsche kann heute im Hinblick um nicht mehr als 100 % überschritten sind, können dem Empfänger nach Entrichtung des doppelten

Verwiesen wurde auch auf Mitteilungen von Empfängern in der DDR, wonach bei Paketen

- Teile von inneren Verpackungen zerrissen oder entfernt,
- Paketinhalte mit spitzen Gegenständen durchstochen,
- Parfümflaschen zerschlagen, Spraydosen teilweise geleert,
- Flüssigkeiten aus Flaschen in Lebensmittel geschüttet,
- Backwaren zerbrochen und
- Inhaltsverzeichnisse entnommen worden seien. Dies geschah möglicherweise, um den gleichzeitigen Diebstahl von Gegenständen, wie Kaffee oder Tee, zu vertuschen.

78 Rituell fiel die Gegenattacke aus, wann immer die deutsch-deutschen Postexperten korrespondierten. »Es soll von offensichtlich in der Arbeit der Deutschen Bundespost bestehenden Schwächen und Mängeln abgelenkt werden«, hieß es in einem Antwortschreiben an Bonn, das auch den Leiter der Kommerziellen Koordinierung, Alexander Schalck-Golodkowski, beschäftigte. Der umtriebige Schalck, der zur gleichen Zeit heikle Kreditverhandlungen mit Franz-Josef Strauß »einfädelte« und auf eine deutliche Erhöhung der Postpauschale drängte (bis zu 400 Millionen DM), riet dazu, die Situation nicht unnötig zu verschärfen, und empfahl eine hinhaltende Taktik: Zunächst sollte eine Faktensammlung erfolgen, dann ein Gespräch zwischen dem Staatssekretär im DDR-Postministerium, Calov, und dem Leiter der Ständigen Vertretung der Bundesregierung, Hans-Otto Bräutigam.[26]

Bis zu den nächsten turnusmäßigen Verhandlungen über die Postpauschale im Frühjahr 1990 wollte man alle strittigen Fragen geklärt haben. Das Westpaket hatte ohnehin seine stürmischsten Zeiten hinter sich. »Es wird eingeschätzt«, schreibt Poststaatssekretär Calov an Günter Mittag am 4. August 1989, »daß im Umfang des Paketverkehrs aus der BRD keine wesentlichen Steigerungen mehr eintreten werden, da durch die inzwischen bestehenden Möglichkeiten des Geldtransfers in die DDR viele BRD-Bürger immer mehr davon Gebrauch machen werden, auf diesem Wege DDR-Bürgern Geschenke zu vermitteln, und den Postversand nicht in Anspruch nehmen.«[27] Doch dann kam alles ganz anders. Nach dem Fall der Mauer bekam der Paketverkehr von West nach Ost eine völlig neue Bedeutung. Im »Jahresendverkehr« 1989 setzte eine wahre Flut von Westpaketen ganz anderer Art ein, denn die DDR-Bürger orderten bei westdeutschen Versandhäusern Waren in ungekanntem Ausmaß oder bestellten sich deren bunte Kataloge. »Wir ersticken in einer Paketflut«, stöhnten die heillos überforderten Postoberen der Noch-DDR und erbaten kollegiale Hilfe aus dem Westen. Die Postämter quollen über, die Pakete stapelten sich in zugigen Bahnhofshallen, maroden Lagerstätten oder unter freiem Himmel. Mit Erleichterung heuerte die Ost-Post, traditionell eine Frauenunternehmung, »junge, kräftige Männer« an, die zupacken konnten. So wurden allein im Bereich des Bahnpostamtes Berlin 140 ehemalige Stasi-Bedienstete untergebracht. Plötzlich war die Post infiltriert von den Kräften,

auf die Wiedervereinigung nichts Besseres und nichts Wirksameres tun, als nach Kräften zur Erhaltung die zuvor Brief- und Paketkontrollen durchgeführt hatten und die teilweise als Mitarbeiter von Zollorganen ausgewiesen waren, in Wirklichkeit aber Stasi-Leute waren. Ähnlich bei der Telekom: Dort schlüpften viele Experten des Ministeriums für Staatssicherheit unter, die zuvor, als Postler legendiert, Abhörschaltungen für die Stasi gelegt hatten. So hatte das Volk im Herbst 1989 die Forderung »Stasi in die Produktion!« wohl nicht gemeint.

Von diesen Leuten trennte sich die Post im Laufe der Monate nicht ohne eine gewisse Wehmut. Die Stasi-Mitarbeiter waren samt und sonders hochmotivierte, kräftige junge Männer, die für die harte, körperliche Arbeit des Paketumschlags physisch wesentlich besser geeignet waren als die teilweise überforderten Postlerinnen. »Die Männer taten den Job wirklich gut«, erinnert sich ein Kollege, »aber sie waren wegen ihrer Belastungen nicht zu halten.« Zu viele Gesetzesbrüche und Widerwärtigkeiten, zu viel Spitzelei und Denunziantentum der Staatssicherheit war inzwischen ans Tageslicht gekommen, so daß eine Beschäftigung im öffentlichen Dienst nicht mehr zu rechtfertigen war, schon gar nicht im Dienst eines Post- und Fernmeldegeheimnisses, das sie kurz zuvor noch systematisch und gezielt gebrochen hatten. 1 000 nach der Wende eingeschleuste offizielle Mitarbeiter wurden entlassen, darüber hinaus auch eine größere, nicht genannte Zahl von inoffiziellen Mitarbeitern. Auch die Führungsebenen der DDR-Post waren durchsetzt gewesen mit »Offizieren im besonderen Einsatz« der Staatssicherheit.



Noch einmal schwoll die Zahl der »neuen Westpakete« im Juli 1990 an. Mit der Einführung der DM in der deutsch-deutschen Währungsunion waren auch Nachnahmesendungen möglich, von der die Noch-Bürger der DDR emsig Gebrauch machten. »Wohin mit den Sendungen?« erinnert sich der damalige Schweriner Postchef Gerhard Troschke, »das war die Standardfrage in diesen Wochen und Monaten. Verkehrssteigerungen bei Briefen von 300 bis 500 Prozent, von fast 1 000 Prozent bei Paketen wurden zur Regel.« Die Zahl der Privatpakete nahm zwar in dem Maße ab, wie gegenseitige Besuche selbstverständlicher wurden, aber die Versandhäuser sorgten für turbulente Zeiten – bis tief ins Jahr 1991 hinein. Zum Ärger der ostdeutschen Postkunden brauchte die Post recht lange, bis sie eine geeignete Infrastruktur auf die Beine stellen konnte. »Untragbare Zustände« kritisierte der Vorsitzende des Verbands der Postbenutzer im September 1991. Mehrere Wochen lang standen beispielsweise 34 Waggons mit bestellten Waren auf dem Bahnhof Halle, in Erfurt konnten zeitweise 120 Waggons nicht entladen werden. Bis zu 800 000 Päckchen und Pakete aus dem Westen täglich verzeichneten die Umschlagstellen – vor der Wende waren es lediglich 120 000 gewesen.

Die Post reagierte mit der Anmietung von Hallen, mit Investitionen, Prämien für Überstunden und der Anwerbung von Aushilfspersonal. Sogar Taxifahrer wurden zeitweise beschäftigt, die im Herbst 1991 in der sächsischen Landeshauptstadt Dresden die Versandhauskataloge zu ihren Empfängern brachten.

die Bestimmungen des §9 Absätze I und 2 sowie §10 Abs. 3 dieser Verordnung werden nach §9 der

Stets war der Post-Umsatz mit Päckchen und Paketen das getreue Spiegelbild einer Volkswirtschaft – wenn sie wächst, wissen die Ökonomen, wächst der Paketversand. Wenn das Bruttosozialprodukt sinkt, geht im gleichen Maß das Frachtgeschäft zurück, privat wie geschäftlich. Der Versandhandel ist dabei ein getreues Abbild der Binnenkonjunktur. Und in diesem Sinne spiegelt der Päckchen- und Paketverkehr zwischen den alten und neuen Bundesländern eine gespaltene Wirtschaftslage wider. Der Aufschwung läßt auf sich warten, sagt das innerdeutsche Postgeschäft mit den Westpaketen, die von Quelle, Neckermann und Co. kommen. Heute, neun oder zehn Jahre nach dem Boom, ist das Westpaket zum Krisensymptom geworden. In einem aktuellen Marktforschungsbericht zum Thema Versandhandel wird lediglich ein Unterkapitel lapidar dem »Problemfall Ostdeutschland«[28] gewidmet.



nigung herbeizwingen, ehe die weltpolitischen Verhältnisse dies gestatten. Aber auf jeden Fall können

Wirtschaftsverordnung in der Fassung der Verordnung vom 29. Oktober 1953 (GBl. S. 1077) bestraft,

**Alimente in der Pralinenschachtel**

Mein Vater lebte von unserer Familie getrennt und ging dann in den Westen. Er mußte damals laut Gerichtsbeschluß für jedes von uns beiden Kindern monatlich 37,50 Ostmark Unterhalt bezahlen. Da er im Westen aber auch nicht zu den Reichen zählte, vereinbarte er mit meiner Mutter, daß sie den Unterhalt nicht einklagte, sondern er ihr in Abständen das Geld per Paket schickte. Wir erhielten also alle paar Monate ein schönes Westpaket mit Lebensmitteln und Süßigkeiten, und in jedem Paket waren 400 Ostmark, die er im Westen zum Kurs 1:5 umgetauscht hatte, in einer Schachtel Pralinen versteckt. Damit war beiden Seiten sehr geholfen, und die Freude über ein Paket aus dem Westen war für uns Kinder doppelt groß – aber leider durften wir nicht einmal der besten Freundin erzählen, woher wir die schönen Dinge hatten, was für kleine Mädchen bekanntlich furchtbar schwer ist.

Auch etwas weitläufigere Verwandte schickten uns eines Tages zwei riesengroße Pakete. Mit großer Vorfreude öffneten wir sie. Aber die Enttäuschung war groß: Die Pakete enthielten fast ausschließlich Altkleider, Textilien, die auch im Osten nicht mehr modern waren. Ganz obenauf lag eine Strickjacke, die total von Motten zerfressen war. Als kleine süße Beilage enthielt ein Paket zehn Tafeln Schokolade, die schon weiß und völlig ausgetrocknet waren. Eine gerade zu Besuch weilende Westtante sah den Inhalt und war total entrüstet. Nach ihrer Rückreise rief sie ohne unser Wissen beim Absender der Pakete an, sagte ihm ihre Meinung und fragte ihn, ob er seinen Abfall nicht anders entsorgen könne, denn so etwas hätten wir im anderen deutschen Staat nun auch nicht nötig. Prompt kam von den Verwandten ein Brief, daß wir undankbar wären und nie wieder mit einem Paket rechnen könnten. Wir haben ihnen erklärt, daß wir auf solche Pakete gerne verzichten können.

Nur gut, daß wir heute nicht mehr auf Pakete angewiesen sind. Aber leider gibt es immer noch viele Menschen, die es bitter nötig haben, von den Mitmenschen etwas zu bekommen. Wir selbst haben seit 1960 Brieffreunde im fernen Sibirien. In der heutigen Zeit geht es ihnen so schlecht, daß wir ihnen mehrmals im Jahr Lebensmittelpakete und auch Kleidung und Medikamente schicken. Es fällt uns zwar auch nicht ganz leicht, da wir selbst arbeitslos sind, aber wir wissen um ihre Nöte, und eine solche Enttäuschung, wie ich sie selbst einmal erlebt habe, würde ich unseren Freunden nie bereiten.

*Rosemarie B., Nordhausen*

wir bis dahin verhindern, daß das deutsche Volk auch menschlich auseinanderfällt. Das ist eine Aufgabe, sofern nicht nach anderen gesetzlichen Bestimmungen eine höhere Strafe verwirkt ist. §17 Durch-

**Kirchlicher »Sicherheitsdienst«**

Mitte der sechziger Jahre, als ich Pfarrer in Görlitz war, besuchten mich eines Tages im Januar zwei Herren, die sich als Vertreter des Staatssicherheitsdienstes vorstellten. Sie wollten sich mit mir unterhalten, um etwas über die »wahre Volksmeinung« zu erfahren. Wir Pfarrer hätten doch unser Ohr am Volk. Ich erzählte offen über mancherlei Ärgernisse, ohne jedoch Namen zu nennen. Da meinten sie: Wenn es irgendwelche Unregelmäßigkeiten gebe, dann solle ich ihnen das doch sagen, natürlich mit Namensnennung, damit sie für Abhilfe sorgen könnten. Diese Gelegenheit ließ ich mir nicht entgehen.



Weihnachten lag eben hinter uns. Im Görlitzer Pfarrkonvent hatten wir gerade darüber gesprochen, daß alle Pfarrer persönliche Weihnachtspakete aus der BRD vermißten. Auch in den vier kirchlichen Altersheimen in Görlitz waren viele Pakete nicht angekommen. Wir hatten versucht, die Zahl der fehlenden Pakete zu ermitteln, und waren auf etwa 250 Stück gekommen. Wo mochten sie geblieben sein?

Das fragte ich nun meine beiden Gäste: Sie könnten das doch gewiß aufklären. Zunächst waren sie sprachlos. Dann aber meinten sie, daß die BRD in der DDR Unruhe stiften wolle und deshalb die Pakete an der Grenze zurückhalte. Darauf konterte ich mit einer gewagten Behauptung: »Das kann nicht sein! Nicht nur Sie haben die Staatssicherheit, auch wir haben einen kirchlichen ›Sicherheitsdienst‹. Überall haben wir Christen, die alles genau beobachten, bei der Bahn, bei der Post und auch beim Zoll. Wenn die Pakete in Hannover abgehen und bei Helmstedt-Marienborn die Grenze passiert haben, dann kommen sie auch in Magdeburg an. Aber von dort fehlt dann jede Spur. Vielleicht könnten Sie einmal nachforschen, wohin unsere Pakete geleitet wurden.«

Die beiden Herren waren sehr kleinlaut, versprachen aber, der Sache nachzugehen. Sie verließen mich dann schnell, und ich ging zu Bischof Fränkel, um ihm von meiner Flunkerei zu berichten. Seit diesem Gespräch erreichten fast alle Pakete aus dem Westen unsere kirchlichen Mitarbeiter in Görlitz.

Als ich 1995 endlich meine Stasi-Akte lesen durfte, fand sich auch eine Anmerkung über den Besuch der beiden Herren. Eigentlich hatten sie mich als IM werben wollen. Meine Darlegung haben sie dann unter dem Stichwort »Paketangelegenheit« abgelegt.

*Reinhard Leue, Rothenburg*

die nicht der Staat, nicht die Regierung leisten kann; es ist vielmehr eine Angelegenheit, die von allen führungsbestimmungen zu dieser Verordnung erläßt das Ministerium für Außenhandel und Innerdeut-

Andreas Hergeth

# »Die Popularisierung der Maßnahmen«

## Zollorgane werben für ihren Einsatz



Eine schmerzliche Erfahrung mit dem Eingreifen der »Organe« in ein privates Westpaket hatte ich im Alter von 15 Jahren. In Dortmund lebte Onkel Walter, ein Bruder meiner Oma, der uns etwa alle sechs Wochen ein Paket voll mit heiß ersehnten Dingen aus dem Westen schickte: Tütensuppen und Brühwürfel für Oma, Strumpfhosen für Mama, einen Schlips für Papa und für die lieben Kleinen Filzstifte, Spielzeug und Süßigkeiten.

Wir waren damals über die Einfuhrbestimmungen der DDR nicht im Detail informiert. Daß Zeitschriften und Bücher des Klassenfeindes nicht erwünscht waren, soviel war uns schon klar. Aber sonst? Immerhin fiel mir der vom Onkel aufs Packpapier geschriebene Hinweis »Geschenksendung, keine Handelsware« auf. Geschenke waren in solchen Paketen also erlaubt.

Warum laß ich mir da nicht mal – so dachte ich sofort – eine leere Tonbandkassette vom Onkel schenken. In diesem Jahr hatte ich gerade begonnnen, mit meinem ersten eigenen (russischen!) Recorder Musik aus dem Radio aufzunehmen. Leider waren die Kassetten mit 20 Mark der DDR für mich fast unerschwinglich, drüben sollten sie dagegen nur drei oder vier DM kosten. Ich bettelte so lange, bis meine Mutter in einem ihrer monatlichen Briefe den Onkel wissen ließ, daß sich Sohnemann (außer Lakritze) nichts lieber wünsche als eine leere Tonbandkassette. Der Onkel versprach im Antwortbrief, eine solche dem nächsten Paket beizulegen. War das eine Vorfreude!

Dann kam das Paket eines Tages endlich an. Von außen sah es aus wie immer. Noch ahnten wir nichts Schlimmes. Das Packpapier wurde entfernt, der Deckel des Kartons geöffnet, darin lag jedoch ein kleiner Zettel, ein amtlicher Vordruck: Der Zoll, Abteilung soundso, hatte das Paket öffnen müssen, stand da, um ein nach Paragraph XY nicht erlaubtes Produkt zu entnehmen – meine leere Tonbandkassette! Meine Enttäuschung war groß. Ich war sauer und grübelte tagelang, warum man einem armen DDR-Jugendlichen nicht mal eine unbespielte Tonbandkassette gönnt. Sie hätten sie ja prüfen und wieder zurück ins Paket legen können! Ich wollte sie doch erst bespielen und hätte bestimmt auch eine Gruppe aus der DDR aufs Westtonband aufgenommen, denn damals, 1981, schwärmte ich gerade für Karat. Einen zweiten Versuch, an eine leere Westkassette heranzu-

tagespolitischen Aspekten freigehalten werden muß. Der Zusammenhalt zwischen hüben und drüben schen Handel im Einvernehmen mit dem Ministerium für Post- und Fernmeldewesen. § 18 (1) Diese



In der Zollausstellung notiert:

## Wertvolle Gespräche mit Brigade „Fritz Heckert"

Kennen Sie die Zollausstellung in der Stadthalle? Nein? Das müssen Sie sehen. Nicht nur die Ausstellungsgegenstände sind interessant, sondern auch die Gespräche, die dort geführt werden. Bei meinem Besuch am Dienstag erlebte ich zum Beispiel ein Gespräch der Kollegen der sozialistischen Brigade „Fritz Heckert" aus dem VEB Sachsenwerk und ihrer Frauen mit den Genossen Vogt, Mutze und Ullmann von der Zollverwaltung.

„Viele", so erzählten die Genossen Mutze und Vogt, „handelten in Unkenntnis der geltenden Bestimmungen gegen die Republik. Oft wurden Dinge nach Westdeutschland geschickt, z. B. Edelmetalle usw., deren Ausfuhr verboten ist. Sie wurden zurückgeschickt. Unsere Organe kontrollieren den Inhalt der Pakete zum größten Teil in geschlossenem Zustand mit Röntgenapparaten." Das war fast allen Kollegen und auch mir neu. „Beträgt der Wert des Päckchens mehr als 30 DM, suchen unsere Mitarbeiter die Absender auf und klären das Problem in persönlichem Gespräch. Danach kann niemand mehr sagen, er habe nichts gewußt. Werden jedoch wie in Leipzig Tausende Handtücher verschickt – bereits seit 1954 ist deren Versand verboten –, dann muß natürlich entsprechend unseren Gesetzen mit strengeren Mitteln gearbeitet werden.

Genosse Ullmann erläuterte den Kollegen ein weiteres Problem: Wenn im nationalen Dokument festgestellt wird, daß die Bourgeoisie das Recht auf die Führung unserer Nation verloren hat und nur die Arbeiterklasse alle Fragen lösen kann, so kann man das auch auf dem Gebiet des Zollwesens beweisen. Nehmen wir nun die westdeutschen Zollorgane und die Zollverwaltung der DDR. Bei uns stammen 55 Prozent der Offiziere aus der Arbeiterklasse. Die Zollverordnung besteht auf der Grundlage des Potsdamer Abkommens. Im westdeutschen Zoll, der sich an jeder Provokation gegen die DDR beteiligt, dienen hohe Offiziere des faschistischen Zolls und der Wehrmacht. Wie heißt es doch in der Bundesdrucksache Nr. 2 201 vom 8. November 1960 u. a.?: „... kommen in Betracht: deutsche Reichsgebiete in den Grenzen vom 31. Dezember 1937 unter vorläufiger sowjetischer und polnischer Verwaltung und ein kleines Gebiet der deutsch-französischen Grenze ... Die Sowjetzone gehört nach dem Entwurf wie bisher zum Zollgebiet." Revanchismus und Militarismus, das ist der Bonner Staat!

Zu den ausgestellten Medikamenten äußerten die Kollegen: „Von einem Staat, in dem Hunderte Contergan-Babys dahinsiechen, lassen wir uns keine Medizin schicken."

Der Meister Kollege Wenzig meinte während der Diskussion: „Es muß alles verhindert werden, was den Klassengegner stärkt." Wir schlossen am 13. August 1961 die offene Grenze nach Westberlin. Drüben hub man ein Riesengeschrei an. Warum? Auch deshalb, weil der Gegner bis August 30 Milliarden DM an uns verdiente und das plötzlich vorbei war. In den Dokumenten zum 17. Plenum heißt es: „Jetzt, da die sozialistischen Produktionsverhältnisse gesiegt haben und unsere Staatsgrenzen zuverlässig gesichert wurden, ist ein neuer Aufschwung der Produktivkräfte möglich und gesetzmäßig notwendig."

„Diese Ausstellung bestärkt uns aufs neue: Wir werden noch besser arbeiten, um den Sozialismus aufzubauen. Niemand soll versuchen, uns daran zu hindern!" Das war der Standpunkt der sozialistischen Brigade „Fritz Heckert" des VEB Sachsenwerk Niedersedlitz.

mi–

**Genosse Zollobersekretär Vogt erklärte auf der Zollausstellung der sozialistischen Brigade „Fritz Heckert" aus dem VEB Sachsenwerk Niedersedlitz die Anwendung des Textilprüfkastens.**

### 10 000 DM Wert

haben die 4 100 Stunden, die bisher von den Werktätigen der Forschungs- und Versuchsanstalt für Strömungsmaschinen im NAW sowie in der sozialistischen Landwirtschaft geleistet wurden. Allein in der Ernte, schreibt uns Volkskorrespondent Adam, waren es 330 Einsätze mit 2 100 Stunden.

Großangelegte Pressekampagnen in der DDR begleiteten nach dem Mauerbau die Werbemaßnahmen der Zollorgane für ihre Arbeit. »Sächsische Zeitung« vom 18. Oktober 1962.

kommen, hat es meinerseits nicht gegeben. Auch kam es nie wieder vor, daß so ein Zettel des Zolls einem unserer Westpakete, die bis zur Wende regelmäßig eintrudelten, beilag.

Was mit meiner Kassette geschah? Wurde sie von der Stasi benutzt, um irgendwelche Abhörprotokolle aufzunehmen? Endete sie ganz einfach im Schredder? Oder landete sie etwa im Kassettenrecorder eines korrupten Zolloffiziers oder sei-

kann nur bewahrt werden, wenn es wirklich ein menschlicher Zusammenhalt ist, nämlich ein Zusammen-

Verordnung tritt für den Geschenkpaket- und -päckchenversand nach Westdeutschland, Westberlin und

nes Kindes? Möglicherweise diente sie sogar als Anschauungsobjekt in einer Ausstellung des Zolls, bei der für Maßnahmen geworben werden sollte, die ich als Jugendlicher überhaupt nicht begreifen wollte.

Als durch den Mauerbau der Weg von Waren über die grüne Grenze endgültig unterbrochen war und in der Zeit danach die Einfuhrbestimmungen immer weiter verschärft wurden, mußten die Zollorgane der DDR massiv für die von ihnen nun sehr effektiv und spürbar durchgeführten Kontrollen werben. Am 30. April 1962 trat zudem ein neues Zollgesetz in Kraft, mit dem eine offizielle Trennung vom bis dahin formal noch einheitlichen deutschen Zollgebiet erfolgte. Die Grenze zwischen den Zonen wurde nun immer mehr zu einer Grenze zwischen zwei Staaten – mit den entsprechenden Folgen.



An die Arbeit der Organe und eine große Zollausstellung in jenem Jahr kann sich Ursula Burkowski, damals elf Jahre alt, noch sehr gut erinnern.[1] Die Berlinerin lebte zu dieser Zeit schon seit neun Jahren im Kinderheim Königsheide, mit 600 Kindern eines der größten seiner Art in Europa. Es war eine Vorzeigeanstalt der DDR, in der neben Waisen, Diplomatenkindern und dem Nachwuchs vieler Politiker, so zum Beispiel den Kindern Otto Grotewohls, viele Mädchen und Jungen wie Ursula Burkowski untergebracht waren. Ihre Mutter hatte sie und ihre Geschwister im Winter 1953 allein zurückgelassen und sich in den Westen abgesetzt.[2]

Die Kinder im Heim wurden damals sogar direkt in die Arbeit der Zollorgane einbezogen. Ursula Burkowski erinnert sich: »Seit die Mauer stand, mußten wir manchmal abends im Tagesraum sitzen und bekamen vom Zollamt Säcke voller Süßigkeiten. Nur die ganz artigen Kinder waren dabei, denn die Arbeit war eine Art Auszeichnung. Wir wickelten Westbonbons aus und mußten im Bonbonpapier versteckte Tabletten entnehmen, die Westdeutsche für ihre Verwandten in der DDR darin eingewickelt hatten. Wir hatten ein Häufchen, da mußten immer alle Tabletten rauf. Und der Rest, die richtigen Bonbons, die durften wir behalten. Natürlich nicht gleich, nicht mal Naschen war erlaubt. Die Süßigkeiten wurden zunächst abgegeben und später wieder an uns Kinder verteilt.«

Die ausgewickelten Tabletten sollten der damals Elfjährigen schon kurz darauf wieder begegnen. Die Kinder und Jugendlichen des Heimes wurden »politisch erzogen«, und die Erzieher kamen dabei »immer auf die verrücktesten Ideen«, so Ursula Burkowski. An einem Pioniernachmittag wurde ein Ausflug angesetzt, der die Kinder nicht in Wald und Wiesen, sondern in die Friedrichstraße führte. »Wir gehen in eine Ausstellung vom Zollamt und gucken uns dort an, was die bösen Menschen aus dem Westen, die Kapitalisten, alles so reinschmuggeln in unser Land«, hatte die Erzieherin den Heimkindern schon im Vorfeld erzählt. Also rein in die S-Bahn und zur Friedrichstraße gefahren. Dort, links neben dem Metropol-Theater, gab es einen Flachbau, in dem sich später das tschechische Kulturzen-

halt von Mensch zu Mensch. Wenn wir diese Aufgabe nicht erkennen und erfüllen, wird unser Anspruch dem Ausland eine Woche nach ihrer Verkündung in Kraft. (2) Diese Verordnung tritt für den Geschenk-

trum befand, der jedoch Anfang der sechziger Jahre für Wechselausstellungen genutzt wurde. 1962, ein Jahr nach dem Bau der Mauer, war dort eine Leistungsschau des DDR-Zolls untergebracht. Zollbedienstete in Uniform führten die Heimkinder neben anderen Besuchern durch die Ausstellung.

»In einer Kabine stand ein Röntgenapparat, in den ein Zöllner ein Paket hineinstellte«, erinnert sich Ursula Burkowski. Beim Durchleuchten des Inhaltes wurde eine zuvor nicht zu bemerkende Schallplatte sichtbar. »Raffiniert, wenn man bedenkt, wie die Schallplatte da so zwischen die Pappe des Kartons gepreßt worden war, daß man sie überhaupt nicht mehr gesehen hat.« Leider vergebene Mühe, der pfiffige westdeutsche Paketpacker hatte nicht mit den Röntgenstrahlen des DDR-Zolls gerechnet.



Vor allem die sehr anschaulichen Objekte beeindruckten die damals Elfjährige: So diente zum Beispiel ein Teddybär als Versteck, denn in seinem kleinen Fuß voller Holzwolle befand sich ein Ring. In einer Glasvitrine war ein Napfkuchen ausgestellt, der, halb aufgebrochen, im Innern eine Pistole barg, die den Adressaten nie erreichte. »Und auch Kleidungsstücke gab es dort, in deren Saum Nachrichten oder kleine Gegenstände, wie Schmuck, eingenäht waren.« Zu den ausgestellten, aus den Westpaketen herausgefischten verbotenen Waren gehörten natürlich auch Bücher, Zeitungen und die sogenannten Schmöker oder Groschenhefte.

Besonders schockiert waren alle Kinder von Bildern, die an den Wänden des Ausstellungsraumes hingen: schwarzweiße Fotos von »Contergan«-Kindern. Sie sollten zeigen, weswegen es so wichtig war, daß die Zollbeamten gewissenhaft darauf achteten, den Schmuggel von Arzneimitteln in Westpaketen aufzudecken. Es waren genau jene Pillen, die die Heimkinder einige Zeit zuvor aus den Bonbonverpackungen hatten heraussuchen müssen. »Wir haben genau diese fürchterlichen Tabletten ausgewickelt und sahen dort nun Kinder ohne Arme und Beine. Das war schlimm, und wir waren fest überzeugt, daß das alles böse Menschen dort im kapitalistischen Ausland sind, die solche Dinge in Paketen in die DDR schmuggeln wollten«, so Ursula Burkowski.

Bei diesen Ausstellungen wurde stets betont, der sozialistische Staat wolle seine Bürger unter anderem vor der Einnahme schädlicher Medikamente schützen. Doch vor dem Mauerbau, in den fünfziger Jahren hatten es die Behörden der DDR zunächst in erster Linie auf Schieber und Spekulanten abgesehen, die den innerdeutschen Paketverkehr für ihre Zwecke nutzten.

Gegenüberliegende Seite oben: Aus einem Westpaket heraus beschlagnahmte Medikamente (1961). Der originale Bildtext dazu lautet: »Contergan im Weihnachtspäckchen – gewissenlose Absender gefährden Bevölkerung der DDR«. Foto aus einer Ausstellung des Amtes für Zoll und Kontrolle des Warenverkehrs, die im Ministerium für Gesundheitswesen in Ostberlin im Dezember 1961 eröffnete wurde (unten).

auf Wiedervereinigung eines Tages unglaubwürdig vor der Welt, vor uns selbst, vor allem aber auch für paket- und -päckchenempfang aus Westdeutschland und Westberlin drei Wochen und für den Geschenk-

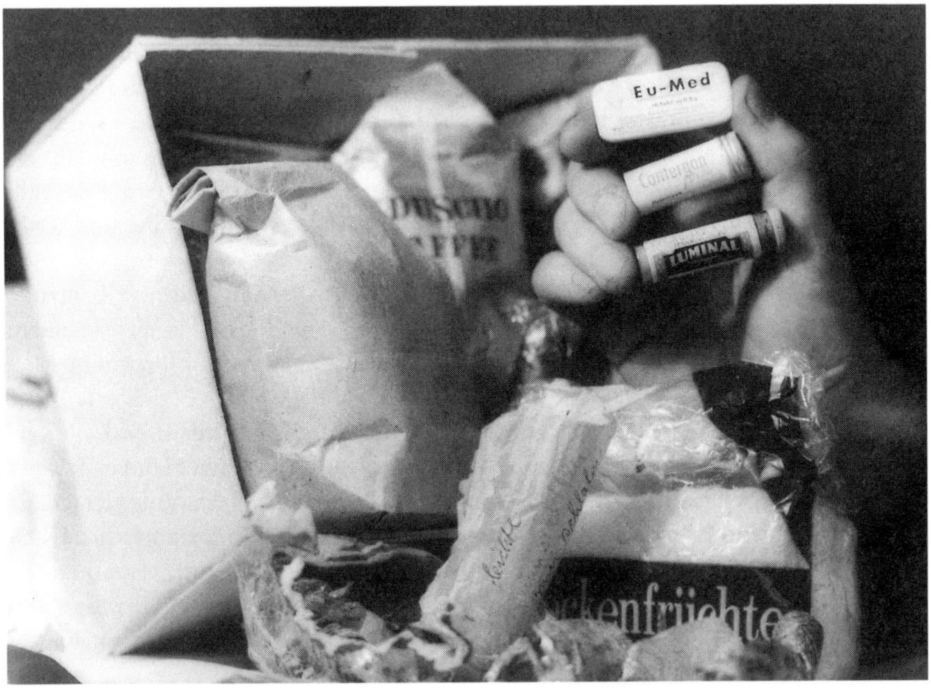

unsere Landsleute in der Zone. Denn wenn wir jetzt nicht jede Möglichkeit nutzen, mit ihnen in Verbin-

paket- und -päckchenempfang aus dem Ausland sechs Wochen nach ihrer Verkündung in Kraft. (3) Diese



In einem Brief des Stellvertreters des Ministers für Post- und Fernmeldewesen vom 20. Mai 1954 an das Presseamt beim Ministerpräsidenten der DDR beklagte dieser, daß der Postweg zunehmend von Schiebern und Schwarzhändlern »mißbraucht wird, um durch die erleichterte Versendungsart ›Geschenksendung‹ nach Westdeutschland und Westberlin Spargel zu versenden. Der Umfang läßt erkennen, daß es sich hier um Warenverschiebungen handelt.«[3] Es wurde deshalb sofort angewiesen, daß der »Versand von Spargel nach Westdeutschland und Westberlin bis auf weiteres nicht mehr gestattet« sei.

Die Bevölkerung reagierte aber oft mit Unverständnis. »Man sollte die Kontrolle einstellen, war die Meinung vieler«, hieß es in der »Freien Presse Plauen« in einem Artikel vom 11. Juni 1954, in dem über eine Einwohnerversammlung mit »Mitarbeitern der Abteilung S (Sicherheit) des Hauptpostamtes Plauen« berichtet wurde.[4]

Der Zeitung zufolge äußerten sich die Plauener Bürger vor allem deshalb derart, weil »die Verwandten oder Freunde in unserer westdeutschen Heimat (!) doch nicht daran dächten, irgendwelche Dinge, die gegen die Verordnung der Deutschen Demokratischen Republik verstoßen, den Sendungen beizupacken«. Doch die Sache sehe eben anders aus, ließ der Berichterstatter mahnend wissen, davon konnten sich nämlich die Teilnehmer an der von der Nationalen Front veranstalteten Versammlung überzeugen, denn die Gäste aus dem Hauptpostamt hatten »Beweismaterial« mitgebracht:

»Die Besucher staunten nicht schlecht, als sie einen Buchband der Stalinschen Werke sahen, dessen innerste Buchseiten so raffiniert ausgeschnitten waren, daß eine 08-Pistole Platz hatte. Selbst das berüchtigte, für Morde und Selbstmorde zu verwendende Pflanzenschutzmittel ›E 605‹ war zu finden. In die gerissene Arbeit der Zeugen Jehovas gewährleistete die kleine, aufschlußreiche Ausstellung ebenfalls einen Einblick. Wer hätte … in dem kleinen niedlichen Stoffhund ein Versteck für fast 1 000 Mark der Deutschen Notenbank vermutet, oder im Kopf einer Puppe 900 Mark.«

Ein paar Tage später sah sich ein Reporter des Lokalblattes in der Paketkontrollstation Plauen um und bescheinigte den »Frauen im Kontrollpunkt eine verantwortliche Arbeit«[5]. Der Journalist beschrieb die unappetitliche Seite ihrer Tätigkeit – Verstecke für Medikamente in Margarine oder 30 rohe Eier in einem Marmeladeneimer, die zu Bruch gegangen waren. Zusammen mit Mehl bildeten sie – wie öfters mit ähnlichen »Zutaten« geschehen – einen ekligen Brei. Die Botschaft war klar: Die Kontrollen waren zum Wohle des Staates und seiner Bürger notwendig.

Dem Mißbrauch sollte aber zunächst mit klareren Bestimmungen entgegengewirkt werden. Die »Verordnung über den Geschenkpaket- und -päckchenverkehr auf dem Postwege mit Westdeutschland, Westberlin und dem Ausland«[6] vom August 1954 wurde »im Interesse der Bevölkerung und zur Verhinderung des Mißbrauchs des Geschenkpaket- und -päckchenverkehrs zur Beförderung von

dung zu bleiben und ihnen zu helfen, dann werden sie uns auch nicht brauchen, wenn einmal die Voraus-

Verordnung findet keine Anwendung für Geschenkpakete und -päckchen, die laut Tagesstempel des Auf-

Handelsware zu Spekulationszwecken« erlassen. Schon das nun festgelegte Höchstgewicht für Pakete von sieben Kilogramm machte es schwieriger, kommerzielle Sendungen unter dem Deckmantel eines Privatpakets zu versenden. In den Schlußbestimmungen hieß es klipp und klar, daß bei »groben Verstößen« gegen die Bestimmungen dieser Verordnung »die gesamte Sendung oder der Teil der Sendung, der nicht den festgelegten Richtlinien entspricht, der entschädigungslosen Einziehung durch das Amt für Zoll und Kontrolle des Warenverkehrs [AZKW[7]]« unterliegt (zu den Verordnungen vgl. auch den Beitrag von Bernd Lindner in diesem Band).

Nun schien eine offensive Werbung für die auf der Grundlage dieser neuen Verordnung durchzuführenden Aktionen geboten. Am 6. Februar 1956 verschickte das Ministerium für Post- und Fernmeldewesen ein Schreiben an alle Haupt- und Bezirkspostämter im Land. Es hatte »Popularisierungsmaßnahmen zur Verordnung über den Geschenk- und -päckchenverkehr«[8] zum Inhalt. »Breite Aufklärungsaktionen« waren einzuleiten. Zunächst wurde eine Million Handzettel verteilt. Diese sollten dabei auch der Schulung der Postangestellten selbst dienen, die sich oft bei Nachfragen von Bürgern nach den neuen Regeln überfordert fühlten. Kein Wunder: Die Verordnung hing »nicht oder nur unvollständig bei den Postanstalten aus«, wie in dem Schreiben zu lesen ist. Deshalb mahnte das Ministerium, die Verordnung auch wirklich »sichtbar als Schalteraushang« in den Poststuben anzubringen, und riet zu »Arbeitsseminaren im Kollegenkreis«.



Für die breite Öffentlichkeit sollte »die Abteilung S gemeinsam mit den Dienststellen AZKW ... Ausstellungen durchführen. In diesen Ausstellungen soll der Bevölkerung anschaulich gezeigt werden, warum eine Paket- und Päckchenkontrolle notwendig ist. Beweismaterial wird vom AZKW zur Verfügung gestellt.« Die Präsentationen dienten zugleich einem ganz anderen, profanen Zweck: Es galt aufzuklären, welche Verpackungsmängel auftreten können und wie man ein Paket richtig zu verpacken hat.

Die Ausstellungen sollten in der Regel eine Woche dauern, und es waren solche Orte zu wählen, »die als besondere Schwerpunkte bei Verstößen gegen die Verordnung vom 5. August '54 gelten oder in denen häufig Beschwerden vorgebracht werden«. Das Ministerium wies an, daß an einem Tag der Ausstellung kompetente Postler und Zöllner »zur Auskunftserteilung der Bevölkerung« zur Verfügung zu stehen hatten. Die untergeordneten Dienststellen bemühten sich, möglichst schnell mit der Aufklärungsarbeit zu beginnen. Pflichtbewußt listete am 16. Februar 1956 das Berliner Hauptpostamt 17 für das Ministerium für Post- und Fernmeldewesen die »Ausstellungen mit Lichtbildervorträgen«[9] zur »Popularisierung« der Paketkontrollen auf. Die Genossen rückten innerhalb des Monats Februar 1956 gleich viermal aus und zeigten ihre Schau für einen Tag in einer Schule in Berlin-Weißensee, in einem VEB in Berlin-Friedrichshain, einem Ministerium sowie in der Staatsoper Unter den Linden. Weitere Ausstellungen waren geplant.

setzungen für die Wiedervereinigung gegeben sind. Dann werden sie die Wiedervereinigung mit uns vielgabepostamtes vor Inkrafttreten dieser Verordnung versandt worden sind. § 19 (1) Mit dem Inkrafttre-

Trotz aller Anstrengungen erregten die Praxis der Paketkontrolle, die teilweise Entnahme von unerlaubten Waren, die Rücksendung von Paketen an den Absender in Westdeutschland, aber auch einfach »verschwundene« Geschenksendungen weiterhin den Unmut vieler betroffener DDR-Bürger. Dabei unterlagen auch die Paketsendungen *aus* der DDR strengen Kontrollen, denn die Ausfuhr zahlreicher Produkte war verboten. Die Verordnung vom August 1954 bezog sich ausdrücklich auf die ein- *und* ausgehende Post, und so wurden zum Beispiel allein im Bereich des Hauptpostamtes Leipzig in den letzten drei Monaten des Jahres 1959 insgesamt 1639 der Sendungen Richtung Westen beschlagnahmt.[10] Hauptärgernis in der Bevölkerung waren jedoch stets die Maßnahmen in Sachen Westpaket, also bei der aus der Bundesrepublik eintreffenden Post.



Gerade deshalb verstärkten die Organe vor allem nach dem Mauerbau, einhergehend mit einer Verschärfung vieler Einfuhrbestimmungen, ihre Werbemaßnah-

Kurz nach der Wende gaben die Zollorgane erstmalig wieder Einblick in ihre Arbeit. Beim Tag der offenen Tür im Postzollamt Potsdam am 7. Februar 1990 wurden beschlagnahmte Waren aus dem west-östlichen Paketverkehr ausgestellt (linke Seite).

Eine Oberkommissarin des Zolls präsentiert ein präpariertes Buch, mit dem Cannabis in die DDR geschmuggelt werden sollte. Rechts im Bild sind Leuchtkästen zur Betrachtung von Röntgenaufnahmen zu sehen (rechte Seite).

leicht überhaupt nicht mehr wollen. Die Erhaltung millionenfacher Beziehungen über die Zonengrenze ten dieser Verordnung tritt die Verordnung vom 15. Oktober 1952 über die Regelung von Geschenk-

men. Die große Zoll-Wanderausstellung vom Herbst 1962 soll Zeitungsmeldungen zufolge allein in Berlin, Dresden und Leipzig mehr als 130 000 Besucher gehabt haben.[11] Trotz dieser vielen Aktivitäten zur »Popularisierung« der »Maßnahmen« gegen geschmuggelte Medikamente oder Tonbänder von West nach Ost, der Aushänge und »aufklärenden« Zeitungsartikel zeigten sich etliche DDR-Bürger weiterhin erstaunt und erbost, wenn Pakete von Westverwandten ihr Ziel in der DDR nur unvollständig oder gar nicht erreichten. Schließlich war der Postweg nun für viele die einzige Verbindung zu Freunden und Verwandten im Westen geworden.

Zahlreiche Beschwerden dokumentieren die Unzufriedenheit in der Bevölkerung. So schrieb sich eine damals 70jährige Frau aus Neuruppin in einer Eingabe vom 20. Mai 1968 ihren Frust von der Seele. Das Maß war voll, denn bereits »das dritte Paket von demselben Absender« hatte die Adressatin nicht erreicht. »In einem sozialistischen Staat kann man doch den Rentnern nicht Geschenkpakete wegnehmen«, beklagte sich die Dame auch im Auftrag ihres 81jährigen Mannes. »Unser Staatsratsvorsitzender Walter Ulbricht wird mit diesen Methoden bestimmt nicht einverstanden sein.«[12]

Auch der Bürgermeister der Gemeinde Lehnin bei Potsdam mußte sich wegen gehäufter Eingaben zum Thema an das Ministerium wenden. In seinem Schreiben von 15. Juli 1968 kam der Unmut vieler Mitarbeiter eines kirchlich geleiteten Kran-

ist also zwar in erster Linie ein Gebot des menschlichen Zusammenhaltens unseres geteilten Volkes, sendungen im Postverkehr aus dem Ausland oder aus den Währungsgebieten der Bank Deutscher

kenhauses zum Ausdruck, denn während einer Aussprache mit rund 145 Personen nahm »einen wesentlichen Teil der Zeit die Angelegenheit über verlorengegangene Päckchen aus Westdeutschland ein, die mit der Frage nach dem Postgeheimnis eingeleitet wurde«.[13]

Zwar gab es auch in den siebziger Jahren noch vereinzelt Zollausstellungen, aber die dem Westen versprochene Liberalisierung ließ die Organe von den Propagandamethoden des Kalten Krieges Abstand nehmen. Statt dessen konzentrierte man sich auf »politische Multiplikatoren«, wie etwa zuverlässige Genossen, die im Rahmen von Parteischullehrgängen über die Arbeit des Zolls aufgeklärt wurden.[14]



Mit den Verhandlungen zum Grundlagenvertrag zwischen den beiden deutschen Staaten hatten sich die Bestimmungen für den innerdeutschen Paketverkehr Schritt für Schritt gelockert. So wurde bereits zum 1. Juli 1971 das zulässige Höchstgewicht für Pakete von sieben auf 20 Kilogramm heraufgesetzt. Mengenbeschränkungen für einzelne Produkte fielen weg, und die DDR-Bürger durften vom 14. Juni 1973 an ihrerseits Geschenkpakete im Wert von bis zu 100 Mark der DDR verschicken, bis dahin hatte die Höchstgrenze bei 30 Mark gelegen.

Durch die Erleichterungen blieb die Zahl der von hüben nach drüben geschickten Geschenksendungen in den siebziger und achtziger Jahren auf einem durchgehend hohen Niveau. Diesen Warenfluß sollte der Zoll nun möglichst zügig kontrollieren, da die Bundesregierung permanent auf eine Verkürzung der Paketlaufzeiten drang. »Insgesamt wurden 1988 rund 36 Millionen Sendungen zur Röntgenkontrolle vorgeführt«, so eine Mitteilung des Stellvertretenden Postministers vom April 1989 zum »Stand der Arbeitskräftesituation in den Paketkontrollstellen«.[15] Und die war in der Tat prekär, weil überall Arbeitskräfte fehlten. Deshalb sollte die Röntgenkontrolle in elf Paketkontrollstellen »durch Einsatz von Mikrorechentechnik und Roboter- und Handhabetechnik umfassend modernisiert« werden, während man dies in Berlin, Halle und Erfurt auch weiterhin manuell ausführen mußte, denn die dortigen räumlichen Gegebenheiten ließen den Einbau derartiger Geräte nicht zu. Weiterhin schlug der Stellvertretende Postminister vor, das »Lohnprämiensystem für die Inhaltskontrolle zur Erhöhung der Leistungen« zu verändern, denn gerade dies sei »monotone schwere Handarbeit«. »Nahezu 30 Prozent der Arbeitsplätze in den Paketkontrollstellen sind unbesetzt. Der Anteil der Fluktuation ... beträgt im Jahresdurchschnitt ca. 40 Prozent«, faßte der Minister für Post- und Fernmeldewesen in einem Bericht vom 13. März 1989 an das Zentralkomitee der SED zusammen. Aufgrund des Arbeitskräftemangels sah sich die Deutsche Post genötigt, zur Absicherung der »Zollvorführung« der Pakete »insgesamt 1400 Arbeitskräfte, darunter ca. 600 Arbeitskräfte für die Inhaltskontrolle«[16] einzusetzen. Spätestens in dieser Zeit waren nicht nur »normale« Zöllner, die zum Teil im Dienst der Staatssicherheit standen, sondern auch Postangehörige mit der unmittelbaren Paketkontrolle beschäftigt.

aber darüber hinaus ist sie eine Frage unseres Gesamtschicksals und unserer nationalen Zukunft. Nie-

Länder (GBl. S. 1047) außer Kraft. (2) Gleichzeitig treten alle dieser Verordnung entgegenstehenden

Nach der Maueröffnung hatten die Postkontrolleure noch einmal Hochkonjunktur. Hier sollten heimlich größere Mengen DDR-Geld in den Osten geschmuggelt werden. Pressefoto der Zollverwaltung Erfurt-Gera-Suhl vom 30. November 1989.



Neben der Bewältigung der Paketberge im innerdeutschen Warenaustausch nahm auch das Postaufkommen gen Osten erheblich zu. Nunmehr hatten die Zollorgane häufig zu unterbinden, daß knappe Waren »in Größenordnungen« ins befreundete sozialistische Ausland gelangten. Allein in einer Dezemberwoche des Jahres 1988 wurde in 285 Fällen eine »ungesetzliche Ausfuhr verhindert«, wie ein Schreiben der Zollverwaltung an die Genossen Krenz, Mielke und Mittag offenlegt. In den Paketen, die nach Polen gingen, fand der Zoll unter anderem 140 Kilogramm Gewürze aller Art, 160 Kilogramm Kaffee und 450 Zahnbürsten – alles Waren, deren Ausfuhr verboten war.[17]

Aus ähnlichen Gründen gerieten bald die vietnamesischen Vertragsarbeiter ins Visier der Zollorgane. In den achtziger Jahren waren zahlreiche Bürger der Sozialistischen Republik Vietnam zur Arbeitsaufnahme in die DDR eingereist, bis zu 60000 kamen. Die Zollverwaltung listete schon bald die Probleme hinsichtlich der Verletzungen zoll- und devisenrechtlicher Bestimmungen auf. Da ist von »Schmuggel und Spekulationshandlungen« zu lesen, die »zunehmend organisiert, arbeitsteilig und auf raffinierte Art und Weise begangen« werden. Die vietnamesischen Arbeiter und Arbeiterinnen hatten es dabei aus verständlichen Gründen auf solche Waren abgesehen, »bei denen auf Grund des geringen Angebots in der SRV ein besonderer Bedarf besteht und hohe Spekulationsgewinne« lockten. Ge-

mand kann mit gutem Gewissen behaupten, daß ihm die Wiedervereinigung Deutschlands am Herzen fragt waren Mopeds, Fahrräder, Nähmaschinen, Stoffe, Seife und Zucker. Der ökonomisch dahinsiechenden DDR war dieser Warenstrom in Richtung Vietnam einfach zu viel: »In einzelnen Frachtgutsendungen einzelner Bürger fanden sich bis zu 657 Stück Seife, 10 000 Kugeln für Kugellager, 17 000 Fahrradnippel.« [18]

Die Zollorgane waren schließlich in den achtziger Jahren von so handfesten logistischen Problemen geplagt, daß an erneute »Popularisierungskampagnen« kaum noch zu denken war: Es herrschte Arbeitskräftemangel, fehlende Technik machte das tägliche Geschäft schwer, Investitionen für neue Gerätschaften oder Abfertigungshallen ließen auf sich warten, die Paketsendungen in Richtung Westen nahmen mit den Jahren zu, und nun hatte auch noch ein schwunghafter Versand gen Osten das Aufgabenfeld erweitert.



Da erinnerten nurmehr die Grußbotschaften des ZK der SED zum Ehrentag der Zöllner, die alle Jahre wieder (fast gleichlautend) in der Presse abgedruck wurden, noch an die »guten, alten Zeiten«. Am 28. August 1989 ließ Erich Honecker im »Neuen Deutschland« verlautbaren: »Initiativreich und mit hoher Einsatzbereitschaft tragen sie zur allseitigen Stärkung des Sozialismus und zur Erhaltung des Friedens bei. [...] Durch die Gewährleistung von Gesetzlichkeit und Ordnung im grenzüberschreitenden Reise-, Güter- und Postverkehr sichern die Angehörigen der Zollverwaltung ... zuverlässig die Arbeiter-und-Bauern-Macht.« Außerdem hätten sie »Schmuggel und Spekulation erfolgreich bekämpft«.[19]

Das führt mich zurück zur Geschichte meiner nie erhaltenen Tonbandkassette. Die DDR hat die Verordnungen zur Einfuhr von Waren aus dem nichtsozialistischen Ausland über die Jahre immer wieder in Nuancen verändert. So wurde zum 1. November 1987 das Einfuhrverbot von Magnettonbändern und Tonbandkassetten aufgehoben.[20] Man begründete dies mit internationalen Standards und mit der Praxis anderer sozialistischer Länder, die Tonbandkassetten schon lange problemlos passieren ließen. Intern waren sich die Verantwortlichen bewußt, daß die DDR auf diese Art vor allem viel Geld sparen konnte: »Im grenzüberschreitenden Postverkehr ist eine durchgängige Feststellung von Tonbandkassetten möglich. Daraus resultierten jährlich ca. 30 000 bis 35 000 Rücksendungen von Geschenksendungen«[21], so hatte Alexander Schalck-Golodkowski am 27. August 1987 seinen Vorschlag an den Postminister, künftig Tonbänder ins Land zu lassen, begründet. Längst waren es also auch hier handfeste ökonomische Zwänge, die politische Entscheidungen diktierten.

Irgendwie ist die neue Verordnung allerdings nicht bis zu mir in meinen Heimatort vorgedrungen. Ich hätte doch sofort an den Onkel geschrieben und erneut eine unbespielte Kassette erbeten, die dann auch sicher angekommen wäre. So aber war ich noch bis weit nach der Wende der festen Überzeugung, die DDR habe auf immer und ewig die Einfuhr von Tonbändern verboten. In diesem Fall hat wohl die »Popularisierung der Maßnahmen« versagt.

Republik. Der Ministerpräsident Grotewohl. Ministerium für Außenhandel und Innerdeutschen Handel

**Das beschlagnahmte Kinderbuch**
1962 schickte ich für ein zweijähriges Kind ein ziehharmonikaartiges Buch mit einfachen Abbildungen aus dem Kinderbuch-Verlag Berlin/DDR nach Westdeutschland. Da das Buch dort bereits vorhanden war, wurde es mir zurückgesandt zur anderweitigen Verwendung. Von der Dresdner Zoll-Paketkontrolle wurde mir nur die Beschlagnahme dieses Buches mitgeteilt. Ich ging zur Zollstelle, um mich zu beschweren, mit dem Hinweis, daß dieses Buch doch aus einem DDR-Verlag stamme. Ich bekam das Buch jedoch nicht zurück. Es folgte die Begründung: »Druckerzeugnisse dürfen nicht in die DDR eingeführt werden.« Ich versuchte dem Zöllner vergebens die Dummheit dieser Sache klarzumachen, seine stumpfsinnige Antwort war immer wieder: »Druckerzeugnisse dürfen nicht ...«

*Sabine F., Dresden*



**Von der Notwendigkeit einer Desinfektionsbescheinigung**
Beim Versand von Kleidungsstücken in den Osten wurde von den DDR-Behörden lange Zeit die Beifügung einer amtlichen Desinfektionsbestätigung gefordert. Das war ein großer Mehraufwand und Umstand, den ich nicht einsah, und so verzichtete ich entgegen dem dringenden Rat meiner Frau auf die Desinfektion der Sachen und gab ein großes Paket damit auf die Post.

Es dauerte einige Tage, bis der Postbote das Paket neu verschnürt zurückbrachte. Meine Frau sagte nur: »Siehste.«

Ich öffnete das Paket. Es war noch alles vorhanden, aber auf das Inhaltsverzeichnis war ein Hinweis auf die fehlende Desinfektion gestempelt. Ich riß die untere Blatthälfte mit dem Stempelaufdruck ab und gab das Paket erneut auf die Post.

Diesmal kam nach zwei Wochen von den Verwandten die Eingangsbestätigung, und ich sagte zu meiner Frau: »Siehste!«

*Holm Vogt, Freiburg*

Bereich zwischen hüben und drüben entgegenzuwirken. Unsere Verbindungen und unsere Hilfe nach

**Ein Gruß an die Unterwegsleser**

Meine Großeltern sind Mitte der siebziger Jahre aus der DDR nach Westdeutschland gezogen. Seit dieser Zeit haben sie uns regelmäßig großzügig Pakete geschickt. Sie kannten unsere Wünsche ziemlich genau und schickten fast immer brauchbare Dinge. So bedachten sie uns auch größtenteils mit Produkten, die wir aus der Fernsehwerbung kannten, weil sie wußten, daß uns da der Wiedererkennungseffekt zusätzlich Freude machen würde.

Für meine Großeltern und für uns war es ein seltsames Gefühl zu wissen, daß mit großer Wahrscheinlichkeit Dritte unseren Austausch von Briefen oder Paketen kontrollierten.



Darum machte es sich mein Großvater mit der Zeit zur Gewohnheit, jedem Brief oder Päckchen einen kleinen Gruß oder Hinweis an die »Unterwegsleser«, wie er sie nannte, beizulegen.

Meist waren es belanglose Sätze, in denen er einen schönen Tag wünschte oder die Kontrolleure wegen ihres doch etwas eintönigen Berufs bedauerte. Manchmal erklärte er auch den Inhalt eines Pakets und gab den »Unterwegslesern« Hinweise zu den Geschenken und ihrer Bestimmung oder auch Erklärungen, wie ein bestimmter Satz in einem Brief gemeint war.

Zum Teil wurden diese Zettel bei der Kontrolle entfernt, manchmal auch dringelassen.

Uns hat das alle amüsiert, weil mein Großvater auf diese Weise Dinge, die jeder wußte, beim Namen genannt hat. Außerdem war es lustig, sich den Gesichtsausdruck der Kontrolleure vorzustellen, die beim Wühlen in fremden Sachen endlich mal etwas fanden, das wirklich für sie bestimmt war.

*Christiane Bock, Berlin*

Jörg Paulus

# Die Hochzeit der Hoshinos

## oder Versuch einer Beantwortung der Frage, warum der Paketwechsel mit unserer Patengemeinde in Thüringen im Jahr 1973 in Japan endete



»Erinnerung«, schreibt John Updike in den »Memories of the Ford Administration«, »ist von einer Fleckigkeit, als sei der Film in die Entwicklerflüssigkeit nicht eingetaucht, sondern nur mit ihr besprenkelt worden.« Auf einem dieser Flecken meiner Erinnerungslandkarte sehe ich – ganz Weiß in Weiß – das Gesicht des amerikanischen Präsidenten Richard Nixon. Beim Versuch, das Erinnerungsbild scharf zu stellen, bemerke ich, daß Nixons (wie Updike sagt) »verbeulte« Physiognomie das Gesicht des Schneemanns ist, den ich zusammen mit Desmond, einem amerikanischen Offizier, der damals im Haus neben uns wohnte, aus dem letzten nassen Februarschnee des Jahres 1973 baute. Während wir Schnee zusammentrugen, erklärte mir Desmond, der einen Doktor in Soziologie besaß und über Max Webers Buch »Die Ethik der Weltreligionen« promoviert hatte, was ein Karma ist. Dabei modellierte er dem Schneemann die überspitzten Züge Nixons ins Gesicht, und als er fertig war, bewarfen wir den Schneemann mit Schneeballen, bis ein Volltreffer ihm die Nase aus dem Gesicht brach. Es muß wohl an einer Art Überlappung im fleckigen Erinnerungsmuster liegen, daß immer dann, wenn ich an das Abbrechen von Nixons Nase denke, mir zugleich der Stollen aus dem letzten Geschenkpaket der Frau Meisner einfällt und sein sozusagen karmischer Weg, zu dem er schließlich bestimmt war.

Wir wohnten damals in einem kleinen Ort in der Nähe von Crailsheim, Hohenlohe. Die meisten der einheimischen Bewohner in der Gemeinde meines Vaters waren Kleinbauern, deren Land von der Flurbereinigung gerade erst begradigt worden war. Es gab nur eine Fabrik, eine Asbestfabrik, deren blaue Neonschrift mit dem Firmennamen bei Dunkelheit über den Dächern am Ortsrand leuchtete. In der Asbestfabrik arbeiteten vor allem Zugezogene, Gastarbeiter oder Vertriebene aus Schlesien und Ostpreußen. Wenn sie einige Jahre dort gearbeitet hatten, bekamen sie »Asbesthusten«, was man damals noch für harmlos hielt. Im Westen lag die amerikanische Air Base, von der die ganze Zeit über Düsenjäger in den Himmel starteten. Mindestens einmal am Tag durchbrach ein Starfighter irgendwo die Schallmauer, so daß der Riß, der schon kurz nach unserem Einzug an der Wohnzimmerdecke des Pfarrhauses in Erscheinung getreten war, sich immer weiter verzweigte. Nachts pulste alle dreieinhalb bis vier Sekunden der Suchscheinwerfer der Air Base über den Himmel.

Einmal jährlich wechselten meine Eltern mit einer Patengemeinde in Thüringen Gekumentationen, 3. Konstruktionsunterlagen, 4. Patente und Erfindungsunterlagen, 5. Aktien und son-

schenkpakete. Der Paketturnus begann jeweils im Herbst mit dem Eintreffen des Weihnachtspakets aus Thüringen – zu einer Zeit, als der Gedanke an Weihnachten noch fern lag und fast etwas Blasphemisches hatte. Im Unterschied zu den in der Adventszeit ankommenden Paketen der westlichen Verwandten wurde das Paket aus der Patengemeinde immer sofort geöffnet. Ich hielt das damals für eine Art Bestrafung wegen der Mißachtung der Schutzfrist um die Advents- und Weihnachtszeit, obwohl es in Wahrheit natürlich nur deshalb geschah, damit meine Eltern noch rechtzeitig mit einer Gegensendung reagieren konnten. Der Inhalt des Pakets war allerdings für keinerlei Überraschungen gut. Mit trockener Zuverlässigkeit enthielt es jedes Jahr einen in knittriges Geschenkpapier gewickelten Christstollen, von dem meine Eltern sagten, er sei besser als alles, was man bei uns kaufen könne. Ich fand nicht, daß das wahr sei. Ich hatte auch nie das Gefühl, daß es ein frischer Stollen war. Es kam mir vielmehr so vor, als bekämen wir immer den gleichen Stollen, der in dem Maße, in dem er bei uns verzehrt wurde, auf der anderen Seite Deutschlands nachwuchs, bis er im Spätsommer reif und ausgedörrt genug war, um erneut zu uns herübergeschickt werden zu können.



Außer dem Stollen enthielt das Paket jedesmal einen Brief von der Frau aus der Patengemeinde, über die der Kontakt abgewickelt wurde. Sie hieß Frau Meisner, und ihre Briefe waren mit blauem Kugelschreiber geschrieben, dessen Tinte ständig am Ausgehen zu sein schien und doch jedesmal bis zur Unterschrift in der Mitte der Rückseite des zweiten Bogens ausreichte. Ich interessierte mich damals sehr für Handschriften, und die schwer entzifferbare, zittrige Schrift Frau Meisners faszinierte mich. Wenn ich den auf schlechtem Papier geschriebenen Brief betrachtete, kam es mir immer so vor, als hielte ich ein antiquarisches Manuskript in Händen, und ich konnte mir die Verfasserin in kleiner, knöcherner Gestalt, gepflegten Haaren, geblümtem Kostüm und dünner, leicht bebender Stimme leibhaftig vorstellen. Die Briefe handelten stets von den Schicksalsschlägen irgendwelcher Menschen aus der Patengemeinde, von Mangel und Gebrechen bei alten Menschen, von zersprengten Ehen, feindseligen Schwiegertöchtern und verlorenen Söhnen. Frau Meisner schrieb so, als wüßten wir immer schon, von wem die Rede war, und das Fundament, auf dem sich die unsichtbare Kirche ihrer Briefe gründete, waren die einfachen und doppelten Unterstreichungen, mit denen sie die Frömmigkeit und Glaubensfestigkeit einzelner Gemeindemitglieder besonders auszeichnete. Jedes einzelne Schicksal wurde mit einem Bibelspruch oder einem Vers aus einem Kirchenlied zusammengefaßt, zum Beispiel »Es ist fürwahr nicht Menschenkunst, auf sichern Wegen gehen« (wenn jemand verunglückt war), oder: »Ist nicht der Leib mehr als die Kleidung?« (wenn sie auf die Mangelwirtschaft in der DDR zu sprechen kam), oder: »Des vielen Büchermachens ist kein Ende« (denn sie hielt alle Bücher außer Erbauungsliteratur für nutzlos und wollte verhindern, daß meine Eltern weltliche Schriften über die Grenze sandten) und so weiter. Im Ton dieser Verse und Wendungen, in denen die imaginäre Stimme der Frau Meisner all ihre Kraft und Inbrunst versammelte, malte ich mir den Teil des Freskos im Gemäuer meiner Vorstellungskraft, der dem anderen Teil Deutschlands vorbehalten war, mit einer Art spätgotischer Heiligen- und Märtyrergemeinschaft aus,

Frage: Gefährden wir nicht durch unsere Hilfe die Partner drüben? Antwort: Die Tatsache allein, daß stige Wertpapiere, 6. Rohfedern, Bettfedern und Daunen, 7. Zier- und Gebrauchsporzellan, 8. Teile von

Gabentisch im Westen mit Holzspielzeug aus der DDR (1956).



die im Niemandsland zwischen weltlicher Entbehrung und jenseitiger Trostgewißheit gleichsam schwebte.

In den Wochen nach der Ankunft des Pakets beschäftigte sich mein Vater mit der Exegese der Briefe. Er tat das mit der gleichen nervösen Sorgfalt, mit der er sonst am Samstagnachmittag, während ich die Fußballübertragung im Radio hörte, die Sonntagspredigt vorbereitete: Mit Farbstiften glossierte er den Text, notierte am Briefrand seine Übersetzungen aus dem Lutherdeutschen in die nüchterne Sprache unserer Gegenwart. Diese Interlinearversion des Briefes wurde dann auf ein anderes Blatt übertragen, auf dem die erfüllbaren von den unerfüllbaren Wünschen gesondert wurden. Die unerfüllbaren wurden durchgestrichen, und meine Mutter merkte in ihrem Antwortbrief an die Frau Meisner an, daß wir in einem kleinen Ort wohnten, wo man auch nicht alles bekommen könne. Anfangs wurde die Besorgung der Geschenke noch bei den verschiedenen Einzelhändlern in der Gemeinde getätigt. Mein Vater haßte diese zeitraubende Pflicht, die mit langen Gesprächen in düsteren, aufdringlich riechenden Läden, von den Ladeninhabern oft nebenbei als Wohn- und Eßzimmer genutzt, einherging. Im Lauf der Jahre wurden die Geschenkkäufe deshalb in die neu entstandenen Supermärkte an den Rändern der Kreisstadt verlagert. Mein Vater erledigte sie meistens erst an einem der Samstage im Advent, nachdem er mich von der Schule abgeholt hatte. Der Supermarkt war dann überfüllt, und unser Einkaufswagen quoll schon bald über, so daß ich zu nörgeln anfing und bei jedem

jemand drüben aus der Bundesrepublik Post erhält, stellt für ihn noch keine Gefahr dar. Glaubt drüben-

Geräten und Industrieausrüstungen, 9. Umzugs- und Erbgut. Anlage 2 zu §9 Abs. 2 vorstehender Ver-



zweiten Punkt auf der Liste vorschlug, ihn nachträglich zu einem der unerfüllbaren Wünsche zu erklären. Mein Vater wußte genau, daß diese Vorschläge nur von der Angst geleitet wurden, wir müßten die Geschenke selbst bezahlen, so daß für meine eigenen Geschenke nichts übrig blieb. Er versicherte mir deshalb, daß er die lange Einkaufsquittung, die wir an der Kasse bekamen und die sich wie eine alttestamentarische Schriftrolle zusammenrollen ließ, nur dem Kirchengemeinderat zur Beglaubigung vorlegen mußte, damit wir das Geld zurückbekamen. Das beruhigte mich wenig, da ich die häufigen Auseinandersetzungen zwischen meinen Eltern kannte, wenn mein Vater einen Beleg oder eine Quittung verlegt hatte. Eigentlich hätte das Paket zum ersten Advent auf die Post gebracht werden müssen, um rechtzeitig anzukommen, doch meistens näherte sich schon der dritte, bis wir es schließlich auf dem Postamt einlieferten. Der Postbeamte stempelte mit Nachdruck die Briefmarken mit dem Kopf des Bundespräsidenten, und ich spürte die Erleichterung meines Vaters, weil wir das Paket nun endlich los waren, und ich war mit ihm erleichtert, weil der Weg für die mich selbst betreffenden Geschenke damit sozusagen freigestempelt wurde.

Unser Brief- und Paketwechsel mit der Patengemeinde endete im Jahr 1973. Es war das letzte Jahr, das wir in Hohenlohe verbrachten. Desmond, mit dem ich im Februar den Schneepräsidenten gebaut hatte, wurde schon im März oder April versetzt und kehrte bald darauf endgültig nach Amerika zurück. Der Stollen kam in diesem Jahr noch früher an als sonst, noch vor dem Erntedankfest, und die Schrift der Frau Meisner kam mir noch zitternder und verblaßter vor als in den Jahren davor. Ich habe mich später oft gefragt, was der Grund dafür war, daß der Stollen in diesem Jahr nicht wie üblich im Kreis unserer Familie verzehrt wurde, sondern plötzlich einen ganz anderen Weg nahm, von dem Frau Meisner sich nie etwas hätte träumen lassen und von dem sie wohl auch nie etwas erfahren hat. Vielleicht wußten meine Eltern damals schon, ohne es mir zu verraten, daß wir bald wegziehen würden, und suchten jemanden, dem sie das geistige Erbe der Patenschaft eher zutrauten als dem Nachfolger meines Vaters, der als grober Klotz galt. Vielleicht war es aber auch nur eine Eingebung des Augenblicks, daß es schließlich Herr und Frau Hoshino waren, die den letzten Stollen, den wir aus der Patengemeinde zugeschickt bekamen, davontrugen.

Herr Hoshino und seine Verlobte waren japanische Studenten, die unsere einsam gelegene Kirche in einem Kunstführer entdeckt und sich in den Kopf gesetzt hatten, dort zu heiraten. Mein Vater, der Bitten selten ausschlagen konnte, erklärte sich bereit, als eine Art geistlicher Zeuge der Zeremonie beizuwohnen, obwohl er wußte, daß ihn das, wenn es bekannt wurde, bei der Kirchenleitung in Schwierigkeiten bringen konnte. Als die Trauung dann in aller Heimlichkeit an einem sonnigen Nachsommernachmittag abgehalten wurde, war der Altar noch von den Früchten und Garben des Erntedankfestes gerahmt und bedeckt, deren Geruch die Luft erfüllte, und außer meinem Vater und den beiden Brautleuten war ich der einzige Zeuge der synkretistischen Feierstunde, die – auf Wunsch meines Vaters – durch keine Bild- oder Tonaufzeichnung dokumentiert wurde. Die Braut hatte ein wunderschönes, schwarzweiß gestreiftes Kleid an, und Herr Hoshino

jemand, besonders gefährdet zu sein, so findet er entweder einen Weg, uns das wissen zu lassen, oder er ordnung. Ausfuhrbeschränkte Waren: 1. Textilien sind jeweils nur bis zu 4 m, 1 Stück, 1 Paar, 1 Garnitur

trug anstelle einer Krawatte eine Art Amulett, das die Sonnenstrahlen einfing und auf die Wandfresken der Kirche zurückspiegelte. Mein Vater stand im schwarzen Talar etwas unsicher und doch zugleich erleuchtet im Hintergrund vor dem Altar und lächelte. Nach der Trauung luden meine Eltern Herrn und Frau Hoshino zu uns ins Pfarrhaus ein, und sie besichtigten es zusammen, als wäre es ein Museum. Danach breitete Herr Hoshino ein farbiges Tuch auf unserem neuen Berberteppich im Wohnzimmer aus und weihte meine Eltern als Dank für das geistliche Zeugnis meines Vaters in das Geheimnis der japanischen Teezeremonie ein. Eine seltsame Stille lag in dem sonnendurchfluteten Zimmer, und als einmal zwischendurch ein Düsenjäger über unserem Haus die Schallmauer durchbrach, so daß Verputz auf das Zeremonietuch herunterrieselte, sagte Herr Hoshino »oh« (und es klang wie ein einzeln angeschlagener Orgelton), schaute zur Decke und schüttelte leicht den Kopf. Nach der Zeremonie schenkte er Reiswein in kleine Tonbecher ein, und schließlich überreichte er meiner Mutter mit einer Verbeugung einen japanischen Fächer. Sie sah überrascht und glücklich aus, als sie den Fächer entfaltete und sich vorsichtig, mit einem Blick zu meinem Vater, Luft zufächerte. In diesem Augenblick muß ihr wohl der Gedanke gekommen sein, Herrn Hoshino und seiner Braut den Stollen zu schenken, und als sie es tat, machte sie es so, als wäre es das Selbstverständlichste, das man sich denken konnte. Herr Hoshino sagte: »Ich freue mich sehr«, und seine Braut, die schlechter Deutsch sprach als er, wiederholte mit einem kleinen Anlauf ihres Körpers das Wort »sehr« und lachte. Als sie sich gegen Ende des Nachmittags vor dem Haus von meinen Eltern und mir verabschiedeten, betrachtete Herr Hoshino den Stollen noch einmal feierlich und wiegte ihn leicht hin und her. Dann sagte er: »Thüringen – Johann Sebastian Bach« und summte den Anfang der Choralbearbeitung von »Wachet auf, ruft uns die Stimme«. Als sie dann in ihrem dunkelgrünen VW Käfer, eine Staubwolke aufwirbelnd, davonfuhren, dachte ich die ganze Zeit an die bebende Schrift der Frau Meisner, die wie das Geräusch des sich entfernenden Autos immer schwächer geworden war, und ich malte mir aus, daß der Stollen in Zukunft irgendwo am anderen Ende der Erde in einer japanischen Wohnung auf einer Art Erinnerungsaltar aufbewahrt werden würde, wo er im Lauf der Zeit langsam hart und ungenießbar wurde wie ein Stein.



hat auch die Möglichkeit, unsere Sendung einfach abzulehnen oder uns einen »empörten« Brief zu usw. zugelassen. Der Gesamtwert aller in einer Geschenksendung zum Versand gebrachten Textilien darf

**Eine existenzielle Hilfe**

Westpakete waren für unsere Familie immer eine große Freude und eine echte Hilfe. Nach dem Tod meines Mannes, als ich mit sechs Kindern im Alter von fünf bis 16 Jahren allein dastand, haben sie uns manchmal buchstäblich über Wasser gehalten. Kamen erst Pakete von den Schwiegereltern und einer lieben Cousine, so erhielten wir dann auch mit einer gewissen Regelmäßigkeit Pakete von fremden Leuten, die unsere Adresse über die Kirche bekommen hatten. Das Auspacken im Familienkreis war immer ein Fest. Die Lebensmittelpakete, in denen auch Süßwaren für die Kinder waren, außerdem Kakao, Kaba, Schoko-Brotaufstrich und Kaffee, halfen immer wieder ein Stück weiter. Manchmal kamen auch Kleiderpakete und Schuhe, und in der großen Familie konnte alles verwendet werden. Besonders lieb wurden wir in der Weihnachtszeit und zu Ostern bedacht. Da wurden die Pakete dann geheimnisvoll weggestellt und von mir alleine ausgepackt. So konnte ich für die Kinder zu den Festtagen Überraschungen bereithalten; viel zu kaufen war mir ja nicht möglich. Den Kaffee konnte ich auch öfter gegen Gemüse und Obst bei unserem Gemüsehändler eintauschen.



Mit einigen lieben Menschen, die uns damals regelmäßig bedachten, stehe ich heute noch in Verbindung. Noch immer bedenken sie mich sehr lieb zu den Festtagen.

Die Kinder haben sich immer gerne an die Zeit mit den Westpaketen erinnert, und einmal bekam ich nach der Wende von ihnen zu Weihnachten ein »Westpaket«. Da hatten sie liebevoll alles mögliche an schönen Dingen, die wir früher geschickt bekamen, zusammengepackt. Und auch sie halfen mir damit, denn meine Rente ist nicht sehr hoch.

*Gerda Quentel, Eisenach*

schreiben, der eigentlich nicht für uns, sondern für die sowjetzonale Postzensur bestimmt ist. In diesem

100 DM nicht übersteigen. 2. Optische Geräte sind bis zu einem Höchstwert von 30 DM zugelassen.

# »Mutti und Anne lassen schön grüßen«

## Pakete als Mittel der persönlichen Verständigung

»Standart-Modell« von A. R. Penck (1972/73).
Filzherz hängend, in sechsseitig aufgeschnittenem Pappkarton montiert.

Falle werden wir die Verbindung abbrechen, um dem Partner drüben auch das Gefühl einer Gefährdung

3. Alle sonstigen Waren sind bis zu einem Höchstwert für jede Einzelware von 50 DM zugelassen. Die

**Eine Salami als Schlafrolle**

Obwohl ich ein Einzelkind bin, stamme ich aus einer Großfamilie, die lange Zeit in einem Haus zusammenwohnte. Gerda, die 16 Jahre jüngere Schwester meiner Mutter, kam voller Schwung von den Weltfestspielen in Berlin 1951 zurück und tobte mit mir mit »Hey Dunja, Dunjasda« durch die Wohnung. Wenig später lernte sie einen Musiker kennen und *machte* mit ihm *nach drüben*, wie es damals hieß. Das Glück war nur von kurzer Dauer, und bald war sie allein, hatte zwei kleine Kinder und lebte von Sozialhilfe. Jahrelang hat die Familie sie mit Ostpaketen unterstützt. Kinderbekleidung, Hygieneartikel, Lebensmittel – im Prinzip alles, was ein Haushalt braucht, wurde verschickt, manches Paket auch zweimal, denn die Ausfuhrbestimmungen waren streng. Es gehörte viel Phantasie dazu, solche Pakete durch die Kontrollen zu bekommen. Salami zum Beispiel ging nur in Watte gepackt als Schlafrolle durch. Zur Einschulung ihres Sohnes gelang es uns, eine ganze gefüllte Zuckertüte wohlbehalten in den Westen zu senden.

Als es ihr dann endlich besser ging, hat sie sich revanchiert und regelmäßig Westpakete geschickt. So erhielt ich die gesamte Erstausstattung für meine Tochter von ihr und sogar die Babywiege – als Gepäckaufgabe bei der Bahn, und den Gepäckschein sandte sie per Brief an uns. Leider klappte dieser Trick nur einmal, ein Kinderfahrrad ging dann nicht mehr durch.

*Ute H., Erfurt*



**Lebensretter aus dem Westen**

In den fünfziger Jahren erkrankte ich an Tuberkulose. Sieben Jahre mußte ich – mit kurzen Unterbrechungen – in Heilstätten zubringen. Medikamente gegen diese heimtückische Volksseuche gab es im Osten zunächst kaum, und allein durch Liegekuren war an ein Ausheilen nicht zu denken. Die Ärzte schrieben jedoch Rezepte für westliche Präparate aus, und die Westverwandtschaft durfte die Tabletten kaufen und herschicken. So wurden Westpakete für mich zum Lebensretter. Wer weiß, ob ich noch am Leben wäre, wenn ich damals nicht die Gelegenheit zum Betteln gehabt hätte.

*Else B., Eckstedt*

zu nehmen. Eine wirkliche Gefahr besteht nur dann, wenn die Partner von drüben unvorsichtige Äuße-

Ina Dietzsch

# Geschenkpakete – ein fundamentales Mißverständnis

## Zur Bedeutung des Paketaustausches in persönlichen Briefwechseln



Gerda Erler[1] war 1948 mit ihrer Mutter über die grüne Grenze nach Süddeutschland geflüchtet und hatte nach ihrer Schulzeit begonnen, als Sekretärin zu arbeiten. Seit ihrer Flucht versorgte sie ihre Schulfreundin, die sie in Leipzig zurücklassen mußte, von ihrem eng bemessenen Taschengeld und später von ihrem Gehalt mit Dingen, von denen sie wußte, daß sie in der DDR nicht zu haben waren. 1958 schrieb sie in einem Brief an ihre Freundin: »*Mach Du Dir nun aber bitte keine Gedanken über das, was ich Dir schicke. Ich kann das schon ab u. zu tun u. vor allem gebe ich es Dir als meine einzige Freundin gern u. es kommt von Herzen. Du glaubst gar nicht, wieviel Freude mir immer das Einpacken macht, darum nehme ich auch immer Weihnachtspapier u. mache wenn irgend möglich noch ein Bändchen rum, damit Du länger brauchst u. auch schon daran etwas Freude hast.*«[2] Mit dieser Äußerung definierte sie den Inhalt ihrer Päckchen in die DDR als Geschenke, die sie gern gab und mit Freude verpackte. »Mach Dir keine Gedanken über das, was ich Dir schicke« kann drüber hinaus in verschiedene Richtungen verstanden werden. Zum einen kann es heißen: Mach Dir keine Gedanken ... ich habe genug. Damit würde sie signalisieren, daß es ihr finanziell möglich ist, etwas von den Dingen abzugeben, die man sich als Tochter einer Flüchtlingsfamilie am Ende der fünfziger Jahre leisten konnte, und ihre Freundin an dem eigenen bescheidenen Wohlstand teilhaben zu lassen. Gleichzeitig kann es auch interpretiert werden als: Mach Dir keine Sorgen, daß Du vielleicht kein äquivalentes Gegengeschenk findest, ich weiß ja, daß es solche Sachen bei Euch nicht gibt. Zu entscheiden, welche der beiden Lesarten die richtige ist, erscheint auch bei Kenntnis des gesamten Briefwechsels der beiden Frauen nicht sinnvoll. Ich lese diese Mehrdeutigkeit eher als einen Verweis auf wesentlich kompliziertere Zusammenhänge, die mit dem Austausch von Paketen zwischen Bürgern der DDR und der BRD während der Zeit der deutschen Teilung verbunden waren und nur sichtbar werden, wenn die einzelne Briefbeziehung in einem breiteren Kontext betrachtet wird.

So stellt auch das Briefzitat von Gerda Erler nur einen kleinen Ausschnitt aus einer Vielzahl von schriftlichen Äußerungen über Pakete und Päckchen dar, wie sie in persönlichen Briefen, die zwischen 1948 und 1989 von Freunden und Verwandten im deutsch-deutschen Kontext geschrieben wurden, zu finden sind, und

Kunstgegenstände und Antiquitäten ist die Genehmigung gemäß Verordnung vom 2. April 1953 zum

steht exemplarisch für viele andere Briefe, in denen beschrieben wurde, wie alltägliche Gebrauchsgüter in den Status von Geschenken erhoben wurden, indem Lebensmittel, Hygieneartikel und gebrauchte Kleidung in Geschenkpapier eingepackt und mit Bändchen versehen wurden. Die Deutung der Paketinhalte aus der BRD in die DDR als Geschenke wurde außerdem noch dadurch unterstrichen, daß die DDR-Zollbehörden forderten, diese Pakete mit der Aufschrift »Geschenksendung, keine Handelsware« zu versehen.



Gleichzeitig wurden entsprechende Gegengeschenke, mit denen die Empfänger auf diese Pakete reagierten, von den Absendern nicht erwartet und in einigen Fällen sogar abgelehnt. Im März 1982 erhielt die Leipziger Buchhändlerin Magdalena Nessler, die immer darauf bedacht war, das richtige Gegengeschenk zu finden, um ihren Verwandten eine Freude zu machen, einen Brief von ihrer Tante, der die folgenden Worte enthielt: *»Du wirst Dich wundern, daß ich Eure schöne Weihnachtskette wieder mitschicke ... aber schimpf nicht! (...) Auf dem Bild siehst Du mich mit Rosi Friedl im Killespark, und da trage ich eine Kette in fast derselben Farbe wie Eure. Es hat mich gefreut, daß Ihr mich hübsch machen wolltet, aber es wäre schade, wenn sie hier nur rumliegt. Ganz offen gesagt, trage ich den Schmuck, den ich besitze, eigentlich nur selten, jetzt überhaupt, da ich nie recht sehen kann, ob die Verschlüsse zu sind; und der an Eurer Kette ging auch noch ein bissl schwer, ich krieg ihn kaum auf. Also bitte nicht böse sein: Eine andere hat bestimmt Freude dran.«*[3] Warum die Tante das Geschenk nicht annahm und weshalb nach diesem Vorfall die Beziehung nicht abgebrochen wurde, sind zwei Fragen, die sich nur beantworten lassen, wenn man genau versteht, was es bedeutet hat, wenn Deutsche in Ost und West während der Zeit der Teilung Deutschlands Pakete austauschten.

In den fünfziger Jahren hatte sich in der Bundesrepublik in Verbindung mit der Devise, man müsse den *armen Brüdern und Schwestern in der Zone* helfen, ein allgemeiner Konsens über eine generelle Versorgungsverpflichtung der Bundesbürger für die DDR-Bürger herausgebildet. Dieser wurde von der Vorstellung eines allgemeinen Mangels in der DDR getragen und drückte sich in der häufig geäußerten Auffassung aus, daß in der DDR noch die Not und der Hunger der unmittelbaren Nachkriegszeit herrschten, die in Westdeutschland spätestens seit Anfang der sechziger Jahre als überwunden galten. Diese Versorgungsverpflichtung veränderte sich im Laufe der Jahre nur geringfügig, trotz der Wahrnehmung auch auf westdeutscher Seite, daß sich die Lebensverhältnisse in der DDR beträchtlich verbesserten. Aus der Verpflichtung, mit Grundnahrungsmitteln Überlebenshilfe zu leisten, wurde im Laufe der Jahre die moralische Verpflichtung, prinzipiell etwas zu geben, wenn man Freunde oder Bekannte in der DDR hatte, bzw. wenn man von West nach Ost fuhr, etwas mitzubringen, was in der DDR als Mangelware galt. Das Westpaket diente demzufolge der Versorgung bzw. dem Ausgleich eines für die DDR konstatierten Mangels an alltäglichen Gütern.

unseren eigenen Briefen alles unterlassen, was die Partner drüben zu unvorsichtigen und unüberlegten

Schutze des deutschen Kunstbesitzes und des Besitzes an wissenschaftlichen Dokumenten und Materia-

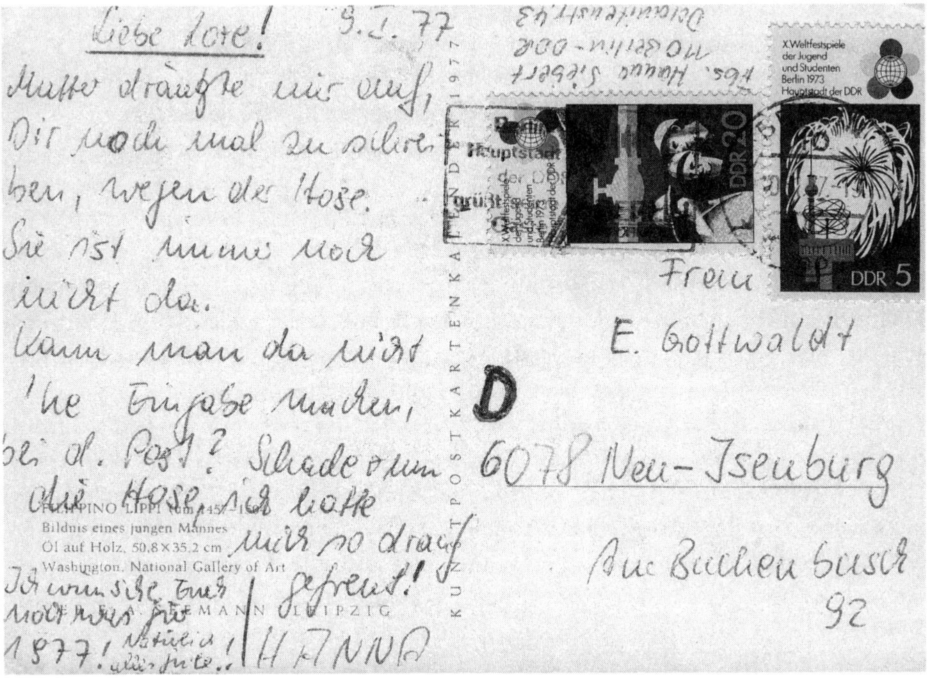

Liebe Lore! 3.I.77

Mutter drängte mich auf, Dir noch mal zu schreiben, wegen der Hose. Sie ist immer noch nicht da. Kann man da nicht 'ne Eingabe machen, bei d. Post? Schade um die Hose, ich hatte mich so drauf gefreut! Ich wünsche Euch noch was für 1977! Natürlich alles Gute..! HANNA

FILIPPINO LIPPI um 1457–1504
Bildnis eines jungen Mannes
Öl auf Holz, 50,8×35,2 cm
Washington, National Gallery of Art
E. A. SEEMANN LEIPZIG

KUNSTPOSTKARTE 1977

X. Weltfestspiele der Jugend und Studenten Berlin 1973 Hauptstadt der DDR

DDR 20

DDR 5

Frau
E. Gottwaldt
D
6078 Neu-Isenburg
Am Buchenbusch 92

Ein großer Teil der deutsch-deutschen Kommunikation drehte sich um abgeschickte, sehnsüchtig erwartete, dankbar erhaltene und manchmal auch vermißte Geschenksendungen.



Für ehemalige Flüchtlinge, die nach dem Krieg in die Bundesrepublik kamen und dort zumTeil mit massiven Integrationsproblemen konfrontiert wurden, war es darüber hinaus bedeutsam, ihre Erfolgsgeschichten mit Zeugnissen des erreichten Wohlstands zu belegen. Das Paket in die DDR bot dafür den geeigneten Rahmen, weil die erwartete Anerkennung von dort in den meisten Fällen sicher war.

Das Phänomen des »Westpaketes« ist allerdings nicht zu verstehen, ohne sein Pendant, das »Ostpaket«, mit zu betrachten. Beide waren Teil eines komplizierten Geflechts von Austauschbeziehungen zwischen Freunden und Verwandten in der BRD und der DDR, innerhalb dessen neben Paketen auch regelmäßig Briefe und Postkarten, Fotos, Grüße, Briefmarken, Gedichte, Witze, Reiseberichte und andere Informationen in Form von Ausschnitten aus Katalogen, Zeitschriften und Tageszeitungen hin- und hergingen.

Die Austauschbeziehungen basierten in der Regel auf dem Verständnis einer familiären bzw. familienähnlichen Gemeinschaft, für deren Stabilität solche Feste wie Weihnachten, Ostern, Geburtstage, Hochzeiten und ähnliche von großer Bedeutung waren. Da die Paketsendungen in vielen Fällen mit diesen Anlässen verbunden wurden, erfüllten sie neben der Versorgungsfunktion auch die Funktion

Äußerungen hinreißen könnte. Frage: Was soll man nach drüben schicken? Antwort: Der Inhalt unserer lien (GBl. S. 522) erforderlich. Anlage 3 zu § 12 vorstehender Verordnung 1. Kaffee (roh, gebrannt, ge-

von Geschenken, die zu solchen Gelegenheiten üblich sind. In ihnen sollte sich gegenseitige Anerkennung ausdrücken – man hatte daran gedacht und sich Mühe gegeben, den jeweils anderen eine Freude zu bereiten. Damit diente der Paketaustausch auch der Befestigung und Bestätigung der Briefbeziehungen.

Es liegt nahe, die Pakete aus der BRD in die DDR aufgrund der unterschiedlichen Zugangsmöglichkeiten zu bestimmten Gütern in West und Ost oder durch das Auftauchen des unter Freunden und Verwandten regelmäßig aus der BRD gesendeten Pfundes Kaffee in Bilanzierungen der DDR-Wirtschaft vor allem in bezug auf ihre ökonomische Dimension zu betrachten (vgl. den Beitrag von Annette Kaminsky in diesem Buch). Doch es gibt noch eine andere wichtige Bedeutungsschicht. Dazu gehören die kulturelle Praxis des Tausches und die sozialen Bindungen, die daraus erwachsen, sowie die Machtverhältnisse zwischen den Tauschpartnern, deren Abgrenzungsbedürfnisse und damit die symbolischen Bedeutungen, die einzelne Gegenstände erhielten, indem sie Teil dieses Austausches wurden.

Verschiedene Kulturen prägen unterschiedliche Variationen ritueller Formen aus, auf deren Grundlage Tauschhandlungen, gegenseitiges Geben und Nehmen geregelt und ihnen Bedeutung verliehen wird. Das kulturelle Repertoire, das im Laufe der Geschichte entstanden ist, reicht heute vom archaischen Gabentausch bis zum Schenken jenseits der Notwendigkeit. Allen ist jedoch gemeinsam, daß es Formen sozialen Handelns sind, die auf Reziprozität beruhen und in denen sozialer Status über gegenseitige Anerkennung ausgehandelt wird.[4]

Die Probleme, die sich aus dem deutsch-deutschen Paketaustausch für die jeweilige Beziehung ergaben, sind darauf zurückzuführen, daß das Senden von Versorgungspaketen und das Schenken als verbindende Form der Anerkennung miteinander vermischt wurden. Dabei handelte es sich um zwei unterschiedliche kulturelle Formen, die verschiedenen Logiken des Gebens folgen und daher nur schwer miteinander in Einklang gebracht werden konnten. Auf der einen Seite waren es Versorgungspakete, die ähnlich wie die Unterstützungspakete von Auswanderern an daheimgebliebene Familienmitglieder[5], die Frontpakete während des Zweiten Weltkrieges oder die in der unmittelbaren Nachkriegszeit empfangenen CARE-Pakete aus den USA maximal nach einer dankbaren Geste als Ausgleich verlangten und ein ungleiches Verhältnis zwischen Helfern und Bedürftigen festschrieben. In Situationen, in denen Nothilfe geleistet wird, ist eine adäquate Gegengabe nicht erforderlich, sie würde im Gegenteil den Sinn der unterstützenden Hilfe in Frage stellen.

Typischerweise enthielten die Versorgungs- bzw. Unterstützungspakete, die meist selbstverständlich zum deutsch-deutschen Briefverkehr gehörten, genau wie die Versorgungspakete in den eben genannten Zusammenhängen Lebensmittel, Kleidung, Hygieneartikel und etwas für die Kinder (meist Schokolade oder Spielsachen). Diese Versorgungsgaben wurden aber auf der anderen Seite, wie auch in dem Eingangszitat, durch die Absender als Geschenke definiert und auf bestimmte

Pakete und Päckchen muß der Lebenssituation und den Wünschen der Empfänger entsprechen. Am bemahlen, gemischt) 50% 2. Kakao (auch in gemischter Form) 40% 3. Schokolade in Tafeln oder sonstiger

Anlässe wie Geburtstag, Weihnachten usw. eingeschränkt. Gebrauchsgüter mußten also als Geschenke tauglich gemacht werden. Auf verschiedenste Weise wurden sie mit Signalen versehen, die auch den Empfängern die Deutung als Geschenk nahelegten. Sie in Geschenkpapier zu verpacken stellte nur eine von vielen Strategien dar, den Gebrauchsgütern ihre Alltäglichkeit zu nehmen und sie in den Status von etwas Besonderem zu erheben.

Alle Briefe, in denen man sich über die Pakete und deren Inhalt austauschte, zeigen, daß Freunde und Verwandte in der BRD besonderen Wert darauf legten, etwas in die DDR zu schicken, was ihrer Vorstellung nach dort als etwas Besonderes galt. Dabei konnte es sich einerseits um Dinge handeln, die als bekannt vorausgesetzt wurden und die, als Mangelware definiert, besonders geeignet waren, auf DDR-Seite als etwas Nichtalltägliches und somit als Geschenk aufgefaßt zu werden. Der Kleinverleger Karl Hauschild aus Süddeutschland schrieb so zum Beispiel am 4. Januar 1970: »*Wir schickten unser Päckle und Paket mit Südfrüchten u.a. ab, weil wir wissen, daß das und noch manches andere in Eurem Arbeiter-und-Bauernstaat auch im Jahre 1970 noch Mangelware ist und wir besonders Euren Kindern Vitamine zukommen lassen wollten.*« Was jeweils als etwas Besonderes definiert wurde, konnte im Laufe der Zeit je nach den Veränderungen der Mangelsituation variieren. Während man in den ersten Jahren noch Möhren, Zwiebeln und Blumenkohl schickte, wurden diese im Laufe der Jahre durch Südfrüchte abgelöst, die Butter durch die modernere Halbfettmargarine oder durch Kokosfett ersetzt usw.



Als nicht-alltägliche Geschenke waren andererseits Produkte prädestiniert, von denen erwartet wurde, daß man mit ihrem Gebrauch in der DDR nicht vertraut war. In den Briefen wird diese Erwartung deutlich, wenn Gebrauchsanweisungen mitgeliefert wurden. So schrieb Gerda Erler am 1. November 1956: »*Die Nylonbluse mußt Du, wenn Du sie wäschst, ohne Auswringen naß auf einen Bügel hängen, weil sie nicht gebügelt wird. Dann behält sie ihre Form und ist in ganz kurzer Zeit trocken.*« Karl Hauschild belehrte an anderer Stelle seine Nichte in Leipzig in einem Brief am 15. Oktober 1956: »*Wir haben Dir gestern ein Päckchen abgeschickt. Inhaltsverzeichnis liegt wiederum dem Päckchen bei. Es sind Apfelsinen, Zitronen, Erdnüsse und Feigen, die Dir sicher jetzt nützlich sein können. Die Apfelsinen und Zitronen solltet Ihr aber vor Gebrauch abwaschen und die Schalen – auch von den Zitronen – nicht verwerten. Es ist nämlich möglich, daß sie zur Konservierung gespritzt sind. Dagegen wird hier dauernd geschrieben und gekämpft, aber es kommen doch immer wieder Zitrusfrüchte rein, die gespritzt sind und deren Schalen gesundheitsschädlich sind.*«

Als man später nicht mehr so ohne weiteres wußte, was in der DDR bekannt oder unbekannt war, kam eine andere Art der Gebrauchsanweisung zur Anwendung: Die Absender legten besondere Anlässe für den Verzehr der von ihnen geschickten Lebensmittel fest. So schrieb Gerda Erler am 21. November 1978: »*Die*

sten ist es, wenn man vorher brieflich anfragt, womit man einen Wunsch erfüllen könne. Auf keinen Fall

Form (auch gefüllt oder mit Beimischungen) 40 % 4. Tee 30 % 5. Tabak und Tabakerzeugnisse 80 % 6. Spi-

*eine Flasche Sekt könnt Ihr ja zusammen mit meinem Kollegen auf unser aller Wohl trinken – die andre hebt Euch auf für Sylvester und denkt dabei ein bißchen an mich.*« An anderer Stelle schrieb sie am 3. August 1983: »*... habe heute ein Paket abgeschickt zu Annetts Geburtstag. Wenn es noch rechtzeitig ankommt, backe ihr eine Geb.Torte (Zutaten inliegend) mit Kerzen- u. Blumendekoration.*« Auch die Hausfrau Erika Schneider aus Essen äußerte an verschiedenen Stellen konkrete Vorstellungen darüber, in welchem Rahmen der von ihr versendete Kaffee zu verzehren sei. So am 24. Mai 1973: »*Von uns allen herzlichen Glückwunsch zur Belobigungsurkunde. Wenn das Paket ankommt, kochst Du Dir u. Deinen Lieben einen guten Kaffee ...*« Oder am 3. September 1976: »*Am 1.9. hab ich ein Päckchen an Euch abgeschickt, damit Ihr am 8.9., unser eigentlicher Hochzeitstag, oder am 11.9., an dem Tag, an dem wir unsere Freunde eingeladen haben, mit uns ein Täßchen Kaffee trinken könnt. Hoffentlich kommt es gut bei Euch an, denn Ihr denkt an dem Tag doch sicher an uns.*«

Eine weitere Strategie, die Wertschätzung für die Gebrauchsgüter aus der BRD zu erhöhen, bestand von seiten der Absender darin, die mit dem Versenden verbundenen Geschichten zu erzählen. In den Briefen berichtete man darüber, wie verschiedene Dinge zum Zwecke des Schenkens in der Bundesrepublik zum Teil unter abenteuerlichen Bedingungen erworben oder, vorschriftsgemäß gereinigt und mit dem entsprechenden Zertifikat versehen, in Paketen verpackt, auf den Weg in den anderen Teil Deutschlands gebracht wurden. Gerda Erler betonte in ihren Briefen immer wieder die Mühen, die sie mit der Erfüllung der Wünsche ihrer Freundin hatte, wie am 10. Februar 1955: »*Aber glaube mir, immer hatte ich vergessen, auf dem Wege die Sachen zu kaufen, und wenn es später wurde, so wie die ganze letzte Zeit, dann hatten die Läden sowieso schon zu. In der nächsten Zeit werde ich mich aber ernsthaft darum bemühen ...*«

Waren die Produkte dann erworben bzw. besorgt und verpackt, wurden die Pakete gewogen, zur Post geschleppt und unter Umständen wieder ausgepackt und erneut eingepackt, weil das zum Versand bestimmte Paket den geltenden Vorschriften nicht entsprach, wie der Bericht von Erika Schneider aus Essen in einem Brief vom 10. Dezember 1961 an die befreundete Familie Buch in der DDR exemplarisch zeigt: »*So, und dann war alles verpackt u. ich konnte das Paket zur Post bringen. Und nun kam Hindernis Nummer 2. Das Paket bestand die Prüfung auf der Wage nicht. 300 g zu schwer. Jetzt stand ich in der Post. Eine Menschenschlange, die alle noch ihre Päckchen schicken wollten, u. 'zig Augen guckten zu. Schnüre auf, Papier runter, Schnüre auf, Karton auf, Linsen raus (lagen ganz unten drunter) u. der ganze Vorgang nochmal rückwärts. Dabei war ich ganz nett ans Schwitzen gekommen. Aber dann stimmte das Gewicht, doch die auf dem Verzeichnis angegebenen Linsen sind nicht mehr im Paket. Die schick ich Ihnen mal, aber dann mit der dazugehörigen Mettwurst. Ja, so war das dieses Mal. Nun wollen wir nur hoffen, daß alles gut ankommt u. es Ihnen Freude macht.*«[6] Manch-

dürfen Geschenksendungen Waren oder Gegenstände enthalten, die in den Empfängern das Gefühl

Meist wurden Geburtstage und Weihnachten zum Anlaß genommen, sich etwas zukommen zu lassen. War alles unbeschadet eingetroffen, konnte das Westpaket, wie hier in Rostock im Jahre 1980, feierlich geöffnet werden.



mal wurde auch darüber berichtet, daß die Pakete den Weg über die Grenze zurückgelegt hatten, um am Ende wieder den Absendern mit der Mitteilung überbracht zu werden, man habe gegen die geltenden Vorschriften verstoßen. Oder die Sendungen verschwanden einfach im Gewirr des Zoll- bzw. Postverkehrs. Dann wurde in ärgerlichen Briefen über ihren Verbleib spekuliert, manchmal tauchten sie unverhofft nach Monaten wieder auf. In anderen Fällen füllten die Absender lange Formulare aus, um den Wert ersetzt zu bekommen.

Was den Inhalt der »Westpakete« betrifft, so läßt sich trotz der großen Variationsbreite der Dinge, die von West nach Ost geschickt wurden, allgemein feststellen, daß unter den Lebensmitteln an oberster Stelle Kaffee, Kakao, Schokolade und frische Südfrüchte rangierten. Die Konsumentwicklung nach dem Zweiten Weltkrieg hatte auf beiden Seiten dazu beigetragen, daß diese Produkte für die breite Bevölkerung nicht mehr nur unerreichbares Luxusgut geblieben, sondern zu Genußmitteln geworden waren, die zum Alltag gehörten, auch wenn ihnen der Geruch des Besonderen nach wie vor anhaften blieb. In der DDR war dies länger der Fall als in der BRD, da sie bis zum Schluß im Vergleich zu anderen Genußmitteln relativ teuer blieben und zum Teil nicht staatlich subventioniert wurden.

Und dennoch, obwohl es zu den Produkten, die sich in den Paketen von West nach Ost befanden, in der DDR meist Entsprechungen gab, bekamen gerade diese Produkte einen besonders hohen Symbolwert innerhalb der gemeinsamen deutsch-deutschen Alltagskultur.

Dabei kam den Markennamen eine besondere Bedeutung zu. In der Regel packte man in die Pakete nicht irgendwelchen Kaffee, Kakao, irgendwelche Schokolade, Margarine, Zellstofftaschentücher, Seife oder Parfüm. In den Inhaltsverzeichnissen, die den Paketen beigelegt waren, oder auf den Wunschlisten der DDR-Bürger war zwar auch einfach Kaffee oder Kakao aufgeführt, aber häufiger Tchibo und Kaba, oder es war von Mon Chéri, Knorr-Suppen, Sanella, Rama, Tempos, Fa-Seife oder Tosca die Rede. Mit diesen Markennamen waren die Gebrauchsgüter für die DDR-Bürger eindeutig mit »West« zu klassifizieren, sie machten aus Kaffee Westkaffee, aus Kakao Westkakao und aus Schokolade Westschokolade. Das galt dann auch für den Geschmack oder den Geruch, der sich mit ihnen verband. Edelgard Buch schwärmte in einem Brief vom 27. März 1973 an die befreundete Familie in Essen: »*Übrigens mit dem Pid-Deo-Spray falle ich überall sehr angenehm auf, der Duft der großen weiten Welt! Dann habe ich das kleine 4711-Fläschchen in der Handtasche, jeder schnuppert: ›Aha, West!‹ Es ist eigentümlich, wie man das immer gleich merkt.*«



Markenbezeichnungen waren auch für die Demonstration sozialer Unterschiede in der eigenen Gesellschaft von Bedeutung.[7] Somit stellten die Produkte, die sich in den Paketen befanden, nicht nur im Alltag der DDR-Bürger etwas Besonderes dar. Die Absender selbst betrachteten ihre Gaben auch im Rahmen ihres eigenen Konsumverhaltens als etwas zwar Selbstverständliches, das aber trotzdem besonders blieb im Vergleich zu No-Name-Produkten und weniger geschätzten Marken. Auch mit der Aufwertung durch die jeweilige Marke konnten also Grundnahrungsmittel und Waren des täglichen Bedarfs wirkungsvoll als Geschenk legitimiert werden.

Wenn die Pakete bei den Empfängern eintrafen, lösten ihre Inhalte ganz unterschiedliche Gefühle auf der Skala von Begeisterung über Freude, Dankbarkeit, Scham, Enttäuschung bis hin zum Ärger aus. Auch davon ist in den Briefen die Rede. Zum einen geht aus ihnen hervor, daß die Empfänger die Deutung der Gebrauchsgüter als nicht-alltägliche Geschenke, die durch die Absender nahegelegt wurde, unterstützten. Sie bestätigten die Freunde und Verwandten in der Bundesrepublik in dieser Deutung, wenn sie, nach Wünschen zu Weihnachten und Geburtstag befragt, zur Antwort gaben, sie wünschten sich Lakritze, Kakao, Rosinen, Mandeln oder Kaffee. Sie arbeiteten aber auch an der Aufwertung der Gebrauchsgüter mit, wenn sie unterstrichen, wie außergewöhnlich für sie die Paketinhalte waren. Der Pfarrer Konrad Biege aus der DDR bedankte sich in einem Brief an seinen Freund in Karlsruhe am 7. April 1972: »*Hab auch herzlichen Dank für die andern so kostbaren Geschenke: Suppen, Soßen, Schokolade, Speisen, Käse in Scheiben.«* An anderer Stelle erklärte am 29. Juni 1975 Edelgard Buch ihren Freunden in Essen die Bedeutung, die die Dinge aus dem Westen für die soziale Abgrenzung im eigenen Umfeld hatten: »*Es ist nicht nur der Kaugummi. Auch die Verpackung ist sehr wertvoll für unsere Kinder, denn sie bildet ein Tauschobjekt gegen die Fußballbilder aus der Sprengel-Schokolade, die hier bei uns jeder fußballbegeisterte Junge sammelt. Da konnte unserer nun ganz groß mithalten und einige Konkurrenten bezwingen. Sein Geld hütet er eisern – wahrscheinlich wird er es auch in Kaugummis anlegen.«* Oder am 28. März 1973: »*Hansi wird strahlen, wenn er heute abend kommt, und bald wird die Klingel bei uns nicht mehr stillstehen, wenn sich seine Dosen-Vermehrung herumgesprochen hat.«*



Die Geschichten über die Mühen des Versendens, die von den Absendern erzählt wurden, ergänzten die Beschenkten um die Geschichten des Gebrauchs der Dinge, die sich in den Paketen befanden. So berichtete Edelgard Buch am 1. Juli 1972: »*Na, für mich ist es eine Riesenfreude gewesen, und die Creme, Seife (1 Stck.) und einige Erfrischungstücher dürfen mit in den Urlaub.«* Am 13. Dezember 1973 schrieb sie: »*... der Rock ist passend gemacht worden und wurde zum Eisenbahnerfest im September eingeweiht, und der Mantel war schon ein paarmal mit auf Reisen.«* Und am 25. November 1974: »*Mit auf der Reise waren wie üblich das Essener Tee-Ei, der Essener Gasanzünder, zwei Essener Blech- bzw. Plastedosen und 1 Stck. Essener Seife, alles wird immer extra für den Urlaub aufgehoben.«*

Zum anderen befanden sich die Empfänger gerade durch die Anerkennung der Gaben als Geschenke in einer paradoxen Situation. Hatten sie Güter des alltäglichen Bedarfs erhalten, die in ihrem Alltag durchaus etwas Besonderes darstellten, weil diese Waren sich in Qualität, Design oder Verpackung von den sonst verfügbaren abhoben, suchten sie nach einer Gegengabe, die einen ähnlichen Effekt erzielen konnte. Aufgrund der Unterschiede in der Versorgungslage über all die Jahre stellte sich das in den meisten Fällen als Problem dar.

Einige wenige Beispiele lassen sich finden, in denen eine äquivalente Gegengabe möglich war. Dabei handelte es sich um Dinge, deren Erwerb nicht unmittelbar mit den Zugangsvoraussetzungen in einem der beiden ökonomischen Systeme verknüpft war. So wurden sowohl von West nach Ost als auch umgekehrt Samen und Zwiebeln von Pflanzen geschickt, die zur Bereicherung des Gartens gedacht waren und mit denen im privaten Umfeld von Freunden, Garten- oder Hausnachbarn ein gewisser Prestigegewinn verbunden sein konnte. Am 5. April 1983 erklärte der Rentner Hugo Langenbach in einem Brief an die Familie seines Funkerfreundes in der DDR: »*Diese Kreuzung Stachelbeere/schw. Johannisbeere (Andenbeere) ist als Samen nicht erhältlich, aber vielleicht finde ich mal einen Weg im Herbst, Dir einen bewurzelten Ableger zu schicken. Die Pflanze ist recht winterhart und zeigt ein schnelles Wachstum. Zucchini sind eine Kürbisart, aber in länglicher Form wie Gurken, werden 50 Zentimeter lang, sind gelb und grün, und werden bei 20 Zentimeter Länge geerntet, ranken aber nicht. Die Früchte werden* aller Art 30 %. Der Einfuhrzollberechnung ist der jeweils geltende Inlandskleinhandelsabgabepreis zu-



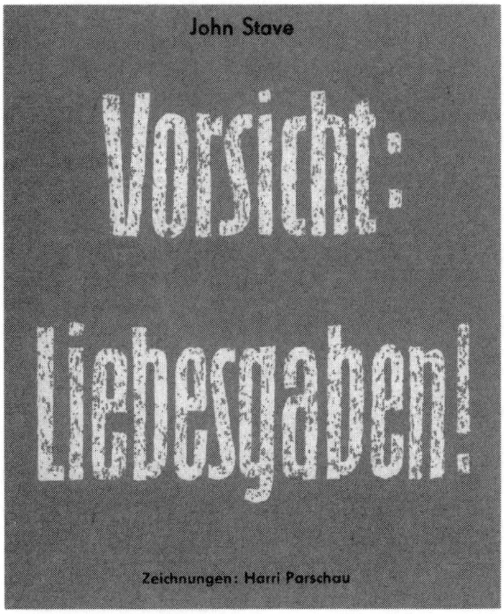

Potsdam: »... und dann schreibt sie noch was vom Duft der großen weiten Welt.«

Auch das Satiremagazin »Eulenspiegel« beteiligte sich unter der Überschrift »Vorsicht Liebesgaben!« in seiner Ausgabe vom Dezember 1961 an den Kampagnen für verstärkte Kontrollmaßnahmen. Nach dem Mauerbau hatte man zahlreiche Einfuhrbestimmungen verschärft. Die entsprechenden Verbote konnten nun umfassender durchgesetzt werden, da der Weg über die grüne Grenze versperrt war.

gaben« haben die meisten Menschen drüben nicht mehr nötig. Sie brauchen aber so oft wie möglich Begrunde zu legen. Anordnung zur Änderung und Ergänzung der Anlagen 1 und 2 zur Verordnung über den

**HANNOVER:** „Oh, mein lieber Graf Zitzewitz, wie ich sehe, spukt man bei Ihnen auch in Ostlaken."

**BOCHUM:** „Zum Schuster lohnt nicht mehr. Kaufe eine Briefmarke und schicke die Schuhe Tante Klara in die Zone."

**DESSAU:** „Hilfe! Wie soll ich mich nur entspannen, wenn ich keine Westkrimis mehr bekomme?"

weise dafür, daß wir an sie denken, uns in ihre Lage hineinversetzen können und ihnen Freude bereiten

Geschenkpaket- und -päckchenverkehr auf dem Postwege mit Westdeutschland, Westberlin und dem

*wie Schmorgurken, oder auch gefüllt mit Hackfleisch, natürlich geschält, zubereitet, dazu Kartoffeln. Vielleicht kann ich Dir in diesem Brief einige Samen beilegen, Anzucht wie Gurken. (...) Einige Körner Melonen kann ich Dir mitsenden, Anzucht sofort im Blumentopf, nach dem fünften Blatt Mitteltrieb auskneifen und möglichst unter Glas oder Folie weiterkultivieren an warmer Stelle des Gartens.«* Mit Andenbeere, Zucchini und Melone brachte er exotische Pflanzen in den Garten der Freunde in der DDR, die das Ansehen der Familie Schröder im Freundes- und Bekanntenkreis erhöhten. Anders als die Markenprodukte, für die es kein Äquivalent in der DDR geben konnte, bestand bei dieser Art des Austauschs die Möglichkeit, auch aus der DDR zum Prestigegewinn der Freunde oder Verwandten in der BRD beizutragen, wie das die »Tomatengeschichte« von Helga Schubert und Gerda Erler illustrieren kann. Während eines Besuches in der DDR hatte Gerda Erler bei ihrer Freundin eine ihr bisher unbekannte Sorte kleiner gelber und roter Party-Tomaten bewundert, und am 21. Oktober 1982 bat sie ihre Freundin um Samen davon und um eine genaue Pflegeanweisung. In ihrem Freundeskreis benutzte sie diese exotischen Pflanzen dann, um soziale Anerkennung zu gewinnen, einmal indem sie die Pflanzen an verschiedene Freunde verteilte, zum anderen schrieb sie am 29. September 1983: *»Die kl. gelben Tomaten sind einmalig. (...) Gerne hätte ich auch Samen von den* roten *kleinen, wenn Du hast. Das wird dann noch interessanter bei Festen.«* Schließlich resümierte sie am 26. Oktober 1983: *»Ich muß nochmals betonen, daß wir sehr viel Freude selbst gehabt haben und auch anderen bereitet haben mit den ›Party-Tomaten‹.«*



Als eine andere Variante des äquivalenten Tausches kann es angesehen werden, wenn die Zutaten für das alljährliche Stollenbacken der Familie Buch von den Freunden aus Essen geschickt wurden und der komplette Stollen, nach sächsischem Rezept von Edelgard Buch oder einem Bäcker gebacken, pünktlich zum Weihnachtsfest wieder den Weg zurück antrat. Edelgard Buch konnte dann beispielsweise am 13. Dezember 1973, mit ihrer Gegengabe zufrieden, feststellen: *»Ich finde, sie sind gut geworden, mal sehen, wie Euer Urteil lautet.«*

Welche Reaktionen waren aber außerdem auf das wohltätige Geschenk aus der BRD von seiten der DDR-Bürger möglich? Eine Möglichkeit, auf die Gabe mit einem Gegengeschenk zu reagieren, war, etwas zu schicken, das einen ähnlichen DDR-Geldwert besaß, wie er den Gegenständen in den Paketen aus der BRD zukam. Wenn der Wert mit dem inoffiziellen Umrechnungskurs gemessen wurde, waren dies meist teure Geschenke: Jenaer Glas, Kristall, kunsthandwerkliche Gegenstände wie Plauener Spitze oder Blaudruck und ähnliches. Oder man ignorierte den besonderen Rahmen des Ost-West-Kontextes und schickte, was auch in der DDR zu den gegebenen Anlässen zu schenken üblich war: Pralinen, Nippes, Bücher, Bastel- und Handarbeiten, Blumen (zum Teil sogar Grünpflanzen). Im Laufe der Jahre wurde es jedoch immer aussichtsloser, sich für die regelmäßig gesendeten Pakete aus der BRD zu entschulden.

möchten. Begehrt ist alles, was »etwas Farbe in den grauen Alltag« bringt. Die Menschen drüben freuen

Ausland. Vom 14. Januar 1955. Auf Grund des §9 Abs. 3 der Verordnung vom 5. August 1954 über den

Doch nicht nur die Empfänger in der DDR befanden sich in einer fatalen Situation. Indem sie die Aufwertung der Gebrauchsgüter zu Geschenken mittrugen und diese dann mit Gegengeschenken beantworteten, hielten sie einen Gabentausch in Gang, der wieder mit einem Geschenk beantwortet werden mußte. Damit reproduzierte sich für die Bundesbürger die Verpflichtung, den Freunden und Verwandten in der DDR etwas zu schicken, quasi von selbst. Denn jetzt waren die ursprünglichen Absender der Versorgungspakete in einer Pflicht, die sie eigentlich nicht beabsichtigt hatten. Und hier schließt sich der Kreis in bezug auf die zu Beginn gestellten Fragen, warum die Tante aus der Bundesrepublik das Geschenk nicht annahm bzw. warum trotz dieser eigentlich unhöflichen Geste die Beziehung nicht zerbrach. Da der Inhalt des Westpaketes einerseits in einen Status erhoben worden war, der eine äquivalente Gegengabe forderte, wurden diese Pakete mit einem entsprechenden Geschenk beantwortet. Dieses wurde aber von den Absendern nicht erwartet bzw. abgelehnt, weil es die Verpflichtung zu einem weiteren Gegengeschenk enthielt. Das Eingangsbeispiel ist dabei besonders kraß, aber kein Einzelfall. Auch in den Briefen von Gerda Erler und Erika Schneider finden sich vergleichbare Formulierungen, die eine solche Haltung zum Ausdruck bringen. Gerda Erler schrieb am 1. August 1953: *»Ich habe mich sehr gefreut, der Unterrock paßt gut, aber Helga, das hättest Du doch nicht tun brauchen. Ich freue mich über einen Brief und ein Bild genauso. Du brauchst doch Dein Geld sicher selber.«* Und Erika Schneider schrieb am 10. April 1959: *»Sie dürfen nichts mehr von revanchieren schreiben.«*



Auf diese Weise entwickelte die Austauschbeziehung eine Eigendynamik, in die beide Seiten über Verpflichtungen eingebunden blieben und nicht ohne weiteres die Beziehung abbrechen konnten. Gleichzeitig mußte von Mal zu Mal neu ausgehandelt werden, wieviel Versorgung und wieviel Geschenk das Paket bedeutete, was immer das Risiko eines Mißverstehens und eine Gefahr für die Beziehung beinhaltete. Wenn man bedenkt, daß einige Beziehungen über die gesamte Zeit der deutschen Teilung aufrechterhalten wurden, dann muß das vor dem Hintergrund dieser Schwierigkeiten als eine beachtliche kommunikative Leistung betrachtet werden.

sich über das, was auch uns Freude macht. Sie möchten endlich auch an den Annehmlichkeiten des Le-

Geschenkpaket- und -päckchenverkehr auf dem Postwege mit Westdeutschland, Westberlin und dem

**Jedes Westpaket war zuerst ein Ostpaket**

Im Sommer 1965 lernte ich als Schüler einer zehnten Klasse am Strand in der Nähe von Venedig ein Mädchen aus Ungarn kennen. Sie gab meine Adresse an eine gleichaltrige Freundin von ihr aus Pockau-Lengefeld weiter. Das lag im Erzgebirge, in der DDR. Zwischen uns entwickelte sich eine Brieffreundschaft. Sie wünschte sich von mir Stoffe zum Selbstschneidern, und ich suchte vom Taschengeld auf den Wühltischen im Kaufhaus Schneider in Frankfurt mühsam nach den neuesten Dessins für mein erstes wirklich eigenes Ostpaket. Zu merken war jedenfalls, daß man für ein solches Päckchen ordentlich Geld ausgeben mußte. Was aus den Stoffen entstand, habe ich nie zu Gesicht bekommen.



Tatsächlich konnte sich der Westdeutsche ja beim Versand der Pakete oder bei der Reise in die DDR schnell wie der reiche Vetter aus Amerika fühlen. Denn spendabel wollte jeder Bundesbürger aus dem Wirtschaftswunderland gegenüber den armen Verwandten sein. Die gönnerhafte Pose war aber schwer durchzuhalten, wenn die östlichen Wünsche wuchsen und die westliche Kaufpotenz an ihre Grenzen kam.

Mein nächster Brief- und Paketfreund wohnte in Halle an der Saale und interessierte sich – genau wie ich – für Modelleisenbahnen. Als Student wollte ich ganz *realistisch* mit einer gesamtdeutschen Modelleisenbahn spielen, wie ich sie draußen am Bahnhof täglich sehen konnte. Dazu brauchte ich aber auch Spielwaren im Maßstab HO von Piko oder von Schicht aus der DDR. Doch die freudig begonnene Tauschpartnerschaft stieß auf beiden Seiten schnell an die jeweiligen Systemgrenzen. Jeder wünschte sich vom andern nur die besten Stücke für seine Sammlung, aber es war uns beiden nur schwer möglich, solche Spezialitäten zu besorgen. Meine Wunschmodelle von Gützold waren in der DDR überhaupt nicht in den Handel gelangt, und seine Traumexemplare von Liliput waren bei uns einfach ausverkauft. Noch schlimmer: Diese kapitalistische Firma hatte überhaupt aufgehört zu liefern.

Wir mußten beide lernen, daß sich Planwirtschaft und Marktwirtschaft zwar unterschieden, jeweils aber schnell unzufriedene Kunden produzieren konnten. Besonders paradox wurde es, als ich – dank des florierenden Interzonenhandels – die begehrten Ostmodelle aus Sonneberg plötzlich in Frankfurt am Main für billiges Geld kaufen und im Paket wieder nach Sachsen schicken konnte. Wir gaben es schließlich auf und konzentrierten uns auf Tauschmöglichkeiten in der näheren Umgebung.

*Alfred Gottwaldt, Berlin*

bens teilnehmen und sich an etwas freuen, was nicht unbedingt zum primitiven Lebensbedarf gehört.

**Von der kirchlichen Patenschaften zur Partnerschaft**

Ab 1947 hatten die evangelischen Kirchen in der alten Bundesrepublik Patenkirchen in der ehemaligen DDR. Die Badische Landeskirche stand beispielsweise im Austausch mit der Brandenburgischen Kirche. Unsere Gemeinde in Brombach war auf diese Weise mit der in Wünsdorf bei Zossen verbunden. Als Gemeindepfarrer weiß ich um die vielen Barrieren, die dieser Arbeit entgegenstanden und jeweils mühsam überwunden werden mußten: Es hat auf kirchlicher Ebene manche Kontakte gegeben, die nicht im Sinne der Regierung der DDR waren. Es wurden Materialien in den Osten gebracht, die aus offizieller Sicht als Schmuggelware anzusehen waren, zum Beispiel theologische Fachliteratur. Diese wurde dann nicht geschickt, sondern bei Besuchsreisen von Angehörigen der Kirche im Reisegepäck mitgenommen.



Als Gemeindepfarrer habe ich es allerdings immer abgelehnt, etwas in die DDR zu bringen, was der Regierung dort nicht genehm war. Dies entsprechend dem Satz »Gebt dem Kaiser, was dem Kaiser gebührt, und Gott, was Gott gebührt«. Dieser Einstellung wurde natürlich auch widersprochen, aber ich war nicht der einzige, der so gedacht hat.

Ganz regelmäßig, geradezu als Institution, hat sich der Paketdienst eingespielt. Zu Weihnachten, aber auch zu anderen Anlässen haben Familien im Westen Familien in der DDR Pakete geschickt. Zum Teil wurden diese Pakete auch über die Pfarrämter verschickt oder auf persönlichen Reisen von Kirchenältesten oder Pfarrern mitgenommen und dann vor Ort über die Pfarrämter verteilt. Nach Möglichkeit sollten Weihnachtspakete nicht standardmäßig gepackt werden, sondern eine persönliche Note erhalten, um darüber möglichst private Kontakte zu befördern. Es wurden Fotos beigelegt, oder Kinder schrieben anderen Kindern Briefe, in denen sie von ihrem jeweiligen Schulalltag berichteten. All das sollte dem Auseinanderdriften der Deutschen in Ost und West entgegenwirken. Wir sahen darin nicht nur den Auftrag, die Begegnung von Christen über eine Grenze hinweg zu ermöglichen, sondern auch den Auftrag, ein Gemeinschaftsgefühl im Land wachzuhalten.

Die Hilfsleistungen auf Gemeindeebene sind etwa zu gleichen Teilen aus der Pfarramtskasse und aus privaten Spenden finanziert worden. Wir haben damals nicht nur Pakete geschickt, sondern auch größere Baumaßnahmen finanziert. So wurden mit Mitteln aus Brombach beispielsweise das Pfarrhaus renoviert und die Instandsetzung der Kirche mitgetragen. Es kam auch vor, daß Leute einen bestimmten Teil ihres Erbes für die Partnergemeinde vorsahen. Eine wesentliche Erleichterung folgende Positionen ergänzt: 10. Optische Geräte, 11. Fleisch und Fleischwaren aller Art, 12. Tierische

für solche Hilfsmaßnahmen war später dann auch der Genex-Geschenkdienst. So konnten wir dem Partner, also der Gemeinde in der DDR, zum Beispiel eine Heizungsanlage oder ein Kopiergerät zukommen lassen, Dinge, die früher auf abenteuerlichem Wege in die DDR gebracht werden mußten.

Im Laufe der Jahre wurde es allerdings immer schwieriger, hier in der Gemeinde Verständnis für diese Arbeit zu wecken. Als ich einmal eine Weihnachtspäckchenaktion in der Schule anregen wollte, stieß ich auf Unverständnis bei den Kindern: »Wieso soll ich denen Schokolade schicken? Die esse ich lieber selber.« Gehungert wurde in der DDR nicht, das hörte man überall, und so hat niemand den direkten Anlaß gesehen, sich ohne weiteres zu engagieren. Ging es darum, etwa für die Patengemeinde Geld für ein Kopiergerät zu sammeln, sagten viele: »Wir haben doch selber noch dies und jenes anzuschaffen.«



Mir lag sehr daran, aus der alten *Paten*beziehung in eine neue *Partner*beziehung zu kommen, daß es ein Geben und Nehmen wird – auf Gegenseitigkeit. Gemeinsam haben wir uns mit den Wünsdorfern Gedanken gemacht, wie ein solcher Austausch aussehen könnte. Da die materielle Ausgangslage so ungleich war, wollten wir verstärkt im theologischen Bereich Ideen austauschen. Wir wollten aus den Erfahrungen der besonderen Situation der Kirche in einer sozialistischen Gesellschaft neue Impulse für unser Denken gewinnen, Anregungen für unsere Arbeit hier in Westdeutschland erhalten, denn wir waren ja hier eigentlich theologisch stehengeblieben: Man dachte auf der Gemeindeebene sehr konservativ.

Der von uns geplante Gedankenaustausch war jedoch ein ziemliches Fiasko. Nicht, weil die Westler nicht zuhören wollten, sondern weil die Christen in der DDR, mit ganz anderen Sorgen belastet, unseren Wunsch als rein akademisch empfanden und nicht verstanden.

Was auf einer breiteren Ebene scheiterte, klappte dagegen in einem mehr persönlichen Rahmen, zwischen mir und dem Gemeindepfarrer in Wünsdorf, sehr gut. Den Mut etwa zur gesellschaftskritischen Predigt habe ich zum Teil aus unseren Gesprächen gewonnen. So wie wir von den Kirchen in der DDR einen kritischen Standpunkt gegenüber dem Regime erwarteten, so erwarteten diese von uns, daß wir unsere gesellschaftlichen Strukturen kritisch betrachteten. Aus diesem Gedankenaustausch ist eine echte Freundschaft zwischen unseren Familien geworden, die bis über die Wende hinaus Bestand hatte.

*Peter Krauel, Brombach*

wir können ihnen diese Wünsche erfüllen, und wir können große Freude damit bereiten. Frage: Kann und pflanzliche Fette und Öle, 13. Milchpulver und Eier, 14. Zucker. 2. Anlage 2 (ausfuhrbeschränkte Wa-

Petra Kabus

# Liebesgaben für die Zone

## Paketkampagnen und Kalter Krieg



> *Mein Bruder, der hat über eine fremde Person, die er gar nicht kannte, ein Paket bekommen mit Bonbons für die Kinder und mit einem Begleitschreiben: Damit Ihre Kinder auch mal was Süßes haben. Das hat mein Bruder wieder zusammengepackt und gleich zurückgeschickt mit einem Brief dazu, daß sie so was bitte in Zukunft unterlassen möchten, sie haben das nicht nötig, die Kinder haben ständig Süßigkeiten, außer Bonbons auch noch Schokolade usw.*
>
> Renate J., Cottbus

So wie dieser Mann damals verblüfft war, dürfte sich mancher heute noch wundern, der nie von solchen Paketsendungen fremder Leute aus dem Westen an Menschen in der DDR gehört hat. Aber es hat sie gegeben, und sie waren Bestandteil einer breitangelegten Paketkampagne von West nach Ost, die zum einen das Schikken von privaten Päckchen in Gang halten sollte, zum anderen auch den Versand von Sendungen, die vielleicht ganz passend als »Fremdpakete« bezeichnet werden können, unterstützte.

Es ist an sich schon erstaunlich, daß der familiäre Paketverkehr – der Kontakt der Menschen überhaupt – die jahrzehntelange administrative Teilung überdauert hat. Um so bemerkenswerter ist es, daß viele Menschen, organisiert oder aus eigener Initiative, Geld für fremde Leute ausgaben, den Aufwand des Paketepackens und -versendens auf sich nahmen, und es fragt sich, welcher Antrieb, welches Anliegen dahinter stand.

In den vierziger und fünfziger Jahren hatten die Westdeutschen selbst kollektiv eine Welle der Unterstützung erfahren: Als Deutschland nach dem von ihm ausgegangenen Krieg in Schutt und Asche lag, halfen sich die Menschen, so gut es ging: Verstreut lebende Familien, wie es sie durch die Kriegsfolgen zuhauf gab, versuchten nach Kräften, sich gegenseitig zu unterstützen. Ostberliner, denen es 1948 noch lange nicht so gut ging wie den Westdeutschen, brachten während der Blockade heimlich Lebensmittel, Brennholz usw. zu Verwandten und Freunden nach West-

man Bücher nach drüben schicken? Antwort: Der Versand von Büchern nach drüben ist nicht grundsätzren) Die Punkte 1 bis 3 werden außer Kraft gesetzt und folgende Punkte treten dafür in Kraft: 1. Textilien

Die CARE-Pakete für Deutschland waren ein sichtbares Zeichen dafür, daß sich die USA für die Verbesserung der Lebensbedingungen auch in Deutschland einsetzten.

lich verboten. Viele Menschen freuen sich mehr über ein gutes Buch als über ein wertvolles Lebensmitsind jeweils nur bis zu 4 m oder l Stück oder l Paar oder l Garnitur usw. zugelassen. Der Gesamtwert der

berlin. Ab 1949 erhielten sogar Kriegsgefangene in Rußland Geschenke aus der Heimat.[1]

Auch den Siegern war sehr schnell bewußt: Verhungern lassen konnte man ein ganzes Volk trotz der Verbrechen, die es begangen oder geduldet hatte, nicht. So begann unmittelbar nach dem Krieg die Verteilung der noch vorhandenen Lebensmittelreserven und die Einfuhr von Lebensmitteln von außen.

Eine Institution wurde in diesem Zusammenhang geradezu sprichwörtlich: CARE, die im November 1945 von 22 amerikanischen Wohlfahrtsorganisationen gegründete private Hilfsorganisation »Cooperative for American Remittances to Europe« (wörtlich: Kooperation für amerikanische Sendungen nach Europa; anspielend auf *care* = Pflege, Obhut). Anfangs wollte CARE den Menschen im zerstörten Europa *mit Ausnahme der Deutschen* helfen, doch schnell erweiterte man den Wirkungskreis, und schließlich verschickte CARE zwischen 1946 und 1960 insgesamt fast 10 Mio. Pakete nach Deutschland.

Bei CARE konnten Privatpersonen in den USA Bestellungen für Bekannte und Verwandte in Europa aufgeben.[2] In Deutschland selbst waren Wohlfahrtsverbände wie die Caritas und die Innere Mission für die Verteilung zuständig. Im wesentlichen gingen die CARE-Sendungen in die westlichen Zonen. Selbst Frankreich hatte eine Zeitlang gezögert, bis es die amerikanische Hilfe gestattete; die Sowjetunion wünschte sie ganz offenbar nicht, und entsprechend sprach die DDR-Führung von Korruptionspaketen.[3] Trotzdem gelangten etliche Pakete auch in den Osten, sofern die Personen direkte Kontakte in die USA hatten.[4] Nach dem 17. Juni 1953 brachte CARE speziell für Ostdeutschland Warenlieferungen nach Westberlin, die dort nach Vorlage eines DDR-Personalausweises ausgegeben wurden. Außerdem wurden Pakete an eine westdeutsche Tarnadresse verschickt, dort umgepackt und anschließend mit privatem Absender in den Osten gesandt.

Dieses Bemühen, mit Paketen materielle Unterstützung zu geben, wurde wenig später von West- in Richtung Ostdeutschland fortgeführt. Voraussetzung dafür war die Auffassung, daß es den Leuten *drüben* schlechter ging.

Tatsächlich war der Lebensstandard im Osten von Anfang an geringer als im Westen. Statt mit dem Marshall-Plan unterstützt zu werden, erlitt der ohnehin wirtschaftlich schwächere und vom Krieg gezeichnete Osten durch die Reparationsleistungen an die Sowjetunion weitere Verluste.[5] Da über die schwierigen Zustände im Osten im Westen regelmäßig berichtet wurde, waren viele Westbürger motiviert, ihre Familienangehörigen und Bekannten noch Jahrzehnte nach dem Krieg mit Hilfsgütern zu versorgen. Neuen Auftrieb bekam dieses Handeln Anfang der sechziger Jahre durch den Bau der Mauer und die infolge der Kollektivierung der Landwirtschaft verschlechterten Lebensbedingungen im Osten.

Natürlich gab es auch viele DDR-Bürger, die keine Westverwandtschaft hatten. Manche konnten andere Kontakte pflegen. So ließen Firmen, denen ihre östlichen Dependancen abhanden gekommen bzw. die in den Westen übergesiedelt waren,



elpaket. Aber die Kontrollstellen in der Zone leben in der Furcht, daß mit Büchern aus dem Westen in einer Geschenksendung zum Versand kommenden Textilien darf 20 DM nicht übersteigen. 2. Der Ge-

ehemaligen Mitarbeitern Geschenke und sogar Betriebsrenten zukommen. Nicht nur auf Westreise, wenn Ostrentner mit jährlich kärglichen 15 DM vom Osten und einem weiteren im Laufe der Zeit steigenden, aber auch nicht riesigen Betrag von Bund und Land ausgestattet waren, bedeutete eine solche Zuwendung eine echte Hilfe. Diese Westrente konnte – ebenso wie Honorare oder Geerbtes – auf offiziellen Wegen bei einem Kurs von 1 : 1 in Ostmark umgetauscht werden. Wollte man etwas mehr von seinem Westgeld haben, brauchte man jemanden, der einem auf privatem Wege, notfalls über vorgetäuschte freundschaftliche Beziehungen, Waren dafür zukommen ließ – ein den »Fremdpaket«-Aktionen ähnlicher Vorgang.



Aber auch den anderen *Brüdern und Schwestern* in der *Zone* sollte möglichst geholfen werden. Die Bereitschaft unter der Bevölkerung war zunächst enorm. Sogar Schulklassen packten gemeinschaftlich Pakete, zu denen jeder etwas anderes von zu Hause mitbrachte. Des weiteren hatte sich eine schier unübersehbare Zahl von Hilfsorganisationen auf die Fahnen geschrieben, besonders hilfsbedürftige Personen und solche, die unter einer Benachteiligung durch das politische System litten, zum Beispiel Häftlinge und ihre Familien, zu unterstützen. Dazu gehörten so große Verbände wie das Deutsche Rote Kreuz[6], die Caritas und die Arbeiterwohlfahrt, aber auch das Hilfswerk der Helfenden Hände, das Evangelische Hilfswerk für Internierte und Kriegsgefangene, der Bund der Berliner und Freunde Berlins, die Hilfsgemeinschaft Mitteldeutschland, der Deutsche Staatsbürgerinnenverband, die Rheinische Hilfsgemeinschaft für den deutschen Osten und und und ... Im Westen selbst wurden Geld-, Sach- und Medikamentenspenden an Besucher aus dem Osten verteilt, Reisekosten übernommen und Unterkünfte zur Verfügung gestellt. In den Osten gingen vor allem Paket- und Literaturspenden. Sogenannte Paketkreise starteten regelmäßig Hilfsaktionen und pflegten Patenschaften. Adressen erhielten die Hilfsorganisationen von Bund und Land oder verschafften sie sich direkt. Letztlich waren es zumeist informelle Wege: Man machte Bekannte von früher aus, manche Ostdeutsche wandten sich selbst an Organisationen und Verbände, Republikflüchtlinge und Ausreiser meldeten Adressen von Zurückgebliebenen usw. Dabei entstand ein festes Netz von Beziehungen.

Bei diesen Paketsendungen war folgendes zu beachten: Zollfreiheit im deutsch-deutschen Paketverkehr (und nach dem Willen der östlichen Seite die Genehmigung zum Paketversand überhaupt) galt nur für Geschenksendungen. Und in der »Verordnung über den Geschenkpaket- und -päckchenverkehr auf dem Postwege mit Westdeutschland, Westberlin und dem Ausland« vom August 1954 war bekanntlich genau geregelt worden, was eine »Geschenksendung, keine Handelsware« war, nämlich »unentgeltliche Zuwendungen, die unmittelbar von einem privaten Absender (natürliche Person) an einen privaten Empfänger (natürliche Person) auf Grund persönlicher Beziehungen zum persönlichen Verbrauch oder

»unerwünschtes Gedankengut« eingeführt werden könnte. Daher muß man auch beim Versand von samtwert eines Geschenkpaketes oder -päckchens darf 30 DM nicht übersteigen. 3. Die Gegenstände

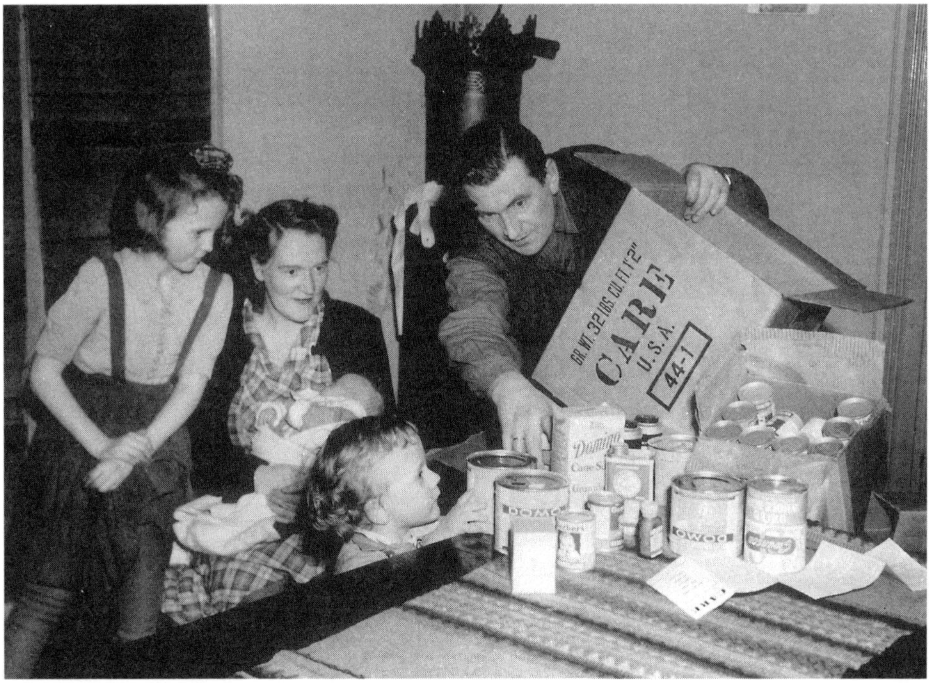


Die amerikanische Hilfsorganisation CARE schickte zwischen 1946 und 1960 ungefähr 10 Millionen Pakete nach Deutschland – allerdings hauptsächlich in die Westzonen.



Gebrauch zum Versand gebracht werden«[7] (vgl. den Aufsatz von Bernd Lindner in diesem Buch).

Westliche Hilfsorganisationen waren keine »natürlichen Personen«, und selbstverständlich hätten sie für Hilfssendungen in die DDR nie eine Genehmigung von der östlichen Seite erhalten. So griff man zu dem Trick der privaten Tarnung: Pakete wurden unter Privatadressen, die die Mitglieder der Organisationen für diese Aktionen zur Verfügung stellten, gepackt. Dabei achtete man sorgfältig darauf, daß auch der Inhalt der Pakete nicht auf eine organisierte Aktion hindeutete, legte immer mal ein gebrauchtes Kleidungsstück oder eine alte Tüte mit hinein.

Ein Großteil dieser »Fremdpaket«-Aktionen wurde über die Kirchen abgewickelt. Kirchenangestellte in der DDR bezogen nur ein sehr niedriges Einkommen, die Gemeinden hatten mit geringen Etats zu wirtschaften, besonders seit der Staat ab 1965 keine Kirchensteuer mehr einzog. Neben den sogenannten Kirchengeschäften (vgl. dazu den Beitrag von Jörg Roesler im vorliegenden Buch), zu denen auch kirchliche Mitarbeiter im Westen durch Abgaben beitrugen, die regulär im Lohnabzugsverfahren einbehalten wurden, gab es eine Vielzahl von Paketbeziehungen. Hilfen für die Christenlehre, für kirchliche Ausbildungsstätten und Schülerheime,

Büchern mit häufigen Schikanen rechnen. Sie aber sollten uns nicht davon abhalten, mit guten Büchern dürfen nur in den üblichen Einzelhandelseinheiten zum Versand gebracht werden. Die Änderung und Er-



kirchliche Kindergärten sowie Schwestern im Gemeindedienst, Buchaktionen, Verschickungen von Baumaterialien, Medikamenten und vieles andere (es gab über 50 verschiedene Hilfsprogramme allein der evangelischen Kirche) wurden auch hier über Privatpersonen abgewickelt. Dazu schreibt Pfarrer Paul Gerhard Kunze, der jahrelang die Hilfsstelle Westdeutscher Kirchen (HWK), eine Einrichtung der Evangelischen Kirche in Deutschland, geleitet hat: »Der Hilfsstelle Westdeutscher Kirchen mußte auf streng vertraulichem Weg von jedem kirchlichen Mitarbeiter in der DDR die Kontaktadresse einer Bezugsperson im Westen genannt werden. Diesem westlichen Partner wurde von der HWK mitgeteilt, daß für den Freund oder Verwandten in der DDR eine bestimmte Geldsumme zur Verfügung stehe, und es wurde angefragt, ob man bereit sei, diese Summe treuhänderisch zu verwalten. Dann wurden die Kontonummer erbeten und die Wünsche aus der DDR benannt. Entsprechend wurden die Pakete und Päckchen versandt. Gut 30 000 Mitarbeiter der Kirchen und der Diakonie in der DDR bekamen auf diese Weise regelmäßig eine kleine Hilfe. Es versteht sich von selbst, daß eine solche Aktion eine gute Organisation und tüchtige Mitarbeiter verlangte. Der Datenschutz würde sich heute die Haare raufen und die Stasi nachträglich neidisch werden, wenn sie die Fülle exakter Personaldaten von DDR-Bürgern, jeweils gekoppelt mit den Daten einer Kontaktperson im Westen, kennen würden. Eine echte Kontrolle über die korrekte Hilfeleistung war natürlich nicht möglich. Um so erfreulicher und erstaunlicher ist es, daß im Verlauf von vielen Jahren bei jährlich ca. 30 000 Einzelhilfen nur zwei Fälle bekannt wurden, in denen das Hilfsgeld zweckentfremdet wurde.«[8]

Für die katholische Kirche schickte zum Beispiel das Bonifatiuswerk in Paderborn Sendungen in den Osten. Da aber nicht alle Pakete auch aus Paderborn hätten kommen dürfen, wurde wie einst bei den CARE-Paketen nach Ostdeutschland andernorts noch einmal umgepackt. Zur Rechtfertigung der erstaunlich hohen Kosten schreibt der Geschäftsführer der Generalversammlung 1963: »Da die meisten Sendungen über eine west- oder süddeutsche Anschrift gehen und neu gepackt den Weg nach drüben nehmen, ergibt sich ein doppeltes Porto; weil viele Sendungen der Sicherung des Überkommens wegen unter ›Einschreiben‹ zur Post gebracht werden, erwachsen wiederum zusätzliche Unkosten. Wenn ich zum Schluß noch anfüge, daß durch die Situation in Mitteldeutschland unser Bonifatiushaus ein großes Versandhaus geworden ist und 20 Personen im Versand tätig sind, in Stoßzeiten sogar 30 und mehr, bedarf es wohl keiner weiteren Erklärung, woher dieser hohe Unkostensatz kommt.«[9]

Hinter der Hilfe aus dem Westen stand jedoch nicht nur persönliches oder kirchliches Engagement: »Osthilfe« war ein Politikum. 40 Jahre lang propagierten Politiker aller Parteien – mehr oder weniger glaubhaft – das Festhalten an der deutschen Einheit. Zu diesem Zweck wurde gleich zu Beginn ein ganzes Ministerium installiert, das all die entsprechenden Maßnahmen unterstützen und koordinieren

Freude zu bereiten. Weitere Ratschläge gibt das auf allen Postämtern erhältliche Merkblatt »Hinweise gänzung der Anlagen I und 2 treten eine Woche nach Verkündung dieser Anordnung in Kraft. Berlin,

sollte. Bis Anfang der siebziger Jahre waren die Paketkampagnen ein kontinuierlicher Tätigkeitsschwerpunkt. Die privaten Paketpacker wurden nach Alter und Geschlecht, sozialem Status und Bildungsgrad analysiert, man erarbeitete Themen für Schulaufsätze (»Was nutzt mein Paket in die Zone?«, »Die Menschen in der Zone brauchen uns!«, »Deutsche hüben – Deutsche drüben: Wir gehören zusammen!«) und Aufgabenstellungen für den Zeichenunterricht (»Gestalte ein Postplakat, das die Zusammengehörigkeit mit den Menschen drüben zum Ausdruck bringt«). Aus dem Etat des Ministeriums für gesamtdeutsche Fragen (seit 1969 Ministerium für innerdeutsche Beziehungen) kamen Gelder für die Unterstützung von Ostbesuchern und für die Zusammenstellung von »Fremdpaketen«, mit denen die privaten Hilfen potenziert werden sollten. 1964 beispielsweise wurden 25 Hilfsverbände, die insgesamt über 4 000 Packkreise installiert hatten, mit 3 860 500 DM für den Paket-, Päckchen- und Literaturversand versorgt. (Die gesamte »Osthilfe« umfaßte in diesem Jahr über 11 Mio. DM.) Zu dieser Summe gesellt sich noch eine etwa doppelt so hohe Leistung, die die Verbände aus Eigenmitteln erbrachten![10] Damit wurden für mindestens 10 Mio. DM »Fremdpakete« in die DDR geschickt. Ein kleines Zahlenspiel mag die Dimensionen dieser Hilfsaktionen veranschaulichen: Legt man die 10 Mio. DM auf rund 15 Mio. DDR-Bürger um, so kamen auf einen von ihnen etwa 60 Pfennig. Rechnet man pro Paket mit im Schnitt 30 DM, mußten sich also theoretisch 50 Leute ein Paket teilen, und dadurch, daß in aller Regel an ein und dieselbe Person mehrere Sendungen – manchmal monatlich ein Paket – abgingen, sank der Anteil der bedachten Personen im Verhältnis zur Gesamtbevölkerung noch weiter. Am Ende waren es im Schnitt immer noch schätzungsweise 50 000 bis 100 000 »Fremdpaket«-Empfänger, die in den Sechzigern jährlich bedacht wurden.



Die Motivation dazu wurde klar benannt. »Leitgedanke dieser Förderung ist neben der materiellen Hilfe ein politisches Ziel: Das Paket als Ausdruck der Verbundenheit soll die menschlichen Kontakte und die Mitverantwortung der Bewohner der Bundesrepublik zur Erhaltung des Zusammengehörigkeitsgefühls stärken«, heißt es in einer ministeriumsinternen Notiz von 1964[11] und im Bericht über ein Memorandum von Willy Brandt an das Kuratorium Unteilbares Deutschland von 1965: »Der Brief- und Paketverkehr nach der Zone muß verstärkt werden. Die bisher etwa 300 Millionen Briefsendungen und 50 Millionen Päckchen jährlich bedeuten jetzt schon einen der wichtigsten Kontakte zu Landsleuten jenseits der Zonengrenze.«[12] Menschliche Regungen wie Familienzusammengehörigkeit und Hilfsbereitschaft wurden auf diese Weise ganz eindeutig im Sinne der politischen Zielsetzung der deutschen Einheit funktionalisiert. Gleichzeitig war man sich darüber im klaren, daß »das ›Konsum- und Genußbedürfnis‹ der Landsleute in der Zone ... immer wieder von neuem durch westdeutsche Vorbilder ›angestachelt‹«[13] wurde, wie es in einem »Bericht zur psychologischen Lage in der SBZ« des Ministeriums für gesamtdeutsche Fragen heißt. Dieses Bewußtsein vom

für Geschenksendungen in die Sowjetzone«. Frage: Darf man überhaupt keine Medikamente schicken?

den 14. Januar 1955. Ministerium für Außenhandel und Innerdeutschen Handel. I.V.: Gregor, Staatssekre-



materiellen Gefälle wurde verstärkt und ausgenutzt, nicht nur um so die Kontakte und den Willen zur Einheit wachzuhalten; über den Paketverkehr sollte gleichzeitig die Stärke des eigenen Systems, die Schwäche des anderen demonstriert werden. So war auch der deutsch-deutsche Paketverkehr über viele Jahre Schauplatz des Kalten Krieges.

1966 stellte das Ministerium für gesamtdeutsche Fragen fest, daß erstmalig nicht alle Rundfunksender zu Weihnachten einen Paketaufruf gesendet hatten.[14] Aber das Zurückgehen des Paketflusses konnte man nicht einfach hinnehmen: »Diese Aufgabe ergibt sich nicht so sehr aus dem materiellen Wert der postalischen Verbindungen (in den Geschenksendungen wurde die Bevölkerung drüben mit Waren im Wert von schätzungsweise 1,2 Milliarden DM 1966 unterstützt), sondern aus dem immer noch starken Zusammengehörigkeitsgefühl, das jedoch zur Umsetzung in aktive Kontaktpflege angesprochen werden muß.«[15] Um das erlahmende Interesse der Bevölkerung wieder neu zu entfachen, setzte man Werbemittel vom Plakat und der Postwurfsendung über Zündholzschachteln und Leserkreismappen bis hin zum Film ein. Bald erkannte man, daß es wichtiger war, darüber zu informieren, *was* in die Zone (mit Konsequenz wird in den Akten von *SBZ* oder *Mitteldeutschland* gesprochen) geschickt werden konnte, als Appelle an die Bevölkerung zu richten, *daß* etwas geschickt werden sollte. Entsprechend wandelten sich die Botschaften der Handzettel.

Mit der Normalisierung der zwischenstaatlichen Beziehungen durch den deutsch-deutschen Grundlagenvertrag und das Berlin-Abkommen im Jahre 1972 kam es auch zu Erleichterungen im Reise- und Paketverkehr. Die Notwendigkeit von »Fremdpaket«-Aktionen wie von Maßnahmen zur Aufrechterhaltung der familiären Kontakte durch Pakete ging damit zurück. Das Schwergewicht verlagerte sich weg von den Kampagnen des Kalten Krieges hin zu Maßnahmen, mit denen eine Liberalisierung im Osten erzwungen werden sollte, beispielsweise in Zusammenhang mit der Aushandlung einer Postpauschale.

Ganz riß die »Osthilfe« jedoch bis zum Ende der DDR nie ab. Die Mittel, die für Pakettransaktionen ausgegeben wurden, verringerten sich allerdings beträchtlich. Exakte Aussagen sind hierzu nicht möglich, da nach 1989 nur die Ostarchive allen Interessierten frei zugänglich gemacht wurden, auf den Westakten jedoch weiterhin eine Sperrfrist von 30 Jahren liegt.

Aus den Gesprächen mit Zeitzeugen aber wird deutlich, daß sich ein Problem ganz anderer Art auftat: Die ehrenamtlichen Helfer starben buchstäblich aus; Nachwuchs war kaum zu gewinnen. Der agitatorische Aufwand hatte in den fünfziger und sechziger Jahren gerade deshalb Erfolg gehabt, weil es nach dem Krieg eine immense Bevölkerungsmigration in Deutschland gegeben hatte, in deren Folge soziale Kontakte aller Art zerrissen waren und man danach strebte, die letzten Reste des Zusammenhalts, so gut es ging, aufrechtzuerhalten – eben auch mit Paketen. Die Generationen aber, die aus eigenem Erleben noch tiefere Bindungen zu

Antwort: Nach der 3. Durchführungsbestimmung vom 17. Oktober 1961 zu der sowjetzonalen Ge-

Mit diesen Marken der Deutschen Bundespost konnte man auf den eigenen Postsendungen innerhalb der Bundesrepublik für Paketaktionen »nach drüben« werben.

Mit Plakaten in Postämtern und öffentlichen Gebäuden wurde in den fünfziger und sechziger Jahren auf Verbände und Vereine hingewiesen, die sich in der Bundesrepublik für Sendungen in die DDR engagierten und Beratungen anboten.

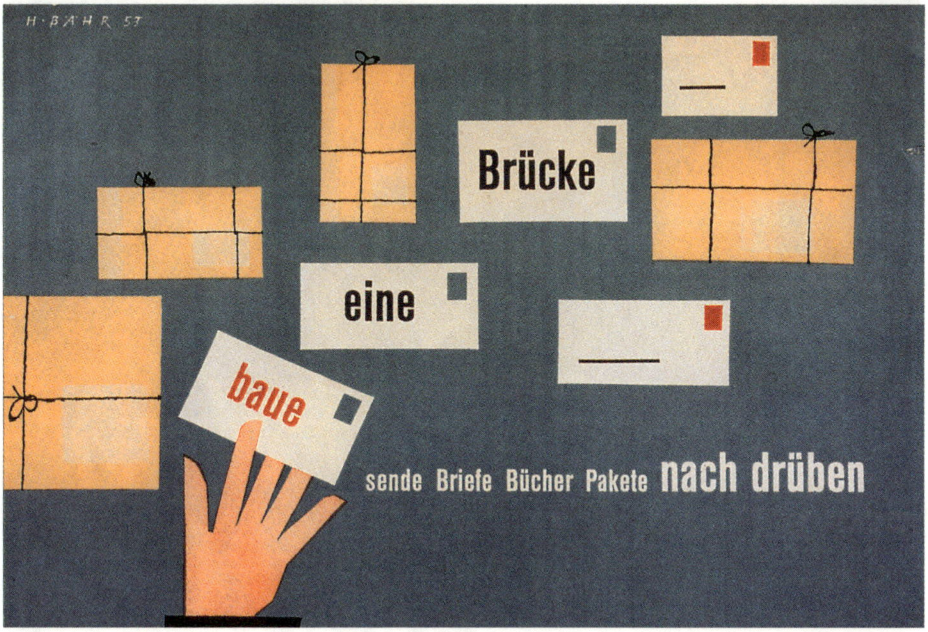


Mit diesen Handzetteln (oben) wurde in der Bundesrepublik auf die wichtigsten Versandbestimmungen der DDR hingewiesen, die auf der Rückseite abgedruckt waren. Mit einer Post-»Brücke« sollte die Einheit der Deutschen trotz Mauer bewahrt werden.
Plakat aus dem Jahr 1958 (unten).

Appell der »Spitzenverbände der Freien Wohlfahrtspflege« (Plakat der fünfziger Jahre).

tär. Erste Durchführungsbestimmung zur Verordnung über den Geschenkpaket- und -päckchenverkehr

Menschen in der anderen Hälfte Deutschlands empfanden, verschwanden allmählich. Bereits 1964 hatte eine repräsentative Umfrage durch infratest ergeben, daß sich etwa 30 Prozent der BRD-Bürger nicht mehr für Kontakte in den Osten interessierten[16]; wieviel höher mußte diese Zahl Ende der achtziger Jahre liegen.

Auch auf der Seite der Westpaket-Empfänger war die Zeit nicht stehengeblieben. Natürlich hatte man, da das Paketeschicken vom Westen politisiert wurde, im Osten auch politisch darauf reagiert. In einem Radiokommentar des DDR-Rundfunks aus der Vorweihnachtszeit des Jahres 1961 heißt es beispielsweise: »Wie sieht es nun mit dem von Lemmer und seinem Staatssekretär ... so sehr als ›Liebesgaben‹ geförderten Paketverkehr in unsere Republik aus? Hetze und Lügen



über unsere Lebenslage gebrauchend, reden sie den Menschen ein, wir, die wir den Sozialismus aufbauen, seien ihre armen hilfsbedürftigen Verwandten. Sie veranlassen westdeutsche Bürger, in großem Umfang gebrauchte Textilien uns Hungernden und Notleidenden zu schicken. Das sieht harmlos aus, ist es aber nicht. Das liegt auf der gleichen Linie wie die bei uns angekommenen ›Liebesgaben‹ in Form von Pistolen und Munition. Nicht selten verbergen sich hinter den Absendern solcher Pakete Organisationen des kalten Krieges in mancherlei, sogar in kirchlichem Gewand. Und auch wo das nicht der Fall ist, handeln die Absender, ob sie das bezwecken oder nicht, im Interesse dieser Scharfmacher.« Der Kommentar, der die Verordnung zu rechtfertigen sucht, daß gebrauchte Kleidung nur noch mit einer Desinfektionsbescheinigung eingeführt werden darf, gipfelt schließlich in dem Ausspruch: »Wir schützen unsere Bürger vor dem Geschenktod aus der Westzone.«[17]

Keinesfalls wollte man die Haltung stützen, der Osten sei auf die Hilfen aus dem Westen angewiesen: »Wie selbst westdeutsche Zeitungen zugeben mußten, liegt die Zahl der Paketsendungen aus der DDR nach Westdeutschland pro Kopf der Bevölkerung höher als umgekehrt«, hieß es in einer ADN-Meldung aus dem Jahre 1963.[18] Auch auf die »Fremdpakete« ging man ein. Ein groß aufgemachter Zeitungsartikel aus dem Jahre 1964 beispielsweise erzählt von »Bettel-Bertas schmutzigem Geschäft mit der christlichen Nächstenliebe«, einer geschäftsmäßig aufgezogenen »Kontaktpflege« nach drüben. Berta Hentschel aus Dessau soll laut diesem Bericht an rund 50 katholische Pfarrämter Bettelbriefe geschickt, über Erhalt und Inhalt der Pakete genau Buch geführt und dabei auch so manche Sendung unterschlagen haben. »Leichtgläubige, über das Leben bei uns völlig falsch orientierte Menschen« fielen auf ihre Betrügereien herein, und erst das Mißtrauen der Nachbarn war »unseren Sicherheitsorganen Anlaß, die Postbeschlagnahme anzuordnen«. Es sei dahingestellt, ob dieser Fall wirklich authentisch ist; die beabsichtigte propagandistische Wirkung liegt auf der Hand.[19]

Die Staatssicherheit interessierte sich ebenfalls lebhaft für »Fremd«- und »Bettelpakete«. Standardisierte Sendungen wurden als »Verbrechersendungen« ent-

schenkpaketverordnung vom 5. August 1954 ist die »Einfuhr von Arzneimitteln aller Art« nicht mehr auf dem Postwege mit Westdeutschland, Westberlin und dem Ausland. Vom 14. Januar 1955. Auf Grund



larvt und beschlagnahmt (vgl. den Beitrag von Uli Schulte Döinghaus in diesem Buch). Diese Beschlagnahmepraxis hatte regelmäßig Eingaben von Bundesbürgern an das Ministerium für gesamtdeutsche Fragen oder das Postministerium zur Folge, in denen um den Ersatz verschwundener Pakete nachgesucht wurde. In einem Brief aus dem Jahre 1968 heißt es ganz dezidiert, die vielen Beschlagnahmen von der Ostseite würden vor allem durch »Fremdpakete« provoziert und träfen damit auch die »normalen« Pakete: »Es wäre vielleicht zu prüfen, ob die von der Zone unterstellten ›Verbände‹, falls solche tatsächlich Pakete senden, das einstellen sollten, um zu erreichen, daß von privat an privat gesandte Pakete ankommen. Ein eventueller Nutzeffekt der angeblichen Sendungen durch Verbände würde meines Erachtens durch die hohen Beschlagnahmen ins Gegenteil verkehrt.«[20]

In den siebziger Jahren änderte sich der Umgang der DDR mit den Westpaketen nicht nur durch die neuen Verträge, sondern auch durch die wirtschaftliche Lage erzwungen und auf höchst skurrile Weise: Angesichts der Mängel in der Versorgung der Bevölkerung rechnete man die privat eingeführten Waren geradezu in die volkswirtschaftlichen Bilanzen mit ein und versuchte mit variierenden Einfuhrbestimmungen auf Engpässe zu reagieren (vgl. den Beitrag von Annette Kaminsky in diesem Buch).

Während in den ersten beiden Jahrzehnten der Existenz der DDR die Sendungen aus dem Westen manche Not gelindert hatten – davon zeugen die klagenden Bitt- und überschwenglichen Dankesbriefe in den Akten des gesamtdeutschen Ministeriums[21] wie die anrührenden Erzählungen von Menschen, die heute noch dankbar für die einst erhaltene Hilfe sind –, ging es ab den Siebzigern eher um die Überwindung partieller Mängel.[22] Jetzt fehlte es weniger an Grundnahrungsmitteln als an »Waren des gehobenen Bedarfs« wie gutem Kaffee, Südfrüchten usw. Freilich wußte der Westbürger nie so genau, welcher Engpaß gerade von einem anderen abgelöst worden war. Tatsächlich herrschte immer wieder ein absurder Mangel an den alltäglichsten Dingen, und was sollte ein BRD-Bürger denken, wenn er noch in den achtziger Jahren in den Empfehlungen des Gesamtdeutschen Instituts las, er möge nicht nur frisches Obst, »gute Schokoladenwaren und feines Gebäck«, sondern auch »Nägel, Schrauben und Haken, gute Seife, Feinwaschmittel, Schwämme, Fensterleder, Flaschenverschlüsse, Scheren, Klebstoff, Klebeband, hübsche Papierservietten, Plastikbeutel, Bratfolien« usw. in den Osten schicken?[23] Allerdings dürfte nur in Ausnahmen – Rentner beispielsweise waren in der DDR nicht gerade reich gesegnet mit materiellen Gütern – ein existentieller Mangel geherrscht haben. Man konnte im Osten manierlich leben, die Sahnehäubchen fehlten freilich oft, und Westpakete waren zumeist Sahnehäubchen.

Inzwischen hatten Westgeld und -waren zunehmend den Status einer Zweitwährung gewonnen, mit der man (fast) alles bekommen konnte, was im Laden und auf Behörden nur mit Glück und langen Wartezeiten zu haben war. Aber jetzt konnte ein »Fremdpaket« schon mal den Falschen beglücken, und wie in der Ein-

zugelassen. Die Folgen dieser unmenschlichen Bestimmung haben ungezählte Kranke in Mitteldeutschdes § 17 der Verordnung vom 5. August 1954 über den Geschenkpaket- und -päckchenverkehr auf dem

gangsgeschichte war mancher Empfänger von Geschenken, die er als milde Gaben empfand, nicht nur überrascht, sondern auch in seinem Stolz verletzt und die Empörung über Dinge, die inzwischen in der DDR längst alltäglich waren, um so größer, wenn sie von keiner familiären Bindung gemildert wurde.

Der innerdeutsche Dialog war für beide Seiten hoch politisch. Karikatur aus dem Eulenspiegel Verlag Berlin.



Auch die Absender aus dem Westen erlebten ihre Enttäuschungen, wenn beispielsweise dem Dankesbrief auf ihre Sendungen die dringende Anfrage nachfolgte, wann denn mit der nächsten Lieferung zu rechnen sei. Mochte mancher, der keine Ostverwandtschaft hatte, dem Zusammenspiel solcher Signale mit westlicher Propaganda geglaubt haben, so belehrten ihn spätestens die Nachwendejahre eines Besseren, was die realen Lebensbedingungen in der DDR betraf. Ein großes Unbehagen über die merkwürdigen Konstellationen, in die man mit seinen mildtätigen Gesten geraten war, wird heute durchaus als ein doppeltes Betrogensein formuliert. Daß eine Reihe von Beteiligten an den damaligen organisierten Paketaktionen bei den Recherchen zu diesem Buch über ihr Handeln nicht einmal mehr reden wollte, ist noch die geringste Folge.

Schaut man heute zurück, dann waren es, so wie es sich westdeutsche Politiker immer wieder gewünscht haben, auch die Westpakete, die die deutsche Wiedervereinigung mit befördert haben. Zum einen demonstrierten sie den Ostdeutschen eine Warenwelt und eine Lebensweise, wie ihr eigener Staat sie nie bieten konnte, weckten also Begehrlichkeiten, die mit hehren Idealen allein nicht zu dämpfen waren. Zum anderen betonten sie immer wieder: Ihr könntet es auch so gut haben, *denn wir gehören zusammen*. Durch die Korrespondenz von *Geschenk* und *Hilfe* und die zusätzliche *Politisierung* jedoch ist – ebenso wie durch manche Reaktionen aus dem Osten – eine Geber-Nehmer-Mentalität entstanden, die bis in den Prozeß der deutschen Einheit getragen wurde und teilweise bis heute anhält.

land zu tragen. Die Bundesregierung hat sich bemüht und bemüht sich weiter, hier wenigstens eine Mil-

Postwege mit Westdeutschland, Westberlin und dem Ausland (GBl. S. 727) wird im Einvernehmen mit

**Die Reclam-Familie**

Nach dem Krieg war mein Schwiegervater Ernst Reclam als Firmeninhaber, also Kapitalist, in Leipzig von der russischen Besatzungsmacht – gottlob nur kurz – inhaftiert worden. Danach entschloß er sich, in den Westen zu gehen. Anschließend wurde vielen Mitarbeitern von der neuen Leitung gekündigt. Etwa Mitte der fünfziger bis Anfang der sechziger Jahre hat mein Mann Heinrich Reclam dann etliche der Stuttgarter Mitarbeiter gebeten, Pakete an diese ehemaligen Mitarbeiter des Leipziger Verlages zu schicken und überhaupt Kontakte zu knüpfen. Das ist gut gelungen. In ein paar Fällen entwickelten sich freundliche und sogar freundschaftliche Kontakte. Unter den Menschen, die ich betreute, waren zum Beispiel ein ehemaliger Hersteller und ein Fahrer der Druckerei, die uns auch in Stuttgart besuchen kamen.



Alljährlich habe ich durch mehr als zwei Jahrzehnte 26 Weihnachtspakete nach »drüben« geschickt, an Freunde, Verwandte, Reclam-Ehemalige und an Menschen eines Leipziger Clubs. In die Pakete kamen außer Wurst- und Käsedosen Ovomaltine, Dextropur, Nesquik, Christstollen, Kaffee und auch Zigaretten, die selbst bei denen beliebt waren, die nicht rauchten, sie aber gut zum Tauschen verwenden konnten. Es lagen auch Christbaumschmuck, Lametta, Äpfel dabei und, ganz wichtig, immer ein persönlicher Textilgegenstand, Nachthemden, Wollschlüpfer, Strümpfe, Schals, Blusen, Oberhemden, Handtücher, Knieplaids usw. Bestimmte Bücher waren verboten, mir gelang aber manchmal, an Freunde solche einzuschmuggeln.

Im weihnachtlichen Briefwechsel erfuhr ich dann auch Lebens- und Familiengeschichten, man kannte sich ja, und so wurden auch spezielle Bitten alsbald erfüllt: »Ich wohne im dritten Stock und kann kaum die Kohlen selbst aus dem Keller heraufholen, ich friere so sehr, bitte schicken Sie mir doch eine elektrische Fußmatte« oder »Ich bin doch halbe Stuttgarterin und würde so gern mal wieder eine Laugenbrezel essen«. Und welch Glück, mir ist nie, niemals ein Paket »verlorengegangen«.

*Brigitte Reclam, Stuttgart*

derung herbeizuführen. Bisher jedoch verfallen Geschenksendungen, in denen Medikamente entdeckt dem Ministerium für Post- und Fernmeldewesen folgendes bestimmt: § 1 Luftdichtverschlossene Behält-

**Das Erbe der Klassensprecherin**

Ich war in der zehnten Klasse, als ein Mitschüler von mir, Sohn eines Pfarrers in einem Dorf bei Hameln, drei Adressen von bedürftigen Familien in der DDR mit in die Schule brachte. Vom Geld aus der Klassenkasse packten wir drei Pakete und schickten sie zu Weihnachten ab. Als Absender mußte man eine Privatadresse angeben, und da ich damals Klassensprecherin war, wurde meine Anschrift auf die Pakete geschrieben. Als die Klasse nach diesem Schuljahr auseinanderging, verblieben die Ostadressen bei mir. Und an eine sandte ich im nächsten Jahr vom Taschengeld einen kleinen Päckchengruß. Ich kann nicht mehr sagen, wonach ich diese eine von den drei Adressen ausgewählt hatte, vielleicht, weil die Antwort besonders nett ausgefallen war. Auf jeden Fall hatte ich diese Aktion begonnen und setzte sie fort. Auch als ich heiratete und Familie hatte, blieb ich dabei. Da es uns gut ging, wurden die Pakete mit der Zeit größer, ich freute mich, ein wenig helfen zu können.

Hinter der Anschrift, für die ich mich entschieden hatte, verbarg sich eine Mutter mit zwei Söhnen, der eine etwa in meinem Alter, der andere etwas jünger. Die Mutter schickte sehr liebe Briefe und legte immer eine Kleinigkeit mit hinein. In einem der ersten Jahre bekam ich per Päckchen sogar eine kleine Krippe aus erzgebirgischer Schnitzerei, die noch heute, wenn auch sehr abgegriffen, unter dem Weihnachtsbaum steht. Mit dem älteren Sohn entstand ein zaghafter Briefwechsel.

Regelmäßig jedes Jahr kamen auch Fotos, vor allem von den Kindern, oft in den Sachen, die wir geschickt hatten. Auch als wir wenige Jahre vor der Wende nach Stockholm zogen, von wo es viel aufwendiger war, etwas in die DDR zu schicken, schaffte ich es mit Hilfe meiner Schwester und einer Tante, daß wieder ein Paket nach Meißen ging.

Und dann saßen wir eines Tages in Stockholm vor dem Fernseher und sahen die Bilder von Berlin und der Maueröffnung. Es war unfaßbar und begeisternd. Mir, die ich aus dem ganz östlichen Teil Deutschlands, ehemals Schlesien, gekommen war, war diese Teilung immer eine unnatürliche gewesen. Nun endlich war sie behoben.

Das Verrückteste aber war, daß wir, als unsere Stockholm-Zeit zu Ende war, nach Dresden, später nach Radebeul zogen und Meißen mit »meiner« DDR-Familie plötzlich in unsere direkte Nähe rückte. Es war geradezu unglaublich, daß man nun, nach 30 Jahren, in denen man nur vorsichtige Briefe gewechselt hatte, problemlos miteinander telefonieren und einander treffen konnte. Ich weiß noch, wie spannend es war,



werden, der Beschlagnahme. Reine Stärkungsmittel gelten auch nach medizinischer Auffassung der Sozum ersten Mal die ganze Familie zu treffen, die Menschen zu sehen, mit denen man vertraut war und doch so fremd. Es war eine Mischung aus Freude und Befangenheit, die wir, glaube ich, alle empfanden.

Auch heute ist der Kontakt noch da, wenn auch sehr lose und irgendwie immer noch verhalten. Ich denke, es braucht wohl viel Zeit, bis wir uns auf gleicher Ebene begegnen können, was sicher auch an den unterschiedlichen Lebensverhältnissen liegt. Aber ich freue mich, daß es nun möglich ist, denn die Familie ist mir irgendwie ans Herz gewachsen.

*Ju S., heute Radebeul*



**Caritas-Pakete für eine Flüchtlingsfamilie**

Ich kam 1945 mit meiner Mutter und Großmutter aus dem Sudetenland nach Thüringen. Ich war drei Jahre alt, mein Vater wurde uns später als vermißt gemeldet. Meine Mutter bekam damals für mich 16 Mark Halbwaisenrente. Damit kann man keine großen Sprünge machen.

Als ich 1948 zur Schule kam, nahm ich auch am Religionsunterricht mit Eifer teil. Anfang der fünfziger Jahre gab unser damaliger Pfarrer die Adressen seiner besten Schüler an die zuständige Diözese in Westdeutschland. Von dort gelangten sie an die Caritas, und so geschah es, daß wir zu Weihnachten auf meine Adresse sage und schreibe vier Päckchen bekamen. Wir konnten das einfach alle nicht fassen. Aber über die Jahre entwickelte sich eine rege Korrespondenz, die noch lange anhielt. Obwohl im nachhinein von manchem Zeitgenossen belächelt und der Inhalt aus heutiger Sicht eher bescheiden, waren diese Westpakete für uns Flüchtlinge eine große Hilfe. Von Blockschokolade, Ei- und Milchpulver, Kakao, Albrechts-Kaffee, Orangen und Zitronen bis zu sehr gut erhaltener getragener Kleidung war alles vertreten. Zudem hatte ich noch Glück, daß die Kleidung meiner Konfektionsgröße entsprach, und so war ich in dieser wirklich schlechten Zeit immer gut angezogen. Außerdem war ich ausgesprochen stolz, daß ich bereits als Kind mit meinen »Kontakten« indirekt ein Scherflein zum Unterhalt der Familie beitragen konnte.

Auch später riß die Verbindung noch lange nicht ab. Zur Geburt meiner Tochter durfte ich mir etwas wünschen. Und was bestellte ich? Etwas, was mal wieder gerade Mangelware war: eine Kinderwagengarnitur – und eine Nabelbinde.

*Edda P., Nordhausen*

schen Demokratischen Republik ist berechtigt, monatlich eine Geschenksendung zu empfangen. (2) Je-

**Was dem einen sin Uhl, ist dem andern sin Nachtigall**

Die Schwestern meiner Mutter waren so verschieden, wie es Geschwister nur sein können. Beide lebten in Westberlin, und ihre unterschiedlichen Charaktere konnte man schon am Inhalt ihrer Pakete ablesen. Tante Trudchen war etwas nüchtern und unsentimental, aber sehr großzügig. Ihre Pakete enthielten immer mehrere Packungen Kaffee, viele Tafeln Schokolade und andere Süßigkeiten, Konserven und Kleidungsstücke für uns und die Kinder.

Ganz anders sahen die Pakete von Tante Irmchen aus. Sie war meine Lieblingstante, die viel Sinn für kleine Gesten und Zeichen hatte, aber leider sehr sparsam, fast schon geizig war. Bei ihr kam nichts um. Zwar schickte auch sie in ihren Paketen Kaffee und Schokolade, aber durchaus auch mal angebrochene Keksschachteln und kleine Tüten mit Konfekt und Bonbons, die sie nicht aufgegessen und für uns gesammelt hatte. Sogar Zuckerstückchen, die sie aus Cafés mitgenommen hatte, lagen im Paket, ebenso Murmeln, kleine Bälle und Matchboxautos, die sie auf der Straße gefunden hatte. Alles war liebevoll in Servietten oder Schmuckpapier gewickelt und mit kleinen Schleifen, Blümchen, Abziehbildern und Sprüchen verziert.



Als die Westberliner endlich wieder den Ostteil der Stadt besuchen durften, schleppten die Tanten ihre Geschenke eigenhändig zu uns herüber. Am Bahnhof Friedrichstraße holten wir dann unsere »Lastensegler«, die mit ihren dicken Taschen überfordert gewesen wären, ab. Bei einem dieser Besuche erzählten meine Jungs, daß sie leere Bierbüchsen sammelten, und Udo, mein Ältester, zeigte Tante Irmchen seine schon recht umfangreiche Sammlung, die er auf einem Wandbord aufgereiht hatte. Tante Irmchen war begeistert und versprach, Büchsen für seine Sammlung zu schicken. Ich vernahm das mit Wohlwollen, denn das gute Westbier hätte dann natürlich ich getrunken.

Längere Zeit verging, wir hatten die Sache mit den Bierbüchsen schon vergessen, da kam ein großes Paket von Tante Irmchen. Es war für seine Größe seltsam leicht, und wie staunten wir, als wir es öffneten: Neben ein paar Süßigkeiten und dem obligatorischen Kaffee enthielt es zum überwiegenden Teil leere Bierbüchsen! Tante Irmchen hatte sie irgendwo für Udo gesammelt, denn sie selbst trank kein Bier. Ich muß ein solch verblüfftes Gesicht gemacht haben, daß die ganz Familie schallend lachte. Udo aber reihte glücklich die Büchsen in seine Kollektion ein.

*Rainer Awiszus, Berlin*

Kontrolleure auf den Paket-Kontrollämtern nicht auch Stärkungsmittel für Medikamente halten und die der Bewohner der Deutschen Demokratischen Republik ist berechtigt, monatlich eine Geschenksen-

**Selbstversorger**

Ich bin in Duisburg geboren und aufgewachsen. Da meine Eltern jedoch aus Wernigerode stammen und all unsere Verwandten, sprich: Großeltern, Onkel und Tanten, dort lebten, hielten wir stets einen regen Brief- und Paketkontakt. Als ich etwa fünf Jahre alt war, bekam ich ein Geburtstagspaket nur für mich. Das war etwas Besonderes, da ich noch drei Geschwister hatte. Darin befanden sich ein wunderschöner Gummiball und eine Riesenpackung Kekse. Da die Pakete ewig unterwegs gewesen waren und irgendwo herumgelegen hatten, waren die Kekse völlig zerkrümelt. Meine Mutter kostete und meinte nur: »Die schmekken wie Knüppel auf'm Kopf!«



Jedes Jahr im Sommer fuhren wir in den Harz. Wir blieben immer vier Wochen, und Mama sorgte vor: Wochen vorher schickte sie Pakete mit Schokolade, weichem Klopapier, Seife, Strumpfhosen und Kaugummi sowie jede Menge Kaffee. Ich war dann immer ganz wütend, weil die gesamte Schokolade nach Seife oder Pfefferminz schmeckte. Natürlich hatten wir auch Bananen im Handgepäck. Zu Hause rannte uns Mama mit Bananen hinterher: »Eßt Bananen, die sind so gesund!« Wir mochten sie nicht so gern. Im Harz aber bettelten wir Mutti um eine der zehn mitgebrachten Früchte an, und sie jagte uns ein schlechtes Gewissen ein, wie gemein es von uns wäre, den armen Leuten hier die wenigen Bananen wegzuessen. Mein Verhältnis zu Bananen ist immer noch nicht eindeutig geklärt.

Ich habe jedoch auch viele gute Geschmackserinnerungen an die DDR-Nahrungsmittel. Wie liebte ich das Blätterkrokant, genannt Brockensplitter, und die Riesenauswahl an den leckersten Backwaren. Alles superbillig. Ich liebte den Malzkaffee, den Trinkjoghurt und die selbstgemachten Marmeladen, längliche knusprige Brötchen für sieben Pfennig, sogenannte Knüppel, und, nicht zu vergessen, die dicksten Süßkirschen der Welt. Ich habe nur schöne Erinnerungen an meine Kindheitsurlaube in Wernigerode, vielleicht auch deshalb, weil die Leute einem das Gefühl gaben, etwas Besonderes zu sein. Ich habe mich von der ersten Stunde an gefreut, wieder ein gemeinsames Deutschland zu haben.

*Dagmar R., Duisburg*

Sendung nicht durchlassen. Frage: Was sind »luftdicht verschlossene Behälter«? Antwort: Nach den so-

Simone Tippach-Schneider

# Mit Bino gekocht und mit Maggi gewürzt

## Markenbewußtsein als Weltanschauung



Im Jahre 1969, als ich sieben Jahre alt war, verlebte ich meine ersten Sommerferien bei meiner Oma. Eines Tages stand sie in der Küche und bereitete das Mittagessen vor. Sie konnte ausgezeichnet kochen, und ich sah ihr dabei zu. Sie rührte im Topf und bat fast beiläufig: »Gib mir doch mal das Maggi!«, wobei sie in die Richtung des Gewürzregals blickte. Ich sprang auf einen Stuhl (ich war von kleinem Wuchs) und studierte laut die Etiketten der kleinen Behältnisse: »Salz, Ingwer, Muskatnuß, Lorbeer, Pfeffer ...« Endlich konnte ich beweisen, wie gut und schnell ich lesen gelernt hatte: »Oma!« stellte ich stolz fest, »dein Maggi ist alle!« Und was tat die gute Frau? Ohne eine Miene zu verziehen, schob sie mich sacht zur Seite, griff nach einem kleinen braunen Fläschchen und drehte sich zurück zum Herd. *Bino* hatten meine geschulten Augen sofort erfaßt. Ich war entsetzt: Meine Oma konnte nicht richtig lesen! Dies sollte lange Zeit mein größtes Geheimnis bleiben. Irgendwann erzählte ich doch meiner Mutter davon, worauf sie kommentierte: »Typisch Oma, sie mußte wohl wieder zeigen, wo sie herkommt.« Maggi hieß ein bekanntes Würzmittel aus dem Westen. Meine Oma war erst 1959 in die DDR übergesiedelt. Und Bino war das Würzmittel in der DDR. Oder wie viele sagten, es war der Ersatzstoff. Maggi oder Bino? Dahinter verbarg sich in keiner Weise die Wahlmöglichkeit zwischen zwei Würzmitteln im Kaufhallenregal. Ob jemand Maggi oder Bino sagte, war in der DDR immer auch eine Frage der Weltanschauung.

Im Verhältnis der Menschen zu Produktmarken spielen generell ihre spezifischen Interessen und Orientierungen, ihr sozialer Status, ihre Differenzierungs- und Prestigewünsche eine Rolle. Zum sozialen Kontext der Verwendung von Marken in der DDR gehörten immer auch die Spezifika der deutsch-deutschen Systemauseinandersetzung. Die Präsentation ostdeutscher Markenprodukte werteten sowohl die Produzenten als auch die Konsumenten je nach Standpunkt als Ersatz für oder aber Alternative zum westlichen Wohlstand, und mit den Markenprodukten in der Westwerbung bildete der schöne Schein der westlichen Warenwelt bei den Menschen in der DDR oft den eigentlichen Maßstab der konsumtiven Bedürfnisse. Ina Merkel, die sich seit Jahren intensiv mit der Konsumgeschichte in der DDR beschäftigt, sagt dazu: »Die DDR-Konsumkultur läßt sich nicht als Ansammlung von DDR-Produkten, als autarkes System, abgeschottet vom Weltmarkt betrach-

einen groben Verstoß im Sinne des § 15 der Verordnung dar. § 4 (1) Medikamente dürfen nur empfangen

Der Markenname Maggi (linke Seite) hatte sich in Ost und West als Gattungsbegriff für Suppenwürzen durchgesetzt.
Das ostdeutsche Alternativprodukt Bino versuchte schon rein äußerlich seinem westlichen Gegenstück zu entsprechen. Werbeanzeige aus dem »Magazin« von 1961 (rechte Seite).

ten. Es macht ja gerade ihre Besonderheit aus, daß ein ständiger Ost-West-Diskurs stattfindet. Der Vergleich ist von Anbeginn ein gleichsam konstituierendes Moment. Die Systemauseinandersetzung findet nicht als kriegerische statt, sondern wird in die Sphäre der Konsumtion verschoben und letzten Endes auch dort, auf dem Marktplatz, gewonnen.«[1]

Ab den fünfziger Jahre konkurrierten die beiden deutschen Gesellschaften auch als Konsumgesellschaften miteinander. Die Schaufenster vor allem in Berlin mit seinen Sektoren wurden dabei zu einem besonderen Ort, an dem die Produkte und bekannte oder neue Markenartikel ausgestellt und miteinander verglichen werden konnten.[2]

Auch in der DDR wurde der Begriff der »Marke« definiert, und man personifizierte die Waren in gewisser Weise, indem die Produzenten ihnen einen bzw. *ihren* Namen gaben. Obwohl man in der DDR eine Vielzahl von privaten Unternehmen verstaatlicht hatte, wurden viele Marken aus der Vorkriegszeit weitergeführt, zum Beispiel Diamant-Fahrräder, Jenaer Glas oder Florena-Kosmetik. Diese Mar-

sen. Was unter »luftdicht verschlossenen Behältern« zu verstehen ist, wird nicht genau angegeben. Im werden, wenn diesen ein von einem in der Deutschen Demokratischen Republik zugelassenen Arzt

allgemeinen gilt jedoch folgende Faustregel: Behälter müssen bei der Kontrolle ohne Hilfsmittel und ausgestelltes Rezept beiliegt. § 5 Diese Durchführungsbestimmung tritt entsprechend den Bestimmun-



kenprodukte waren vor allem für das Außenhandelsgeschäft von Bedeutung; die Wiederaufnahme alter Handelsverbindungen durch Wiedererkennung des Produkts und die Anerkennung der DDR auf dem internationalen Markt waren die wichtigsten Motive, die Marken nicht abzuschaffen, sondern ihre Position zu festigen. Markennamen, die identisch mit dem Namen des Erfinders (Maggi-Würfel, Knorr-Suppe, Dr. Oetker Backpulver) bzw. der Kapitalgesellschaft (Kaffee Hag) waren, konnte man selbstverständlich nicht übernehmen. Dafür wurde eine große Anzahl von Produkten und Namen neu kreiert, zum Beispiel die Heiko-Füllfederhalter aus Wernigerode, die Veritas-Nähmaschinen aus Wittenberge oder das Piko-Spielzeug aus Sonneberg eingeführt. Den bestehenden Marken in der Bundesrepublik sollte ein im Gebrauchswert gleichwertiges Erzeugnis entgegengesetzt werden. Schon bei der Namensgebung spielten oft ideologische Überlegungen eine Rolle. Der Name Bino beispielsweise setzte sich aus den Anfangssilben des Herstellungsortes Bitterfeld Nord zusammen; der Name symbolisierte in diesem Fall das im kollektiven Prozeß entwickelte Produkt. Da aber die alten (westlichen) Markenbegriffe im Bewußtsein der Menschen der DDR noch präsent waren, wurden in einem endlos währenden Wortspiel viele alternative Produkte mit Namen versehen, die mitunter phonetisch ähnlich wie die westlichen Pendants klangen und auch in der visuellen Aufmachung Ähnlichkeiten aufwiesen: Für die gute alte Penaten-Creme kam die Elasan-Creme auf den Markt, das Schaumbad Badedas wurde von Badusan ersetzt, und statt Rama strich man sich in der DDR Cama auf das Brot. Dazu setzte eine zum Teil vergleichbare Werbung in den Medien der DDR ein, insbesondere in den Zeitschriften und ab 1959 auch im Deutschen Fernsehfunk, in der es darum ging, neben dem ökonomischen Monopol nun auch eine Monopolstellung im Bewußtsein der Konsumenten zu erlangen. Das war ein schwieriges Unterfangen, denn zuerst mußte die vorherrschende Meinung von den Ersatzstoffen überwunden werden.

Die Speisewürze Bino erlangte gleich doppelt als Ersatzstoff an Bedeutung. Zum einen sind industriell hergestellte Suppenwürzen als eine finanzielle und zeitliche Alternative für die aufwendige Zubereitung von Fleisch- oder Gemüsebrühen zu betrachten. Unter diesem Aspekt waren Maggi und Bino zwei gleichwertige Produkte.

Außerdem aber war Bino ein Ersatz für Maggi, weil es letzteres in den Geschäften der DDR nicht zu kaufen gab. Doch obwohl Bino das ökonomische Monopol in der DDR besaß, hatte Maggi das Meinungsmonopol. Der Markenbegriff Maggi hatte sich in Ost- und Westdeutschland längst als Gattungsbegriff für Suppenwürzen jeglicher Art in der Alltagssprache eingebürgert. Aus dieser Perspektive wollte meine Oma vielleicht nichts beweisen, sondern sie hatte lediglich einen für DDR-Verhältnisse »veralteten« Begriff verwendet, genauso, wie sie bis zu ihrem Tod für Schmerztabletten Aspirin und zu den Papiertaschentüchern Tempo sagte. Da nun aber Maggi, Aspirin und Tempo-Taschentücher in der DDR nicht zu ha-

ohne, daß ein noch vorhandener Verschluß zerstört werden muß, geöffnet werden können. Es empgen des § 18 der Verordnung in Kraft. Berlin, den 14. Januar 1955. Ministerium für Außenhandel und In-

ben waren, erhielten diese Begriffe auch eine ideologische Dimension, und diejenigen, die Maggi sagten, konnten zuweilen sogar als Systemkritiker gelten.

Und hier wird ein weiteres Phänomen sichtbar: Unter den Verhältnissen konkurrierender Warenproduzenten verlieren im Normalfall die Konsumenten das Interesse an den Waren, die über Jahre hinweg nicht real-räumlich vorhanden sind, sondern nur als Bild existieren. In der DDR hingegen wuchs die Aufmerksamkeit für ein Produkt, ob Ost oder West, sobald es nicht real-räumlich vorhanden und zu kaufen war. Ohne daß die Erzeugnisse unmittelbar und regelmäßig miteinander verglichen werden konnten, wurde der schwer erhältlichen Marke erst einmal die bessere Qualität zugeschrieben. Darüber hinaus genügte es vielen Konsumenten zu wissen, aus welchem Wirtschaftssystem die Marke stammte, um die Qualität zu bestimmen. Dabei hatten es die neuen Produkte aus dem eigenen Land besonders schwer, selbst wenn objektiv keine qualitativen Unterschiede auszumachen waren. In propagandistischer Manier versuchte man deshalb, ihre Anerkennung zu steigern, indem zum Beispiel auf der Leipziger Messe Gütezeichen für die Ostmarken vergeben wurden. Diese Medaillen wurden dann auf den Produkten und Werbeanzeigen als ein weiteres Argument für die Qualität des Produktes abgebildet.



Bereits vor dem Mauerbau begann sich allmählich der Wettbewerb der Konsumgesellschaften auf den Fernsehbildschirm auszudehnen, auf dem Ost und West ihre Produkte in den Werbespots vorführten. Der Westen bildete den Vorreiter. 1954 gab es das erste Werbefernsehen im Saarland, ab 1956 in Bayern und Berlin, 1958 in Hessen, Baden/Rheinland-Pfalz, 1959 in Nordrhein-Westfalen, Norddeutschland und Württemberg und ab 1963 im Zweiten Deutschen Fernsehen.[3] Den Menschen in der DDR, die täglich per Knopfdruck an der westlichen Welt teilhaben konnten, bot sich in den Werbesendungen ein vielfältiges Repertoire an bekannten und neuen Markenartikeln. Die Werbeblöcke liefen täglich ca. 20 Minuten, wobei die einzelnen Filme durch sogenannte Zeichentrick-Inserts, zum Beispiel ein Bärchen im Berliner Fernsehen, getrennt waren. Die Markenprodukte wurden vor allem durch »Experten« angepriesen. Solche Werbefiguren waren etwa der Tchibo-Mann und Frau Karin Sommer für Kaffee, Herr Kaiser für Versicherungen oder Klementine für Waschpulver. Die Glaubwürdigkeit der Werbeargumente sollte durch die Sympathie für die Darsteller unterstützt werden. Entsprechend der bundesdeutschen Wirtschaftsentwicklung waren in den Werbesendungen zwei Produktgruppen auffallend präsent: das Auto, das Motorrad, demzufolge Benzin und Öl und eine Vielzahl an Wasch- und Putzmitteln sowie Seifen, Duschbäder und Schönheitskosmetik. Zudem wuchs nach und nach die Präsenz einiger Markenerzeugnisse aus den USA und Europa, etwa Johnnie Walker aus Schottland und Meister Proper alias Mr. Clean aus den USA. Mit der zunehmenden Internationalisierung der Märkte und der Übernahme von traditionellen Marken in größere Unternehmen erhielten auch die Werbebotschaften einen anderen Stil, bei

fiehlt sich also, die Schutzfolien in Kaffeebüchsen zu entfernen, keine verkorkten Flaschen zu schicken, nerdeutschen Handel. I.V.: Gregor, Staatssekretär. Zweite Durchführungsbestimmung zur Verordnung

dem der Name des Besitzers oder Herstellers immer mehr in den Hintergrund rückte und ein bestimmter Lifestyle, den man mit dem jeweiligen Produkt assoziieren sollte, an Gewicht gewann. Die Werbung begleitete die gesellschaftliche Entwicklung.

Doch was bedeutete diese Werbung für die Menschen, die ihre Markenkenntnis nur aus zweiter Hand, nämlich aus den Medien hatten? In bezug auf den Westmarken-Gebrauch konnte der DDR-Bürger nur auf wenige Erfahrungen zurückgreifen, der direkte Umgang mit den Dingen war den meisten nur selten möglich. Eigene Erlebnisse bei Verwandtenbesuchen, geschäftlichen Reisen, durch Brief- und Paketsendungen und Telefongespräche wurden von strengen Reglementierungen und Restriktionen begleitet. Die Befindlichkeit der Ostdeutschen gegenüber den Geschenken aus dem Westen als eine Form von direkter Begegnung von Ost- und Westdeutschen war auch mehrfach Gegenstand von Untersuchungen in der Bundesrepublik. In einer Studie aus dem Jahre 1986 heißt es dazu: »Selbstverständlich bedankt sich der Beschenkte bei Verwandten und Bekannten. Wortreich bewundert er Qualität, modische Form, technische Ausstattung, erkundigt sich nach Neuheiten und Preisen, beneidet seine Gäste um das reichhaltige Warenangebot in ihrem Land. Der Beschenkte freut sich wirklich und ist gleichzeitig nicht aufrichtig. Er wertet das Geschenk nicht so hoch, wie er vorgibt. Er bemerkt, daß es ein Sonderangebot, ein billiges Supermarktstück, ein Gelegenheitskauf

Schraubverschlüsse an Flaschen aufzubrechen, Schutzstreifen von Cremedosen zu entfernen usw.

Nicht nur in der Produktgestaltung, auch bei der Präsentation in der Werbung waren Ähnlichkeiten beabsichtigt. Nivea-Anzeige aus der »Brigitte« (linke Seite) und Florena-Werbung aus dem »Magazin« von (oben) 1971 .

und dem Ausland. Vom 10. Dezember 1956. Auf Grund des § 17 der Verordnung vom 5. August 1954

vom italienischen Markt, ein ausrangierter Gegenstand ›immer noch gut genug für die Zone‹ ist. Trifft das ausnahmsweise nicht zu, bleibt er mißtrauisch. Tief verwurzelt ist in ihm der Komplex vom kleinen Bruder, der alte Sachen aufzutragen und darüber glücklich zu sein hat.«[4]

Auf dieser Ebene mußte unwillkürlich auch eine Entzauberung stattfinden. Der »Duft der weiten Welt«, der in verführerischer Weise allabendlich die ostdeutschen Wohnstuben durchzog, wurde mit dem Geschenk möglicherweise eher zerstört, es holte die Sehnsüchtigen in ihre Realität zurück. Denn was hatte schon ein Stück Fa-Seife im geöffneten Westpaket inmitten einer Plattenbauwohnung mit kleinem Bad ohne Fenster mit der im Werbefilm segelnden, badenden und tanzenden langhaarigen Fa-Blondine auf den Bahamas in der Karibischen See zu tun?



Auf der anderen Seite übte die Westwerbung eine gewaltige Wirkung auf viele DDR-Bürger aus. Das Bild von den Westprodukten wurde von den West*marken*produkten geprägt, und da die Ostdeutschen vor allem beworbene Produkte kannten, waren es diese, die sie sich von ihren Westverwandten wünschten.

Das Bild vom Westen überhaupt wurde von seiner Warenwelt geprägt. Diese Faszination und der Vergleich mit den eigenen Erzeugnissen waren keine Nebensache, sondern ein entscheidender Faktor bei der (Nicht-)Akzeptanz des eigenen Landes. Das war der DDR-Führung durchaus bewußt. Entsprechend war der praktische Durchbruch für die Werbung in der DDR Ende der fünfziger Jahre auch eine Reaktion auf die Westwerbung. Zuvor hatte es vor allem auf der politischen Führungsebene eine kritische bis ablehnende Haltung gegenüber der Werbung gegeben. Werbekritik hatte in Deutschland eine lange und bedeutende Tradition, die eng mit dem idealistisch-bildungsbürgerlichen Wirken der Heimatschützer verknüpft war, denen es um die Beseitigung der Außenwerbung als »verunstaltende Werbung« ging.[5] Zudem wollte man nach dem Krieg unter der neuen politischen Macht den Handlangern der nationalsozialistischen Propaganda ein für allemal das Handwerk legen. Der Beruf eines Werbefachmanns wurde de facto nicht mehr anerkannt. Das war die direkte und konsequente Antwort auf die vielfachen Verstrickungen der Werbebranche mit dem Nationalsozialismus.[6] Und nicht zuletzt war man überzeugt, daß mit der Abschaffung des Privateigentums und damit der Konkurrenz von Firmen in einer sozialistischen Planwirtschaft, die gerecht verteilt, keine Werbung mehr nötig sei. Nun aber haperte es mit der Versorgung überhaupt. Am 17. Juni 1953 waren viele Menschen auch wegen der Mißstände im Handel auf die Straße gegangen. Das Konsumgüterprogramm von 1958 und das Chemieprogramm mit der Losung »Chemie gibt Brot, Wohlstand und Schönheit« zielten in diesem Kontext nicht allein auf die Entwicklung der industriellen Produktion, sondern auch auf eine bessere Warenbereitstellung im Inland. Pläne wie die, die BRD beispielsweise im Pro-Kopf-Verbrauch von Fleisch und Butter einzuholen, entstanden aus der Überzeugung, dem westlichen System auch auf ökonomischem Gebiet überlegen zu sein. In diesem Kontext machte man sich auch

Die 7 Paket-Kontrollämter in der Sowjetzone haben schon immer einen kleinen Prozentsatz aller Geüber den Geschenkpaket- und -päckchenverkehr auf dem Postwege mit Westdeutschland, Westberlin

über die Warenpräsentation Gedanken, wie unter anderem ein Beitrag in der Fachzeitschrift »Neue Werbung« aus dem Jahr 1956 zeigt: »In unserem politischen Kampf um die Wiederherstellung der Einheit Deutschlands erleben wir täglich, wie die Unterschätzung der Werbearbeit im Handel bei unseren Menschen, die vom optimistischen Bild des Handels in Westdeutschland ausgehen, zu unseren Erfolgen negative Meinungen und Stimmungen bildet.«[7]

»Sollen wir unser Licht unter den Scheffel stellen?« fragte schließlich 1959 ein Autor des Zentralorgans der SED, der Tageszeitung »Neues Deutschland«. In diesem Beitrag wurden nicht nur die Notwendigkeit und der Nutzen einer Wirtschaftswerbung begründet, sondern auch das Werbefernsehen politisch gerechtfertigt. Dabei war das wichtigste Motiv die Abgrenzung vom westdeutschen Markt: »Die Kapitalisten in Westdeutschland spielen auf diesem wirksamen Instrument der Meinungsbildung mit Raffinement – sie schufen die Illusion vom ›Wirtschaftswunder‹ ... Die ins rechte Licht gerückte Auslage Westdeutschlands zieht die Blicke auf sich, während wir freiwillig unser Licht unter den Scheffel stellen und die von der Weltpresse anerkannten guten Konsumgüter und die beachtlichen neuen Erzeugnisse des Siebenjahresplanes in einem verhängten Schaufenster verstecken.«[8]



Wohlstand sollte nun nicht nur in jeden Haushalt einziehen, sondern auch selbstbewußt präsentiert werden. Nie wieder wurden in der Geschichte der DDR dermaßen viele neue Erzeugnisse entwickelt, sowohl in bezug auf das verwendete Material als auch auf die Gebrauchseigenschaften. Elektrische Haushaltsgeräte, Fahrzeuge, Stoffe, technische Spielwaren, Campingartikel, Schuhe, elektronische Geräte wurden per Werbung bekannt gemacht.[9] Eine Vielzahl von Markennamen und Schutzmarken entstand. Ebenso wurden bereits bekannte Produkte überarbeitet oder erhielten ein neues Aussehen. Auch Bino bekam ein komplett neu und modern wirkendes Erscheinungsbild. Die ersten Verpackungen hatten eher provisorisch gewirkt, die Farben Gelb und Braun und die ersten Anzeigen an den Werbestil der Vorkriegszeit angeknüpft. Der Slogan »Koche mit Liebe, würze mit Bino« begleitete die Anzeigenwerbung, in deren Szenarien eine junge Frau als Sekretärin, als Braut, als Ehefrau oder als Mutter mit Liebe für die Lieben kochte. Mitte der sechziger Jahre schmückte nun ein leuchtendes gelb-rotes Etikett die Würze. Das Erscheinungsbild lehnte sich direkt an die Aufmachung von Maggi an. Für alle Bino-Produkte, Würze, gekörnte Brühe, Brüh- und Soßenwürfel, wurde regelmäßig geworben. Die Würzeigenschaften von Bino setzte man in einer Anzeigenserie sogar mit der französischen Küche des Sonnenkönigs und Feinschmeckers Louis XIV. in Beziehung. Die intensive und geradezu liebevolle Werbung für Bino gab schließlich in den sechziger Jahren auch dem Schauspieler und Sänger Manfred Krug Anlaß, um im DEFA-Spielfilm »Auf der Sonnenseite« – gewürzt mit viel Ironie – das Lied »Koche mit Liebe, würze mit Bino« zu singen. Der Ersatzstoff verlor auf diese Weise etwas von seinem negativen Image.

schenksendungen beschlagnahmt. Früher erhielten die Absender beschlagnahmter Pakete und Päckchen und dem Ausland (GBl. S.727) wird im Einvernehmen mit dem Minister für Post- und Fernmeldewesen

Der Deutsche Fernsehfunk begann 1959 die ersten Werbefilme zu senden. In den folgenden Jahren liefen unter dem Titel »Tausend Tele-Tips« rund 4000 Werbesendungen, die bis 1976 fast ununterbrochen mehrmals die Woche im ersten Programm und ab 1969 auch im zweiten Programm des Fernsehens der DDR ausgestrahlt wurden.[10] Die Sendungen setzten sich aus unterschiedlichen Werbespots, ab Mitte der sechziger Jahre mit einer Länge von ca. 30 bis 35 Sekunden, zusammen. Die wichtigsten Auftraggeber waren staatliche und genossenschaftliche Dienstleistungs- und Handelsbetriebe, volkseigene Produktionsbetriebe, halbstaatliche und private Konsumgüterbetriebe, Verlage und zu einem kleinen Teil auch gesellschaftliche und kulturelle Einrichtungen, zum Beispiel das Hygiene-Museum in



Dresden.[11] Ein Vergleich der Werbespots aus der DDR mit Werbespots aus der Bundesrepublik Deutschland in der Zeit um 1966 macht deutlich, daß sich die formalen Kriterien wie Länge, Dramaturgie, Story, Montage bzw. Mischung, Musik und Text kaum voneinander unterschieden, wie zwei Werbefilme für Schokolade zeigen, bei denen im folgenden die richtigen Namen (Mars und Quarta) durch den Namen »SCHOKO« ersetzt werden.

1. Beispiel: Der Schwarz-Weiß-Werbespot beginnt mit der Darstellung eines Mannes, der in einer Werkstatt angestrengt Holz sägt und dabei ins Schwitzen gerät. Sprecher: »Halb acht, halb neun, halb zehn, halb elf ...«, der Mann unterbricht seine Arbeit und zieht einen SCHOKO aus der Latzhose. »Ja, SCHOKO!«, genüßlich beißt der Mann hinein. In folgenden Trickaufnahmen wird SCHOKO im Querschnitt gezeigt und aufgezählt, für was SCHOKO gut ist. »Traubenzucker, der schenkt rasch frische Energie ... Milch, die erhöht die Ausdauer ... Schokolade gibt neue Kraft.« Daneben turnt ein kleines Strichmännchen und stemmt Gewichte. In der nächsten Einstellung ißt der Mann immer noch genüßlich SCHOKO. »SCHOKO schmeckt köstlich, und vor allem: SCHOKO ersetzt verlorene Energie!« Voller Elan greift der Mann wieder nach seiner Säge und arbeitet frohgelaunt weiter.[12]

2. Beispiel: Dieser Schwarz-Weiß-Spot zeigt ein Filmstudio mit Kamera und Scheinwerfer, in dem ein Zugabteil aufgebaut ist, in dem eine junge Frau sitzt und sich schminkt. Der Regisseur mit Sonnenbrille und schwarzer Lederjacke hält ein Drehbuch unter dem Arm. Alles ist in heller Aufregung, vor allem der Regisseur. Er prüft, ob alles an seinem Platz ist, wobei die Kamera ganz kurz die Dinge einblendet, die er abruft: »Alles fertig, alles da? Fräulein Kathrin, Koffer, Mantel, Handtasche ... SCHO ... Menschenskind, die SCHOKO haben Sie vergessen.« Der Regieassistent greift sich an den Kopf und reicht in der nächsten Einstellung dem Fräulein Kathrin die SCHOKO durch das Abteilfenster. Im Vordergrund wird die lederne Jackentasche des Regisseurs ins Bild geschoben. Er greift hinein, zieht eine SCHOKO heraus und hält sie ins Bild. »Eine Reise ohne SCHOKO, wo gibt's denn das!« Genüßlich steckt sich der Regisseur eine SCHOKO in den Mund: »SCHOKO sind köstlich ...« Die letzte Einstellung zeigt die junge Frau, wie sie die SCHOKO in die Handtasche legt: »... handlich und preiswert!«[13]

regelmäßig eine Beschlagnahme-Mitteilung der sowjetzonalen Paket-Kontrollämter. Seit Ende 1961 und dem Minister des Innern folgendes bestimmt: § I (1) Jeder Bewohner der Deutschen Demokrati-

Nur kurz nach dem Mauerfall befanden sich DDR-Waren in traditioneller Verpackung und Westprodukte für einige Zeit im direkten Vergleich in den Schaufenstern.



Nun könnte man vermuten, der Werbefilm, der in der Arbeitswelt spielt, bei dem über die wichtigen Bestandteile des Produkts informiert und der gesunderhaltende Sport thematisiert wird, sei aus der DDR. Eine wichtige Definition über die Funktionen der Werbung im Sozialismus besagte nämlich: »Die Wesenszüge der sozialistischen Werbung ergeben sich aus den sozialistischen Eigentumsverhältnissen an den Produktionsmitteln und der politischen Herrschaft der Arbeiterklasse.«[14] Dabei wurde neben der ökonomischen besonders die politisch-ideologische Funktion der Werbung hervorgehoben: »Sozialistische Werbung hilft Grundpositionen der sozialistischen Weltanschauung und Politik im Alltagsbewußtsein durchzusetzen. Sozialistische Werbung fördert die sozialistische Lebensweise und spiegelt sie wider, beeinflußt materielle und geistig-kulturelle Bedürfnisse entsprechend dem sozialistischen Menschenbild.«[15] Das sozialistische Menschenbild wiederum zielte auf einen gesunden und arbeitenden Menschen ab. Doch der Film mit dem gesunden Handwerker aus dem ersten Beispiel spielt im Westen. In der DDR definierte man die kapitalistische Werbung als »... Beitrag zu einem illusionären Gesellschaftsbild. In diesem Bereich ist Werbung häufig nicht primär auf die Information über Gebrauchswerte, sondern auf sog. Zusatzwerte

werden solche Mitteilungen nicht mehr gegeben. Die beschlagnahmten Sendungen bleiben also »spurlos schen Republik ist berechtigt, jährlich bis zu 12 Geschenksendungen zu empfangen. (2) Jeder Bewohner

orientiert, wie soziales Prestige, Sexualität, Ansehen.«[16] Trotzdem zeigt der Werbefilm aus der DDR Künstler bei hektischen Dreharbeiten und einen Regisseur, der eher der Schicht der Intellegenz zugehörig ist. Zudem hätte die Losung im Sozialismus eigentlich »Reisen bildet« und nicht »Reisen mit Pralinen!« heißen müssen. Auch wenn der Werbefilm einen humoristischen Ton anschlägt – der Regisseur wird von dem bekannten Schauspieler und Komiker Rolf Herricht gespielt – so reproduziert er doch die kleinen Eitelkeiten einzelner Akteure, spielt auf die sogenannten Zusatzwerte an und bedient in keiner Weise das Ideal vom sozialistischen Menschen.



Eine Differenz zwischen Ost- und Westwerbung läßt sich nicht im einzelnen Werbespot entdecken, genauso wie sich objektiv kaum zwischen Bino und Maggi ein Unterschied ausmachen ließ. Die Weltanschauung, die politische Haltung oder die Eigentumsverhältnisse wurden den Dingen nicht von vornherein mitgegeben. Und doch wirkte das Werbefernsehen der DDR mit seinen vorgeführten Produkten und Dienstleistungen anders als die Sendungen im Westfernsehen. Das betraf zum einen die Auswahl der präsentierten Produkte und die Häufigkeit der Ausstrahlung, zum anderen aber auch die Plazierung im Sendeablauf. So wurden zwischen den Werbespots regelmäßig Aufklärungs- und Informationsfilme gezeigt, zum Beispiel Gesundheitspropaganda, Arbeitskräftewerbung oder Brandschutzhinweise. Seit Mitte der sechziger Jahre wurden die Werbesendungen in der Zeit vor und nach dem Abendgruß für die Kinder ausgestrahlt. Das war kein Zufall. Das Sandmännchen zum Abendgruß um 18.50 Uhr war eine beliebte Sendung und bot somit relativ große Chancen, daß zu dieser Zeit der richtige Sender und damit auch Werbung gesehen wurde. Außerdem versuchte man hier über das Interesse der Kinder an die Eltern heranzukommen. Ab Beginn der siebziger Jahre liefen die »Tausend Tele-Tips« in Verbindung mit Trickfilmserien. Diese Sendung mit dem Titel »ttt mit Mini-Kino« war besonders bei Kindern beliebt, nicht zuletzt wegen der ungarischen Zeichentrickfilme von »Arthur dem Engel«. Selbst die Produzenten des Werbefernsehens zeigten sich von der großen Resonanz überrascht: »Den größten Erfolg brachte bisher der rhythmische Wechsel von Werbung und Humor – er ließ die Sonnabend-Abendsendung ›ttt mit Mini-Kino‹ – beim Zuschauer und bei den Auftraggebern zu einem Begriff werden. Mit dem Mini-Kino konnten im Herbst/Winter 1969/70 die bisher besten Sehbeteiligungen des Werbefernsehens erzielt werden. Diese beliebte Familiensendung schuf Samstagabend ein gutes Glacis für die Aktuelle Kamera. Die Wirkung ist jedoch weitgehend von der Humor-Serie abhängig. Auf einsamer Höhe steht ›Arthur der Engel‹; er wurde der Liebling des Publikums, der wöchentlich eine große Zahl von Zuschriften auslöste.«[17]

Die Nähe von Produktwerbung und sozialistischer Nachrichtensendung war nicht nur eine taktische Überlegung der Programmplaner: Die Werbung und die Marken in der DDR überhaupt erschließen sich vor allem dann, wenn dieser Staat als ein großes Unternehmen betrachtet wird, welches sich gegen die Konkurrenz

verschwunden«. Ein sehr kleiner Anteil aller Geschenksendungen wird allerdings auch »inoffiziell« von der Deutschen Demokratischen Republik ist berechtigt, jährlich bis zu 12 Geschenksendungen zu ver-

Bundesrepublik durchzusetzen hatte. »Jede Schutzmarke, jedes Firmenzeichen, jedes Signet steht stellvertretend für die Initialen ›DDR‹; sie sind damit Visitenkarten unseres Staates und seiner sozialistischen Wirtschaft, die Wertmarken ihrer Erzeugnisse und Wertsiegel der Werktätigen, die sie geschaffen haben«[18], heißt es entsprechend in einem Werbefachbuch der DDR. Im Umkehrschluß bedeutete dies: Bei einem schlechten Erzeugnis wurde immer auf das System der DDR rückgekoppelt, wo doch im Normalfall ein verdorbenes Erzeugnis ein schlechtes Bild allein auf den Hersteller wirft.

Eines der bekanntesten Beispiele für die besondere Repräsentanzfunktion von Marken in der DDR war die Erfindung des Namens Dederon für die Perlonfaser, bei dem die Initialen DDR buchstäblich Verwendung fanden. Der Name Perlon wurde anfangs in beiden deutschen Staaten benutzt. Auf Druck westdeutscher Firmen war die DDR gezwungen, die von ihr produzierte Kunstfaser umzubenennen. Ab 1959 stand der neue Name für die alte Kunstfaser, aber auch für das Land DDR. Die Kampagnen waren so angelegt, daß die Menschen mit Dederon ein völlig neues Produkt und damit auch die Überlegenheit der DDR über die konkurrierenden Unternehmen in der Bundesrepublik assoziieren sollten.



In Werbung und Propaganda siegte die DDR so manches Mal über den Kapitalismus, die Probleme des planwirtschaftlichen Systems bei der bedarfsgerechten Produktion konnten damit am Ende jedoch nicht verdeckt werden. Und daß es auch anders ging, wurde den Bürgern allabendlich auf den anderen, den »schwarzen« Kanälen demonstriert. Es war vor allem auch die Westwerbung – das den DDR-Bürgern allabendlich *gezeigte*, aber nicht *geschenkte* Westpaket –, die vom anderen deutschen Staat ein faszinierendes Bild zeichnete, und es war diese Faszination, die die DDR mit zu Fall gebracht hat.

Nachdem die D-Mark auch für die Konsumenten in der DDR zu haben war, die wichtigsten Handelspartner der ostdeutschen Wirtschaft in Osteuropa wegfielen und die meisten DDR-Produkte erst einmal nicht mehr gekauft wurden, begann ein großes Markensterben. »Nahezu zehn Jahre nach der Wende erinnert nicht mehr viel an den Namen Dederon ... Die Faser exisiert nur noch als Warenzeichen, auch wenn Kittelschürze und Einkaufsbeutel für die älteren Bürger aus der DDR nach wie vor aus Dederon sind.«[19] Einst vertraute Namen wie Chlorodont, Heiko, Malimo, Rotblombe, Veritas oder Wittol sind aus dem Alltag und den Geschäften der neuen Bundesländer verschwunden.

Gleichzeitig erfuhren einige Marken einen Neustart, zum Beispiel Bebo sher, Burger Knäcke, Diamant oder Florena – die einen mit und die anderen ohne Bezug auf die DDR-Zeit. Die neuen Unternehmen vollzogen aber nicht nur vereinzelte Standortwechsel, sondern definierten die Zielmärkte zum Teil völlig neu. So sind beispielsweise die Glashütte-Uhren, die schon in der DDR im Gegensatz zu Ruhla-Uhren einen guten Ruf hatten, in das Hochpreissegment verlegt worden,

ungetreuen Post- und Zoll-Angestellten für den privaten Bedarf gestohlen. Werden solche Diebe erso daß sich Normalverbraucher heute die neuen Erzeugnisse dieses Unternehmens gar nicht mehr leisten können.

Andere Ostmarken setzen dagegen auf die alte Kundschaft. Obwohl qualitativ inzwischen westlichen Standards angepaßt, werden sie in der ursprünglichen Verpackung angeboten. Damit sollen die früheren Bindungen an die Verbraucher neu geknüpft und ein wenig das Gefühl der DDR-Nostalgie bedient werden. Es wird sich zeigen, wer die Globalisierung des Marktes überlebt.



Im Auftrage der »Super Illu« und der »Super TV«, zwei führenden Zeitschriften in den neuen Bundesländern, wurden 1998 und 1999 die Studien »Marken-Realität Ost« über das ostdeutsche Konsumverhalten erarbeitet.[20] Sie zeigen, daß sich das Markenbewußtsein bei den Altersgruppen über 30 Jahren seit dem Mauerfall deutlich verändert und die Werbung im Vergleich zu den alten Bundesländern eine zum Teil andere Bedeutung hat. So fand man heraus, daß bestimmte Westmarken wie Nivea oder Jacobs-Kaffee heute davon profitieren, daß sie schon zu DDR-Zeiten ein Begriff waren. Dabei spielt Vertrauen ein große Rolle, denn was man gut kennt, darauf ist eher Verlaß. Über diesen Vertrauensbonus verfügen auch einige regionale Ostmarken, wie zum Beispiel Werder Ketchup, Spreewälder Gurken oder Wernesgrüner Bier. Produkte wie Getränke, Lebensmittel, Kaffee und Zigaretten genießen durch den bekannten Geschmack ein besonderes Vertrauen. Doch allein damit kann das Phänomen der Renaissance der Ostmarken nicht erklärt werden. Zum Beispiel wurde die Kaffeemarke Rondo aus Röstfein in Magdeburg nach ihrer Markteinführung zur drittstärksten Kaffeemarke im ostdeutschen Markt. »Das Paradoxe dieser Situation wird deutlich, wenn man bedenkt, daß zu DDR-Zeiten etwa ein Drittel des konsumierten Kaffees aus dem Westen stammte. Und kein einheimischer Kaffee kam gegen das Image der ›West-Kaffees‹ an, die, selbst wenn sie schlichtester Provenienz waren, oft wie eine Delikatesse konsumiert wurden.«[21] Es gibt einen direkten Zusammenhang zwischen der Akzeptanz der Ostmarken und den Erfahrungen, die die Menschen in den neuen Bundesländern seit dem Fall der Mauer mit dem Wirtschafts- und sozialen System der Bundesrepublik gemacht haben. Ein großes Stück Identität ist ihnen abhanden gekommen, nicht durch das Fehlen des Staates DDR und seiner Verhältnisse, sondern durch das Wegbrechen wichtiger identifikationsstiftender Lebenswelten wie des Arbeitsplatzes oder der Anerkennung der Qualifikation. Und immer noch beherrschen Erfahrungen aus zweiter Hand die Bilder, die die Deutschen voneinander haben. Wie werden die Menschen in den neuen Bundesländern in den Medien vorgeführt? »Aus der passiven Stärke der Arbeiterklasse der DDR wurde ... der Passivposten der Arbeitslosen, aus dem Volk der Helden von 1989 das der psychisch Deformierten, aus den Streitern für Demokratie wurden die Krakeeler mit einer sachunkundigen Anspruchshaltung an Demokratie und Sozialstaat, und aus dem Volk der Revolutionäre wurde ein Haufen undankbarer Nostalgiker.«[22] Konfrontiert mit diesem deklassierenden Meinungsbild, haben viele Menschen in den neuen Bundesländern die letzten Illusionen verloren – der frühe Verdacht des »kleiden Geschenkpaket- und -päckchenverkehr auf dem Postwege mit Westdeutschland, Westberlin und

nen Bruders« scheint sich nun im Großen zu bestätigen, er hat die alten Sachen aufzutragen und darüber glücklich zu sein. Daher werden ostdeutsche Marken von einigen Menschen natürlich auch aus einer Trotz- oder Wehmutshaltung heraus gekauft. Im Verhältnis zu den Marken zeigt sich die ambivalente Einstellung zum wirtschaftlichen und politischen System – es ist in diesem Kontext offensichtlich immer noch eine Frage der Weltanschauung. Westprodukte, die früher begehrt waren nicht allein um ihrer Qualität, sondern vor allem um ihrer Herkunft willen, gelten heute nach Studien des Meinungsforschungsinstituts Leipzig »als künstlich, chemisch behandelt und haltbar gemacht. Sie symbolisieren hohlen Lebensstil ohne Ernsthaftigkeit und Tiefe.«[23] Und mancher, der früher mit der anderen Gesellschaftsordnung liebäugelte, wenn er Westprodukte um vieles höher als die eigenen schätzte, hat jetzt seinen Blick zurückgewandt, und die Wunschvorstellungen richten sich auf die Vergangenheit.



Nicht zuletzt zeigt das jahrzehntelange ökonomische Monopol der Ostmarken heute seine Wirkung in Form von Gewohnheiten, bei dem der Markenname eher als Gattungsbegriff für eine Produktgruppe verwendet wird. Viele sagen »Fit« und meinen einfach ein Spülmittel, »Spee« steht oft für Waschpulver oder »Broiler« für ein Brathähnchen.

30 Jahre sind seit dem Erlebnis in der Küche meiner Oma vergangen. Im Dezember 1999 stand ich in der eigenen Küche und kochte. Mein elfjähriger Sohn sah mir zu. Mit einem Blick zum Gewürzregal bat ich ihn: »Reich mir doch bitte das Bino!« Daraufhin griff mein Sohn in das Regal und nahm Maggi heraus. Dabei lächelte er nachsichtig und sagte mit ironischem Unterton: »Ach Mutti, du und deine DDR!«

stimmungen ist die Gefahr eines Verlustes jedoch gering. Frage: Leistet die Deutsche Bundespost für

**Mutti und Anne lassen schön grüßen**

Die Schwester meiner Großmutter hatte schon vor dem Krieg nach Potsdam geheiratet. Besonders nach dem Mauerbau schickte auch Oma regelmäßig Pakete nach drüben. Einmal aber mußte sie kurz vor Weihnachten ins Krankenhaus. Die wesentlichen Einkäufe waren schon getätigt, meine Mutter mußte nur noch das Paket füllen und zur Post bringen. Die Sache war schnell erledigt. Aber aus Potsdam kam wochenlang keine Antwort. Hatten sie nur vergessen zu schreiben? Das war eigentlich kaum anzunehmen. Also fragten wir irgendwann nach. Und tatsächlich war das Paket Mitte Januar noch nicht eingetroffen. Mutti war ganz aufgelöst und beteuerte, die Adresse bestimmt richtig geschrieben und auch nichts Verbotenes in das Paket gelegt zu haben. Schließlich fragte Oma: »Du wirst doch keinen Brief hineingelegt haben?« – »Natürlich«, antwortete Mutti mit Nachdruck. »Ich schicke doch nicht einfach kommentarlos ein Paket an meine Tante!« – »Aber du weißt doch, daß das verboten ist!« Mutti konnte es einfach nicht einsehen: »Ich habe doch nur kurz geschrieben, wie es uns geht, und zum Schluß noch: Mutti und Anne lassen schön grüßen. Was soll denn daran verboten sein?«



Das Paket ist doch noch in Potsdam angekommen und war einfach etwas lange im Weihnachtsverkehr unterwegs. Aber der Schreck hat Mutti noch einige Zeit in den Knochen gesessen.

*Susanne A., Augsburg*

**Eine Kupplung für alle Fälle**

Im Juni 1962 bekamen wir unseren ersten Trabant 500. Bis dahin hatten wir zum Camping das Zelt und alle anderen Utensilien in große Säcke gepackt und per Bahn an die Ostsee geschickt. Nun brauchten wir auch noch einen Autoanhänger, und mein Mann baute selber einen. Nur die Anhängerkupplung konnte er nicht aus Resten basteln. Unsere Tante aus dem Westen erfuhr davon bei einem Besuch und versprach, ihren Jungs zu Hause Bescheid zu geben, sich einmal auf dem Schrottplatz umzuschauen. Tatsächlich kam dann ein Paket mit einer Anhängerkupplung – von einem Mercedes! Der Polizist auf der Zulassungsstelle stutzte zunächst, entschied dann aber: »Die Kupplung ist eben für zwei Modelle zugelassen«, und alles lachte.

*Ursel Lange, Mühlhausen*

Stephan Krawczyk

# Aus dem Westen was Neues



Was mag ich als Kind gedacht haben, wo dieser Westen eigentlich ist, aus dem die Pakete kamen? Neulich erzählte mir eine Berlinerin, daß sie mit sechs dachte, die Post sei Westberlin. Für mich wäre die Post Hamburg gewesen oder Düsseldorf beziehungsweise Neuss am Rhein. Von dort kamen Dinge in mein Leben, die mich, wenn auch nicht zu etwas Besserem, so doch zu etwas besser Aussehendem machten. Es gibt Westpakete, an die ich keine Erinnerung haben kann. Schon mit zwei steckte ich in Pulloverchen, die im kleinen thüringischen Weida der fünfziger Jahre nicht übersehen werden konnten. Allein die Farben der Wolle müssen den Westen in ein Licht gestellt haben, das paradiesischen Verhältnissen näher lag als das Konsum-Blau von der Stange. »Na, du bist ja ein niedliches Kerlchen.« Meiner Mutter zufolge wurde ich so oder ähnlich von den Weidaern angesprochen: Sie waren in die Blickfalle meiner Kleidung geraten, getragene Westpullover von einem geringfügig älteren Knaben namens Peter Stolz.

Reichlich zehn Jahre liegen zwischen dem Kriegsende und meiner Geburt. Als Halbwüchsiger dachte ich manchmal darüber nach, ob es mich ohne Adolf Hitler überhaupt geben würde. Hätten sich meine Eltern ohne sein Wirken kennengelernt? Ein Oberschlesier wäre nicht unbedingt zur Brautschau nach Niederschlesien gezogen. Der Krieg trieb sie auf verschiedenen Wegen gen Westen. Nicht so weit wie Tante Luzie und Tante Liesbeth, die in Hamburg, Düsseldorf beziehungsweise Neuss am Rhein ihr Glück zu suchen hatten. Von dort wurden uns die Westpakete angekündigt. Falls Mutter den Brief nicht komplett vorlas, faßte sie die Botschaft in der stehenden Wendung zusammen: »Das Paket ist unterwegs.« *Westpaket* sagten wir damals nicht.

Auch in der Vorweihnachtszeit '65 wurde erst dann ausgepackt, als alle dabei waren. Vater mußte von der Schicht nach Hause gekommen sein, Bruder Hubert von der Arbeitsgemeinschaft Gartenbau. Am Abend stellte Mutter das Paket auf den Wohnzimmertisch. Um ihrer Enttäuschung vorzubauen, tat sie abwesend, während Vater sich an den Knoten der guten Schnur zu schaffen machte, die er unter keinen Umständen zerschnitten hätte. »Wer weiß, wozu man's mal braucht.« Bevor das feine Packpapier von den Klebestreifen befreit wurde, wickelte Vater die Schnur so geschwind um die Hand, daß ich seine Geschicklichkeit bewunderte.

»Mach das doch nachher.« Mutter wollte an das Inhaltsverzeichnis. »Wenn die wieder was rausgenommen haben.«

Handel, Rau. Stellvertreter des Vorsitzenden des Ministerrates. Dritte Durchführungsbestimmung zur

»Das ist doch gar nicht kontrolliert.« An den Knoten hatte Vater seine Schwester aus Hamburg erkannt. Tante Luzie bekam mit dem kürzesten Ende noch einen Doppelknoten hin. Davon, wer *die* waren, die wieder was herausgenommen haben könnten, hatte ich weder eine Vorstellung, noch begehrte ich es zu wissen. Allein der Umstand, daß es jemanden gab, der aus unserem Paket etwas rausnehmen durfte, stimmte mich mißtrauisch. Tante Luzie hatte die *Geschenksendung, keine Handelsware* dreifach gesichert – mit äußeren Knoten, festem Packpapier und inneren Knoten, letztere noch kleiner und straffer gebunden als erstere – von wegen der dünneren Schnur, für deren Erhalt Vater ebenfalls Sorge trug. Längst hatte Mutter das knackende Papier gefaltet. »Nimm doch die Schere.«



»So eine Schnur kannst du hier aber suchen.«

Bis Vater den letzten Klebestreifen vom Karton geschält hatte, werden sich Hubert und ich wahrscheinlich unter dem Tisch mit den Füßen unterhalten haben. Daß Huberts Ration geringer als meine ausfallen würde, schien ihn nicht zu stören, oder er ließ es sich nicht anmerken. Als drei Jahre Älterer besaß er keinen westlichen Größenverwandten. Weiß man, ob dies nicht ein Stein zu der Mauer war, die sich irgendwann zwischen uns errichten sollte?

Die Schnüre waren gewickelt, das Papier gefaltet, der Karton unversehrt. Hätte er Ritzen gehabt, würde der Geruch schon im Zimmer gestanden haben. Er kam, als Mutter die Papphälften aufklappte. Daß wir nicht bis zum Heiligen Abend gewartet hatten, muß man weniger der Neugierde zuschreiben als eventuellen Südfrüchten. Vielleicht war Mutter deswegen so dringend auf das Inhaltsverzeichnis aus, um die Früchte in letzter Sekunde der Fäulnis zu entreißen. »Ach, warum legt sie nur immer einen Tannenzweig oben drauf. Der wird doch dürr. Jetzt hast du wieder alles voller Nadeln.« Die Bananen standen als erster Posten auf der Liste. »Im Weihnachtsverkehr muß die doch zwei Wochen rechnen!« Vorsichtig hob sie die benadelte Lage Geschenkpapier ab und grub. »Siehst du?« Sie hielt Vater den braunen Beweis entgegen, was soviel heißen sollte wie: Deine Schwester! Vater erinnerte an die Bananen in seinem Geburtstagspaket. »Die sind heil angekommen.«

»Da war ja auch kein Weihnachtsverkehr.« Wäre es nach Mutter gegangen, hätte sie den Rest unausgepackt in den Kleiderschrank gestellt. Eigentlich sei es ein Weihnachtspaket. Gegen drei maulende Kerle konnte sie sich nicht durchsetzen. Der Duft, jener parfümierte Nasenschmaus, von dem ich niemals annehmen würde, hier handele es sich um das Aroma einer Textilreinigung, war zu verführerisch. Gegenstand für Gegenstand bewanderte, glänzend bunt verpackt, den Wohnzimmertisch. Tantes schwungvolle Kugelschreiberhandschrift grüßte von den Frohe-Weihnacht-Schildchen aus jener Stadt, die ich bisher einzig in einem Spielzeugfernseher aus Plastik, groß wie die schmale Seite einer Zigarettenschachtel zum Quadrat, gesehen hatte, das Auge an die Linse gedrückt, mit dem rechten Daumen Ansicht für Ansicht weiterklickend: Jungfernstieg, Reeperbahn, Segelschulschiff, Elbtunneleingang, Hamburger Michel, Landungssteg. Ob die Fotos nachkoloriert worden waren? Später mußte ich es verneinen. Das hatten die gar nicht nötig. So bunt wird der Westen in den Sechzigern allemal schon gewesen sein.

gang eingreift und eine Postsendung beschlagnahmt. Die Beschlagnahme von Geschenksendungen durch

Verordnung über den Geschenkpaket- und -päckchenverkehr auf dem Postwege mit Westdeutschland,



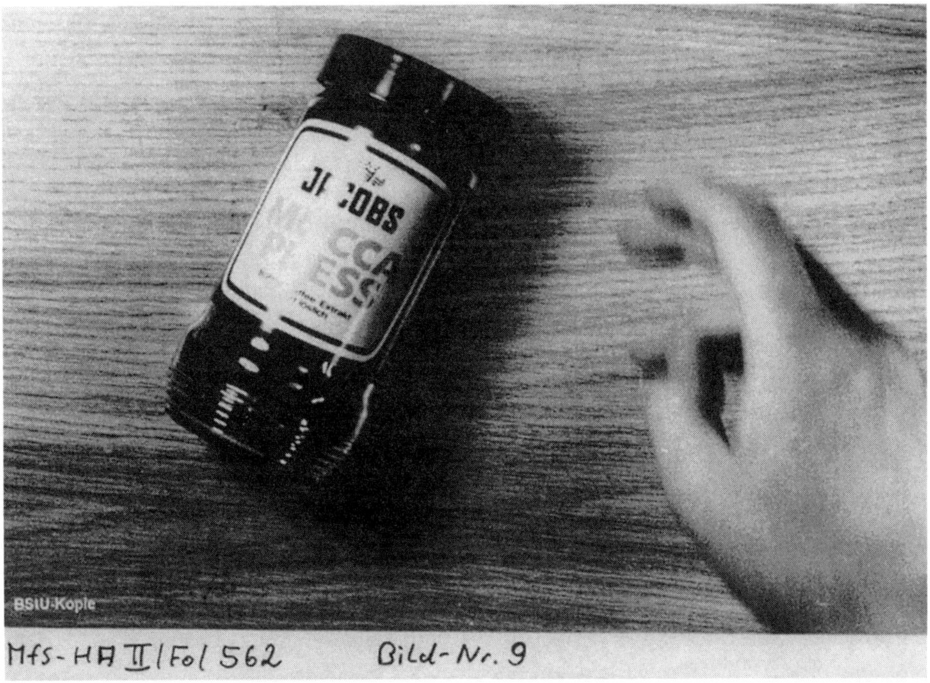


Die Hand des Kontrolleurs. »Schnappschuß« von einer Stasi-Paketkontrolle.

»Geht mit dem Geschenkpapier vorsichtig um.« Mutter verpackte damit die Weihnachtsgeschenke für unsere hiesige Verwandtschaft. »Ach ja, ihr habt ja Westverwandtschaft.« Wenn dieser Satz bei einer von Mutters Schwestern fiel, wußte sie nie eindeutig, ob er vorwurfsvoll, neidisch oder bloß als Ausruf des Erinnerns zu verstehen sein sollte. Letzteres schien ihr allerdings am unwahrscheinlichsten – so vergeßlich kann man doch nicht sein.

Über dem Papiergebirge mit Westdekor und goldenem Geschenkband schwebten unsere Köpfe auf der Suche nach dem eigenen Namen. Der höchste Berg gehörte Mutter. Sie mutmaßte, daß es nicht nur der Bananen wegen besser war, schon heute auszupacken – so müßte sie sich nicht erst zu Weihnachten ärgern. Was sollte es anderes sein als wieder irgend etwas Getragenes und Abgelegtes von der oberschlesischen Schwägerin. In Mutter köchelte die Meinung, Tante Luzie wollte sie damit absichtlich demütigen. Während des Auspackens zuckten ihre Mundwinkel geringschätzig. Entgegen ihrer Achtung vor dem Geschenkband griff sie zur Schere. Was hatte sich Tante Luzie da wieder geleistet! Ein getragener dunkelblauer Morgenmantel! Achtlos ließ sie ihn zu Boden sinken und konzentrierte sich auf den großen Bogen Geschenkpapier. Für Vater war neben den abgelegten Sachen des Hamburger Schwagers Fred wenigstens noch ein neues weißes Nylonhemd dabei. Und wer schrieb die Briefe? Würde Mutter sich nicht darum gekümmert haben,

die sowjetzonalen Kontrollämter stellt einen solchen Eingriff in den Beförderungsgang dar, den die Bun-

Westberlin und dem Ausland. Vom 17. Oktober 1961. Auf Grund des § 17 der Verordnung vom 5. Au-



wäre der Kontakt lange abgerissen – die Stimmung von *Undank ist der Welten Lohn* konnte dem Westduft nichts anhaben. Jeder war nun für sich allein. Zielsicher griff Vater ein Päckchen vom Gabentisch, das zwei Schachteln Westzigaretten versprach. »Die hat sie doch wieder nur vom Fred geklaut«, murmelte Mutter, während Vater über das Sammelsurium der Tabakmarken in den geöffneten HB-Schachteln schmunzelte. Irgendwann habe ich mir vorgestellt, wie Tante Luzie nachts durch die Hamburger Wohnung schleicht, aus den Jackentaschen des Ehemanns Glimmstengel für ihren Ostbruder fischt und dabei ertappt wird – von Onkel Fred, dem Möbelpacker, der ihr das Wirtschaftsgeld nach Hause brachte.

Hubert förderte einen dunkelblauen Rollkragenelastikpulli zutage – die bekam er meistens. Das legendäre weiße Hemd mit der schwarzen Rose kurz über jenem Teil, den man in die Hose steckt, schickte ihm die Tante erst zur Jugendweihe ein Jahr später. Ein an uns beide gerichtetes Kuvert mit Grüßen von Cousine Uschi enthielt Hunderte fremdländischer Briefmarken. Uschi lernte bei einer Speditionsfirma. So oft, wie sie beim Ausschneiden an uns gedacht haben muß, kam sie uns sicher nicht in den Sinn. Marken von allen Kontinenten, winzige Kunstwerke, der Eiffelturm, indische Elefanten, Südseemotive, Staatsmänner und Frauen von außergewöhnlichem Liebreiz brachte die Tüte hervor. Die nächsten Tage würde Hubert damit zu tun haben, die Schätze vom Briefkuvertpapier abzuweichen. Die Ordnung der Alben unterstand selbstverständlich dem Älteren. Sein Stolz galt den dreieckigen Marken. Er holte die Lupe aus dem Kinderzimmer, entschwand in die Miniaturen und flüsterte Ländernamen, während ich mit einem gefederten Matchboxauto, Marke Ford, das Teppichmuster befuhr. Immerhin gingen die vorderen Türen zu öffnen, wenn auch nicht die Kofferhaube und die Motorklappe wie bei den Matchboxautos von Tante Liesbeth aus Düsseldorf, später Neuss am Rhein. Mutter hatte sich wieder gefangen und ermunterte mich, auch die anderen Geschenke auszupacken. Sie wollte das restliche Geschenkpapier zusammenlegen – mußte das Chaos von so einem Paket den ganzen Abend herrschen?

Der Morgenrock war nicht das einzige von Tante Luzies Kunststückchen. Schokolade stand nur auf dem Inhaltsverzeichnis: vier Tafeln. Rausgenommen haben konnte sie niemand. Entweder Luzie hatte die Schokolade vergessen – zu Weihnachten! – oder sie wollte vortäuschen, daß die Tafeln herausgenommen worden seien. Vater glaubte daran nicht, obwohl er seiner Schwester eine gewisse Durchtriebenheit zutraute. Er wollte sie im nächsten Brief selber fragen. Mutter winkte ab. »Du und Briefe schreiben.« Wenn Hamburg wenigstens für eine kleine Flasche 4711 Echt Kölnisch Wasser gesorgt hätte. Der Vorrat auf der Frisiertoilette im Schlafzimmer neigte sich trotz sparsamsten Verbrauchs dem Ende zu. Erst wurde man daran gewöhnt – dann aufs Trockene gesetzt? Mutters Mißmut nahm Vater zum Anlaß, das neue Hemd vorzuführen. Er summte eine Walzermelodie, während er sein Weib drei Runden über meine Teppichstraßen führte, bis es endlich lächelte. »Wenigstens paßt das Hemd.«

»Meine Schwester wird doch meine Größe kennen.«

»Na, bei der weiß man nie.«

despost nicht abwenden kann. Trotzdem übernimmt die Deutsche Bundespost im Interesse der so wichgust 1954 über den Geschenkpaket- und -päckchenverkehr auf dem Postwege mit Westdeutschland,

Die Pakete kamen für Vater selbst wie aus heiterem Himmel. Warum sollte man sich den verdunkeln? Schaut man einem geschenkten Gaul ins Maul? Nicht in Oberschlesien.

Mit dem neuen Pulli angetan, steuerte Hubert das Matchboxauto zwischen Puddingpulver, Palmolive, Kaba und Marzipanbrot, während ich einem Löwen die Schnauze abbiß. Das zweite meiner Geschenke: ein Dutzend Tiere aus Hartgummi. Ich wollte das Material prüfen – es war nicht so hart, wie es vorgab. Hubert brachte den Tiger in Sicherheit. Er fuhr ihn auf dem Autodach außer Reichweite. Mit dem letzten Päckchen blieb ich allein. Ich hatte es schon befühlt und wollte es gar nicht auspacken: eine *Anziehsache*. Anziehsachen betrachtete ich nicht als Geschenke. Ein Geschenk sollte über den täglichen Bedarf hinausgehen – wie ein Hartgummizoo beispielsweise oder ein komfortabler Kleinstwagen. Gegenüber etwas, womit man draußen herumlaufen mußte, war ich ohnehin skeptisch. Mutter packte es mit der Begründung weg, vor dem Fest seien zwei Sachen genug. »Das müßt ihr sowieso schon zu Weihnachten rechnen.« Als schriebe außer ihr noch jemand nach Hamburg, warnte sie davor, der Tante die voreilige Bescherung kundzutun.



Weihnachten kam. Neben einigen in Westpapier gepackten Geschenken unterm Baum stach auch bewußte Anziehsache ins Auge. Ich sollte sie zuerst auspacken. Mutter wollte sehen, ob das Stück ungefähr dem Wert entsprach, den Huberts Dederon-Anorak ausmachte. Es sollte gerecht zugehen. Sie nickte zufrieden: Einen Elastik-Zweiteiler konnte man durchaus dem Anorak gleichsetzen. Sein leuchtendes Hellblau hob sich außerdem wie der Pfau vom Haushuhn von der Konsum-Farbe ab. Und so stand ich eine halbe Minute später ziervogelgleich neben der Fichte, roch den Lockstoff des Westens und hätte auf einen Außenstehenden weit entrückt gewirkt. Nur Mutter rief: »Fesch!« Sie fand es so elegant, daß ich ihrem Brief nach Hamburg ein persönliches Dankeschön beifügen sollte.

Das Oberteil erinnerte an eine Uniformjacke: Wenn mehr von uns kämen, sähe es hier aber anders aus! In den beiden goldenen Halbkugelknöpfen am Revers funkelte der Lichterbaum. Die Hose war wie eine Trainingshose gearbeitet, an den Füßen durch Stege gespannt. Es handelte sich also um einen Sportanzug. So prunkvoll wurden im Westen Übungen absolviert? Zumindest das Oberteil war für den Schulsport zu schade. Ich betrachtete den Faltenwurf auf den Unterarmen, meine aus dem Hellblau ragenden Hände und hüpfte gerade vor dem Korridorspiegel, der mich nur bis zu den Knien wiedergab, als Hubert dazukam und mir kopfschüttelnd einen Vogel zeigte.

Weihnachten und Schnee gehörten damals noch zusammen. Am Morgen des ersten Feiertages hatte ich die neue Tracht zum Schlittenfahren über meinen alten Trainingsanzug gezogen und ähnelte einer hellblauen Wurst. »Willst du dir das nicht für gut lassen?« Mutter fand, der Familienspaziergang am Nachmittag sei einer solchen Aufmachung angemessener als dieser dreckige Schnee am Berg bei den Garagen. Ohne das Geschenk, wofür mir eine *Anziehsache* Tage zuvor niemals gegolten hätte, wollte ich das Haus nicht verlassen. Nach der gleichen Geste wie am Vorabend ging Hubert mit dem Schlitten voraus. Zwar verstand ich es, meinen Kopf durchzusetzen, doch wäre ich auf dem Weg zu den Garagen am liebsten wieder umgekehrt: als ich die anderen in braunen

tigen Verbindung mit unseren Landsleuten jenseits der Mauer als bewußte gemeinwirtschaftliche Last

Westberlin und dem Ausland (GBl. S. 727) wird im Einvernehmen mit den zuständigen zentralen Orga-

Trainingsanzügen, dunkelblauen Dederon-Anoraks sah. Ich fühlte mich schon angeglotzt, da war ich noch gar nicht auf Glotzweite herangekommen. Welche Eigenart beschlich meine kindliche Seele plötzlich? Hätte ich wenigstes den Schlitten gezogen, um einen Grund für mein Dasein vorzeigen zu können!

Hubert fuhr mir vor der Nase weg, als ich den Startplatz erreichte. Normalerweise hätte ich mich bei einem anderen hintendrauf geschwungen oder wäre den Berg, wie man bei uns sagte, hinunter*gehohlert* – am Vormittag des ersten Weihnachtsfeiertages 1965 stand ich wie ein versprengter General unter fremdländischen Zivilisten und hoffte darauf, angesprochen zu werden, bis ein Mädchen zu mir kam, um mit ihren nassen Fausthandschuhen über die Goldknöpfe zu streichen. Einer von den Älteren rief: »Wo haben sie dich denn rausgelassen?!« – worüber, außer mir, niemand nicht lachen konnte. Ich rannte Hubert entgegen, riß ihm die Schlittenschnur aus der Hand und zog den Schlitten an seiner Seite den Berg hinauf. Zwar wurde meine Erscheinung nicht mehr kommentiert, doch fühlte ich mich derart hervorgehoben, daß mir nach zwei, drei Abfahrten die Lust verging, zumal das Oberteil als gute Zielscheibe für dreckige Schneebälle erkannt worden war.

Der Nachmittagsspaziergang zu den *Geistlichen Wiesen* entschädigte mich anfangs für die Schmach am Vormittag. Wohlwollend grüßten die Weidaer aus ihren Familienkreisen herüber. Ich war Westen. Mutter pries meine Aufmachung dermaßen, daß Vater fragte: »Reicht's erst mal?« Lange mußte sie nicht zum Thema schweigen. Als Briefträgerin war sie stadtbekannt. Schon rief der Bäcker herüber: »Na, so was kriegt man hier aber nicht!«

»Da haben Sie recht, Herr Lukas. Von meinem Mann die Schwester.«

»Und was haben Sie von Ihrer Schwägerin bekommen?«

»Einen sehr schönen Morgenmantel.«

»Ah.«

Daß man vor den Leuten das Gesicht wahren muß, brauchte man einer Schlesierfamilie in Thüringen nicht beizubringen. Vater stand schweigend daneben, und mir, dem gelobten Mittelpunkt, wurde es irgendwann so unangenehm, als wären die Blicke dreckige Schneebälle. Dieses Ding war einfach zu früh in unsere östliche Welt geraten, wo man dem Winter die dunkleren Farben gab. Das Oberteil verschwand noch am selben Nachmittag im Kleiderschrank neben Huberts Klappbett, die Hose zeigte ihren wahren Wert schon in der nächsten Sportstunde. Beim Völkerball rutschte ich damit übers Turnhallenparkett, wovon die künstlichen Fasern am rechten Hosenbein zu unansehnlichen Flecken schmolzen. Der dunkelblaue abgelegte Morgenmantel hingegen hängt noch heute an der Badezimmertür im mütterlichen Haushalt und erinnert an Tante Luzie, die das Ende der Westpakete noch miterlebte.

auch weiterhin einen Teil des Risikos und zahlt in den meisten Fällen eines ungewissen Verlustes die genen des Staatsapparates folgendes bestimmt: § I Der § 4 der Ersten Durchführungsbestimmung vom

# »Geschenksendung, keine Handelsware«

## Innerdeutsche Gaben als wirtschaftlicher Faktor in Ost und West

Installation »Dresdner Stolle« von Hans Martin Sewcz (1992).

setzlichen Ersatzbeträge. Die Deutsche Bundespost bittet aber um Verständnis dafür, daß sie das Ver-

14. Januar 1955 zur Verordnung über den Geschenkpaket- und -päckchenverkehr auf dem Postwege mit

**Überraschung im Interzonenzug**

Es war das Jahr 1970. Da gab es schon seit fast einem Jahrzehnt die Mauer in Berlin, da gab es auch die sogenannten Sperrgebiete entlang der deutsch-deutschen Grenze. Und in einem solchen wohnte ich, nämlich in Berka/Werra im ehemaligen Kreis Eisenach.

Manchmal, wenn ich von meinem Studienort nach Hause fuhr, benutzte ich den Interzonenzug. In diesem vor allem von westdeutschen Bürgern besetzten Zug hatte ich mitunter schon komische Gefühle, auch Berührungsängste. Wie sollte man miteinander umgehen? Doch meistens hatte ich keine Zeit, mir tiefgründige Gedanken zu machen. Die Suche nach einem geeigneten Stehplatz – an einen Sitzplatz war kaum zu denken – nahm mich voll in Anspruch.



Eines Tages kam ich neben einer Frau mittleren Alters aus Heidelberg zum Stehen. Am nächsten Haltepunkt wurden zwei Sitzplätze frei. Und so saß ich plötzlich mit der Frau aus Heidelberg in einem Abteil, umgeben von weiteren vier Frauen zwischen 40 und 70. Ein ungewohnt schnell in Gang kommendes Gespräch ließ die Zeit wie im Fluge vergehen. Vielfältige Themen, Urlaub in fernen Ländern, vor allem auf Mallorca, aber auch deutsch-deutsche Probleme wurden diskutiert. Um nicht unhöflich zu wirken, beteiligte auch ich mich, soweit ich konnte. Gefragt nach meinen Wünschen und Träumen, wußte ich zunächst nichts zu antworten. Eine Jeans, eine Levi's, der große Hit für mich in dieser Zeit – das wäre schon etwas, worüber ich mich riesig freuen würde, aber ohne Westbeziehungen war das utopisch.

Na, das war Wasser auf die Mühlen! Ehe ich es mich versah, stand ich inmitten der fünf Damen, die mich drehten, mit ihren Augen maßen, mit ihren Söhnen verglichen, nach Größe und Gewicht befragten, die Taillenweite beinahe mit den Händen abmaßen, sich Rücken an Rücken mit mir stellten, um zu sehen, wer von der Größe am besten zu mir paßte. Das war anstrengend und lustig und ein klein wenig peinlich. Denn das hatte ich ja nicht gewollt.

Nach gemeinsamer Beratung stand fest: Größe 32/32, ja, die muß es sein. Nun noch die Adresse, die ich erst nach längerem Zögern der Frau aus Heidelberg preisgab. In Eisenach, der letzten Station vor der Grenze, verabschiedete ich mich höflich und verließ das Abteil.

Die Episode war schon halb vergessen, da kam tatsächlich ein Paket aus Heidelberg. Eine Levi's, wie auf den Leib geschneidert, gehörte nun mir. Manchmal gehen Wünsche und Träume eben doch in Erfüllung.

*Bernd B., Greußen*

lustrisiko nicht völlig allein übernehmen kann. So kann sie vor allem die Folgen einer Beschlagnahme

Plakat der »Deutschen Hilfsgemeinschaft Heidelberg« zur Förderung des Gedankenaustausches zwischen Ost und West.

X

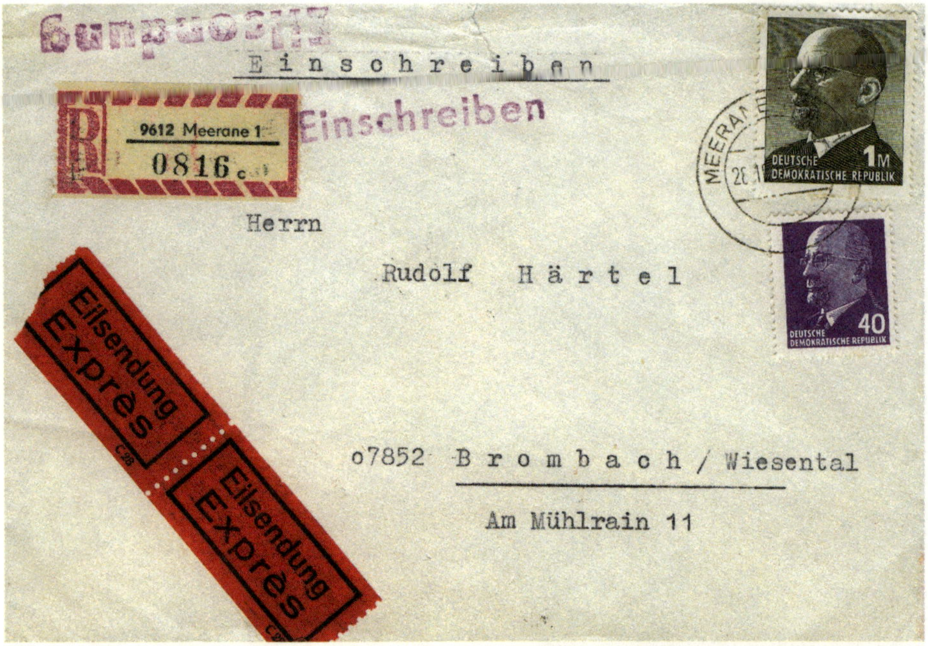

Postleitzahlen wurden in der Bundesrepublik 1961, in der DDR 1964 eingeführt. Da dies ohne Abstimmung geschah, erhielten Städte in Ost und West z.T. die gleiche Postleitzahl. Die Deutsche Post der DDR verfügte daraufhin, daß bei Sendungen in andere Länder, die ebenfalls ein Postleitzahlsystem haben, vor diese Ziffern eine »0« zu schreiben sei (oben). Die Bundespost empfahl allen Absendern, vor die Leitzahlen der DDR zur Vermeidung von Fehlsendungen ein »X« zu setzen (unten).

XI

Der Grundlagenvertrag zwischen beiden deutschen Staaten aus dem Jahr 1972 brachte auch für das Postleitzahlsystem eine Änderung. In einem Verwaltungsabkommen zwischen den beiden zuständigen Ministerien, das am 1. Juli 1976 in Kraft trat, wurde eine neue Kennung vereinbart. Nunmehr sollten die bereits für den grenzüberschreitenden Kraftfahrzeugverkehr geltenden Kennzeichen »D« beziehungsweise »DDR« auch bei Postsendungen verwendet werden.

Plakat des Arbeitskreises karitativer Vereinigungen zur Aktion »Bücherbrücke West–Ost«, das in vielen Buchhandlungen ausgehängt wurde (um 1956).

Annette Kaminsky

# »Nieder mit den Alu-Chips«

## Die private Einfuhr von Westwaren in die DDR



Bei den großen Demonstrationen des Jahres 1989 gab es neben den sichtlich politischen Forderungen auch zahlreiche Transparente und Losungen, die Waren aus dem Westen und das dafür notwendige Geld forderten und deren politische Sprengkraft mancher vielleicht unterschätzt hat. »Für harte Arbeit hartes Geld«, hieß es da, »Kommt die D-Mark, bleiben wir, kommt sie nicht, gehen wir zu ihr«, skandierten die Menschen auf den Straßen.[1]

Die Geringschätzung der verächtlich als »Alu-Chips« oder »Spielgeld« bezeichneten »Mark der DDR« offenbarte sich nicht erst 1989. Im Grunde begleitete sie die DDR zeit ihrer Existenz. Die mindere moralische und materielle Kraft dieses Geldes hatte sich einerseits darin gezeigt, daß es auf dem Weltmarkt als nicht konvertierbar klassifiziert wurde. Im Alltag zeigte sie sich darin, daß begehrte und hochgeschätzte Waren und Dienstleistungen in der Regel nicht für dieses Geld bzw. leichter und schneller für »hartes Geld« zu haben waren. Die Geringschätzung der DDR-Währung und der ihr entsprechenden Waren war unmittelbar mit der Wertschätzung all dessen verbunden, was man in der Regel nur für »hartes Geld«, »Devisen« oder »Westgeld« bekommen konnte – Westwaren.

Dabei hatte die Ausgangssituation unmittelbar nach Kriegsende für alle Teile Deutschlands ähnlich schlecht ausgesehen: In allen Besatzungszonen herrschten Hunger und Not.[2] Dennoch etablierte sich bald die Gewißheit, daß es sich in den westlichen Besatzungszonen besser lebte. Von amerikanischen Wohlfahrtsorganisationen verschickte CARE-Pakete verbreiteten in vielen Haushalten der westlichen Besatzungszonen und der Westsektoren von Berlin lang entbehrte und seit Jahren nicht mehr in den Läden gesehene Waren »Made in U.S.A.«. Diesen Gütern haftete nicht nur der Nimbus des Exotischen an, weil sie von weither aus Übersee kamen. Auch ihre Qualität war besser als die der Waren, die die deutsche Bevölkerung seit den Tagen der Kriegsbewirtschaftung und Rationierung in der Regel zu kaufen bekommen hatte.[3] Während amerikanische Soldaten Schokolade, Zigaretten, Kaffee, Kaugummis und Strümpfe verteilten – allesamt Waren, die auf dem Schwarzen Markt einen hohen Tauschwert hatten –, konnten die Russen lediglich Brot oder Suppe fürs tägliche Überleben ausgeben.

sand von Arzneimitteln aller Art ist nur dann gestattet, sofern sie in der Deutschen Demokratischen

Mit der Einführung des Marshallplans 1947 und der Währungsreform im Frühsommer 1948 wurden in den westlichen Besatzungszonen die Weichen für die Einführung der Marktwirtschaft und den späteren materiellen Wohlstand gestellt. In den Schaufenstern türmten sich Waren, von denen viele Menschen geglaubt hatten, sie so bald nicht mehr wiederzusehen: »Unterwegs kamen wir an einem kleinen Geschäft vorbei, in dem wir vorher auf Marken eingekauft hatten, ein an sich armseliger Tante-Emma-Laden, und hier erst begann für uns das Wunder der Währungsreform, das eigentliche Wunder. Die Auslagen waren geschmückt mit allen Gemüsearten, die es gab: Rhabarber, Blumenkohl, Weißkohl, Spinat, alles, was wir so lange entbehrt hatten.«[4] Allein die Zurschaustellung dieser Vielfalt von Waren[5] und die damit verbundene Verheißung erweckten bei den Menschen aus der sowjetischen Besatzungszone, in der diese Waren unabhängig von der tatsächlichen Kaufkraft nicht einmal in den Schaufenstern vorhanden waren, unrealistische Vorstellungen von den Möglichkeiten im westlichen Teil Deutschlands.



In seiner wegweisenden Rede vom 14. März 1951 im Deutschen Bundestag verkündete Ludwig Erhard das Credo von Konsum und Wohlstand. Dies läutete die stetige Verbesserung der Lebensverhältnisse und den rasch zunehmenden Wohlstand in der Bundesrepublik ein. Unterstützt durch den Wirtschaftsaufschwung, gelang es bereits Anfang der fünfziger Jahre, den als Bezugsgröße für die Normalisierung der Lebensverhältnisse in Deutschland angenommenen Stand von 1936 hinter sich zu lassen.

Für die Menschen im Osten Deutschlands sah die Situation anders aus. Anhaltend hohe Reparationen an die Sowjetunion, die geringere Industrialisierung sowie der Wegfall der wirtschaftlichen Austauschbeziehungen insbesondere mit dem Ruhrgebiet belasteten die vom Krieg geschwächte Wirtschaft zusätzlich. Die Machthaber östlich der Elbe setzten auf die Einführung der Planwirtschaft nach sowjetischem Vorbild, um die Umgestaltung von Staat und Gesellschaft voranzubringen. Unter dem Motto »Mehr produzieren, gerecht verteilen, besser leben« versuchte der II. Parteitag der SED 1947, die Menschen für eine Steigerung der Produktion und eine höhere Arbeitsleistung zu gewinnen. Statt wie im Westen auf Wirtschafts- und Konsumfreiheit zu setzen, nahm die DDR zu Beginn der fünfziger Jahre den Ausbau der Grundlagenindustrie zu Lasten der Konsumgüterindustrie in Angriff. Die für 1950 avisierte Aufhebung der Rationierung mußte auf 1953 und schließlich 1958 verschoben werden. Selbst in den 1948 gegründeten und privilegiert belieferten staatlichen HO-Läden hielt das Warensortiment dem Angebot im Westen nicht stand. Der – verbotene – Umtausch von DDR- in Westmark stellte trotz des hohen Wechselkurses für viele die einzige Möglichkeit dar, um an begehrte Waren zu gelangen. Denn modische, qualitativ hochwertige, angesehene und somit begehrte Waren kamen bereits zu diesem frühen Zeitpunkt vornehmlich aus dem Westen. Sie zeichneten natürlich auch ihre Besitzer im Osten mit dem Nimbus des Luxus und privilegierter Beziehungen aus. Die ersten Kugelschreiber, Schuhe mit

Geschenkpaketverkehr zu dem Verlust beigetragen haben. Frage: Gibt es im Verkehr mit der Sowjetzone

Republik nicht rezeptpflichtig sind. (2) Die Einfuhr von Arzneimitteln aller Art ist nicht zugelassen.

»Eulenspiegel«-Karikatur auf die Schmuggler und Schieber zwischen Ost- und Westberlin.

Kreppsohlen, Tücher aus Chiffon und Seide, Nylonstrümpfe – alle Kultwaren gab es im Westen und kamen von dort in den Osten.

Nicht nur im Osten wurde der Einkauf jenseits der – zumindest in Berlin noch durchlässigen – Grenze thematisiert. In Westberlin schmähte man »Herrn Schimpf und Frau Schande«, die aufgrund des Wechselkurses preiswert im Osten einkauften und dort auch Dienstleistungen wie Friseur, Schuhmacher oder Reinigung nutzten und damit den Abfluß von Westmark nach Osten beförderten – ein für die Westberliner Einzelhändler höchst unangenehmer Umstand.[6] Im Osten ging es ums Überleben. Hier versuchte man krampfhaft, das System gegen die westlichen Einflüsse abzuschotten und die Wertschätzung der eigenen Produkte zu steigern. Die Argumente gingen dabei in zwei Richtungen. Zum einen wurde der Besitz von Westgeld kriminalisiert. Man versuchte zu verhindern, daß Ostdeutsche ihr Geld in den Westen trugen. »Es muß sich jeder darüber im klaren sein, daß unser Geld von den Kassen der Warenhäuser und der Wechselstuben Westberlins nicht in Tresore wandert. Dieses Geld wird dazu benutzt, um ihre Agententätigkeit in der DDR zu finanzieren«, mahnten die Agitatoren.[7]

Zum anderen sollte die Ausfuhr von im Osten hergestellten hochwertigen Gütern unterbunden werden. 1954 führte man Ausweiskontrollen ein, die sich offiziell gegen Schmuggler richteten. Die internen Analysen der SED-Führung jedoch straften diese offiziell verbreitete Propaganda vom Ausverkauf aus dem Westen Lügen. Hier wurde konstatiert, daß die Versorgungsschwierigkeiten eher durch die Umstrukturierung der Großhandelsgesellschaften, durch unzureichende Produktionskapazitäten und nicht zuletzt fehlende Materialien vor allem im Textilbereich bei Wolle, Baumwolle und Tuchen hervorgerufen würden. Zwar verschicke die Bevölkerung bestimmte Waren als Geschenke in die Bundesrepublik, doch falle

Wertpakete? Antwort: In den Gebühren für gewöhnliche Pakete ist eine Behandlungsgebühr enthalten,

§ 2 Diese Durchführungsbestimmung tritt mit ihrer Verkündung in Kraft. Berlin, den 17. Oktober 1961.

Das Image des Einzelhandels sollte mit gezielten Kampagnen aufpoliert werden (oben), dabei gehörten Versorgungsengpässe zum Alltag der Konsumenten. Wenn es dann einmal begehrte Waren gab, mußte man sich – wie hier in Jena 1986 (rechte Seite) – geduldig in die Warteschlange einreihen.

die den Absender zu einer Wertangabe bis 500,- DM ohne eine zusätzliche Wertangabegebühr berech-

Der Minister für Außenhandel und Innerdeutschen Handel, Balkow. Zwanzigste Durchführungsbestim-

dies bei der Versorgung kaum ins Gewicht. Von »Hamsterkäufen« aus Westberlin in Ostberliner Geschäften könne schon gar keine Rede sein, sondern DDR-Bürger würden bestimmte Waren, die es in der DDR nicht gebe, in Westberlin einkaufen. Vielmehr müsse der Einkauf von Westberlinern in der DDR als Verkaufsstimulanz für den Handel angesehen werden.[8] Was man hingegen nicht akzeptieren konnte, war, daß die Ostberliner selbst bestimmte hochwertige Produkte wie Kameras und ähnliches aufkauften, um sie im Westen (günstiger als Ostgeld) zu tauschen und so ihren Alltag zu finanzieren.

Und so schreckte die DDR-Führung nicht davor zurück, vermeintliche Schwarzmarkthändler und Schieber[9] drastisch zu bestrafen. Bei der Ahndung dieser »Vergehen« konnte sich die SED auf eigens erlassene Gesetze und Verordnungen stützen.[10] Neben dem Gesetz über den Schutz des innerdeutschen Handels bot die Verordnung über die »Ein- und Ausfuhr von Zahlungsmitteln«[11] entsprechende Handhabe, um den Besitz von Westgeld und Westwaren zu kriminalisieren und zu bestrafen. Diese waren nicht mehr nur Ausdruck von materieller Privilegierung, sondern wurden zur verbotenen Frucht, die bekanntlich am besten schmeckt.

Die Kriminalisierung von Westgeld und -waren in den frühen Jahren der DDR wurde aber nicht nur dazu benutzt, auf individueller Ebene illegale und unerwünschte Warentransfers zu unterbinden, sondern diente auch der Zerstörung des privaten Handels. In der berüchtigten »Aktion Rose«, mit der 1952 zahlreiche Be-

tigt. Die Wertangabe ist nur auf der Paketkarte einzutragen. Im Falle eines Verlustes haftet die Bundessitzer kleiner Pensionen und Gasthäuser an der Ostseeküste zu hohen Haft- und Zuchthausstrafen verurteilt wurden, griffen die Richter in ihren Urteilsbegründungen den Besitz von »Westwaren« als strafbares Delikt auf. Der Vorwurf lautete oftmals auf »Wirtschaftsverbrechen« gegen die Bevölkerung der DDR, denen durch die privaten Händler wertvolle Waren entzogen worden seien, da diese sie gegen vorher illegal eingeführte Westwaren günstig getauscht hätten.[12] Auf einer 1955 in Ostberlin inszenierten »Konferenz gegen Schieber und Spekulanten« wurden gegen die privaten Händler unmißverständliche Drohungen ausgesprochen. Man warf ihnen vor, sie würden durch fehlende »Wachsamkeit« bewußt und vorsätzlich die Versorgung in der DDR stören, um so die Arbeiter-und-Bauern-Macht zu schädigen.[13]



Aber trotz drastischer Strafen und Drohungen scheuten die Bürger die Gefahren eines Grenzübertritts mit »illegalen Warentransporten«[14] nicht, um an in der DDR als Mangelwaren firmierende Güter zu kommen. Denn trotz punktueller und realer Verbesserungen in der Versorgung und beim Lebensstandard in der DDR erwies sich die zentral geleitete Planwirtschaft als unfähig, die Versorgungsprobleme zu lösen. Und je mehr sich die Staats- und Parteiführung mühte, die große Wertschätzung von Waren aus dem Westen durch Kriminalisierung und Strafen einzudämmen, um so mehr verstärkte sich der Wunsch nach eben diesen Waren und damit ihr moralischer Wert. Die Disziplinierung der Bevölkerung zeigte mangels ausreichender und attraktiver Waren aus eigener Produktion nicht die gewünschten Erfolge. Im Gegenteil: Mitte der fünfziger Jahre war bereits ein Zustand eingetreten, daß selbst solche Waren, die es inzwischen auch in der DDR in ausreichender Menge und ansprechender Qualität zu kaufen gab, einen geringeren moralischen Wert hatten und weniger geschätzt wurden als entsprechende Produkte westlicher Herkunft. Das Kabarett »Die Distel« in Ostberlin nahm das in seinem Programm vom 21. Februar 1955 aufs Korn: »Der Zucker ist dort süßer, der Schellfisch ist dort scheller! Das Pflaumenmus ist müßer, der Camembert läuft schneller! Und stellt mir der Tod mit der Sense ein Bein, dann muß ich im Westen begraben sein!«[15]

Mit Hilfe statistischer Tricks versuchte die SED der Bevölkerung ein höheres Versorgungsniveau vorzuspiegeln und zu suggerieren, die Lebensverhältnisse in der DDR unterschieden sich nicht grundlegend von denen in Westdeutschland. So deklarierte der Versandhandel 1957 einen »Waschtopf« mit Kurbel kurzerhand als Waschmaschine, die als solche auch in die Statistiken über den Ausstattungsgrad der Haushalte mit technischen Geräten einging und half, die Versorgungssituation zumindest statistisch dem Westniveau anzunähern. Daß in der Bundesrepublik mittlerweile halbautomatische Waschmaschinen zum Angebot gehörten, tauchte bei dieser Art der Darstellung nicht auf. Wohl aber konnten sich die Menschen aus Ost und West bei ihren jeweiligen Besuchen im anderen Land und bei Verwandten davon überzeugen, daß Maschine nicht gleich Maschine war.

Geschenkpaket- und -päckchenverkehr auf dem Postwege – vom 14. Juni 1973. Auf Grund der §§ 9 und 19

Angesichts solcher Beispiele setzte sich in Westdeutschland das Bewußtsein durch, den im doppelten Sinne »armen Verwandten im Osten« weit überlegen zu sein. 1959 gab das Bundesministerium für gesamtdeutsche Fragen einen deutsch-deutschen Briefwechsel heraus, der aus westdeutscher Sicht Alltags- und Versorgungsprobleme in der DDR anhand eines fingierten Dialogs – dessen zutreffende Analysen und Einschätzungen sich in vielen Fragen nach der Öffnung der Archive bestätigen ließen – vorführt. Die Verwandten aus dem Osten schildern ihre Schwierigkeiten, bestimmte alltägliche Dinge kaufen zu können: Mal gibt es keine Zwiebeln, dann wieder kein Fleisch, Toilettenpapier fehlt, der Kaffee schmeckt nicht und ist teuer, die Kleidung unmodern ... Die Verwandten im Westen sehen sich durch die geschilderten Widrigkeiten veranlaßt, ein Paket an die »armen Verwandten« zu schicken. Die »dankbare Inge« aus Erfurt erzählt in ihrem Dankesbrief an »die liebe Tante in Westberlin« in eigenwilliger Grammatik, welche neiderfüllten und gehässigen Reaktionen ein aus dem Westen geschicktes Kleid bei der Tochter eines SED-Funktionärs in ihrer Klasse ausgelöst hat: »Seit sie gesagt hat, ich wäre eine der doofsten Kapitalistengänse, die sie je gesehen hätte, bin ich doch sowieso endgültig schluß mit ihr. [!] Das war nämlich damals, als Du mir diesen süßen Pulli geschickt hattest – das ist ja schon wieder zwei Jahre her.«[16] Was in diesem aus politischen Gründen veröffentlichten »Briefwechsel« nicht thematisiert wird, ist die Neigung der wirtschaftswundergewöhnten, vom Osten aus als »reich« empfundenen Verwandtschaft im Westen, auch abgelegte Kleidung angesichts der offenbarten Misere als durchaus hilfreiche Güter zu betrachten und in den Osten zu schicken, was dort wiederum für Unmut und Enttäuschung sorgte. Auf diese Weise bauten sich in beiden Teilen Deutschlands in den fünfziger Jahren langlebige Vorurteile und Mißverständnisse über die Lebensverhältnisse und den Alltag im anderen Land auf. Während die einen den Klagen über fehlende Waren des täglichen Bedarfs ein Bild des Mangels und der Armut entnahmen, wunderten sich die anderen, wenn sie in den Paketen in den sechziger und siebziger Jahren immer noch Grundnahrungsmittel fanden, die es in der DDR inzwischen ausreichend zu kaufen gab.[17] Über solche Hilfen den Kopf zu schütteln, sollten schon die Kinder lernen. So zeigen die Eltern von Alfons Zitterbacke, Held beliebter Kinderbücher in der DDR, der Tante Paulette, die aus Westdeutschland zu den »Armen aus dem Osten« zu Besuch kommt, stolz ihre Margarine und das Puddingpulver vor. Und auch der beliebte »Brave Schüler Ottokar« demonstriert als Vertreter der jungen Generation im Unterschied zu seinen Eltern das erhoffte gewachsene Selbstbewußtsein der »armen Verwandten« im Osten, als Tante Sabine aus Hamburg zu Besuch kommt und die staunende Verwandtschaft an ihrer Seife riechen läßt.[18]



Für die Versuche, der Bevölkerung ein stolzes Bewußtsein auf die eigenen Leistungen und Waren zu vermitteln, wurden auch die Staatsdichter eingespannt. Der Lyriker Kuba wandte sich beispielsweise 1956 mit einem offenen Brief an die Be-

der Bundespost auf 3,- DM je 500 Gramm Gewicht begrenzt. Es gibt jedoch auch die Möglichkeit, ein des Zollgesetzes vom 28. März 1962 (GBl. I Nr. 3 S. 42) wird im Einvernehmen mit den Leitern der zustän-

völkerung: »Liebe Bürger, Sie erwarten Besuch von ›drüben‹! Die Wohnung ist geschrubbt und gebohnert. Die Fenster sind geputzt. Frische Gardinen haben Sie aufgesteckt. Sauberes Bettzeug liegt bereit. Der Kuchen ist hoffentlich geraten? Sie sind ein Gastgeber, der etwas auf sich hält.« Er empfahl weiter, nicht den armen Verwandten zu spielen, der sich nur zu gern bedauern und beschenken läßt, sondern stolz das eigene Moped, Teppich etc. vorzuzeigen. Kuba gab der Bevölkerung jedoch nicht nur Ratschläge zum Umgang mit den Verwandten, sondern verordnete gleich noch eine Lektion Staatsbürgerkunde im Sinne der Aktivistin Frida Hockauf: »Eh das Radio, das Moped, das Motorrad und der Veloursläufer angeschafft wurden, was mußte denn da angeschafft werden?? Zum Beispiel eine neue



Werft in Warnemünde! Die volkseigene Fischfangflotte in Saßnitz! Ehe die Zwiebelnot zu Ende war, mußte der 3000-Tonner ›Thälmann-Pionier‹ gebaut werden. Bevor wir uns – was Bananen anlangt – mit Onkel und Tante von ›drüben‹ messen können, muß die 10000-Tonnen ›Frieden‹ auf Ostasienkurs gehen. (...) Freilich wird Tantchen von ›drüben‹ sagen, sie besäßen dies und mehr schon lange und sie hätten sich dafür nicht so anzustrengen brauchen. Das stimmt zwar nur sehr bedingt, aber nehmen wir einmal an, es wäre wahr! Kennt Tantchen auch den Preis für das Glück, das ihr angeblich so mühelos in den Schoß gefallen ist? Über Damokles hing ein Schwert – die Bonner Bundesregierung hat Atombomben im Keller. Das ist der Preis, den ein Land den Amerikanern zahlen muß, wenn es sich von Onkel Sam etwas schenken läßt! Noch eine Kartoffel aus der Mecklenburger Ernte, Tantchen? Du kannst sie in Ruhe verzehren, sie explodiert nicht!«[19]

Im Gefolge der Politik des neuen Kurses 1953 stabilisierte sich die Versorgungslage in der DDR allmählich. Die gesicherte Grundversorgung gehörte nun auch hier zu den Selbstverständlichkeiten des Lebens. Die Sowjetunion schickte den ersten Sputnik auf seine Umlaufbahn durchs All, der wirtschaftliche Durchbruch schien zum Greifen nah. Im Juni 1958 konnte der Ministerrat für die letzten Waren die Rationierung abschaffen.[20] Voller Zukunftsoptimismus wähnte sich die SED-Führung mit ihrer Politik auf der richtigen Seite. Der V. Parteitag der SED beschloß die »Vollendung des sozialistischen Aufbaus« und erklärte das Erreichen des westdeutschen Versorgungsniveaus von 1957/58 in ausgewählten Bereichen zur Hauptaufgabe.[21] Damit wurde die Bundesrepublik mit ihrer Konsumsituation erstmals offiziell als Bezugsgröße und Zielwert anerkannt und benannt.[22] Die Propaganda beschwor die Bevölkerung ganz in diesem Sinne, Mängel in der Versorgung als vorübergehende Erscheinungen der Aufbauphase zu akzeptieren und optimistisch in eine gut versorgte Zukunft zu blicken. »So wie wir heute arbeiten, werden wir morgen leben«, verhießen die Aktivisten.[23] Bis 1965 sollte auch die Bevölkerung in der DDR in Wohlstand und Glück leben. Für das Jahr 1990 gar prophezeite ein 1959 in der DDR erschienenes Buch mit dem verheißungsvollen Titel »Unsere Welt von morgen«, daß die DDR »eine konsequent durchkonstruierte kommunistische Welt« sein würde, in der »eine unvorstellbare Fülle von Wa-

Paket als »Wertpaket« zu schicken. Hierbei ist die Wertangabe sowohl auf dem Paket als auch auf der digen zentralen staatlichen Organe folgendes bestimmt: § 1 (1) Geschenksendungen im Sinne dieser

Nach zahlreichen Lockerungen bei den Bestimmungen für den innerdeutschen Reiseverkehr in den siebziger Jahren wurden Geschenke zunehmend von Reisenden mitgebracht.

ren und Dienstleistungen zum allgemeinen Nutzen zur Verfügung« stehen »und in der alle Fragen vollkommen und vernünftig geregelt« sein würden.[24] Und immer wieder wurde der direkte Bezug zur Bundesrepublik hergestellt, der den Blick der Bevölkerung nach Westen geradezu herausforderte: »Wenn die politischen Zustände in Westdeutschland überhaupt Aussicht hätten, bis 1970 fortzubestehen, könnte man mit Sicherheit voraussagen, daß nicht nur ein Manko von 30000 Ingenieuren auftreten würde, der westdeutsche Staat wäre dann schon ein reichlich altmodisches Gebilde mit einer vergleichsweise recht ungebildeten Bevölkerung, die keineswegs in der Lage wäre, die neuzeitliche Technik auf allen Gebieten zu meistern.«[25]

Die Kehrseite dieser ideologischen Hochstimmung zeigte sich sehr bald in gravierenden politischen Fehlentscheidungen. Die SED glaubte die Zeit gekommen, um die sozialistische Umgestaltung in Stadt und Land mit Gewalt zu Ende bringen zu können. Rigoros wurden privatem Handel und Handwerk sowie noch bestehenden bäuerlichen Wirtschaften die Existenzbedingungen genommen. Die Versorgungslage verschärfte sich wieder, die Flüchtlingszahlen stiegen. 1960 sah sich das Politbüro gezwungen, resigniert Bilanz zu ziehen: »Viele bzw. die meisten Verkäufe kommen nur dadurch zustande, weil die Kundschaft resigniert; sie kauft,

Paketkarte zu vermerken. »Wertpakete« nach Mitteldeutschland müssen versiegelt sein. Die Höhe der weil sie nicht daran glaubt, doch zu der Ware zu kommen, die sie tatsächlich haben möchte.«[26]

1961 griff die SED zum letzten Mittel: Am 13. August schloß sie die Grenzen zu Westberlin. Damit unterband man nicht nur die Flucht vieler Menschen aus der DDR, auch der Zustrom der begehrten Westwaren in die DDR wurde kurzzeitig eingeschränkt. Gleichzeitig mußte sich das Zentralkomitee der SED eingestehen, daß die Versorgungslage trotz der nach dem Mauerbau gegebenen Versprechungen nicht grundlegend verbessert werden konnte. Um den innerdeutschen Geschenkverkehr für die Linderung von Versorgungsproblemen nutzen zu können, erarbeitete der Leiter der Zollverwaltung im Oktober 1963 eine Vorlage für das Sekretariat des ZK der SED, in der er »Maßnahmen zur Durchsetzung der Verordnung über den Geschenkpaket- und -päckchenverkehr im Jahresendverkehr 1963« empfahl. Diese sahen vor, bestimmte Waren zum Versenden nach Westdeutschland zuzulassen, auch wenn sie den festgelegten Wert von 30 Mark überstiegen. Das scheint auf den ersten Blick keine Logik zu haben. Es sollte aber der Versand »auf den Abbau der Lagerbestände an solchen Waren gerichtet [sein], die weder im Binnen- noch im Außenhandel absetzbar sind. Nach Erfahrungen im Jahresendverkehr 1962 und in Anbetracht der zur Zeit bestehenden wenigen Möglichkeiten, Waren in Geschenkpaketen und -päckchen in andere Staaten und nach Westberlin zu verschicken, ist zu erwarten, daß sich ein gewisser Teil der Kaufkraft der Bevölkerung auf diese Waren richten wird. (Im Dezember werden im Durchschnitt vier Millionen Päckchen und Pakete im Geschenkverkehr ... versandt.) Die vorgeschlagene Maßnahme entspricht auch den Wünschen der Bevölkerung.«[27] Gleichzeitig sollte gesichert werden, »daß keine Waren zur Ausfuhr zugelassen werden, an deren erhöhter Produktion kein volkswirtschaftliches Interesse besteht bzw. die im Außenhandel absetzbar sind«[28]. Man hoffte also, auf diesem Wege auf in der DDR auftretende Überplanbestände bzw. Mangelwaren flexibel reagieren zu können.[29]

Mit der Einführung des Passierscheinabkommens 1963, den Erleichterungen für den Reiseverkehr in die DDR sowie für Rentner aus der DDR in die Bundesrepublik, über den Geschenkdienst Genex und die Intershop-Läden (vgl. hierzu die Beiträge von Franka Schneider und Katrin Böske in diesem Buch) gelangten Ikonen der westlichen Warenwelt nach kurzer Unterbrechung wieder in die Haushalte der DDR. Rentner kamen mit vollen Taschen von ihren Westreisen zurück, westliche Besucher fuhren mit vollgepackten Autos vor. Jetzt wurde offensichtlich, daß der 1959 so vollmundig verkündete Kampf an der Konsumfront gegen die Bundesrepublik zuungunsten der DDR ausging. Das Institut für Marktforschung wurde daraufhin 1969 angewiesen, nur noch Teilergebnisse zu veröffentlichen, die keine Rückschlüsse auf die Entwicklung des Lebensstandards in der DDR zuließen und vor allem Erfolge demonstrierten. Internationale Vergleiche sollten gar nur noch »bei solchen Waren, Warengruppen bzw. auf solchen Gebiesender (Bürger) an einen privaten Empfänger (Bürger) auf Grund persönlicher Beziehungen zum persön-



ten angestellt werden, an denen die ökonomischen Erfolge der DDR im Vergleich zu anderen hochentwickelten Industriestaaten anschaulich demonstriert werden können«.[30]

Die in den sechziger Jahren erfolgte Liberalisierung bei der privaten Einfuhr von Waren westlicher Herkunft in die DDR, die vor allem wirtschaftlichen Zwängen geschuldet war, wurde intern erneut mit Kriminalisierungen und harten Strafen geahndet. Das Tragen von Jeans auf den Oberschulen, der Besitz der Zeitschrift »Bravo« oder das Abhören von Radiosendern westlicher Herkunft konnten harte Strafen zur Folge haben,[31] Bestimmungen wie die vom 60:40-Verhältnis von Ost- und West-Musik in Diskotheken wurden eingeführt[32].

Zehn Jahre nach dem Mauerbau setzten viele Menschen trotz der zwischenzeitlich erlebten Be- und Verhinderung ihrer privaten Beziehungen auf das offizielle deutsch-deutsche Tauwetter. Doch ihre Hoffnung, die Unterzeichnung des Grundlagenvertrages würde deutliche Erleichterungen im Reise- und Besuchsverkehr, vielleicht sogar eine staatliche Annäherung bringen, erwies sich als trügerisch. Statt der erhofften innenpolitischen Liberalisierung, die sich zunächst mit der Machtübernahme Honeckers andeutete, zog die SED die Daumenschrauben wieder an: Allen außenpolitischen Verkündungen internationaler Öffnung und den deutsch-deutschen Gesprächen zum Trotz wurde innenpolitisch weiterhin auf strikte Abgrenzung gesetzt. Die Menschen wurden gedrängt, ihre privaten Beziehungen nach Westdeutschland einzuschränken oder – abhängig von ihrem jeweiligen Beruf – ganz abzubrechen.[33] Ein anschauliches Beispiel für diese Versuche zeigte sich in der Kataloggestaltung des DDR-Versandhauses »konsument«. Dort hatte man den Hoffnungen vieler DDR-Bürger auf eine Normalisierung der Beziehungen zur Bundesrepublik mit westdeutschen Modellbezeichnungen Ausdruck verliehen. Im Jahr der zehnten Weltfestspiele der Jugend und Studenten 1973 in Berlin, bei dem die DDR ihre Weltoffenheit demonstrieren wollte, wagte es das Versandhaus, Modelle mit Namen Bonn, Rhein, Cannes, Rio de Janeiro und Heino in seinem Katalog abzubilden. Diese Bezeichnungen belegen, daß trotz der Abschottungsversuche gegen westliche Einflüsse der Schlagersänger Heino und der Fußballer Jupp Derwall, der ebenfalls einer Hose seinen Namen geben durfte, bekannt und beliebt waren. Die Folgen dieser Namensgebung illustrieren die fast hysterischen Versuche der SED, alles Westliche fernzuhalten: Das Politbüro der SED sah sich zu einer direkten Stellungnahme veranlaßt – die entsprechenden Stellen im Katalog mußten per Hand geschwärzt werden, Generaldirektor und Parteisekretär des Versandhauses ihre Posten räumen.[34]

Ein Versuch, den Gebrauch westlicher Waren im öffentlichen Leben einzudämmen, bestand auch darin, die nicht zu beseitigenden Wünsche nach derartigen Waren durch Gestattungsproduktionen[35] oder die Entwicklung eigener Modelle, zum Beispiel Jeans der Marken »Wisent« und »Boxer«, in der DDR zu befriedigen. Diese Versuche, westliche Konsummodelle durch Angebote »Made in GDR« zu

angabegebühr ebenso wie die Wertangabe ohne besondere Gebühr auf 500,- DM begrenzt ist, bietet das lichen Verbrauch oder Gebrauch über die Staatsgrenze der Deutschen Demokratischen Republik zum



kompensieren, waren jedoch kläglich zum Scheitern verurteilt. Die Menschen wollten die Originale aus dem Westen kaufen, die DDR-eigenen Produktionen wurden als nachgemacht und minderwertig empfunden. Selbst die abgelegten Bekleidungsstücke aus dem Westen hatten noch einen höheren Prestigewert als neuwertige Sachen aus DDR-Fabrikation.[36] Nicht nur der Besitz, Ver- und Gebrauch dieser Waren hatte Wert – selbst die leeren Verpackungen, die davon zeugten, daß ihr Besitzer irgendwann einmal im Besitz von Westwaren, wenn nicht gar Westgeld gewesen war, wurden zu Prestigeobjekten. Die Küchen, Badezimmer und Wohnstuben in der DDR waren vielerorts mit leeren Seifenpackungen und Bierdosen geschmückt. In leere West-Kaffeedosen wurde DDR-Kaffee gefüllt, um die Besucher glauben zu machen, man trinke »Westkaffee«. Bunte Plastbeutel mit Werbung für westdeutsche Ketten oder Produkte symbolisierten die Privilegierung ihrer Besitzer.

Entgegen allen Plänen und Zukunftsvisionen hatten die Versorgungsprobleme und damit die Orientierung auf das Lebensniveau im Westen im Laufe der Zeit nicht ab-, sondern zugenommen. Vormals zum »Systemvergleich« auserkorene Lebensmittel waren knapp oder nur in minderer Qualität zu kaufen. Waren, die via Geschenksendung in die DDR kamen, zeugten vom Leben in dem Teil Deutschlands, wo die Leute das offensichtlich bessere Los gezogen hatten. Unter der Bevölkerung kursierten Gerüchte, daß die Waren aus der DDR, die etwas taugten, für Schleuderpreise im Westen verhökert würden und für die Bevölkerung in der DDR nur die mindere Qualität bliebe. Trotz aller Versuche, die Bürger der DDR gegen Einflüsse aus dem Westen abzuschotten, spürte die SED spätestens mit der sogenannten »Kaffeekrise« 1977, daß die private Einfuhr von Westwaren geduldet werden mußte, stellten diese doch längst einen unentbehrlichen Faktor dar, um die DDR-Wirtschaft zu entlasten. Für den Import von Kakao- und Kaffeeerzeugnissen, die zu den stärksten Ausgabepositionen der DDR-Haushalte gehörten, gab die DDR jährlich etwa 150 Millionen Valuta-Mark aus. Die DDR-Bürger ihrerseits investierten etwa 3,3 Milliarden Mark der DDR pro Jahr in den Kaffeekonsum. Das war fast ebensoviel wie für Möbel und etwa das Doppelte von dem, was sie für Schuhe ausgaben. Als die Kaffeepreise 1976 auf dem Weltmarkt dramatisch anstiegen, mußte die DDR fast 700 Millionen Mark für entsprechende Importe ausgeben. Um die Auslandsverschuldung nicht weiter steigen zu lassen, beschloß die SED-Führung, die Importe von Nahrungs- und Genußmitteln zu drosseln und die dringend benötigten Devisen für die Einfuhr von industriellen Rohstoffen zu sparen. Die bis dahin in der DDR angebotenen Kaffeesorten wurden reduziert, Preiserhöhungen erwogen. Um die knappen Kaffeevorräte zu schonen, kam ein Mischkaffee, sinnigerweise KaffeeMix und vom Volksmund »Erichs Krönung« genannt, auf den Markt. Von weiteren Maßnahmen – wie etwa der Zuteilung von Kaffee – sah die SED ab: »Auf eine Kontingentierung beim Verkauf von Röstkaffee im Einzelhandel ist zu verzichten, da eingeschätzt werden kann, daß

»versiegelte Wertpaket« einen Vorteil: Wertpakete unterliegen einer besonderen Behandlung (sie wer-

Versand gebracht werden. (2) Geschenksendungen im Sinne dieser Durchführungsbestimmung sind nur

| Gr. | 46 | 48 | 50 | 52 | 94 | 98 |
|---|---|---|---|---|---|---|
| BNr. | 197440 | 197457 | 197465 | 197473 | 197481 | 197498 |
| M | 203,— | | | | | |

**5 „konsument"-Produktion! Athen, Herrenanzug** von Format. Dreiknopffront, mit Rückenschlitz, paspelierte Pattentaschen, dezentes Dessin in Mittelbraun. Sehr strapazierfähige Grisutenqualität. Rundbundhose mit Flügeltaschen, 1 Gesäßpattentasche.

| Gr. | 46 | 48 | 50 | 52 | 54 | |
|---|---|---|---|---|---|---|
| BNr. | 197393 | 197408 | 197416 | 197424 | 197432 | M 203,— |

**6 „konsument"-Produktion! Kiel, Setanzug** in jugendlichem Schick. Set = lange Weste mit Kragen, ohne Revers, ohne Ärmel, mit Montagegürtel. Gürtelhose waagerechte Leistentaschen, 1 Gesäßtasche. Leicht ausgestellte Beinweite. Hellbraun gemustert, aus 50% Kammgarn wolle/50% Viskose.

| Gr. | 84 | 86 | 88 | 44 | 46 | 48 |
|---|---|---|---|---|---|---|
| BNr. | 197336 | 197344 | 197352 | 197360 | 197377 | 197385 |
| M | 95,— | | 105,— | | | |

**7 Trier, Freizeitanzug** aus hochveredeltem Importgewebe Baumwolle/Synthetik in Mittelbraun. Federleicht und pflegeleicht. Jacke mit Rundgürtel, 4 Schließknöpfen, 4 aufgesetzten Pattentaschen, Hose mit Gürtel und Gürtelschlaufen, waagerechte Hosentaschen, 1 Gesäßtasche.

| Gr. | 46 | 48 | 50 | 52 | 94 | 98 |
|---|---|---|---|---|---|---|
| BNr. | 492912 | 492920 | 492937 | 492945 | 492953 | 492961 |
| M | 146,— | | | | | |

**8 Marquis, Blouson,** 2 flotte Brusttaschen mit Patten und Knopfverschluß. Sportsteppung an den Nähten, Vorder- und Rückenkoller, 1 Brusttasche innen. Laminierter Tweed, braun-weiß-schwarz.

| Gr. | 44 | 46 | 48 | 50 | 90 | 94 |
|---|---|---|---|---|---|---|
| BNr. | 498557 | 498565 | 498573 | 498581 | 498598 | 498604 |
| M | 96,— | | | | | |

**9 Heino, Rundbundhose** aus 70% Polyester und 30% Viskose, dezent dunkelbraun gemustert. 2 Flügeltaschen, 1 Gesäßtasche.

| Gr. | 46 | 48 | 50 | 52 | 54 |
|---|---|---|---|---|---|
| BNr. | 499558 | 499566 | 499574 | 499582 | 499590 |
| M | 70,— | | | | |
| Gr. | 51 | 53 | 55 | 56 | |
| BNr. | 499605 | 499613 | 499621 | 499638 | |
| M | 70,— | | 74,— | | |

Im Jahr der X. Weltfestspiele der Jugend 1973 in Berlin wollte ein Versandhaus im Osten mit Modellbezeichnungen wie »Trier« oder »Heino« Offenheit demonstrieren.



den stückzahlmäßig nachgewiesen). Jedoch entfällt auch bei versiegelten Wertpaketen – ebenso wie bei auf dem Postwege zugelassen. Der Versand oder Empfang von Geschenken in Briefen ist nicht gestattet.

durch die Erhöhung des Kaffeepreises um ca. 100 Prozent ein Rückgang des Kaffeeverbrauchs um ca. 25 bis 30 Prozent zu erwarten ist. Weiterhin ist damit zu rechnen, daß durch diese Maßnahmen eine Zunahme der Versorgung der DDR-Bevölkerung durch andere Quellen, wie zum Beispiel durch grenzüberschreitenden Päckchen- und Paketverkehr und beim Abkauf im Intershop ... erfolgen wird. (...) In Betrieben, Verwaltungen, Institutionen usw. sowie für Repräsentationszwecke ist der Verbrauch von Kaffee generell zu untersagen.«[37] Um die Zufuhr aus dem Westen tatsächlich zu gewährleisten, wurde die zur Einfuhr erlaubte Menge zunächst auf ein Kilogramm erhöht. Ein Jahr später ließ man dann sogar alle Beschränkungen fallen.[38]



Diese plötzlichen Einbrüche in der Versorgung bestimmten den Einkaufsalltag aller DDR-Bürger und verhinderten, daß sich die Menschen von ihren Vergleichen mit der Versorgung in der Bundesrepublik, die allabendlich via Fernsehen und Werbung Einzug in die Wohnzimmer der DDR hielt, abbringen ließen. Zwar hatte sich der Lebensstandard der DDR-Bürger erhöht, aber die erhoffte Zufriedenheit mit den Lebensumständen war nicht eingetreten. Im Gegenteil: Die Forderungen und Erwartungen weiteten sich immer mehr aus. Der Bevölkerung wurde ein wachsender Wille zur Individualisierung und Differenzierung attestiert, den diese vor allem mit Waren westlicher Erscheinungsart befriedigt sehen wollte.

Im Frühjahr 1977 beschloß das Politbüro schließlich, die Delikat- und Exquisit-Läden für Lebensmittel und Bekleidung[39] auszubauen. Mit deren Hilfe sollte der wachsende Unmut der devisenlosen Bevölkerungsteile gedämpft werden, die die Intershop-Läden vor Augen hatten und ständig an ihre Benachteiligung erinnert wurden. Sie sollten in diesen Läden nun ebenfalls hochwertige (Import-)Waren kaufen können. Gleichzeitig sollten über die dort erzielten höheren Preise die ständig wachsenden Spareinlagen abgebaut werden.[40] 60 Prozent der Waren im Delikat sollten hochwertige, dem Westen in Verpackung und Art entsprechende Waren aus einheimischer Produktion sein, 40 Prozent der Waren aus Importen vor allem aus der Bundesrepublik stammen.[41] Bald stellte sich jedoch heraus, daß die angebotenen einheimischen Artikel nicht als Alternative zu den Importen akzeptiert wurden. Darüber hinaus war bereits 1981 eine generelle Angebotsverschlechterung eingetreten, in deren Folge das avisierte Ziel, einen festen Käuferkreis mit seiner Kaufkraft zu binden, nicht gelang. Auch litt die Akzeptanz des Delikat-Handels als sinnvolle Ergänzung zum sonstigen Warenangebot, da mehr und mehr Waren aus dem normalen Warensortiment nun in den Delikat-Läden auftauchten. Die Bürger fühlten sich betrogen und unterstellten nicht zu Unrecht, daß Mangelwaren aus dem normalen Sortiment zu höheren Preisen im Delikat angeboten wurden. Bis Ende der achtziger Jahre verschärften sich die Diskrepanzen zwischen Angebot und Nachfrage weiter, zumal die Spareinlagen ständig wuchsen und die SED-Führung unter Honecker in den siebziger Jahren am Dogma stabiler Preise festhielt. Zwar erreichte der Umsatz im Delikat wertmäßig das zwei-

gewöhnlichen Paketen – im Falle eines Verlustes die Haftung der Bundespost, wenn die Sendung durch

§2 Auf Geschenksendungen ist vom Versender neben der Anschrift der Vermerk »Geschenksendung,

fache Volumen des Umsatzes im Sortiment »Waren des täglichen Bedarfs« (WtB), aber das kam nur zustande, weil die befürchtete Verlagerung des Angebots aus dem WtB-Sektor in den Delikat-Bereich eingetreten war. Der enorme Kaufkraftüberhang konnte damit nicht abgebaut werden.

Auch im Bereich der technischen Konsumgüter wie PKW, Fernseher, Walkmen, Recorder, Kühlschränke oder Waschmaschinen waren die Erwartungen der DDR-Bürger durch die aus der westdeutschen Fernsehwerbung bekannten Standards geprägt. Hier hatte sich nach der Deckung des Grundbedarfs der Trend zum teuren Produkt und zu hochwertigen Erzeugnissen durchgesetzt. Auf begehrte Neuentwicklungen wie Farbfernseher oder Waschvollautomaten mußte man in der DDR jedoch – wenn man sie sich nicht dank spendabler Verwandter in der Bundesre-

publik über Genex schicken lassen konnte – teilweise mehrere Jahre warten, da die ausreichende Herstellung begehrter technischer Neuentwicklungen durch die unflexiblen Produktions- und Handelsstrukturen in der DDR nicht gewährleistet war. Hinzu kam die paradoxe Situation, daß die Preisgestaltung in den Intershops zu einer weiteren Abwertung der DDR-Produktionen führte. Die in den Intershops angebotenen Westmarken waren selbst bei einem unrealistisch hohen Umtauschwert zwischen D-Mark und DDR-Mark im Verhältnis von 1:8 bzw. 1:10 immer noch genauso teuer wie die im DDR-Handel angebotenen, geringer bewerteten DDR-Waren. Die Bevölkerung wurde durch diese Preisgestaltung indirekt aufgefordert, DDR-Geld zu Schwarzmarktkursen, die in der Regel bei 1:4 bis 1:5 lagen, zu tauschen und im Intershop einzukaufen, schlußfolgerte beispielsweise eine Studie des Instituts für Marktforschung und thematisierte den heiklen Bereich des sich ausweitenden »grauen Markts«, auf dem für Devisen alles zu haben war, was die Menschen ansonsten vergeblich in den Geschäften suchten.[42]

Die in zweijährigem Turnus erstellten Marktlagetests kamen in den achtziger Jahren zu immer schlechteren Befunden. Fast alle Konsumgüter zählten inzwischen zu den kritischen Sortimenten.[43] Ende der achtziger Jahre mußte in einem von der SED erteilten »Sonderauftrag zur gegenwärtigen Versorgungssituation«[44] festgestellt werden, daß das produzierte Angebot seit langem nicht mehr den Kaufwünschen der Bevölkerung entsprach, deren freie Geldmengen weder über die hochpreisigen Waren in Delikat und Exquisit noch über andere Konsumgüter gebunden werden konnten.

Jährlich angefertigte Studien zur privaten Einfuhr von Waren aus Westdeutschland über den Paket- und Postverkehr brachten hingegen zutage, daß die DDR-Wirtschaft und der Handel auf die private Einfuhr von Konsumgütern und Nahrungsmitteln regelrecht angewiesen waren. 25 Mio. Pakete und Päckchen mit einem Gewicht von durchschnittlich vier Kilogramm erreichten im Regelfall jedes Jahr die Haushalte in der DDR. Diese enthielten zumeist »Versorgungsgüter« im Wert von 191 DM[45], wobei Kaffee, Kakao, Tee und Schokolade neben Schuhen und Textilien zu den stärksten Einfuhrpositionen gehörten. In einigen Jahren überstieg

Verschulden des Absenders oder durch Beschlagnahme verlorengeht. Entgegen einem weitverbreiteten keine Handelsware« anzubringen. §3 Von der Einfuhr in Geschenksendungen sind die in Bekanntma-



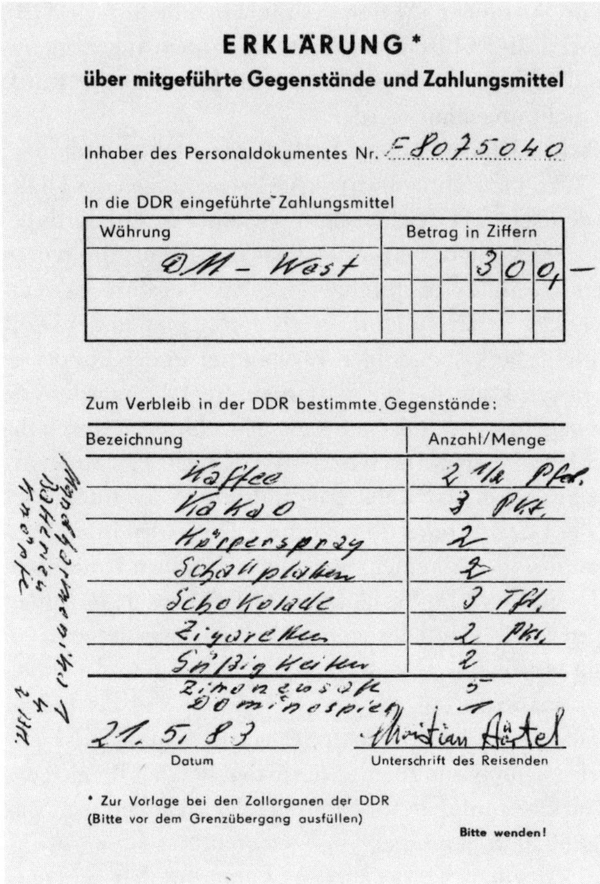

**ERKLÄRUNG ***

**über mitgeführte Gegenstände und Zahlungsmittel**

Inhaber des Personaldokumentes Nr. E 8075040

In die DDR eingeführte Zahlungsmittel

| Währung | Betrag in Ziffern |
|---|---|
| DM - West | 300,– |
| | |
| | |

Zum Verbleib in der DDR bestimmte Gegenstände:

| Bezeichnung | Anzahl/Menge |
|---|---|
| Kaffee | 2 1/2 Pfd. |
| Kakao | 3 Pkt. |
| Körperspray | 2 |
| Schallplatten | 2 |
| Schokolade | 3 Tfl. |
| Zigaretten | 2 Pkt. |
| Süßigkeiten | 2 |
| Zitronensaft | 5 |
| Dominospiel | 1 |

21. 5. 83 — Datum

Christian Härtel — Unterschrift des Reisenden

* Zur Vorlage bei den Zollorganen der DDR
(Bitte vor dem Grenzübergang ausfüllen)

**Bitte wenden!**

Bei Besuchesreisen in die DDR hatte der Bundesbürger die mitgeführten Waren und Devisen genau zu deklarieren.

die private Einfuhrmenge bei Kakao, Oberbekleidung und Schuhen die Menge der im Handel in der DDR bereitgestellten Waren.[46] So gelangten beispielsweise 1986 über die Pakete 2383,8 Tonnen Kakaopulver in die Haushalte der DDR, während vom Handel lediglich 1206 Tonnen bereitgestellt werden konnten. Ähnlich sah es bei Damenblusen aus. Hier überstieg die Menge der privat eingeführten Textilien mit 5147400 Stück die im Handel käufliche Menge um 1,7 Mio.[47] Diese Einfuhrmengen entlasteten die Eigenproduktion erheblich, denn »sie ermöglichen bei dem Empfängerkreis Kaufverzicht bzw. Kaufzurückhaltung und führen zu Verlagerungen der Kaufkraft auf andere Sortimente«[48]. So befanden die Erarbeiter der Untersuchungen, daß es ein »Trugschluß« sei, den Stellenwert der Waren in den Paketen geringzuschätzen, da ein Teil der angespannten Versorgungslage auf dem DDR-Markt darüber ausgeglichen werde, auch wenn »es sich nicht ausschließlich um neue Bekleidungsstücke, sondern in großem Umfang auch um bereits getragene Artikel [handelt]. Man muß aber immer davon ausgehen, daß es noch verwendbare Bekleidung ist, die in den Garderobefonds aufgenommen wird.« Hierbei würde es sich »in jedem Einzelfall um versorgungspolitisch relevante Mengen« handeln, »die maßgeblich das Versorgungsniveau bei diesen Sortimenten prägen. Stets muß mit Nachdruck darauf verwiesen werden, daß Textilwaren in dieser Größenordnung seit Jahrzehnten über den Postpaket- und päckchenverkehr in die DDR gelangen und in den Garderobefonds unserer

Irrtum ist die Wertangabegebühr keine Versicherungsgebühr. Frage: Kann man Schnellpakete in die chungen des Ministers für Außenwirtschaft aufgeführten Gegenstände ausgenommen. § 4 Eingeführte

Bevölkerung eingehen. Diese Einfuhrmengen an Textilwaren bieten den Empfängern die Möglichkeit, qualitative und strukturelle Mängel im Warenangebot auch über einen längeren Zeitraum zu überdecken« und sich abwechslungsreich zu kleiden. Problematisch sei lediglich, daß über die Einfuhr von »hochmodischer Kleidung« die Kleidungsansprüche in die Höhe geschraubt würden, ohne daß der Handel in der DDR dem etwas Entsprechendes entgegenzusetzen habe.[49] Auch sei das Frustrationspotential, das hierüber an die Nichtempfänger von Paketen vermittelt werde, keineswegs zu unterschätzen: »Hier wird eine permanente Unzufriedenheit genährt, die durch den Augenschein im Straßenbild oder an der Arbeitsstelle ständig neu geschürt wird.«[50]

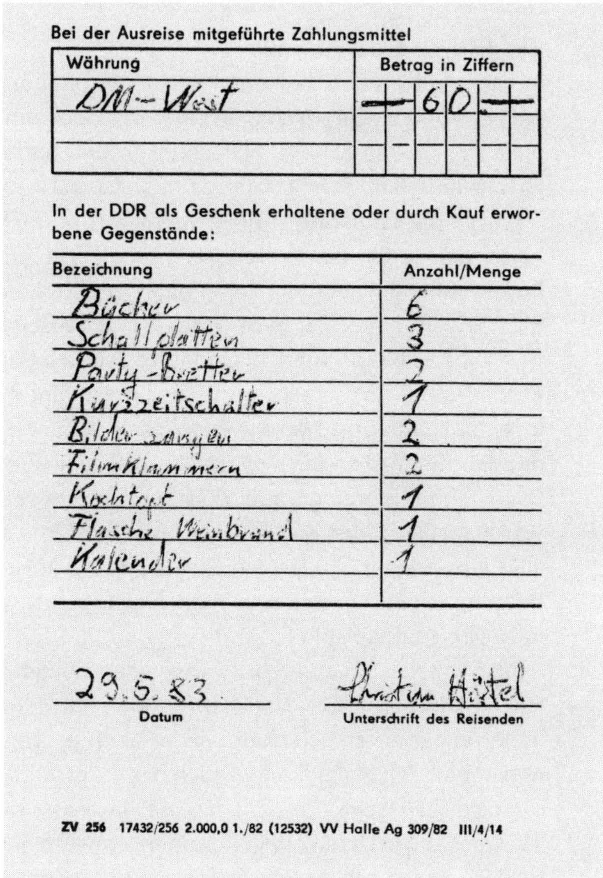

**Bei der Ausreise mitgeführte Zahlungsmittel**

| Währung | Betrag in Ziffern |
|---|---|
| DM-West | 60 |
| | |

In der DDR als Geschenk erhaltene oder durch Kauf erworbene Gegenstände:

| Bezeichnung | Anzahl/Menge |
|---|---|
| Bücher | 6 |
| Schallplatten | 3 |
| Party-Bretter | 2 |
| Kurzzeitschalter | 1 |
| Bilderzangen | 2 |
| Filmklammern | 2 |
| Kochtopf | 1 |
| Flasche Weinbrand | 1 |
| Kalender | 1 |

29.5.83 — Datum

[illegible] — Unterschrift des Reisenden

ZV 256 17432/256 2.000,0 1./82 (12532) VV Halle Ag 309/82 III/4/14

Diese »permanente Unzufriedenheit« begleitete die Menschen in der DDR bis zum Herbst 1989. Und während man sich bis zur Öffnung der Grenze meist etwas Dauerhaftes und nichts Vergängliches vom mühsam erworbenen Westgeld kaufte, zeigte sich im November 1989, daß viele DDR-Bürger das gerade empfangene Begrüßungsgeld in die begehrten echten Jeans oder Lebensmittel wie Kaffee, Schokolade oder Südfrüchte, unter denen die Banane den Spitzenplatz innehatte, umsetzten.[51] Alle diese Produkte waren in großen Mengen über Westpakete, Intershop oder die Delikat-Läden in den Konsum der DDR-Bürger eingegangen, hatten ihre Konsumerwartungen wesentlich mitgeprägt und sie so bereits in der DDR auf die Konsumwelten des Westens vorbereitet.[52]



Sowjetzone schicken? Antwort: Nach der neuen Postordnung vom 1. August 1964 gibt es im innerdeut-

Literatur, sonstige Druckerzeugnisse einschließlich Bilder und Darstellungen sowie Schallplatten unter-

**Ein dringendes Bedürfnis**

In meiner Kindheit bekamen meine Großeltern zu Ostern, zu Weihnachten und zu Geburtstagen ein Westpaket von meinem Onkel. Es enthielt regelmäßig Sanella, Haferflocken und andere Lebensmittel sowie jeweils eine Tafel Schokolade, da mein Onkel *mehr* für schädlich hielt.

Als es die Großeltern nicht mehr gab und ich meine eigene Familie hatte, wurde ich zur Westpaketempfängerin. Die traditionellen Haferflocken blieben, auch die Seltenheit der Schokolade, für jedes Kind und mich jeweils eine Tafel. Nun war ja zu DDR-Zeiten bei weitem nicht immer alles zu bekommen. Dazu zählte zeitweise auch das Toilettenpapier. Es war kurz vor Ostern, ich hatte gerade fünf dieser Rollen erstanden. In einem unbeobachteten Augenblick begannen meine lieben Kinder mit den fünf Rollen ein Wurfspiel – und schließlich landeten diese in der Badewanne, in der gerade Wäsche zum Einweichen lag. Das Ergebnis war klar, alle Rollen naß, alle hin. Was nun? Im Laden war für dieses Mal alles ausverkauft. Zuerst versuchte ich, die abgerollten Rollen über der Wäscheleine im Bad zu trocknen. Das Ergebnis war hartes, rissiges, völlig ungeeignetes Papier.

Also schrieb ich einen Brief an meinen Onkel, schilderte ihm den Vorfall und bat ihn, mir zu Ostern doch bitte unbedingt einige Rollen Toilettenpapier zu schicken, was er auch prompt tat. Allerdings wurde nun neben den Haferflocken auch das Toilettenpapier zur Tradition.

Einige Zeit später mußte ich auf die Poststelle kommen, weil mein Westpaket beschädigt angekommen war. Am Schalter wurde ich aufgefordert, es zu öffnen, um festzustellen, ob der Inhaltsangabe entsprechend alles vorhanden war oder ob etwas fehlte. Am liebsten hätte ich das vermieden, ich wußte ja, was in dem Paket war. Neben der »schädlichen« Schokolade war dieses Mal die doppelte Menge Toilettenpapier dabei. Etwas komisch schaute mich die Frau vom Paketschalter schon an, und hastig packte ich mit rotem Kopf mein Westpaket zusammen.

Ein Schreiben an den inzwischen schon alten Onkel, daß es die bewußten Rollen jetzt wieder ständig zu kaufen gebe, blieb ebenso erfolglos wie der Hinweis, daß wir nicht unbedingt jedes Mal Haferflocken bräuchten. Trotzdem blieb ein Westpaket ein Westpaket, wurde freudig ausgepackt, denn es enthielt jedes Mal auch einige Überraschungen, Seife, Strumpfhosen, Kakao, aber auch Stifte und Tintenkiller für die Kinder, die wir dann im Antwortschreiben möglichst Stück für Stück aufzuzählen hatten, damit Onkel auch wußte, daß uns wirklich alles erreicht hatte.

*Sigrid Storch, Sömmerda*



schen Verkehr keine Eilpakete und keine dringenden Pakete mehr. Dafür gibt es »Schnellpakete«, die liegen der Prüfung durch die Zollverwaltung der Deutschen Demokratischen Republik, die entsprechend

**Siemens-Segnungen auf Abwegen**

Schon in jungen Jahren galt ich als sehr neugierig. Weil unsere Wohnung nur aus zwei winzigen Zimmern bestand, fielen mir auch die Westpakete immer rechtzeitig zur Inspektion in die Hände. Lange konnte ich die Köstlichkeiten aus einer anderen Welt betrachten, die Schokolade, die Rosinen und die duftenden Apfelsinen, die in Seidenpapier eingewickelt waren. Zu meiner Ehre sei gesagt, daß es nur beim Betrachten blieb, obwohl die Versuchung zu naschen fast unerträglich wurde.

Manchmal kam Schokolade in runden Blechdosen, und meine Mutter weinte dann immer. Ich konnte das erst verstehen, als sie uns eines Abends bei Kerzenlicht – es war erst ein paar Jahre nach dem Krieg und wieder einmal Stromsperre – erzählte, daß unser Vater solche Schokoladenrationen regelmäßig von der Front an seine Kinder geschickt hatte. Lieber als Schokolade hätte ich einen Vater gehabt, aber das ging nun nicht mehr. Noch heute bewahrt meine Frau in einer solchen Blechdose ihre Stecknadeln auf, und immer, wenn ich die Dose sehe, muß ich an meinen Vater denken.

Auch meine Familie erhielt später Pakete aus dem Westen, obwohl wir als Lehrer Kontakte dieser Art meiden sollten. Als 14jährige hatte meine Frau eine mehrwöchige Reise nach Emden machen können. Eingeladen hatte sie ein Kommunist, der jedes Jahr bei ihren Eltern in Halle wohnte, wenn die Leipziger Messe für die DDR internationales Ansehen erringen sollte. Während eines Ausfluges an die Nordsee hatte sie den gleichaltrigen Olaf und seine Familie kennengelernt, und aus dieser zufälligen Begegnung entwickelte sich eine langjährige Brieffreundschaft, die auch hielt, als Olaf in Berlin (West) und Bärbel in der Magdeburger Börde jeweils ihre Familien gründeten.

Olaf studierte Elektrotechnik an der TU Berlin. Großbetriebe mußten sich damals rechtzeitig nach Fachkräften umsehen, und so kam es, daß Siemens auf den klugen Kopf aufmerksam wurde. Als Lockmittel, später in die Firma zu kommen, wurden Geschenke in Form von Elektrogeräten eingesetzt, und zwar so reichlich, daß Olaf seine Brieffreundin aus dem Osten gleich mitversorgen konnte. Er forderte also eine Bestellliste von uns an, die aber verweigert wurde, da wir weder betteln mußten noch wollten. So schickte er auf Verdacht die technischen Segnungen des Kapitalismus, die wir mit sozialistischem Strom fütterten: ein Heizkissen, das heute noch funktionstüchtig ist, einen Toaster, einen Rasierapparat, einen Ondulierstab und eine Küchenmaschine, die bald defekt war, aus diesem Grund zur Reparatur nach Westberlin ging und



mit den schnellsten Erdwegverbindungen (Bahn und Straße, nicht Luftpost) befördert werden. Der Abbald wieder zur Verfügung stand. Der Konzern wird diese unfreiwilligen Geschenke in seiner Gesamtbilanz sicher gut verkraftet haben.

Die Stelle bei Siemens hat Olaf übrigens nicht angetreten – Undank ist der Welt Lohn. Er promovierte und arbeitet heute als Professor an einer Hochschule in Berlin.

Der Paketstrom riß auch in den Folgejahren nicht ab, blieb aber eine Einbahnstraße. In einem der seltenen Pakete des Gegenverkehrs haben wir seinem Sohn eine Modelleisenbahn geschickt, die zum Lieblingsspielzeug des Jungen avancierte, wie wir nach der Wende bei einer Begegnung unter den Berliner Linden erfuhren.



Vieles könnte man noch erzählen, zum Beispiel daß mein Bruder 1950 einen Luftballon mit einem Adreßzettel auf der Wiese gefunden hatte und den Mut zur Antwort aufbrachte, was nicht ganz leicht war, denn die Zeitungen schrieben über Provokationen, Sabotage, Spionage und andere schlimme Aktivitäten des Imperialismus. Es kam dann nicht so schlimm, es kam ein Päckchen, liebevoll verpackt.

Mintunter denke ich auch an Frau S. aus dem Bördedorf Tarthun, der man ein Päckchen beschlagnahmte, in dem neben Kaffee und Schokolade Bilder von ihrem gefallenen Bruder waren. Kriegshetze, ließ das Zollamt Magdeburg wissen, denn der Bruder steckte in einer Uniform der Wehrmacht ...

Übrigens: Rosinen kaufe ich heute selbst im Supermarkt. Sie kommen meistens aus Kalifornien, das liegt, glaube ich, auch im Westen.

*Klaus Krink, Arnstadt*

Kathrin Aehnlich

# Tante Bärbels Befreiung



Keiner wußte genau, wann es kommen würde. Manchmal war es schon vor dem Nikolaustag da, manchmal kam es erst zwei Tage vor Weihnachten. Je näher der Heilige Abend rückte, um so öfter hielt das Postauto vor unserem Haus. Bei jedem lauten Motorengeräusch, bei jedem Abbremsen stürzte ich ans Fenster. Das Müllauto, die Straßenkehrmaschine, eine Möbellieferung. Und wenn es dann wirklich das Postauto war, dann galt es, die Luft anzuhalten. Ich lauschte auf das Klappen der Haustür, zählte die Schritte: erster Stock, zweiter Stock. Ich faltete die Hände; in Momenten, in denen ich mir nicht anders zu helfen wußte, wurde ich fromm, es war eine zweckgebundene Frömmigkeit, die schlagartig einsetzte und ebenso schlagartig wieder verschwand. Ich hätte es nie zugegeben, daß ich heimlich betete, ein Junger Pionier, der betete, war etwas Schlimmes, etwas wie beim Fahnenappell während der Rede des Direktors zu lachen oder Jungs beim Pinkeln zuzusehen, aber ich mußte verhindern, daß der Postbote wieder bei Kunaths klingelte, die schon drei Pakete bekommen hatten, lieber Gott, bitte, bitte nicht bei Kunaths! und der Postbote lief weiter und klingelte bei Passigs. Es war, als ob das ganze Weihnachtsfest von diesem einen Paket abhängen würde.

Meist kam es ausgerechnet dann, wenn ich nicht zu Hause war. Irgendwann stand es auf dem Korridor neben der Flurgarderobe. Heimlich holte ich mein Lineal aus dem Ranzen: 82,7 cm x 38,3 cm x 27,8 cm ist gleich 0,088053 $m^3$. Mathematik war nicht unbedingt mein Lieblingsfach, aber man hätte mich nachts wecken können, und ich hätte die Paketgrößen der letzten fünf Jahre fehlerfrei aufsagen können. Allerdings war erfahrungsgemäß nicht die Größe das Entscheidende, sondern der Inhalt – und der war geheim. Gern hätte ich das Paket angehoben, es geschüttelt, auf den Klang gehört, aber schon das Berühren war bei Todesstrafe verboten, und selbst meine auf Reinlichkeit versessene Mutter, die mir ständig Vorträge hielt, daß beim Tischabwischen auch die Ränder dazugehörten, wischte folgsam um das Paket herum. Mein Vater bestand darauf, daß wir das Paket erst am Weihnachtsabend öffneten. Es war eines der wenigen Dinge, die er neben dem Termin für die Kohlelieferung im Herbst in unserer Familie bestimmen durfte. Meine Mutter nahm diese Entscheidung mit hochgezogenen Augenbrauen zur Kenntnis, wagte aber nicht zu widersprechen, denn das Paket kam von Tante Bärbel, der Schwester meines Vaters. Die Existenz dieser Schwester war ein Geheimnis, das er hütete wie einen Goldschatz, und das einzige, was ich von Tante Bärbel kannte, war ein Foto, das mein Va-

Höchstmengen zugelassen: 1. Tabakwaren bis 250g, 2. Kaffee bis 500g, Kakao bis 500g, 4. Schokolade

ter in seiner Schreibtischschublade zwischen Versicherungspolicen und Kohlenkarten versteckt hielt. Es war ein Farbfoto, das Tante Bärbel inmitten von Geranientöpfen vor einem Hauseingang zeigte, und auf der Rückseite stand in Schönschrift »Einzug ins neue Heim«. Ich kannte nur Kinder-, Alters- oder Tierheime, und zu dem Mietshaus, in dem wir wohnten, hätte ich nie »unser Heim« gesagt. Aber bei Tante Bärbel war alles anders. Tante Bärbel kam aus Bochum, und das lag im Westen. Deshalb holte mein Vater das Foto nur hervor, wenn wir allein zu Hause waren. Ansonsten wurde Tante Bärbel verschwiegen. Sie war etwas, das es nicht geben durfte, denn mein Vater war Lehrer und hatte auf allen Fragebögen, die er ausfüllen mußte, auf die Frage »Haben Sie Verwandte oder Freunde in der BRD?« mit »nein« geantwortet. Deshalb war das Paket auch an meine

Mutter gerichtet, was sie aber trotz heftiger Diskussion nicht dazu berechtigte, es vor dem Heiligen Abend zu öffnen. Schon die Schrift, mit der die Adresse geschrieben war, sah ungewöhnlich aus, große geschwungene Buchstaben, zwischen denen Lücken klafften, die unser Deutschlehrer als deutliches Zeichen von Oberflächlichkeit bemängelt hätte. Auf mich wirkte die Schrift exotisch, und es hätte mich nicht gewundert, wenn vor Tante Bärbels Heim neben den Geranien auch Palmen gewachsen wären. Ich suchte Bochum in meinem Schulatlas, fand es auf der Karte »Deutsche Demokratische Republik und Bundesrepublik nördlicher Teil« und war erschüttert. Ich hatte es am Meer vermutet, in einem Tal zwischen schneebedeckten Bergen oder inmitten von blühenden Wiesen, aber nicht im Ruhrgebiet. Das Ruhrgebiet oder genauer das industrielle Ballungsgebiet Essen-Duisburg machte, das hatte ich gelernt, die Schrecken der monopolkapitalistischen Wirtschaft sichtbar. Das Ruhrgebiet war der Ausbund des Bösen. Und immer, wenn ich in meinem Geschichtsbuch die Bilder von der weggeschütteten Milch und den Brotbergen sah, dachte ich an das Ruhrgebiet. Es war Imperialismus schlechthin: Kohlengruben, Industrieanlagen, große Wohnsiedlungen, und alles kapitalistisch! Auf der Karte im Atlas war das Ruhrgebiet rosa unterlegt, was ich für so etwas Schreckliches wie das Ruhrgebiet für unangebracht hielt. Zusätzlich war die Fläche schraffiert. Eine Art abgegrenzte Zone. Ich stellte mir das Ruhrgebiet wie eine Art offenen Vollzug vor. Einmal Ruhrgebiet, immer Ruhrgebiet. Ich war sicher, wenn eines Tages der Sozialismus siegen würde, dann würden wir zuerst die unterdrückten Menschen im Ruhrgebiet befreien. *Proletarier aller Länder vereinigt euch!* Manchmal träumte ich von Tante Bärbels Befreiung. Ich würde vor ihrem neuen Heim stehen, sie an der Hand nehmen und mit ihr die Treppe zwischen den Geranientöpfen hinunterschreiten. Dann würde es für Tante Bärbel keine Ausbeutung des Menschen durch den Menschen mehr geben, sie wäre befreit vom Joch des Kapitalismus und nicht mehr den Zwängen der Konsumgesellschaft ausgesetzt. Allerdings, und an diesem Punkt begann mein Zwiespalt, würde es dann auch keine Weihnachtspakete mehr geben. Aber jeder Kampf forderte Opfer. Und für die Sache, für unsere Sache, würde ich stark sein und auf Schokolade, gezuckerte Vollmilch oder Lübecker Marzipankartoffeln verzichten. Als Probe nahm ich mir jedes Jahr zu Beginn der Adventszeit vor, das Paket zu ignorieren. Zu sagen, nein danke, es interessiert mich nicht. Es fiel mir schwerer, als ich erwartet hatte. Wenn es dann auf unserem Korridor stand, so groß und geheimnisvoll,

kete, die an Empfänger in der SBZ gerichtet sind, von den Postämtern in der Bundesrepublik wie Eilsenbegann ich darüber nachzudenken, was uns Tante Bärbel in diesem Jahr geschickt haben könnte. Hatte sie meinen Wunsch, den ich jeden Abend zum Himmel schickte, erhört und mir eine Jeans gekauft? Eine echte Levi's, genau so eine, wie Angelika Rippel aus meiner Klasse sie hatte: knalleng, mit Nieten an den Taschen. Mein Vater sagte dazu abfällig Cowboyhosen. Und auch wenn ich wußte, daß die Cowboys den Indianern das Land weggenommen und sie in Reservate getrieben hatten, ich stellte mir vor, wie ich in dieser Jeans über den Schulhof laufen würde, mit einem silberglänzenen Colt im Halfter, mit dem ich nicht nur die Jungen aus meiner Klasse bedrohen und in die Flucht schlagen, sondern den ich praktischerweise auch gleich für Tante Bärbels Befreiung nutzen könnte. Im letzten Jahr hatte ich eine Barbiepuppe mit langen blonden Haaren bekommen. Sie hatte ein glitzerndes Kleid an und hochhackige Schuhe und sah aus, wie ich nie im Leben aussehen wollte, denn wer so aussah, würde nie einen ordentlichen Beruf lernen, nie Kranfahrerin werden oder Kombinatsdirektorin und am Aufbau unserer Volkswirtschaft teilnehmen können. Auch würde ich in diesen hockhackigen Schuhen nie Tante Bärbel befreien und mit ihr fliehen können. Außerdem waren blonde Frauen dumm, so wie Fräulein Kupinke aus dem Bäckerladen, die behauptete, Kuba würde am Mittelmeer liegen. Ich wußte genau, wo Kuba lag. An meinem letzten Geburtstag war Che Guevara ermordet worden, was ich als deutliches Zeichen nahm. Seit längerer Zeit spielte ich mit dem Gedanken, für ihn den Kampf fortzuführen. In dieser Situation wäre es peinlich gewesen, eine Barbiepuppe mit langen blonden Haaren zu besitzen. Allerdings konnte ich die Puppe nicht einfach verschwinden lassen, was sollte Tante Bärbel sagen, wenn sie nach ihrer Befreiung bei uns wohnen und sich nach ihren Geschenken erkundigen würde? Es war wie mit den Kissenplatten von Tante Mürzel, die meine Mutter nur hervorholte und auf die Sofakissen zog, wenn uns die Tante einmal im Jahr besuchen kam, die aber trotzdem nicht weggeworfen werden durften. Ich suchte nach einem Ausweg, nahm zum Beweis meiner Kampfbereitschaft die große Schere aus der Nähmaschine und schnitt der Barbiepuppe vor den Augen meiner Freundin Silvia Rolapp die Haare ab. Zwar hatte sie mich um diese Puppe beneidet, war aber tief beeindruckt, wie ich es wagen konnte, mit einem Geschenk aus dem Westen derart umzugehen. Ich schnitt mich in einen Rausch, sprach über die Befreiung der Unterdrückten auf der ganzen Welt, wenn ich einen Colt gehabt hätte, so hätte ich zwischendurch in die Luft geschossen, und innerhalb weniger Minuten hatte die Barbie eine Glatze.



Als meine Freundin gegangen war, überfiel mich die Reue. Schon einmal, zwei Jahre zuvor, hatte es ein Fiasko gegeben, als ich festgestellt hatte, daß sich unter der hellen Haut meiner Babypuppe ein schwarzer Plastekörper befand. Ich war sicher, daß die Puppe aus rassistischen Gründen gefärbt worden war. Ich hatte mir schon immer eine Negerpuppe gewünscht, und im Dienste der Gerechtigkeit und internationalen Solidarität versuchte ich, die helle Farbe abzukratzen. Ich begann mit dem Kopf, schaffte es aber nur bis in Augenhöhe, weil ich an beiden Zeigefingern eine Nagelbettvereiterung bekam. Auch hatte sich die Farbe nicht gleichmäßig ablösen lassen, was die Puppe unheilbar krank aussehen ließ. Aber auch Leprakranke waren unterdrückt und warteten auf ihre Befreiung. Indie von Firmen, Organisationen oder juristischen Personen zusammengestellt, verpackt oder abgesandt

Barbiepuppen waren der Traum vieler heranwachsender Mädchen in Ost und West.

sofern war das Ergebnis politisch korrekt. Meine Mutter war anderer Meinung. Ich hörte ihren Schrei bis in mein Kinderzimmer, nachdem ich die Puppe versehentlich im Bad liegenlassen hatte. Von diesem Tag an durfte ich sie nur noch mit tief ins Gesicht gezogener Zipfelmütze mit auf den Spielplatz nehmen.

Ich erinnerte mich, daß ich damals zur Strafe vier Wochen lang sonntags kein Kompott essen durfte, und versuchte die blonden Haare mit Kittifix wieder an den Kopf der Barbiepuppe zu kleben, scheiterte jedoch kläglich, weil der Leim die Haare schrumpfen ließ und tiefe Furchen in das glatte Barbiegesicht ätzte. Abgesehen davon, daß ich mir eine Barbiepuppe mit gehäkelter Zipfelmütze nicht vorstellen konnte, hätte nur noch eine vollständige Vermummung geholfen, und ich beschloß, mich von dem gesamten Kopf zu trennen. Es war schwieriger, als ich vermutet hatte, und gelang mir nur mit Hilfe eines Schraubenziehers und einer Kneifzange. Zwar verschaffte mir das Kopfabreißen für Minuten eine tiefe Befriedigung, brachte mich aber meinen Eltern gegenüber in einen Erklärungszwang. »Zeig doch mal die Barbie, die dir Tante Bärbel geschickt hat!« Ich mußte ihnen zuvorkommen, mir etwas einfallen lassen. In diesem Fall reichte es nicht zu sagen: Und dann war er auf einmal weg. Auch den Gedanken, ich hätte den Kopf beim Spielen auf dem Hof verloren, mußte ich wieder verwerfen, denn meine Mutter hatte selbst den Hosenknopf, den ich mir beim Schaukeln an der Klopfstange abgerissen hatte, wiedergefunden. Ein Barbiekopf verlor sich nicht so einfach. Ich durfte die Puppe weder mit in die Schule noch auf die Straße nehmen. Am Ende kam ich auf die rettende Idee, Bodo Kunath hätte meiner Barbie nach einem Streit den Kopf abgerissen. Noch am Abend klingelten meine Eltern bei Kunaths und forderten den Kopf zurück. Es kam zu einem heftigen Streit im Treppenhaus, danach waren unsere Familien sieben Jahre lang verfeindet, grüßten sich nicht mehr, und ich bekam Verbot, mit Bodo Kunath zu spielen, denn wer weiß, wozu ein Junge fähig war, der einer Barbiepuppe den Kopf abriß. Es war mir ganz recht, denn ich konnte Bodo Kunath sowieso nicht leiden. Schwierig wurde es nur, als er damit begann, mich zu erpressen, und verlangte, daß ich mir von Tante Bärbel ein Schweizer Taschenmesser für ihn wünschen sollte, was völlig unmöglich war, denn es war verboten, direkte Wünsche an Tante Bärbel zu richten,

zen? Antwort: Nicht jeder, der Geschenksendungen in die Zone oder nach Ostberlin schickt, kann worden sind, gelten nicht als Geschenksendungen im Sinne dieser Durchführungsbestimmung. (2) Ein

Maskottchen der Leipziger Messe: das Messemännchen.



Tante Bärbel allein bestimmte, was geschickt wurde, schließlich war es ja ein Geschenk. Das stand deutlich sichtbar auf dem Paket: *Geschenksendung, keine Handelsware*, und ich fragte mich, wer auf die Idee kommen könnte, wir würden mit Tante Bärbels Geschenken handeln. Wir behielten alles, selbst das Packpapier. Es wurde nach den Feiertagen in Stücke geschnitten und als Schutz in die Fächer im Kleiderschrank gelegt. Nur in der Schublade mit den Socken meines Vaters klaffte ein Loch, weil er darauf bestanden hatte, die Briefmarken herauszuschneiden. Die Marken zeigten den Kopf eines Mannes, der Heinrich Lübke hieß und behauptete, der Bundespräsident Deutschlands zu sein, obwohl schon jedes Kindergartenkind wußte, daß es nur einen Politiker gab, der die führende Rolle der Arbeiterklasse und damit die Interessen des deutschen Volkes vertrat, und der hieß Walter Ulbricht und war unser Staatsratsvorsitzender. Die Marken kamen zu Tante Bärbels Foto in die Schreibtischschublade. Dort lag auch der ordentlich zusammmengerollte Bindfaden, der, weil er eine »gute Qualität« hatte, nur auf Anfrage benutzt werden durfte. Wir kämpften um jeden Zentimeter. Niemand wäre auf die Idee gekommen, das Paket einfach so aufzuschneiden. Knoten für Knoten arbeiteten wir uns voran. Tante Bärbels Paket war der Höhepunkt jeder Bescherung. Erst wenn alle Geschenke verteilt waren und ich ordnungsgemäß »Oh Tannenbaum« und »Sind die Lichter angezündet« abgesungen hatte, ging mein Vater auf den Korridor. Die Spannung stieg ins Unermeßliche. Wie würde er das Zimmer wieder betreten, würde er das Paket kaum halten können und es mit herabhängenden Armen wie ein Orang-Utan vor sich herschleppen, oder würde er es mit einer Hand tragen können?

Im Vorjahr hatte er eine klebrige Spur hinter sich hergezogen, weil es durch das durchgeweichte Packpapier getropft hatte. Schon Tage zuvor hatte meine Mutter den muffigen Geruch auf dem Korridor angemahnt und eine vorzeitige Öffnung gefordert. Wenigstens das Inhaltsverzeichnis! Aber Prinzip blieb Prinzip, Tante Bärbels Paket wurde am Weihnachtsabend geöffnet, mein Vater ließ sich nicht erweichen, im Gegensatz zu den Apfelsinen in dem Paket, die sich einem trivialen Schimmelpilz ergeben hatten. Im Westen war eben doch nicht alles Gold, was glänzt. Wir mußten das nachfolgende Jahr mit nackten

die Aufwendungen dafür von der Steuer absetzen. Eine allgemeine Steuerbegünstigung für Pakete und

Schrankbrettern verbringen, weil meine Mutter voreilig, wie sie nun einmal war, das alte Papier herausgenommen und weggeworfen hatte.

Als das Paket unter dem Weihnachtsbaum stand, versammelten wir uns wie bei einer Andacht darum herum und starrten es an. Lieber Gott, laß bitte eine Jeans darin sein! Auf den Colt hatte ich innerlich schon verzichtet. Erfahrungsgemäß dauerte es einige Minuten, bis mein Vater nach der silbernen Glocke griff, die immer in der Mitte rechts am Weihnachtsbaum hing, dann spannte sich mein Körper. Es war wie bei den Olympischen Spielen: Auf die Plätze, fertig, los! Ich hatte mir extra die Fingernägel langwachsen lassen, damit das Aufknoten schneller ging. Beim ersten Glockenton stürzten sich meine Mutter und ich auf das Paket. Erst wenn der Bindfaden ordentlich aufgerollt war, durften wir mit einem Küchenmesser den Klebestreifen lösen, der das Papier an den Seiten zusammenhielt. Danach kam erneut ein Bindfaden, und erst dann trat mein Vater an das Paket, klappte den Karton auseinander und entnahm das Inhaltsverzeichnis, das oben auf der Holzwolle lag. Es war auf kariertes Papier geschrieben, eine herausgerissene Heftseite, und ich konnte meine Bewunderung für Tante Bärbel nicht verhehlen, denn mir war es verboten, Seiten aus meinen Schulheften zu reißen. Bevor ich ein Heft bekam, numerierte mein Vater die Seiten mit Bleistift, eine *notwendige Maßnahme*, nachdem er einmal festgestellt hatte, daß ich wahrscheinlich das einzige Schulkind mit einem vierseitigen Mathematikheft gewesen war. Ich stellte mir vor, wie Tante Bärbel nach ihrer Befreiung ungestraft die Seiten aus meinen Heften reißen würde.



Mein Vater stand vor dem Weihnachtsbaum, in seinen lichter werdenden Haaren hatten sich zwei Lamettafäden verfangen. Er hielt das Inhaltsverzeichnis mit ausgestreckten Armen vor seinen Körper, so wie die Engel, die in unserer Pyramide im Kreis liefen, ihre Notenblätter hielten. Mein Vater räusperte sich und holte tief Luft. Vor allem die richtige Haltung war wichtig, wer die Schultern hängen ließ, der würde seinen Text auch herunterleiern. Mein Vater war Deutschlehrer und hatte es zu seinem Lebensziel gemacht, mir alle großen Balladen der deutschen Dichtung beizubringen. Fehlerfrei, ohne zu stocken, mit der richtigen Betonung, denn die Betonung war das Wichtigste, das zeigte sich schon bei der Überschrift. *Inhaltsverzeichnis*. Mein Vater sprach das Wort aus, als handele es sich um eine unerwartet aufgefundene Ode Schillers, und wartete darauf, daß wir ihn anerkennend ansahen. Erst dann hob er erneut die Stimme:

*1 Dose Ölsardinen*
*1 Paket Onkel Ben's Reis – in Klammern Langkorn*
*1 Dose Suchard Express*

In meiner Not hatte ich Bodo Kunath die Hälfte von der zwölften Position versprechen müssen und hoffte darauf, daß es etwas Kleines war, ein Paket Kaugummi oder eine Kosmetikprobe von Marika Rökks Hormocenta.

*1 Stück Frische Fa*
*1 Tube Libby's Vollmilch gezuckert*

Mit den Jahren hatte ich die Fähigkeit erlangt, die Milch so aus der Tube herauslaufen zu lassen, daß selbst eine leere Tube wie neu aussah. Allerdings war ich nicht die einzige in unserer Familie, die auf diese Idee gekommen war, denn die Tube wurde auch ohne mein Zutun immer leichter und verschwand eines Tages kommentarlos aus dem Kühlschrank.

*1 Dose Erbsen extrazart*

*1 Flasche Dujardin*

Das Jahr zuvor hatte Tante Bärbel eine Flasche Rotwein geschickt. Der Name auf dem Etikett war so lang gewesen, daß selbst mein Vater beim Vorlesen ins Stocken geraten war. An der Weinflasche hing eine Gebrauchsanweisung, wie sonst nur an Möbelpolitur oder Terpentin. »Die Flasche bitte eine Stunde vor dem Trinken dekantieren und atmen lassen.« Mein Vater hatte allein zehn Minuten gebraucht, um den Korken herauszubekommen. Sogar die Art der Gläser war vorgeschrieben. Meine Eltern standen sich gegenüber, als hätten sie soeben den Versailler Vertrag unterzeichnet, stießen an, tranken und verzogen beide gleichzeitig das Gesicht, wobei mein Vater als erster die Fassung wiederlangte, schließlich kam das Paket von seiner Schwester. Irritiert las er noch einmal die Gebrauchsanweisung, während meine Mutter in die Küche ging und den Zucker holte und erst nach dem dritten Löffel zufrieden war: »Jetzt schmeckt er fast wie Rosenthaler Kadarka.«



*1 Dose Ananasscheiben leicht gezuckert*

*1 Tafel Schweizer Vollmilchschokolade 250 Gramm*

Ich war froh, daß ich die Tafel nicht mit Bodo Kunath teilen mußte, wobei es nicht die Schokolade war, die mich interessierte, sondern die Verpackung. Unter einer durchsichtigen Folie lagen acht mal sechs kleine buntbedruckte Täfelchen. Wenn ich nachts im Bett die Augen schloß, hatte ich die Bilder vor mir: schneebedeckte Berggipfel, blühende Wiesen, ein roter Zug, der durch die Täler fuhr. Mein Lieblingsbild war eine Uferstraße, hellgelbe Häuser, Palmen, und am Kai wartete ein Boot darauf hinauszufahren. *Lago Maggiore* stand in kleiner weißer Schrift am unteren Rand. Ein Wort, das ich mir auf der Zunge zergehen ließ wie Schokolade. Einmal diese Straße entlanggehen, den Himmel sehen, der so blau war, daß es weh tat. Einmal in einem der Straßencafés sitzen und Limonade trinken, Eis essen und dann mit dem kleinen blau-roten Boot auf den See hinausfahren. Ich kannte jede Planke am Boot, jede Faser des Taus, mit dem es am Ufer festgemacht war. Immer wieder hatte ich dieses Bild abgemalt: mit Wasserfarben, mit Buntstiften, mit Wachsmalkreide. Mein Gefühl sagte mir, daß diese Uferstraße der schönste Ort auf der ganzen Welt war, aber gleichzeitig auch, daß ich dort nie Limonade trinken, Eis essen oder Boot fahren durfte. Ich würde darauf verzichten müssen, erlaubte mir aber aller Vernunft und politischen Überzeugung zum Trotz die Hoffnung, einmal diese Straße zu sehen, einmal den Wind zu spüren, der vom Wasser her wehte. Ich beschloß, bei der Fahrt zu Tante Bärbels Befreiung heimlich einen Umweg zu machen.

*1 Dose Champignons 3. Wahl*

*1 Paket Weihnachtsservietten*

Die Serviettenpakete der letzten Jahre stapelten sich in unserem Buffet. Zwar gehörte es zur Tischordnung, daß beim Decken neben jeden Teller eine Serviette gelegt wurde, aber ich weiß nicht, was passiert wäre, wenn ich sie benutzt hätte. Auch wenn Besuch da war, wurden die Servietten nach dem Essen wieder eingesammelt und von meiner Mutter in der Küche auf Wiederverwendbarkeit geprüft. Waren sie nur zerknittert, wurden sie glattgestrichen oder zwischen die beiden Lexikonbände gelegt, und in besonders schweren Fällen griff meine Mutter zum Bügeleisen.

In wenigen Sekunden würde mit Position zwölf die Entscheidung fallen. Es war allein meine Schuld gewesen, denn ich hatte mich von Bodo Kunath dabei erwischen lassen, wie ich den Barbiekopf in die Mülltonne werfen wollte. Ich hatte mich gewehrt, so gut ich konnte, aber Bodo war zwei Jahre älter als ich, und am Ende hatte ich den Kopf hergeben müssen. Jetzt lag er seit elf Monaten in Bodos Tresorsparbüchse. Er würde ihn nur gegen Position zwölf unseres Weihnachtspaketes wieder herausgeben und drohte, wenn ich seine Forderung nicht erfüllte, mit Verrat. Ich hielt die Luft an.



*1 Paket Gillette-Rasierklingen*

Am liebsten wäre ich in die Luft gesprungen. Denn weder mein Vater noch Bodo Kunath hatte einen Bart, nur Tante Mürzel, und die rasierte sich nicht. Ich stellte mir Bodos Gesicht vor, wenn ich ihm vereinbarungsgemäß das Inhaltsverzeichnis vorlegen würde. Ich wußte, daß er darunter litt, daß er im Gegensatz zu den anderen Jungen aus seiner Klasse noch nicht einmal den Ansatz eines Bartes hatte, ganz abgesehen von seiner hohen Stimme. Ich sah ihn wütend aufstampfen und hoffte, daß er im Erdboden verschwinden würde wie Rumpelstilzchen. Statt einem Königskind Rasierklingen, ein Ende wie im richtigen Märchen. Jetzt war ich sicher, daß ich eine Levi's bekommen würde.

*1 Schachtel Mon Chéri*

*1 Flasche Tosca 4711 Eau de Cologne*

Nur zu besonderen Anläßen tupfte sich meine Mutter einige Tropfen Tosca auf die Ohrläppchen. Die Flasche mußte ein Jahr lang reichen, was nicht schwierig war, da die besonderen Anlässe im Leben meiner Mutter rar waren. Sie schwebte auf einer Toscawolke zur Frauentagsfeier, ging in Toscaduft gehüllt zu Tante Mürzels Geburtstag, und wenn unser Schulchor einmal im Jahr vor den Eltern in der Aula sang, konnten wir, wenn die Mütter bei »Sah ein Knab ein Röslein stehn« vor Rührung ihre umhäkelten Taschentücher aus den Handtaschen nahmen, nur mit Mühe weitersingen, weil uns der Toscaduft den Atem nahm. Ich war fest überzeugt, daß auch Tante Bärbel nach Tosca riechen würde. Überhaupt hatte der Westen einen eigenen Geruch. Einen Geruch, der selbst durch das geschlossene Paket drang und sich, wenn es dann geöffnet war, in der ganzen Wohnung ausbreitete und tagelang von den Zimmern Besitz nahm.

Es war jener Seifenpulverschokoladenparfümtabakgeruch, den es sonst nur in dem kleinen Laden gab, der versteckt in einer entlegenen Ecke des Hauptbahnhofes lag. Ein Laden, der so geheim war, daß selbst die Schaufenster und die Tür mit Gardinen verhängt waren. In diesem Laden durfte ich weder laut sprechen noch herumrennen. Bis an die Decke stapelten sich die bunten Verpackungen. Es gab Nylonhemden, eine Vitrine mit Matchboxautos und mindestens zehn verschiedene Sorten Schokolade. Das Problem war nur, daß man in diesem Laden mit anderem Geld bezahlen mußte. Mit Geld, wie es nur Tante Bärbel hatte, die aber selbst bestimmte, was sie uns davon kaufte. Ich sollte nicht undankbar sein, denn es gab Leute auf der Welt, die nie ein Weihnachtspaket bekamen. Und da mein Vater die Tante verschwieg, bestand auch keine Hoffnung, daß sie uns jemals besuchen kommen würde, so wie der Onkel von Bodo Kunath, der am Ende seines Besuchs 20 Mark in Bodos Tresorsparbüchse gesteckt hatte.

Als einzige Möglichkeit, jemals in diesem Laden einzukaufen, blieb uns nur die Beteiligung an der Lotterie, die zweimal im Jahr unter dem Motto »Jedem Messegast ein Bett!« in unserer Stadt veranstaltet wurde. Konkret hieß das: »Jedem Messegast mein Bett«, denn ich mußte mein Kinderzimmer räumen und in das Schlafzimmer meiner Eltern umziehen. Eine Woche lang besetzten Messegäste aus aller Welt die Kinderzimmer in unserem Haus, stießen sich in Einmeterachtzig-Jugendbetten die Füße wund und starrten am Morgen nach dem Aufwachen auf Pittiplatsch-Tapeten und Fuchs-und-Elster-Lampen. Es gab Familien, die, um ihren Einsatz zu verdoppeln, ihre gesamte Wohnung räumten und in Gartenlauben campierten. Und es ging das Gerücht, daß Bodo Kunath wegen eines Pariser Parfümhändlers fünf Tage lang auf einem Bügelbrett in der Bodenkammer geschlafen hatte. Denn der Hauptgewinn war einer *von drüben*, einer, den man dazu bringen konnte, das Übernachtungsgeld nicht in DDR-Mark zu bezahlen. Es war wie das Warten auf das Westpaket: Kommt er, oder kommt er nicht. Schweizer Käse, Brüssler Spitzen oder doch wieder nur VEB Suhler Jagdwaffen. Und damit wir wußten, was wir uns kaufen würden, wenn es dann soweit wäre, gingen wir schon einmal gucken. Es war wie kurz vor der Ziehung der Lottozahlen, meine Mutter fragte, was die komplette Tosca-Kosmetik-Palette kosten würde, und ich stand vor dem Jeansregal und überlegte, ob ich eine Levi's original oder eine weiße Wrangler nehmen sollte. Voller Hoffnung gingen wir nach Hause, und dort wartete der technische Direktor der Moskauer Motorenbetriebe vor unserer Wohnungstür.



*1 Dose Niveacreme*

*1 Feinstrumpfhose für Kathrin*

Ich hoffte, daß es eine Verwechslung war. Ich haßte Kleider und Röcke und ahnte, was auf mich zukam. Meine Mutter würde sich an das weinrote Samtkleid erinnern. Und auch wenn es sicher einfach war, mit der Strumpfhose irgendwo hängenzubleiben, würde es doch wieder Ärger geben. Dazu kam, daß ich mich für diese Strumpfhose auch noch bedanken müßte. Liebe Tante Bärbel, du hast mir mit deinem Geschenk eine besondere Freude gemacht. Schon bei der Barbiepuppe hatte ich versucht, mich zu weigern. Da hat sich Tante Bärbel das ganze Jahr über Gedanken gemacht, und du willst ihr nicht einmal einen Brief schreiben!

*1 Tube Irisch Moos Rasiercreme*

*1 Dose Havesta Heringe in Tomatensoße*

Ich hörte die Stimme meines Vaters wie durch eine Wand. Erst als das Inhaltsverzeichnis komplett verlesen war, durfte das Paket ausgepackt werden. Die Dujardin-Flasche war in einen extra Karton in mattglänzende weiße Flocken gebettet. Mein Vater nahm eine Flocke zwischen zwei Finger, drehte sie mehrmals hin und her, roch daran und führte sie schließlich zu seinem Mund. Es quietschte, wie wenn ein abgebrochenes Stück Kreide oder teilweise aussetzen. (2) Die Zollerhebung für Einfuhrgeschenksendungen richtet sich nach den gel-

über die Wandtafel schliff. Jetzt wurden alle ausgepackten Geschenke auf unserem Wohnzimmertisch drapiert. Meine Mutter holte die Gläser und vorsichtshalber die Zuckerdose. Noch lange Zeit, nachdem ich im Bett lag, hörte ich meine Eltern durch die Wohnung laufen und kreischen: Darauf einen Dujardin! Da sah man wieder einmal, wozu der Kapitalismus die Menschen trieb. Mir fiel ein, daß ich die Strumpfhose, um gefährlicher auszusehen, bei Tante Bärbels Befreiung über meinen Kopf ziehen könnte.

Als das Weihnachtsfest vorüber war, baute ich mir aus den leeren Verpackungen in einer Ecke meines Kinderzimmers einen eigenen Intershop. Er hatte immer geöffnet, und jeder konnte bezahlen, womit er wollte.

190 23 Jahre später war aus dem Laden, in den ich immer einkaufen ging, über Nacht ein Supermarkt geworden. Jetzt hatte ich das richtige Geld, konnte all die Dinge kaufen, auf die ich früher in Tante Bärbels Paketen gehofft hatte, und doch war es nicht so, wie ich es immer erträumt hatte. Es dauerte Wochen, bis mir klar war, das es der Geruch war, der mir fehlte. Die schöne neue Welt roch nicht nach Tante Bärbels Paketen. Ich nahm mir vor, nie zum Lago Maggiore zu fahren. Doch auf dem Weg nach Mailand konnte ich der Versuchung nicht widerstehen und nahm, statt auf der Autobahn zu bleiben, die Abfahrt nach Stresa. Je näher ich dem Wasser kam, um so dichter wurde der Nebel. Ich parkte neben einem Reisebus. An dem Nummernschild sah ich, daß er aus Bochum kam. Auf dem Weg zur Strandpromenade überholte ich eine Rentnergruppe, die durch den Nebel irrte. Ich suchte nach einem Café und fand nur eine Gelateria, in der die Stühle hochgestellt waren. Neben der Anlegestelle stand ein Fernrohr, an dem ein Schild eine schöne Aussicht versprach. Ich stand inmitten von Nebelschwaden am Ufer, die Hände in meinen Jeans und wartete auf das Boot.

lich abgesetzt werden, wenn die Empfänger der Sendung nahe Verwandte sind oder eine besondere sitt-

tenden Zollverfahrensvorschriften. §8 (1) Jeder Bürger der Deutschen Demokratischen Republik und

**Familie Coppenrath & Wiese**

Ein besonders schönes Westpaket-Erlebnis hatten wir im Jahre 1987. Wir hatten eine Einreiseerlaubnis für unsere Verwandten aus Düsseldorf erhalten. Sie kamen mit dem Auto und konnten deshalb sogar eine tiefgefrorene bunte Sahneplatte von der wohlbekannten Konditorei Coppenrath & Wiese zur Wiedersehenskaffeetafel mitbringen. Es war eine feine Leckerei, für uns absolut neu. In der Verpackung fanden wir einen Gewinnspielcoupon. Natürlich hätten wir nie an die Firma schreiben können, also schickten wir den Coupon an die »Familie Coppenrath & Wiese«. Wir rechneten nicht damit, etwas zu gewinnen, wir wollten nur unseren Dank für die herrliche Leckerei zum Ausdruck bringen.



Am 31. Dezember kam dann eine Mitteilung von der Post zur Abholung eines »Wirtschaftspaketes«. Das war tatsächlich ein Paket von Coppenrath & Wiese mit Weihnachtsstollen, Kaffee, einer Tortenplatte, einem Tortenheber und Servietten. Es war für uns das festlichste Westpaket, das wir je erhalten hatten, und wir haben damals nicht gedacht, wie bald schon wir die Torten von Coppenrath & Wiese selbst kaufen könnten.

*Erika u. Karl T., Gehren*

**Die Walnuß-Überraschung**

Die Mutter meines Mannes, damals schon stattliche 80 Jahre, bedachte uns ab und zu mit einem Paket. Kurz vor Weihnachten 1986 schrieb sie uns einen Brief, in dem sie eine weitere Sendung ankündigte. In dem Brief betonte sie besonders, wir sollten uns die *Walnüsse* gut schmekken lassen. Eine Nuß, welche sie in Alufolie gewickelt habe, sei besonders köstlich.

Heiligabend öffneten wir voller Erwartung und Spannung das Päckchen. Wir begutachteten die eingewickelte Nuß von allen Seiten, dachten aber dann, die Oma hätte uns veralbert. Schließlich nahm mein Mann den Hammer – und wir waren sehr erstaunt, als ein klitzeklein gefalteter 100-Mark-Schein (West) zum Vorschein kam!

*H. u. E. Lange, Seebach*

liche oder rechtliche Verpflichtung zur Unterstützung besteht. Durch die allgemeine sittliche Pflicht, jede andere Person mit Wohnsitz in der Deutschen Demokratischen Republik ist berechtigt, jährlich bis

**Oh, wie schön ist Panama**

Gestern abend kam ich erst spät von der Arbeit nach Hause, hatte Durst und wollte mir noch ein Bier holen. Meine Frau und meine Tochter schliefen schon. Also schlich ich leise über den dunklen Flur zur Küche. Alles wäre gut gegangen, hätte da nicht im Halbdunkel dieses Paket gestanden. Ich kam ins Stolpern und wäre beinahe der Länge nach hingeschlagen. Beim Darüberstolpern war der Deckel des Paketes aufgesprungen, und ich sah im Dämmerlicht glänzende, bunte Sachen ...



Da hatte ich plötzlich wieder diesen Duft in der Nase, der mich an die Kindheit und an ein ganz bestimmtes Paket erinnerte. Es war eines von vielen, die von Onkel Friedhelm und Tante Inge aus Hessen kamen, meist voll mit Leckereien, mal ein paar Strumpfhosen für Mutter oder Rasierklingen für Vater. Eines Tages, ich war zwölf Jahre alt und alleine zu Hause, wurde es vom Postboten gebracht. Also packte ich es aus. Sehr vorsichtig natürlich. Und da war er, dieser betörende Duft, verströmt wie von einem Dutzend Zitronenbäumchen. Wie sich herausstellte, war es ein Haushaltsschwamm, der so übernatürlich nach Zitrone roch, ein gelber Schwamm mit einer rauhen, grünen Unterseite zum Töpfeauskratzen.

Heute weiß ich, daß keine Zitrone der Welt so duftet wie dieser Schwamm. Doch damals war dieser Geruch für mich, den kleinen Jungen, der allein in der Küche stand und staunte, der Duft des Westens. »›Oh, wie schön ist Panama‹, dachte sich der kleine Bär, als er an der Bananenkiste roch, die er aus dem Fluß gefischt hatte ...«

Das Paket, über das ich im Flur gestolpert bin, hatte übrigens meine Frau gepackt. Es ist ein Osterpaket für ihre Mutter. In Polen. Also ein Westpaket. Von uns.

*Peter Wilhelm, Heichelheim*

unseren Landsleuten in Mitteldeutschland zu helfen, kann die Zwangsläufigkeit von Unterhaltsaufwenzu 12 Geschenksendungen zu empfangen. (2) Jeder Bürger der Deutschen Demokratischen Republik und

Franka Schneider

# Ein Loch im Zaun

## Schenken über die Genex Geschenkdienst GmbH



»Das war doch die Abstaubertruppe«, reagiert Karl S., auf Genex angesprochen, heftig. »Die haben mit Mangelwaren Geschäfte gemacht. Die Preise waren total überhöht, teurer als im Intershop.«[1] Karl S. erhielt Mitte der achtziger Jahre überraschend einen Farbfernseher von einer Tante aus dem Westen über Genex geschenkt. Die Tante hatte den alten Schwarz-Weiß-Fernseher aus DDR-Produktion dem Sehvergnügen für so abträglich empfunden, daß sie heimlich bei Genex ein neues Modell für ihren Neffen Karl kaufte. Der erhielt eines Tages die Nachricht, daß ihm ein Farbfernseher zustünde. Zum mit dem örtlichen Fachgeschäft vereinbarten Auslieferungstermin fuhr ein alter rostender Barkas vor und brachte den hochmodernen Blaupunktfernseher. Für Karl S. sind in diesem Bild, das sich bis heute einprägte, die zwei Gegensätze der achtziger Jahre festgehalten: die stagnierende, verrottende DDR-Wirtschaft auf der einen und verheißungsvolle Westprodukte auf der anderen Seite – und zwischen diesen beiden Welten vermittelnd die Geschenkdienst und Kleinexport GmbH, kurz Genex.[2]

Genex arbeitete nach dem Prinzip eines Versandhandels. Der Geschenkdienst ermöglichte Ostbürgern, Waren zu beziehen, wenn ihre Westverwandten und -freunde diese bei Genex gegen frei konvertierbare Valuten kauften. Das Schenken zwischen Ost und West bot zunächst die Möglichkeit, bestehende Beziehungen über die Grenzen hinweg aufrechtzuerhalten.[3] Durch die besondere Situation der geteilten Konsumsphären jedoch erwuchs aus alltäglichen Verwandtschaftsbeziehungen eine spezielle Form des »Vitamin B«, wie man volkstümlich zu Beziehungen sagte. Über den Geschenkdienst Genex ließ man sich vor allem Mangelware schenken und versuchte so, schwierige Versorgungslagen in der DDR auszugleichen. Mängel in der DDR-Konsumsphäre haben daher die Beziehungen zwischen Ost und West über die familiäre oder freundschaftliche Bedeutung hinaus auf ganz besondere Weise geformt.

Nicht immer ist über Genex der Kontakt wirklich vertieft worden. Im Gegensatz zum Postverkehr trat durch das indirekte Verfahren eine Entpersönlichung im Schenkvorgang ein. Das Geschenk »packte« Genex. Der Schenkakt wurde damit für West- wie auch Ostbürger zu einer nahezu virtuellen Angelegenheit. Die Westkundschaft konnte zwar die Kataloge einsehen, den Gegenstand ihrer Aus-

dungen, also auch eine besondere sittliche Verpflichtung, nicht begründet werden. Der Absender von jede andere Person mit Wohnsitz in der Deutschen Demokratischen Republik ist berechtigt, jährlich

Aus dem Genex-Katalog (1986) konnten sich die Bürger im Westen Geschenke für ihre Freunde und Verwandten in der DDR aussuchen. Das Angebot bestand aus besonders begehrten West- und Ostprodukten.

Geschenksendungen, der einen Freibetrag in Anspruch nehmen will, muß dem Finanzamt gegenüber die bis zu 12 Geschenksendungen zu versenden. § 9 (1) Geschenksendungen sind bis zu einem Wert von

*Palatinus GmbH*
Offizielle Vertretung der GENEX

24.11.88

| **Auftragsbestätigung Nr.** | **23.788** |
|---|---|
| Ihre Kunden-Nr. | 108.418 |

Herrn
Rudolf Günther
Feldbergstr. 18

D-7850 Lörrach

8023 Zürich 1, 10. November 1988
Linthescher-G. 15

geliefert 25.11.88 lt. Annaberg

Sehr geehrter Herr Günther,

Wir danken bestens für Ihren freundlichen Auftrag, den wir Ihnen gerne wie folgt bestätigen:

Empfänger: Familie
KARL-FRIEDRICH VETTERLEIN
WG HERMANN MATERN 57
DDR-9300 ANNABERG-BUCHHOLZ

| Artikel | | | | DM |
|---|---|---|---|---|
| 20.434 | 1 | BLAUPUNKT 'PM 55-48'<br>FARBFERNSEHGERÄT<br>55-CM-BILDRÖHRE, PAL/SECAM<br>FERNBEDIENUNG | Lieferung in 5 - 7 Wochen | 1,450.00 |
| | | Total | | 1,450.00 |
| | | Ihre Zahlung vom 4.11.88 | | 1,450.00 |
| | | | | .00 |
| | | | | ******** |

Wir bitten um freundliche Überprüfung der Richtigkeit unserer Angaben und bei eventuellen Unstimmigkeiten um Ihren umgehenden Bericht. Allfällige Rückfragen können wir besonders schnell bearbeiten, wenn Sie uns die obige Auftrags- und Ihre Kunden-Nummer nennen.

Die Auftragsabwicklung erfolgt zu den in den Katalogen enthaltenen Bedingungen. Wir leiten Ihren Auftrag sofort an die GENEX weiter, welche für die fristgemässe Auslieferung besorgt sein wird.

Gerne hoffen wir, dass Sie mit unserer Auftragsabwicklung zufrieden sein werden. Für das uns entgegengebrachte Vertrauen danken wir Ihnen bestens.

Mit freundlichen Grüssen
PALATINUS GmbH



Hatte der Kunde im Westen eine Bestellung getätigt, bekam er eine Auftragsbestätigung von der Palatinus GmbH aus Zürich. Nach erfolgter Bezahlung wurden die Waren an den Empfänger in der DDR ausgeliefert.

Verwandtschaft mit dem Empfänger bzw. die rechtliche oder besondere sittliche Verpflichtung, sowie die

100 M zur Ausfuhr zugelassen. (2) Von der Ausfuhr in Geschenksendungen sind die in den Bekanntma-

wahl aber nur durch eine Reise in den Osten besichtigen. In der DDR wurde der Genex-Katalog nicht vertrieben bzw. war nur in speziellen Informationsbüros einsehbar, so daß der Geschenkdienst für die Empfänger so lange unsichtbar blieb, bis das Geschenk zu Hause ankam. Das leichte Verfahren – es war nur noch ein Scheck auszufüllen – führte zu einer Vielzahl von Daueraufträgen seitens der Westkundschaft, wonach pünktlich zum vereinbarten Zeitpunkt das Geschenk (meist ein Lebensmittelpaket) überbracht wurde und eine intensive Auseinandersetzung über die Wahl des Präsentes nicht mehr notwendig war.

Grundsätzlich aber ließ sich mit der Bereitschaft, den Ostverwandten zu helfen, ein lukratives Geschäft machen. Dies wußte auch die politische Führung der DDR



zu nutzen. So war der Geschenkdienst nicht etwa aus einem Servicegedanken heraus entstanden, das Schenken von West nach Ost zu erleichtern. Vielmehr sollte Genex auf die finanzielle Ausschöpfung von privaten Beziehungen zielen. Daher war Genex auch dem Ministerium der Finanzen bzw. später der Abteilung Finanzverwaltung und Parteibetriebe der SED und dem Bereich Kommerzielle Koordinierung von Schalck-Golodkowski unterstellt. Wirkliche finanzpolitische Bedeutung für die Volkswirtschaft der DDR konnte der Geschenkdienst jedoch nur erreichen, da es zahlreiche administrative Beschränkungen des üblichen Post- und Reiseverkehrs gab.

Bereits in den frühen fünfziger Jahren erließ die DDR-Regierung bekanntlich mehrere Regelungen und Verordnungen, die, wie es hieß, Versuche verhindern sollten, »mit Hilfe von Geschenksendungen Waren zu Spekulationszwecken in die DDR einzuführen«[4]. Der private Paketverkehr unterlag nunmehr einer Vielzahl von Beschränkungen und Verboten, die das Versenden von Gegenständen zu einer diffizilen Angelegenheit gestalteten. Doch schon in der ersten Verordnung von 1952 wurde den Bürgern der DDR die Möglichkeit eröffnet, »sich zur Aufrechterhaltung ihrer freundschaftlichen Beziehungen eines *neuen Weges* zu bedienen«[5]. Über die Handelsorganisation HO konnte man sich von allen *Personen außerhalb Deutschlands* Lebensmittelpakete ohne Zoll- oder Gewichtsbeschränkungen zukommen lassen. Entsprechende Büros gab es in der Schweiz und in Dänemark. Dieser neue Weg wurde indes von ausländischen Kunden wenig genutzt, zumal durch die HO der Geschenkversandhandel wenig werbewirksam betrieben wurde. In der Folgezeit übernahm daher das Volkseigene Handelsunternehmen Deutscher Innen- und Außenhandel (DIA) Nahrung den eigentlichen Geschenkdienst und die Kundenwerbung, während die HO nur noch für Warenbereitstellung und Vertrieb zuständig war. Diese komplizierte Aufgabenteilung erschwerte aber die Arbeitsorganisation so erheblich, daß es immer weniger gelang, die eingehenden Aufträge termingerecht zu bearbeiten. Am 1. Januar 1957 wurde deshalb aus dem Deutschen Innen- und Außenhandel Nahrung heraus die Geschenkdienst und Kleinexport (Genex) GmbH gebildet.

Die Eigenständigkeit des Geschenkdienstes war zu diesem Zeitpunkt dringend

Höhe der Aufwendungen nachweisen oder glaubhaft machen. Bei Paketen gilt als Nachweis die Paketgeboten. Im Dezember 1956 war eine neue Durchführungsbestimmung zum Geschenkverkehr erlassen worden, in deren Umfeld auch der Kundenkreis des Geschenkdienstes auf alle Personen, die *außerhalb der DDR* lebten, erweitert wurde. Damit erhielten auch Westberliner und Westdeutsche das Recht, über den Geschenkdienst bestimmte Waren zollfrei zu versenden. Diese Erweiterung war nach Auffassung des Ministeriums für Außenhandel und Innerdeutschen Handel aus politischen Gründen unbedingt erforderlich, »da mit den verschärften Maßnahmen nur die Personen getroffen werden sollen, die den tatsächlichen Geschenkpaket- und -päckchenverkehr zum Schmuggel und zur Sabotage ausnutzen ... Die entscheidende politische Frage hierbei ist, daß vor allem die Bürger aus Westdeutschland und aus den Westsektoren von Groß-Berlin ... die Möglichkeit haben, *uneingeschränkt* Geschenkpakete an Verwandte und Bekannte in die DDR zu versenden.«[6]



Doch hinter diesen offiziell verkündeten Zielen kamen wirtschaftliche und politische Absichten zum Tragen. Von der Verringerung des privaten Päckchenverkehrs erhoffte man sich Auftragssteigerungen für den Geschenkdienst. Die zuständigen Vertreter in der HO und DIA Nahrung wie auch die späteren Genex-Mitarbeiter empfanden den privaten Postverkehr zwischen Ost und West als Konkurrenz. Sie waren über die Höhe der jährlich versandten Pakete von West nach Ost einschließlich der darin enthaltenen Werte genauestens informiert und begrüßten deshalb die für viele Waren gesetzlich geschaffenen Einfuhrverbote quasi als kostenlose Kundenwerbung. Wichtigstes politisches Argument für die Schaffung und Aufwertung von Genex gegenüber dem privaten Paketverkehr stellten die angebotenen Waren dar: Weil über Genex zu diesem Zeitpunkt nahezu ausschließlich Ostprodukte zum Versand kamen, meinte man, Einfluß und Verbreitung der Westwaren über die Pakete zurückdrängen zu können. Zusätzlich versprach man sich eine Erleichterung der Arbeit der Zollorgane und bessere Kontrolle des Päckchenverkehrs, da bei Genex die Aufträge über eine zentrale Stelle liefen. Da nach diesen Prämissen Geschenkdienst und Zoll einander ergänzten, bildete sich im Anschluß an die Geschenkverordnungen ein einzigartiges Zusammenspiel zwischen beiden Institutionen heraus.

So wurden von den Zollbeamten bei der Kontrolle der Päckchen und Pakete aus dem Ausland in die DDR Werbezettel für den Geschenkdienst eingelegt – ein Mittel übrigens, das nach dem Mauerbau aufgrund der politischen Brisanz eingestellt wurde. Darüber hinaus wurden Bürger, die Gegenstände versenden bzw. erhalten wollten, welche nicht den geltenden Bestimmungen entsprachen, an den Geschenkdienst verwiesen. Beispielsweise wandte sich 1965 Siegmund M. an das Ministerium für Außenhandel und Innerdeutschen Handel mit der Bitte, eine Sondergenehmigung für die Einfuhr eines gebrauchten Kinderwagens zu erteilen. Die Post hatte den Transport abgelehnt, da das zulässige Gewicht von sieben Kilogramm überschritten wurde. Als Antwort erhielt Herr M. ein standardisiertes der Zollverwaltung der Deutschen Demokratischen Republik kann in Einzelfällen Ausnahmen von den

Siegmund Menzel
Görlitz
Leipziger Str. 26

Görlitz, den 7. Mai 1965

Ministerium für Außenhandel und
innerdeutschen Handel
Hauptreferat - Genehmigungen

1o8 B e r l i n
Neustädtische Kirchstraße 3



Betr. Erteilung einer Genehmigung zur Einfuhr
einer Kinderkarre aus Westdeutschland

Von unseren Verwandten, Familie Horst Röhlke, Hamburg 43, Oberschlesische Straße 36, soll unser Sohn Ingolf einen gebrauchten leichten Sportwagen, zusammenklappbar, (in Hamburg als Kinderkarre bezeichnet) erhalten.

Die Post lehnt den Transport ab, da das Gewicht das Limit von 7 kg etwas übersteigt.
Für die Einfuhr dieses Wagens ist deshalb eine besondere Genehmigung erforderlich, um deren Erteilung ich Sie hiermit bitte.

Schreiben, in dem es hieß, daß der gesamte Postverkehr durch die entsprechenden Verordnungen geregelt sei und darüber hinausgehende Einfuhrgenehmigungen nicht erteilt werden. Der Anwort war ein Werbezettel von Genex beigelegt. Über Genex konnte Herr M. zwar nicht die gebrauchte Kinderkarre aus dem Westen einführen, hätte sich aber eine neue aus DDR-Produktion durch die Hamburger Verwandtschaft schenken lassen können.

Eine höchst bizarre Steigerung der Zusammenarbeit zwischen Zoll und Geschenkdienst sei hier nur am Rande erwähnt: Die Zollverwaltung ließ in den sechziger Jahren die beschlagnahmten Gegenstände wieder in die Volkswirtschaft zurückfließen, indem diese in ausgewählten HO-Läden und Betrieben verkauft wurden. Dabei kam es – insbesondere bei Sonderverkäufen – häufig zu Ansammlungen von Menschen und Schlangenbildungen, die den politisch verantwortlichen Funktionären mißfielen. Einerseits sahen sie hierin eine Beeinträchtigung der Arbeitsdisziplin. Andererseits förderte in ihren Augen das konzentrierte Sortiment eine Überschätzung kapitalistischer Waren, welche den Absatz von Erzeugnissen aus eigener Produktion untergrub. Deshalb schlug man 1963 vor, den Verkauf der beschlagnahmten Waren auf verschiedene Institutionen zu streuen. Produkte in Originalverpackung und guter Qualität wurden neben Intershop und Schiffsversorgung nun auch Genex zum Verkauf zugeteilt.[7] Als Geschenk Gekauftes sollte demnach noch einmal verkauft werden.

Paket wird ein Betrag von 30,- DM, für jedes Päckchen ein Betrag von 15,- DM anerkannt. Wer höhere

Ein- und Ausfuhrverboten und -beschränkungen sowie von der Zollerhebung gestatten. § 112 (1) Diese

»Dem Charakter nach erfolgt über das Geschenkdienstverfahren ein Export von überwiegend DDR-Produkten ins Inland«[8] – dieser Satz aus einem internen Papier der Firma erscheint zunächst wenig Sinn zu geben und faßt doch die komplizierte Arbeitsweise von Genex auf das Kürzeste zusammen. Genex vertrieb durch seinen Firmensitz in Ostberlin vornehmlich DDR-Produkte. Diese Artikel wurden Kunden im westlichen Ausland angeboten und konnten auch nur mit Devisen bezahlt werden, das heißt, faktisch agierte Genex wie ein Außenhandelsunternehmen, das seine Produkte exportierte. Tatsächlich aber lieferte Genex bestellte Artikel nicht an die Auftraggeber im Ausland, sondern sie wurden den entsprechend bedachten Empfängern in der DDR zugestellt, sie verblieben also im Inland.



Als DDR-Firma trat Genex in der Bundesrepublik nicht in Erscheinung, da dies sowohl politische als auch devisenrechtliche Konsequenzen nach sich gezogen hätte. Ihre Hauptvertreter waren Jauerfood in Kopenhagen und Moos in Luzern (ab 1965 Palatinus in Zürich). Diese waren für Kundenwerbung und Auftragseinholung zuständig. Zu diesem Zwecke verschickten sie Preislisten bzw. Kataloge an jene Kunden in der Bundesrepublik, die bereits Geschenke über Genex versandt hatten oder nach dieser Möglichkeit fragten. Eine eigentliche Werbung in den Medien für Geschenkpakete in den Osten, so wie sie etwa Quelle betrieb, wurde unterlassen. Die Schwierigkeit, als Geschenkdienst nicht offensiv in Er-

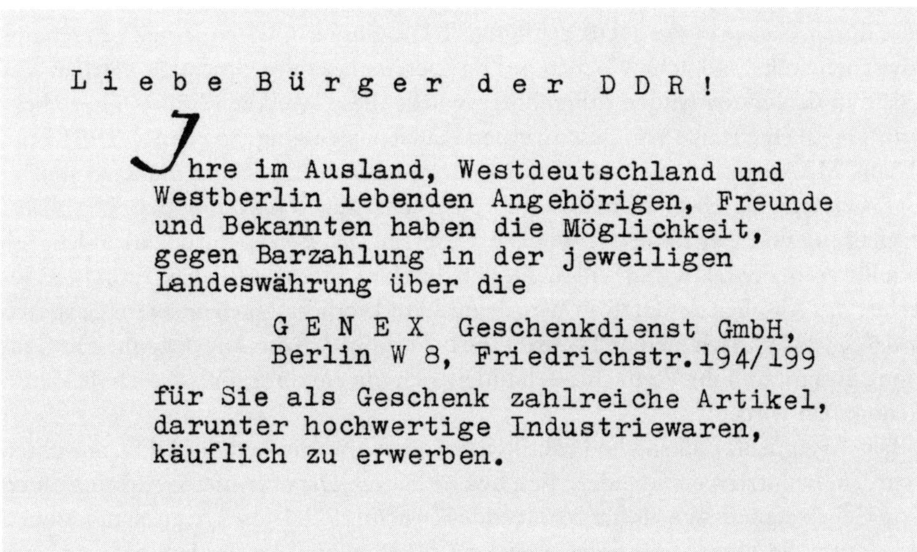
L i e b e B ü r g e r d e r D D R !

Jhre im Ausland, Westdeutschland und Westberlin lebenden Angehörigen, Freunde und Bekannten haben die Möglichkeit, gegen Barzahlung in der jeweiligen Landeswährung über die

G E N E X Geschenkdienst GmbH,
Berlin W 8, Friedrichstr.194/199

für Sie als Geschenk zahlreiche Artikel, darunter hochwertige Industriewaren, käuflich zu erwerben.

Das Ministerium für Außenhandel, das keine Einfuhrgenehmigung für eine Kinderkarre erteilt hatte (linke Seite), informierte den Bürger in der DDR über die Möglichkeit, diese über Genex zu beziehen.

Aufwendungen geltend machen will, muß dem Finanzamt den tatsächlichen Wert der Sendungen nach-

Durchführungsbestimmung tritt am 21. Juni 1973 in Kraft. (2) Gleichzeitig treten außer Kraft: – die An-

scheinung treten zu können, war Anlaß zur Kritik sowohl seitens der Auslandsvertreter als auch im Bereich Kommerzielle Koordinierung, weil man dadurch auf die informelle Akquisition durch den bisherigen Kundenstamm angewiesen war. Das Vorgehen von Genex war in der DDR noch diskreter, wo Genex eigentlich nicht sichtbar war. Zunächst lagen zwar Preislisten in den Intershops aus, dies aber wurde mit der Ausweitung der Intershops politisch nicht mehr gewollt und eingestellt. Die Kataloge von Genex wurden in der DDR nicht vertrieben. Ihre Einfuhr war aufgrund der geltenden Bestimmungen im Reise- und Postverkehr verboten. Man hatte lediglich drei Informationsbüros in Berlin, Leipzig und Rostock eingerichtet, wo sich Kunden aus der DDR beraten lassen konnten. Die Bestellungen der Kunden im Westen wurden durch Überweisungen oder Barzahlung an die dänischen oder schweizerischen Geschäftspartner getätigt und von dort an Genex weitergeleitet. Die Empfänger in der DDR wurden daraufhin von Genex benachrichtigt und konnten sich die Geschenke bei der Post oder im Fachgeschäft abholen. In einigen Fällen – wie dem von Karl S. – wurden diese auch ins Haus geliefert.



Die komplizierte Arbeitsteilung mit anderen Firmen in den Drittländern Schweiz und Dänemark gestattete Genex Valutaeinnahmen in frei konvertierbaren Währungen, während man im direkten Zahlungsverkehr mit der Bundesrepublik nur Verrechnungswährungen erhalten hätte.[9] Außerdem bot das über Auslandsvertretungen bestehende Auftragssystem mit Vorauszahlung die Gelegenheit, Valuta früher für die DDR verfügbar zu machen, als die Warenlieferungen und Leistungen durch Genex in der DDR erfolgten. DDR-Bürger mußten je nach Erzeugnis zwischen sechs und acht Wochen auf das bereits bezahlte Geschenk warten. Vor allem in den ersten beiden Jahrzehnten wurde diese Wartezeit häufig überschritten, so daß eine Reihe von Beschwerden bei Genex einging. So schrieb 1961 Frau T. aus Markneukirchen: »Als Geschäftsfrau kann meine Tante nicht verstehen, daß sich eine Gesellschaft nicht an ihre Zusicherungen hält, nämlich, bei Nichteinhaltung von vier bis sechs Wochen Lieferzeit den Betrag zurückzuzahlen. Ich bin Bürgerin der DDR und will nicht, daß durch nichtgeschäftliches Verhalten einzelner das Ansehen der DDR in Westdeutschland verliert. Nach unserem Gespräch am 6.3.1961 gab ich meiner Tante die Zusicherung, daß die Angelegenheit in Ordnung kommt und ihr Verdacht, es handele sich um ein unseriöses Geschäft, damit genommen wird.«[10]

Das Argument, daß solche Praktiken Schaden am Ansehen der DDR anrichten würden, benutzten auch andere Beschwerdeführer. Die exponierte Außenstellung von Genex eignete sich als hervorragendes Druckmittel. Dieses Argument nahmen wiederum die Mitarbeiter von Genex und des Ministeriums der Finanzen auf, um bei der SED-Führung auf ihre »besondere politische Verpflichtung« zu verweisen, »dem Ausland gegenüber zu beweisen, daß die Lösung der politischen Hauptaufgabe in der Deutschen Demokratischen Republik erfolgreich durchgeführt wird«[11].

weisen. Für jede unterstützte Person kann ein Betrag bis zu 1200,- DM im Kalenderjahr geltend gemacht ordnungen zur Änderung bzw. Ergänzung der Anlagen 1 und 2 zur Verordnung über den Geschenkpa-

Da Genex hauptsächlich Ostprodukte vertrieb, waren die Kataloge in gewisser Weise ein Schaufenster zum Westen, denn hier konnte nach Ansicht eines Mitarbeiters im Ministerium für Finanzen die »Leistungsfähigkeit der Produktion unserer Gebrauchsgüter«[12] demonstriert werden. Zumindest bei naiven, mit der Situation in der DDR nicht vertrauten Personen funktionierte denn auch der Katalog als eine solche Produktionsschau. So erzählte Daniel S. aus Bochum, daß er als kleiner Junge die Genex-Kataloge immer und immer wieder durchgeblättert hatte und über die angebotenen Dinge ins Träumen gekommen war. Für ihn enthüllte der Katalog eine Welt, die ihm verwehrt blieb und die ihn mit Neid auf die Empfänger in der DDR blicken ließ. Die DDR erschien ihm wie eine Art Schlaraffenland, »wo man sich Häuser einfach aus dem Katalog bestellen konnte«.



Nicht erfüllte Auslieferungen dagegen gefährdeten nach Ansicht der Mitarbeiter die Präsentation des sozialistischen Produktionsstandards. Grund für die Verzögerungen war die Bereitstellung der in den Katalogen angebotenen Artikel aus den Kontingenten des Binnenhandels, durch welche Genex von der jeweiligen Versorgungslage abhängig war. Besonders in den Fünfzigern und Sechzigern führten Versorgungsengpässe im Binnenhandel meist auch zu Problemen bei Genex, den Bedarf zu decken. Schwierigkeiten ergaben sich vor allem dann, wenn die Auftragslage die bilanzierten Waren überstieg.[13] Hinzu kam der Unwillen seitens des Ministeriums für Handel und Versorgung, Kontingente aus dem Binnenhandel abzuziehen, um sie Genex zur Verfügung zu stellen, wobei der Streit sich hauptsächlich um Industriewaren wie PKW entfachte: »Wir haben als Ministerium für Handel und Versorgung für die Abschöpfung der Kaufkraft der Bevölkerung zu sorgen (Binnenhandel), das heißt, die Empfänger Schulze, Lehmann, Müller müssen ihre Wagen selbst bezahlen und sich diese nicht vom Ausland schenken und bezahlen lassen.«[14]

Anfang der sechziger Jahre hatte ein Großteil der DDR-Bürger schon vergleichsweise hohe Sparguthaben angesammelt. Doch bot die sich verschlechternde Versorgungslage immer weniger Möglichkeiten, diese auszugeben. Das Ministerium für Handel und Versorgung vertrat daher den Standpunkt, vorhandene Waren müßten zur Minderung des Überhangs genutzt werden. Genex (bzw. das Ministerium der Finanzen) argumentierte aber ebenso mit der angespannten Versorgungslage, da mit den erwirtschafteten Devisen Importe zur Milderung finanziert werden könnten. Durch diesen Konflikt belief sich beispielsweise Mitte des Jahres 1960 der Betrag nicht ausgelieferter Industriewaren auf 80000 Dollar, ohne daß Genex den eingehenden Beschwerden plausible Erklärungen entgegensetzen konnte.[15] Frau L. aus Thüringen gaben die Mitarbeiter den absurden Rat, die bereits bezahlte Waschmaschine »Bella« (780,— DM) in einem HO-Geschäft am Ort zu kaufen und Genex in Rechnung zu stellen, obwohl Waschmaschinen zu diesem Zeitpunkt nur gegen Berechtigungsscheine erhältlich waren.

Schließlich beschloß der Ministerrat am 22. August 1963, daß Genex den prin-

werden. Die Einkommens- und Vermögensverhältnisse der Empfänger in der Zone oder in Ostberlin ket- und -päckchenverkehr auf dem Postwege – Nr. 1 vom 14. Januar 1955 (GBl. I Nr. 5 S. 19), – Nr. 2 vom

Autos gehörten zur Produktpalette von Genex. Während man in der DDR oft jahrelang auf einen Neuwagen warten mußte, erfolgte die Lieferung zügig, sobald die Verwandten im Westen das Fahrzeug mit Devisen bezahlt hatten.

zipiellen Vorrang bei der Bedarfsdeckung besitzen sollte. Zum einen mußte das Ministerium für Handel und Versorgung für die gängigsten Waren wie PKW, Waschmaschinen, Fernsehgeräte etc. eine Reserve bilden, aus der Genex je nach Bedarf schöpfen konnte. Zum anderen sollten weniger auftragsstarke Waren und Dienstleistungen aus den Bezirkskontingenten abgezogen werden.

Was dies in der Praxis bedeutete, verdeutlichen einige Zahlen: Für das Planjahr 1966 zum Beispiel erhielt Genex 7000 PKW zur Verfügung gestellt, was ungefähr der Bereitstellung des Jahreskontingents für den Bezirk Berlin entsprach. Allein beim Wartburg bekam Genex 20 Prozent der geplanten Menge für den Binnenhandel. Wobei ausdrücklich auf Überprüfungen hingewiesen wurde, wonach »durch die Genex GmbH belieferte Bürger in der Regel nicht als PKW-Besteller in den Verkaufsstellen registriert waren«[16]. 1973 mußte auf die zusätzliche Bereitstellung von durchgewebten Teppichen Marke »Täbris« verzichtet werden, »da dem Binnenhandel für das gesamte Jahr 43 $Tm^2$ zur Verfügung [stehen], davon bezieht Genex bereits 5,0 $Tm^2$. Zieht man die Berliner Versorgung und den Sonderbedarf ab, dann bleiben pro Bezirk der DDR 0,8 $Tm^2$ übrig.«[17]

Wegen der Größenordnung des Bedarfs und der Begünstigung des Kundenkreises mit Westverwandtschaft fürchteten die zuständigen Ministerien politische Unruhen der Benachteiligten. Daher kam man 1966 überein, daß der Bedarf von Ge-

werden nicht geprüft, vielmehr wird die Bedürftigkeit in jedem Falle unterstellt. Aufwendungen für Ge-

1. September 1958 (GBl. I Nr. 59 S. 676), – Nr. 5 vom 19. Juni 1967 (GBl. II Nr. 66 S. 448); 2. Die folgen-

nex nun zum Großteil aus dem Export-Import-Fonds des Außenhandels[18] und nur noch zu 25 Prozent aus dem Binnenhandel bedient werden sollte. Dies bedeutete eine nicht unwesentliche Erweiterung des Sortiments und damit einhergehend Qualitätssteigerungen. Vor allem im PKW-Bereich sollten nun auch Importwagen aus anderen sozialistischen Staaten angeboten werden. Die neue Warenbereitstellung aus dem Export-Import-Fonds hatte zudem einen zentralen Vorteil: Die Gewinnspanne von Genex war aufgrund der Preise und des Verhältnisses Erlös/Aufwand wesentlich höher als die der Außenhandelsunternehmen. 1966 zum Beispiel kostete ein Wartburg 312 de Luxe in der DDR 17 770,– Mark. Der Außenhandel verkaufte das Auto im kapitalistischen Ausland für 2654,– Valutamark (VM), im sozialistischen Ausland für 4236,– VM. Genex dagegen erzielte über den Geschenkdienst 7315,– VM. Den Devisenvorteil von Genex gegenüber den Außenhandelsunternehmen veranschaulichen auch folgende Zahlen aus dem Jahre 1980[19]: 

| Artikel | durchschnittlich realisierter Exportpreis NSW in VM | Genex-Verkaufspreis |
|---|---|---|
| elektr. Großschreibmaschine | 573,– | 1420,– |
| Bodenstaubsauger | 75,– | 169,– |
| Spiegelreflexkamera | 131,– | 557,– |
| Kühlschrank H 170 | 140,– | 489,– |
| Fernsehgerät s/w T132 | 168,– | 681,– |
| Wandfliesen | 0,24 | 0,62 |
| Radialreifen 145 SR 13 | 26,– | 89,– |

Das besondere Verfahren von Genex, die volkseigenen Waren auf dem Gebiet der DDR zusammenzustellen und von dort aus an Empfänger der DDR zu expedieren, ermöglichte es dem Unternehmen, alle erreichbaren Gewinnspannen, die einem Exportunternehmen durch Zölle, Steuern etc. verlorengingen, selbst zu kassieren. Im hier beispielhaft angeführten Jahr 1980 bearbeitete Genex ca. 300 000 Aufträge und konnte insgesamt 110,5 Mio. VM einnehmen. Die Valutaausgaben beliefen sich dabei auf 72,0 Mio. VM, was einem Erlös von 38,5 Mio. Valutamark entspricht. Von 1976 bis 1981 erzielte Genex einen Valutaerlös von ca. 240 Mio. VM insgesamt. Dies war für die devisenknappe DDR ein nicht unerheblicher Gewinn, der sich obendrein auf einem »Markt« erreichen ließ, der durch die gesetzlichen Einschränkungen im privaten Postverkehr zwischen West und Ost bereits »erschlossen« war. Wie auf allen Märkten aber waren die Umsatzmöglichkeiten auch in diesem speziellen Absatzgebiet abhängig von der Auftragslage, das heißt von den Bedürfnissen der Kundschaft.

Schon Anfang der sechziger Jahre wurde seitens der Planträger darauf gedrun-

schenksendungen, die nach diesen Bestimmungen als »außergewöhnliche Belastung« geltend gemacht den Durchführungsbestimmungen zur Verordnung über den Geschenkpaket- und -päckchenverkehr auf



gen, daß Genex den Anteil von Industriewaren im Angebot und Umsatz erhöhen solle. Das Aufwand-Erlös-Verhältnis der Industriewaren versprach hier wesentlich höhere Valutagewinne. Auftragssteigerungen im Bereich der Lebensmittelpakete wären demgegenüber nur durch devisenaufwendige Importe abzudecken gewesen. Tatsächlich gingen die Aufträge für Lebensmittel gegenüber denen für Industriewaren zurück, was bei Genex positiv eingeschätzt wurde, »da ja hierdurch der wachsende Lebensstandard in der DDR sichtbar wird«[20] – eine ideologisch verbrämte Umschreibung für das Mißverhältnis von Angebot und Nachfrage bei DDR-Industriewaren Anfang der sechziger Jahre. Zu diesem Zeitpunkt zeichnete sich auch innerhalb der DDR-Bevölkerung eine Erholung von der schwierigen wirtschaftlichen Nachkriegssituation ab. Den nunmehr kaufkräftigen Kunden standen aber Angebotslücken im Konsumbereich gegenüber, die durch Fehlplanungen und geringe Produktionsleistungen, vor allem aber durch die Umstrukturierungen in der Wirtschaft verursacht wurden. Über Genex dagegen erhielten DDR-Konsumenten mit Westverwandtschaft die begehrten Artikel ohne große Mühe. Dabei handelte es sich meist um solche Industriewaren, deren technische Eigenschaften den Ansprüchen der Kundschaft nach einer Normalisierung ihrer Lebensweise und einer Erleichterung von Arbeitsabläufen im Haushalt entsprach. Genex stellte sich auf diesen Bedarf ein. Das Angebot umfaßte vor allem Transistorradios, Uhren, Staubsauger, Schreibmaschinen, Nähmaschinen, Kühlschränke, Fernseher und Autos. Der Mangel an diesen Konsumgütern bis zum Ende der DDR verhalf Genex zu den rentabelsten Geschäften. Das gesteigerte Bedürfnis nach besserer Ausstattung in den DDR-Haushalten korrespondierte mit dem einsetzenden Wohlstand im Westen, der nun auch größere Geschenke erlaubte. Nicht zuletzt aber war es dem Mauerbau geschuldet, daß trotz politischer Vorbehalte der Geschenkdienst mehr devisenträchtige Aufträge für Industriewaren erhielt, da andere Wege der Beförderung nicht mehr möglich waren.

Im Laufe der siebziger Jahre perfektionierte Genex das Sortiment so weit, daß ein DDR-Bürger sein ganzes Leben damit gestalten konnte. Jetzt war es möglich, einen vollständigen Haushalt samt Herd und kompletter Etagenheizung, Trockenhaube, Rasenmäher und Schrankwand nach Belieben zusammenzustellen. Pelzmäntel, Kunstgegenstände und Sportartikel konnten sich Empfänger in der DDR nach individuellem Geschmack selbst anfertigen lassen, wenn der Auftraggeber einen Gutschein mit entsprechendem Betrag dazu ausstellte. Das sogenannte Selbstkaufverfahren bestand seit 1976 und ermöglichte den Erwerb von Bekleidung, Schuhen, Schallplatten etc. »nach Wahl des Empfängers«, das heißt, dieser ging in ein örtliches Fachgeschäft und kaufte mit dem Gutschein die DDR-Produkte selbst. Zum vielgewünschten Auto konnte man nicht nur Liebhaberextras wie Lenkradbezüge aus Nappa-Leder, Rallye-Tacho oder Turboblenden (»Letzter Modeschrei!«) mitschenken, sondern auch eine Kaskoversicherung abschließen und sogar für das notwendige Benzin mit entsprechenden Tankgutscheinen sor-

werden können, wirken sich in voller Höhe als Freibetrag aus. Er wird nicht um eine »zumutbare Eigendem Postwege: – Erste Durchführungsbestimmung vom 14. Januar 1955 (GBl. I Nr. 5 S. 19), Zweite

gen. Besaß der so Beschenkte keinen Führerschein, konnte man auch die erforderliche Schulung mit 750,– DM finanzieren. Gleichermaßen waren im Bereich des Freizeitangebots den Schenkmöglichkeiten keine Grenzen gesetzt. Neben Campingbedarf wie Grill, Zelt oder Wohnwagen bot Genex Motor- und Segelboote nebst Zubehör, aber auch Musikinstrumente von der Gitarre bis zum Klavier an. Eine besondere Dienstleistung stellte die dargebotene Auswahl an organisierten Reisen dar, denn diese blieben in der DDR bis zum Schluß ein rares und daher viel umkämpftes Gut. Per Katalog konnten die »Highlights« des Ostens – Neptun-Hotel Rostock, Cecilienhof Potsdam, Rügen-Hotel Saßnitz und Heinrich-Heine-Heim Schierke auf dem Brocken – sowie verschiedene »Interhotels« reserviert werden. Wer darüber hinaus sein Fernweh stillen wollte, der konnte mit Genex auch die sozialistischen Bruderländer bereisen. Wie Gudrun M. erzählte, buchte ihre Freundin im Westen nicht nur Unterkunft und Verpflegung der Ostdeutschen über Genex, sondern auch für sich selbst und ihre Kinder. Im Gegenzug bezahlte Gudrun M. alle Kosten, die während eines solchen Urlaubs anfielen. Beide nutzten diese Möglichkeit, um offiziell und komfortabel miteinander reisen zu können. Nach den Erfahrungen auf ihren Reisen schien diese Form des »deutsch-deutschen Austausches« keine Seltenheit darzustellen, sondern war durchaus üblich. Das Beispiel zeigt, wie Genex als Institution die Chance bot, die durch die Grenze gekappten Beziehungen aufrechtzuerhalten oder gar zu vertiefen. Denn nicht nur die Reisen förderten die Pflege des Kontakts, sondern jedes einzelne Geschenk. Meist verständigte man sich vorher brieflich über die Wünsche, manchmal wie bei Karl S. kamen sie bei Reisen der Westverwandten in die DDR zustande. Genex war dabei das Vehikel, diese Wünsche zu erfüllen, und stellte dafür obendrein sicher, daß die verschenkten Gegenstände auch ankamen. Überdies ließen sich die Ausgaben bei Genex vollständig von der Steuer absetzen.



Ende der siebziger Jahre veränderte sich nicht nur der Katalog in seiner Gestalt (Gesamtkatalog im A4-Format), sondern auch die präsentierten Geschenke. Genex begann verstärkt Luxusgüter, sogenannte »hochwertige und preisintensive Industriewaren«, anzubieten, da, so die Begründung, die bisherige »Warenpalette nicht den Bedürfnissen der Bürger der DDR nach gehobenen Genre aus dem Nahrungs- und Genußmittelbereich und an Industriewaren« entspreche und »die zunehmende Konsumreife der in der DDR hergestellten Genußmittel und Leichtindustrieerzeugnisse in Zukunft bewirken [wird], daß nur bestimmte ausgewählte Importerzeugnisse von der Bevölkerung verlangt werden«[21]. Zurückzuführen ist eine solche Aussage auf die Stabilisierung der ostdeutschen Wirtschaft in den siebziger Jahren und die verstärkte Konsumgüterproduktion, die unter Honecker als ein politisches Mittel der Befriedung breiter Bevölkerungsschichten forciert wurde. Zwar blieb bei einigen Gütern wie PKW der Mangel aufgrund der langen Wartezeiten bestehen und Genex weiterhin eine Möglichkeit der Beschaffung. Der Geschenkdienst wurde aber nun auch zu einer Institution, die zusätzliche Bedürfnisse

leistung« gekürzt. Hinweise für Geschenksendungen in die DDR und nach Berlin (Ost). Ausgabe Okto-

Durchführungsbestimmung vom 10. Dezember 1956 (GBl. I Nr. 110 S.1331), – Dritte Durchführungs-



bzw. Qualitätsansprüche bedienen sollte. Letzteres bezog sich vor allem auf westliche Importfabrikationen, denen der Nimbus des Hochmodernen anhaftete. Zur bestehenden Auswahl an DDR-Produkten kamen zum Beispiel der VW Golf, Bosch- und Blaupunktgeräte hinzu. Zentrales Problem bei den Westimporten war die Ersatzteilfrage. Die Westverwandtschaft mußte in der Lage sein, bei einem Defekt des geschenkten Geräts Ersatzteilschecks bei Genex zu kaufen. Nur bei Vorlage dieser Schecks war es dem Monteur gestattet, den Defekt zu beheben.

In den achtziger Jahren wurde das Genex-Sortiment durch weitere Artikel des »gehobenen Genres« ausgebaut. Nun konnten sogar Fertigteilhäuser, Saunen und Kamine über Genex bezogen werden – der »Rheinische Merkur« titelte 1984: »Geschenke ins andere Deutschland: Mit Geld ein Loch in den Zaun erkaufen. So wird der Luxus grenzenlos«.[22]

Doch um Luxus hat es sich oft gar nicht gehandelt: Der Geschenkdienst wurde mehrheitlich genutzt, sich schwer erhältliche Dinge, sogenannte »Mangelware«, schenken zu lassen. Aus diesem Umstand ergab sich für die Eigenlogik des Geschenkdienstes ein eigenartiges Paradoxon: Die Höhe der eingehenden Aufträge bei Genex war im wesentlichen davon abhängig, was gerade Mangelware war. Die Auftragslage wurde demnach vor allem durch die Situation im Binnenhandel geprägt. Das Dilemma von Genex hieß somit, Mangelware zu verkaufen, die tatsächlich Mangelware war.

Den daraus resultierenden Problemen der Warenbereitstellung versuchte man, wie beschrieben, mit der Verlagerung der Genex-Kontingente auf den Export-Import-Fonds des Außenhandels zu begegnen. Doch die Waren dieser Fonds zeichnete ebenso der Status »Mangelware« aus, denn sie waren für DDR-Bürger im normalen Handel nicht erhältlich und daher in besonderer Weise exklusiv. Das zentrale Problem blieb deshalb bestehen. Genex wurde von der Kundschaft als Ausweg aus der mangelnden Versorgungslage begriffen, war aber gleichzeitig selbst Teil des planwirtschaftlichen Verteilungssystems und damit auch von dessen (Nicht-)Kapazitäten abhängig. Die Geschichte von Genex wirft daher nicht nur ein bezeichnendes Licht auf die Konsumwirtschaft in der DDR. Sie verdeutlicht darüber hinaus, wie Versuche von seiten der Verbraucher, Versorgungsengpässe auszugleichen, den Plan immer von neuem in Schwierigkeiten bringen konnten. Stiegen aufgrund einer Knappheit an bestimmten Gütern im Binnenhandel die Auftragsvergaben an Genex, so mußten diese meist außerhalb des geplanten Kontingents beschafft werden. Denn worauf sich diese Ausgleichsversuche richteten, ließ sich nicht oder nur wenig kalkulieren.

Zu den Schwankungen in der Auftragslage trug allerdings nicht nur die jeweilige Versorgungssituation in der DDR selbst bei, sondern auch die politische Großwetterlage und öffentliche wie private Meinungen im Westen. Westdeutsche Printmedien berichteten immer wieder über Genex. Die Genex-Mitarbeiter schätzten die Berichte als indirekte Werbung neuer Kunden ein, denn meist stiegen im

ber 1978. 1. Vorbemerkung: Für den Versand von Geschenken in die DDR und nach Berlin (Ost) gelten bestimmung vom 17. Oktober 1961 (GBl. II Nr. 73 S. 483), – Vierte Durchführungsbestimmung vom

Auch begehrte Urlaubsreisen gehörten zum Angebot des Devisen-Geschenkdienstes.



Anschluß die Aufträge, obwohl sich in allen Artikeln kritische Äußerungen zum Geschenkdienst finden. Zum Beispiel wird häufig auf das hinter Genex stehende Kalkül der Devisenbeschaffung hingewiesen. Es kann davon ausgegangen werden, daß erhebliche politische Bedenken gegenüber dem Geschenkdienst im Westen sowohl von privater als auch offizieller Seite bestanden. So mißbilligte beispielsweise das Ministerium für gesamtdeutsche Fragen (Bundesministerium für innerdeutsche Beziehungen) in Bonn die Inanspruchnahme von Genex und empfahl bei Nachfragen aus der Bevölkerung daher die Nutzung des Geschenkdienstes nur in Notfällen. Noch 1969 forderte das Ministerium alle Hilfsverbände auf, Genex nicht zu benutzen – was diese wiederum nicht davon abhielt, mit Genex Sonderkonditionen auszuhandeln. [23]

Trotz der politischen Vorbehalte verbuchte Genex anfangs vor allem durch die Aufträge von Kirchen und Religionsgemeinschaften den Großteil der Umsätze. Dabei unterstützten diese sowohl Privatpersonen als auch kirchliche Einrichtun-

die Bestimmungen der Zwanzigsten Durchführungsbestimmung zum Zollgesetz der DDR vom 14. Juni

21. November 1961 (GBl. II Nr. 79 S. 507), – Fünfte Durchführungsbestimmung vom 30. November 1961



gen, die nicht nur Lebensmittelpakete und PKW über Genex erhielten, sondern auch Benzin, Düngemittel und Industriewaren, welche nicht zum eigentlichen Angebot von Genex gehörten. Neben den Vereinbarungen mit dem Ministerium für Außenhandel (Rohstofflieferungen gegen Geld) führte die evangelische Kirche ca. 4,0 Mio. VM über Genex in die DDR ein. Die katholische Kirche brachte dagegen ihre materielle Unterstützung mit einem Jahresvolumen von ca. 12,0 Mio. VM fast ausschließlich über Genex in die DDR.

Schreckten im Westen potentielle Kunden aus politischen Gründen vor Aufträgen zurück, so barg für die Funktionäre im Osten das Geschenkdienstverfahren nicht minder politische Implikationen. Einerseits wurde »dem Westen« gestattet, »den Osten« über Genex materiell zu unterstützen, andererseits mußte jedem Kunden wegen der hier geschaffenen Einflußmöglichkeiten mißtraut werden. Daher forderte das SED-Zentralkomitee 1962, daß Genex die politische Zugehörigkeit sowohl der Auftraggeber als auch der Empfänger analysieren sollte. Der Verdacht, daß hier eigentlich politisch mißliebige Gruppen unterstützt würden, äußerte sich beispielsweise bei einer Anfrage vom Schweizer Außendienst, ob ca. 50 PKW innerhalb von fünf Wochen lieferbar wären: »Nach Informationen der Genex ist der Auftraggeber die katholische Kirche und nicht Privatpersonen, die Schenkungen vornehmen wollen. Unserer Ansicht nach ist es politisch nicht haltbar, die Kirche so zu motorisieren, daß sie auch abgelegene Ortschaften sehr schnell erreichen kann, um eventuell ihren Einfluss unter der Landbevölkerung zu vergrößern.«[24]

In den Siebzigern wurde von seiten der Bundesregierung der Geschenkdienst genutzt, politische Forderungen an die DDR zu stellen. So berichtete 1975 der »Stern« von Versuchen des Ständigen Vertreters der Bundesrepublik Deutschland in der DDR, Günter Gaus, den Geschenkdienst in der DDR transparenter zu gestalten. Unter anderem sollte der Vertrieb des Genex-Katalogs in der DDR gestattet werden, damit sich die Empfänger vor Ort die Präsente selbst aussuchen könnten. Für die DDR-Regierung war dieses Ansinnen politisch brisant, weil es Preisvergleiche ermöglicht und das Geschäft mit Geschenken zwecks Devisenvorteil offenbart hätte: »Drüben soll keiner wissen, wie preiswert Westbürger die Ostgüter kaufen können«[25], war die zutreffende Vermutung eines »Stern«-Journalisten.

Auch hier kommt das grundlegende ideologische Problem zum Tragen, das sich hinter der Geschäftspraxis von Genex verbarg: Westverwandtschaft bedeutete Westgeld, das in der DDR zunehmend zur zweiten Währung wurde und mit dem man vieles, was in den Läden knapp war, auch Dienstleistungen und ähnliches, *besorgen* konnte. Das rief den Unmut derer hervor, die nicht darüber verfügten. So berichtet auch Karl S. von einigen neidischen Äußerungen seiner Arbeitskollegen zum neuen Fernseher. Sie bezogen sich in seinem Fall weniger auf die politischen Implikationen einer solchen Art des »Organisierens« als vielmehr auf den Gegenstand selbst, denn Farbfernseher gab es zu diesem Zeitpunkt noch immer nicht überall und ständig im Handel. Daß der Unmut sich nicht auf Genex selbst

1973, zuletzt geändert mit Wirkung vom 21. September 1977. Danach ist nur der Versand auf dem Post-

(GBl. II Nr. 80 S. 515); 3. Die Neunzehnte Durchführungsbestimmung vom 10. September 1972 zum Zoll-

richtete, sondern auf ihre Vermittlung von Mangelwaren, ist dem eigentümlichen Status der Firma geschuldet. Schließlich handelte es sich bei Genex um eine institutionalisierte Form des Schenkens. Das Schenken und Beschenken innerhalb der Verwandtschaft und des Freundeskreises gehört zu den selbstverständlichsten Praktiken des Lebens. Auch wenn der Schenkende zufällig im Westen wohnhaft war und das Schenken durch die besondere Situation der Teilung eine stärkere Bedeutung in der Kommunikation zwischen Ost und West erfuhr, spielte Genex in den Augen der Beschenkten nur die Rolle des Vermittlers zwischen den Schenkenden, der selbst nicht in der Kritik stand. Karl S. mokierte sich nicht über die Dienstleistung, sondern über den Umstand, daß mit überhöhten Preisen aus dem Schenken und dem Bedürfnis, Mangelware zu erhalten, Gewinn gezogen wurde.



Viel öfter aber war es die Tatsache an sich, daß rare und begehrte Ostprodukte für Westgeld verkauft wurden, die Empörung weckte. In einem Artikel der westdeutschen Zeitung »Die Welt« wird stellvertretend für viele die Meinung eines Ostberliners zitiert: »Daß wir West-Erzeugnisse wie Kaffee, Schokolade, Jeans und Kosmetika im Inter-Shop in West bezahlen müssen, mag noch angehen. (...) Aber daß auch schon DDR-Erzeugnisse nur für Westwährung zu erhalten sind, ist ein Skandal.«[26]

In der Kritik stand Genex als der Beschaffungsstrategie, die nicht jedem zugänglich war. Im zweiten Markt der DDR gab es verschiedene solcher Beschaffungsstrategien wie Sammeln und Tauschen, die man sich mehr oder minder aneignen konnte. Der Erhalt von DDR-Erzeugnissen in Form von Genex-Geschenken war jedoch allein vom Zufall bestimmt, die richtige Verwandtschaft oder sonstige Beziehungen nach *drüben* zu haben.

Grundsätzlich hatte die DDR-Regierung mit der Gründung von Genex das Prinzip »Jedem nach seinen Leistungen« zugunsten des Prinzips »Jedem nach dem Wohnsitz seiner Tante« abgeschafft. Sie gestattete damit offiziell, Privilegien qua Geburt in Anspruch zu nehmen, ja sie förderte diese vor dem Hintergrund des Devisennotstandes sogar. Besonders prekär ist an diesem Umstand, daß das gewonnene Westgeld zu einem Teil in die Kasse der SED zurückfloß, die sich so ihrerseits ihre Privilegien finanzierte.[27]

Sieht man an Genex nicht nur die materielle Seite der Beschaffung und des Devisennotstandes, sondern auch die politische, so ist die gesellschaftliche Bedeutung unverkennbar. Auch wenn Genex selbst wegen seines stillen Vorgehens kaum im Lichte der Öffentlichkeit auftauchte – das Verfahren, Ostprodukte gegen Westgeld zu verkaufen, barg Ansatzpunkte der Kritik, die letztlich zur Unzufriedenheit mit dem DDR-System beitrugen. »Ein Loch im Zaun« meint, so gesehen, nicht nur den deutsch-deutschen Transfer des Wohlstands, das Zitat verweist vielmehr auch auf die Aushöhlung einer ganzen Gesellschaft und die politischen Veränderungen in ihrer Konsequenz.

wege, nicht aber der Bahnversand vorgesehen. Die folgenden Hinweise berücksichtigen die Versandbegesetz (GBl. II Nr. 51 S.571), soweit sie den Geschenkpaket- und -päckchenverkehr auf dem Postwege

**Museum Intershop**

Man sehnt sich immer nach dem, was man nicht hat – dieser Satz stimmt und stimmt auch wieder nicht. Wir hatten keine Westverwandtschaft und bekamen folglich auch keine Westpakete, aber ich habe sie nicht vermißt. Vielleicht lag das daran, daß die Leute in aller Regel nicht hausieren gingen mit dem, was sie bekommen hatten: Der Pudding, die Schokolade und der Kaugummi wurden zu Hause gegessen, die Bekleidung stillschweigend getragen. Ich kann nicht einmal genau sagen, wer zum Beispiel in meiner Schule diese Pakete erhielt und wer nicht. Es waren vielleicht fünf oder zehn von 25 Kindern, die sich durch Pelikan-Füller, Tintenkiller und Faserstifte von den anderen unterschieden, aber Unterschiede gab es ja auch sonst einige. Bei uns Kindern standen Mitte der siebziger Jahre Matchbox-Autos hoch im Kurs. Und es funktionierte im Kleinen wie im Großen: Was man mit Geld nicht kaufen konnte, wurde getauscht. Auch ich konnte am Ende 20 bis 30 Matchbox-Autos mein eigen nennen.



In unserer Klasse gab es nur einen Jungen, der über Westgeld als Taschengeld verfügte, und einmal sind wir zu viert oder fünft zum Intershop gezogen. Mario hat mächtig mit seinem Geld angegeben, aber es war uns allen klar, daß nichts für uns dabei herausspringen würde. Trotzdem gingen wir mit, um wenigstens einmal dabei zu sein, wenn jemand mit diesem Geld einkauft. Auf dem Weg zum Intershop verlor Mario das Fünf-Mark-Stück. Wir halfen alle beim Suchen, und ich wußte genau, wenn ich es finden würde, würde ich mir unauffällig die Schuhe zubinden ... Schließlich fand ein anderes Kind den Fünfer und gab ihn zurück. Mario kaufte an diesem Tag gar nichts. Wahrscheinlich wäre es ihm doch ein wenig peinlich gewesen, uns nichts abzugeben.

Ich aber ging später noch einmal allein in den Laden, um mir die Matchboxes anzuschauen. Als ich älter wurde, waren es die Schallplatten und die Phonotechnik, die mich lockten. Ohne je etwas kaufen zu können, ging ich in den Intershop wie auf eine Messe oder in ein Museum. Vom damaligen gesellschaftstheoretischen Standpunkt aus betrachtet, waren die Intershops ja tatsächlich Museen, denn sie repräsentierten den sterbenden, faulenden Kapitalismus – allerdings verbreiteten sie dabei einen unvergleichlich süßen, lockenden Duft.

*Hagen S., Berlin*

stimmungen der DDR sowie die einschlägigen postalischen Bestimmungen. Für alle Geschenke gilt die betrifft. Berlin, den 14. Juni 1973. Der Minister für Außenwirtschaft, Sölle. Bekanntmachung über im

**Erotik in der Keksdose**

Wir sind 1953 von Ost- nach Westdeutschland gezogen und haben gleich begonnen, Pakete zu schicken.

Wir bedachten hauptsächlich Bekannte und Verwandte mit Geschenken. Dies geschah zu Weihnachten, zu Geburtstagen und bei nahen Verwandten, wie Geschwistern, auch öfter. Pro Jahr wurden so mehrere tausend Mark verschickt.

Einmal haben wir über unsere zahlreichen Pakete sogar ganz neue Freunde gefunden. Wir kannten einen Theo Müller, den wir benachrichtigten: »Es ist ein Paket an Dich unterwegs.« Diese Karte gelangte jedoch an einen anderen Theo Müller in derselben Stadt. Der schrieb uns, er wüßte nicht, wie er zu einem Paket von uns komme. Tatsächlich erreichte die Sendung auch den richtigen Adressaten. Daraufhin haben wir aber dann dem »falschen« Theo auch ein Päckchen geschickt und das in den folgenden Jahren beibehalten – ein Kontakt, der auch heute noch besteht, wenn auch, wie bei all unseren übrigen Paketfreundschaften, nurmehr aus gelegentlichen Briefwechseln.



Natürlich gab es immer Sachen, die man eigentlich nicht schicken durfte, und Versuche, solche Verbote zu umgehen. So hatten wir in einem Jahr Besuch aus der DDR, der dann früher abreisen mußte. Bei uns hatte er damals von John Cleland »Fanny Hill, Memoiren eines Freudenmädchens« zu lesen begonnen, war damit aber nicht fertig geworden. Mitnehmen und schicken durfte man solche Bücher ja nicht. Da haben wir eine Kekspackung geleert, das Buch darin versteckt und zu unseren Verwandten auf den Weg gebracht und dann mitgeteilt, Ernst solle doch mal in die Kekse gucken. Der war dann restlos begeistert und hat das Buch immer wieder gelesen.

Medikamente durften eine Zeitlang nicht geschickt werden. Einmal kam eine Sendung zurück, weil Spalt-Tabletten darin waren. Da lag ein Zettel bei: »Diese Sendung entspricht nicht den Vorschriften.« Danach haben wir dann Bonbons gekauft, die so ähnlich aussahen wie die Tabletten, die wir schicken wollten – und so ist alles durchgegangen. In späteren Jahren durften unter bestimmten Umständen dann auch wieder Medikamente verschickt werden. Patienten in der DDR konnten sich von ihrem Arzt ein Rezept ausschreiben lassen, das wurde in den Westen gesandt, und dort konnten die Bekannten dann in der Apotheke die Sachen besorgen. Wenn das Rezept dem Paket beilag, ließ der Zoll die Sendung unbeanstandet durch.

Später kamen auch noch Geschenke dazu, die wir über Genex in die

Vorschrift, daß der Inhalt von Geschenksendungen für den persönlichen Bedarf der Empfänger bestimmt grenzüberschreitenden Geschenkpaket- und -päckchenverkehr auf dem Postwege geltende Verbote und



DDR schickten. Zum ersten Mal haben wir diesen Service in Anspruch genommen, als meine Schwester ein Fahrrad brauchte und in der DDR keines bekam. Wir schenkten ihr ein Damen-Tourenrad, das war im Juni 1978. Wir bekamen nun alle halbe Jahre einen Genex-Katalog aus Zürich von der Palatinus GmbH geschickt. Es gab darin Anforderungskarten, mit denen man sich weitere Kataloge bestellen konnte. So informierte man Freunde und Bekannte über diese Versandmöglichkeit. Man durfte den Katalog aber weder in die DDR schicken noch mitnehmen. Auf einer unserer Reisen nach Sachsen hatten wir einen in unserem Auto, den nahm man uns an der Grenze ab. Wir wunderten uns, denn es war doch Ware, die in die DDR geliefert werden sollte – aber die DDR-Bürger sollten den Katalog nicht in die Hand bekommen, damit sie nicht sehen konnten, was alles im eigenen Land produziert wurde, aber nur gegen harte Währung zu haben war.

Nach der Bestellung bekamen wir eine Auftragsbestätigung und der Empfänger in der DDR ebenfalls. Die Lieferungen haben immer gut geklappt, und der genannte Termin wurde stets eingehalten. Bei einem Auto konnte man sich sogar die Farbe aussuchen – was in der DDR sonst ja nicht selbstverständlich war. Auf diesem Wege haben wir in den Folgejahren Waren im Wert von etlichen tausend DM in die DDR gebracht, darunter mehrere Fernseher der Marke Blaupunkt, Waschmaschinen, Gefriergeräte. So kam von uns später sogar ein Wartburg zu unseren Verwandten. Dabei war der Mann meiner Schwester SED-Parteisekretär. Zunächst hat es ihm die Sprache verschlagen, als er die Bestätigung las, daß sein Auto nun da sei. Dann haben ihm seine Genossen Vorwürfe gemacht, daß er sich so etwas aus dem Westen schenken läßt.

Auch direkte Geldgeschenke haben wir in all den Jahren gemacht. Waren wir zu Besuch, so haben wir das Geld von unserem Mindestumtausch dagelassen und meist den Kindern geschenkt. Zudem hatten wir meist auch noch Westgeld für die Erwachsenen mitgebracht.

Die Nachbarn unserer Verwandten sollten aber nicht wissen, daß so viele Geschenke aus dem Westen kamen, obwohl dies zu verheimlichen in so einem kleinen Dorf kaum möglich war. Kamen wir zu Besuch, dann sollten wir unser Auto am liebsten beim Nachbarn auf dem Hof abstellen, »damit es sicherer steht«. Aber in Wirklichkeit wollten sie verhindern, daß der Westwagen vor dem Haus des Parteisekretärs gesehen wird.

*Irmgard und Rudolf Günther, Lörrach*

sein muß. Bei der Zusammenstellung jeder Sendung muß daher darauf geachtet werden, daß auch nicht

Beschränkungen vom 14. Juni 1973. Gemäß den §§ 3 und 9 der Zwanzigsten Durchführungsbestimmung

Katrin Böske

# »Selbstverständlich kein ständiger Begleiter des Sozialismus«

## Der Intershop



Ich kann mich erinnern, daß ich einmal Ende der achtziger Jahre mit einer Kollegin nach einem Ladenbummel durch die Berliner Rathauspassagen im Ratskeller des Roten Rathauses landete. Nach einer gewissen Wartezeit – in DDR-Zeiten ein üblicher Umstand – wurden wir vom Bedienungspersonal an einen Tisch gewiesen, an dem bereits vier Personen saßen. Nach einiger Zeit kamen wir mit ihnen ins Gespräch. Sie waren sehr aufgeschlossen und interessiert, und sie waren aus Westdeutschland. Wir plauderten über dies und das, über Berlins Sehenswürdigkeiten und die Einheit von Wirtschafts- und Sozialpolitik in der DDR ... Nachdem sie dann ihre Rechnung vom Kellner erhalten hatten, stellten sie fest, daß sie nicht mehr genügend Mark der DDR zur Verfügung hatten. Da tauschten sie schließlich mit uns die noch fehlenden 20 Mark im Verhältnis 1:1, um ihre Rechnung in der offiziellen Inlandswährung zu begleichen. Wir verabschiedeten uns in der Gewißheit, daß das beiderseitige »Auf Wiedersehen« nur eine Floskel bleiben würde.

Wir blieben dann noch einige Zeit, um noch einen Schoppen auf unser großes Glück zu trinken. Und an der offensichtlich sauren Miene des Kellners erkannten wir, daß ihm die kleine Transaktion nicht entgangen war und er offensichtlich meinte, daß sie viel eher ihm zugestanden hätte. Schließlich gehörten Hotelangestellte und Kellner, die öfter mal ein Trinkgeld in »harter Währung« bekamen, zu jener Gruppe von DDR-Bürgern, die sich – mehr oder weniger geduldet – im Besitz von Westgeld befanden, ebenso wie all jene, die Geldgeschenke von ihren Westverwandten erhielten, von Angehörigen in Westdeutschland oder Westberlin etwas erbten oder eine Rente beanspruchten. Wieder andere, die Dienstreisen ins westliche Ausland unternahmen, erhielten Tagegelder und in Ausnahmefällen auch Honorare in DM ausgezahlt; Angestellte in Botschaften und anderen Institutionen, die für längere Zeit im Ausland tätig waren, besaßen ebenfalls Devisen. Auch Mitarbeiter sowie Aushilfskräfte in den Intershops waren berechtigt, bestimmte Beträge – bei Verkäuferinnen waren es in der Regel 30 Mark – in Warengutscheine umzutauschen. Aber auch unabhängig von Verwandtschaft und Beruf konnte man zu einem internen Kurs von 1:4 bis hin zu 1:10 die Mark der DDR illegal in DM tauschen, und allein schon dieser extreme Kurs, den Leute zu zahlen bereit wa-

der Anschein eines Versandes von Handelsware entstehen kann (keine größeren Mengen oder Stückvom 14. Juni 1973 zum Zollgesetz – Verfahren für die Ein- und Ausfuhr von Gegenständen im grenzüber-

ren, sagt etwas über die immense Bedeutung des Westgeldes in Ostdeutschland aus.

Seit der Währungsreform im Jahre 1948 existierten im geteilten Deutschland zwei Währungen. Es gab zum einen die frei konvertierbare Währung der westlichen Besatzungszonen, die *Deutsche Mark der Deutschen Bundesbank*, und zum anderen die Binnenwährung in der sowjetischen Besatzungszone, die *Deutsche Mark der Deutschen Notenbank*. Seit dem Banknotenumtausch am 31. Juli 1964 hieß die Währung *Mark der Deutschen Notenbank*. Ab Dezember 1967 trug sie die Bezeichnung *Mark der Deutschen Demokratischen Republik*, kurz *Mark*. Das Umrechnungsverhältnis zwischen den Währungen der beiden deutschen Staaten war und blieb bis zum Ende der DDR, jedenfalls im nichtkommerziellen Zahlungs- und Warenverkehr sowie im offiziellen touristischen Sektor, 1:1.



Die Mark der DDR konnte nicht in harte Devisen umgetauscht werden, deshalb war sie auf dem Weltmarkt als Zahlungsmittel und im Handel auf dem internationalen Devisenmarkt unbrauchbar. Für die Weltmarktfähigkeit der DDR war es also wichtig, so viel wie möglich Devisen zu erwirtschaften. Bereits im Jahre 1954 wurde daher beschlossen, alle Möglichkeiten im zollfreien Handel abzuschöpfen. 1955 richtete man vorerst in den Seehäfen Wismar, Rostock und Stralsund *Transitlager* ein, in denen Waren zur Versorgung der ausländischen Schiffsbesatzungen und Schiffsreisenden angeboten wurden.

Solche *Valutaläden* waren keine neue Erfindung. Ähnliche Einrichtungen gab es zum Beispiel in Form der Duty-Free-Shops in den zollfreien Gebieten kapitalistischer Länder. In derartigen Läden konnten und können in begrenzter genehmigter Menge zollfreie Waren erstanden werden. Die besondere Lukrativität für die DDR mit ihrer Inlandswährung bestand bei der Einrichtung von Valutaläden jedoch in dem Verkauf von Waren eigener Produktion, da hier der Erlös ohne einen Devisenaufwand möglich war. Aber auch bei dem Verkauf von Waren aus der Gestattungsproduktion – Markenartikel westlicher Firmen, die ihre Technologien und Technik in den Betrieben der DDR installierten – konnten sehr hohe Gewinne erzielt werden. Schon erste Versuchsverkäufe zeigten, wie rentabel die Valutaläden für die Devisengewinnung sein konnten. Daher richtete man derartige Läden auch in den Transiträumen der Flughäfen ein. Deutlicher als *Transitlager* und *HO Internationaler Basar* läßt die Bezeichnung *Valutaladen* erkennen, zu welchem Zwecke derartige Einrichtungen entstanden. Im Jahre 1956 dann legte man sich auf den Namen *Intershop* fest, da er »klingender und international besser verständlich«[1] war.

Daß es sich bei dem Kundenkreis dieser Einrichtungen ausschließlich um ausländische Reisende und Schiffs- bzw. Flugbesatzungsmitglieder handelte bzw. handeln sollte, wurde durch das Devisengesetz der DDR vorausgesetzt, nach dem jeglicher Besitz ausländischer Währungen für DDR-Bürger zu dieser Zeit verboten war. Die Gesetzgebung verpflichtete diejenigen DDR-Bürger, die im Besitz von Zahlungsmitteln frei konvertierbarer Währungen waren, diese unverzüglich der

zahlen eines Produktes in einer Sendung!). Die Deutsche Post der DDR ist verpflichtet, alle Geschenkschreitenden Geschenkpaket- und -päckchenverkehr auf dem Postwege (GBl. I Nr. 28 S. 271) werden im

Zunächst war der Intershop nur für den Deviseneinkauf von Besuchern aus dem Ausland gedacht. Intershop-Verkaufsstelle im Neuen Rathaus in Leipzig während der Herbstmesse 1965.

Staatsbank der DDR zu melden und zum Kauf anzubieten. Aber auch die Vorgabe des Amtes für Zoll und Kontrolle des Warenverkehrs vom 10. Juni 1955 an das Ministerium für Handel und Versorgung besagte: »Steuerbegünstigte Waren, die in den erwähnten Verkaufsstellen erworben werden, dürfen aus dem Hafengelände nur nach dem Zollausland verbracht werden.«[2]

Nach dem Bau der Mauer im August 1961 und den danach entstandenen Grenzübergangsstellen für Auto und Bahn wurde am 26. Februar 1962 die Intershop GmbH als selbständiges Unternehmen gegründet, getragen hauptsächlich von der Mitropa AG und der Deutschen Genußmittel GmbH. Mit dieser Gesellschaft nahm man sich nunmehr vorrangig der Bahnpassagiere und Autoreisenden auf den Transitstrecken an. Der Zweck der Intershop GmbH bestand darin, den »Einzelhandel mit Nahrungs- und Genußmitteln und Industriewaren, die vorwiegend der Deckung des persönlichen Bedarfs dienen«[3], durchzuführen.

Im April 1962 wurde mit dem sogenannten *Valutakleinverkauf* auf den Bahnsteigen und im Grenzkontrollbereich des Bahnhofs Friedrichstraße begonnen. Aufgrund des überwältigenden Kaufinteresses richtete man kurzfristig weitere Kioske

sendungen der Zollverwaltung der DDR vorzuführen. Verstöße gegen die DDR-Bestimmungen können

Einvernehmen mit den Leitern der zuständigen zentralen staatlichen Organe die geltenden Verbote und

ein und besetzte jeden Verkaufskiosk zweischichtig. Bis zum Jahresende 1962 wurde von der Intershop GmbH die Belieferung der Objekte an den Grenzen zur BRD aufgenommen. Auch auf der Leipziger Herbstmesse 1962 installierte man Verkaufsstände in den *Ausländertreffpunkten* und *Einkäuferzentren*. Das erste Passierscheinabkommen vom 17. Dezember 1963 zwischen der DDR-Regierung und dem Westberliner Senat erlaubte vielen Westberlinern, zunächst befristet vom 19. Dezember 1963 bis zum 5. Januar 1964, Verwandte in Ostberlin zu besuchen. Weitere Passierscheinabkommen in den Jahren 1964 und 1965 regelten die Erweiterung der Besuchszeiträume und stellten einen steten Anstieg der Westberliner Besucher in Aussicht.

216 Die hohe Rentabilität der Intershops zog ein sich massiv erweiterndes Intershop-Verkaufsstellennetz nach sich. Überall dort, wo sich ausländische Besucher und Handelsreisende längere Zeit aufhielten, wurden vorerst provisorische Intershop-Verkaufskioske und Verkaufsräume eingerichtet. Manchmal blieben diese Provisorien bis zum Ende der DDR bestehen ...

Mitte der sechziger Jahre kam es zur Veränderung der Aufgabenstellung der Intershop GmbH. Sie sollte ihre Dienstleistung »von der Stufe der Kundenbetreuung ... auf die Stufe des optimalen Verkaufs«[4] heben. Die Intershop GmbH übernahm auch vorerst für die neu entstandenen Devisenläden in den Interhotels, den Reisebüro-Hotels und den Hotels der HO die Großhandelsfunktion. Mit der Ausdehnung des Verkaufsstellennetzes innerhalb des Landes jedoch erweiterte sich der Zuständigkeitsbereich der Intershop GmbH, deren wirtschaftsleitendes Organ die Mitropa AG war. Die Warenbereitstellung wurde nun von der Zentralkommerz GmbH vorgenommen. Sie war ein Außenhandelsunternehmen, das dem Ministerium für Außenhandel und Innerdeutschen Handel unterstellt war. Ihr oblagen sämtliche Importe aus dem westlichen Ausland. Die verschiedenen Unterstellungsverhältnisse der Gesellschaften zogen unweigerlich eine Zersplitterung der Verantwortungsbereiche für den Intershop-Handel nach sich: »Mit Wirkung vom 1.10.1966 wurde im Ministerium für Außenhandel und Innerdeutschen Handel der Bereich ›Kommerzielle Koordinierung‹ gebildet«, dessen Hauptaufgabe unter anderem darin bestand, die »einheitliche Leitung und Kontrolle von Außenhandelsoperationen, die der Erwirtschaftung kapitalistischer Valuta *außerhalb* des Staatsplanes dienen«, zu sichern.[5]

Infolge der Bildung des Bereiches Kommerzielle Koordinierung (KoKo) und zum Zwecke der Zentralisierung und Vereinheitlichung des gesamten Intershop-Handels ging die Verantwortung für die Leitung und Organisation der Intershops Ende der sechziger Jahre nach und nach aus der Zuständigkeit des Ministeriums für Verkehrswesen, das unter anderem für die Mitropa zuständig war, und des Ministeriums für Handel und Versorgung in den Zuständigkeitsbereich des Ministeriums für Außenhandel und Innerdeutschen Handel über: »Ab 1.1.1967 wird die Intershop GmbH dem Minister für Außenhandel und Innerdeutschen Handel

zur entschädigungslosen Einziehung der gesamten Sendung bzw. des beanstandeten Teils der Sendung

Beschränkungen bekanntgemacht. 1. Von der Einfuhr in Geschenksendungen sind ausgenommen: Perso-

unterstellt. (...) Die Betreuung der Reisenden aus dem kapitalistischen Ausland auf den Anlagen, in den Beförderungsmitteln und Einrichtungen des Verkehrswesens obliegt weiterhin der Mitropa. Der Minister für Außenhandel und Innerdeutschen Handel sowie der Minister für Verkehrswesen haben die Koordinierung der Preispolitik und andere handelspolitische Fragen für den Valutakleinverkauf in den Handelsbetrieben des Verkehrswesens zu vereinbaren.«[6]

Im Dezember des Jahres 1967 kam es dann zur Auflösung der Firma Intershop GmbH, ihre Aufgaben wurden vollständig von der Zentralkommerz GmbH übernommen. Sie fungierte als »Leitbetrieb für alle am Intershop-Handel beteiligten Handelsorgane und Einrichtungen (...) Unter Leitung des 1. Stellvertreters des Generaldirektors des Außenhandelsbetriebes Zentralkommerz [wurde] eine *ständige Koordinierungsgruppe* zur operativen Leitung und Koordinierung aller am Intershophandel beteiligten Betriebe und Einrichtungen« gebildet.[7] Nach einem Jahrzehnt sollte auch die Zentralkommerz GmbH von ihrer Funktion entbunden werden. Am 1. Januar 1977 entstand »ein Außenhandelsbetrieb mit Import- und Großhandelsfunktion für den gesamten Intershophandel« – die Forum GmbH, später Forum Handelsgesellschaft[8], die dem Ministerium für Außenhandel unterstellt war.



Die Übernahme der Intershops durch die Forum Handelsgesellschaft ging einher mit den sich verändernden Bedingungen der innerdeutschen Beziehungen. Die Voraussetzungen hierfür wurden durch die Abschlüsse diverser Verträge und Abkommen wie des Viermächte-Abkommens über Berlin und des Grundlagenvertrages zwischen der DDR und der BRD in den Jahren 1971 und 1972 geschaffen. Die Auswirkungen dieser Vereinbarungen wurden im rapiden Anstieg der Besucherzahlen deutlich. Allein im Zeitraum Juni bis Dezember 1972 waren es 2,1 Mio. Westberliner, die nach Ostberlin reisten, 1973 fast 4 Mio. Die Zahl der Besucher aus der BRD hatte sich von 1969 bis 1975 fast verdreifacht (auf jährlich etwa 3,1 Mio.), und von 1975 bis 1978 waren es durchschnittlich jeweils 6,4 Mio. Westdeutsche und Westberliner, die die DDR besuchten. Auf seiten der DDR konnten lediglich Rentner (in den siebziger Jahren durchschnittlich 1,3 Mio.) und in dringenden Familienangelegenheiten, sogenannten Ausnahmefällen, auch andere DDR-Bürger (jährlich ca. 40000) in die Bundesrepublik oder nach Westberlin reisen.[9]

Während bereits in den sechziger Jahren der Kreis derjenigen, die in den Intershops einkaufen durften, nach ministerieller Festlegung auf einen kleinen Teil der DDR-Bevölkerung ausgedehnt worden war, mußte mit dem anwachsenden Besucherstrom und den dadurch in der DDR in Umlauf gebrachten Devisen eine nochmalige Erweiterung des Kundenkreises legitimiert werden. Anfang 1974 wurde die Devisengesetzgebung in der DDR dahingehend geändert, daß es nunmehr auch DDR-Bürgern gesetzlich zugestanden wurde, über Zahlungsmittel frei konvertierbarer Währungen zu verfügen. Sie waren fortan berechtigt, in den für diese Zahlungsmittel zugelassenen Einrichtungen einzukaufen.

oder zur Rücksendung an den Absender führen. In diesen Fällen leistet die Deutsche Bundespost keinen naldokumente und andere Ausweise einschließlich des zur Herstellung von Personaldokumenten geeig-

Diese Entwicklung war Ausdruck der Tatsache, daß Westgeld in der DDR zunehmend an Bedeutung gewann. Die D-Mark wurde mehr und mehr zur *zweiten Währung* in der DDR, deren Wert sich nicht in der Möglichkeit, Intershops besuchen zu können, erschöpfte. Westgeld-Besitzer in der DDR konnten mittels der D-Mark Mangelwaren verfügbar machen oder manche Behördengänge erleichtern. Campinganhänger, Wartburg-Kotflügel, Badewannenarmaturen und dergleichen mehr waren problemlos für *blaue Kacheln* – allgemein bekannte Chiffre für Westgeld – zu haben. So wurde mir sogar von einem Hauskauf erzählt, der gegen die Bezahlung von D-Mark erfolgte, da die Verkäufer einen Ausreiseantrag gestellt hatten.



Das Vorhandensein von Westverwandtschaft oder auch -bekanntschaft und die damit verbundene Chance, Devisen zu erlangen, bot für DDR-Bürger eine Möglichkeit, spürbare Mangelerscheinungen der Gesellschaft zu umgehen, ein Privileg in einer Gesellschaft, in der, trotz egalitärem Anspruch, ein System der Privilegien hervorgebracht und unterstützt wurde. Besitz und Genuß von westlichen Artikeln gestatteten daher eine gewisse Abhebung von anderen. Entsprechend wurde von DDR-Bürgern, wahrscheinlich vor allem von jenen, die kein Westgeld besaßen, des öfteren Unwillen über das Vorhandensein der Zweitwährung bekundet. Vielen SED-Funktionären schien in den jeweiligen Parteiaktiven die geeignete Argumentationskette oder auch nur der Beistand der führenden Genossen zu fehlen, denn im September 1977 sah sich Erich Honecker in seiner Rede zur Eröffnung des Parteilehrjahres in Dresden gezwungen, zum Problem der Intershops Stellung zu nehmen. Er versicherte, daß »diese Läden ... selbstverständlich kein ständiger Begleiter des Sozialismus [sind]. Wir können aber nicht an der Tatsache vorbeigehen, daß besonders der große Besucherstrom viel mehr Devisen unter die Leute bringt, als das früher der Fall war. (...) Natürlich übersehen wir nicht, daß nun Bürger der DDR, die keine Devisen besitzen, im gewissen Sinne im Nachteil gegenüber denen sind, die über solche Währung verfügen.«[10] Er verwies anschließend auf den Ausbau des Exquisit-Handels und der Delikat-Läden, in denen ebenfalls qualitativ hochwertige DDR-Produkte, Importwaren und Artikel aus der Gestattungsproduktion in der »höheren Preisklasse für Mark der DDR« angeboten würden.

Mit einer Neuregelung der Devisenbestimmungen vom 16. April 1979 sollten abermals die Westgeldbesitzer in der DDR und die ausländischen Käufer in den Intershops eine unterschiedliche Behandlung erfahren. Es kam zur Einführung der Forumschecks als internes Zahlungsmittel. Der Gedanke, sogenannte Kaufberechtigungsgutscheine auszustellen, war nicht neu. Bereits in den vergangenen Jahrzehnten, in denen ein geringerer Teil von DDR-Bürgern berechtigt war, in Valutaläden einzukaufen, waren diese Kaufberechtigungen in Form von Wertgutscheinen geläufig, die zum Beispiel die Intershop-Angestellten und Verkäuferinnen erhielten.

Ersatz (s. unter »5. Haftung der Deutschen Bundespost«). Um entschädigungslose Einziehungen oder neten Papiers oder Vordruckmaterials; Funksende- und -empfangsanlagen, Fernsehgeräte, deren Teile

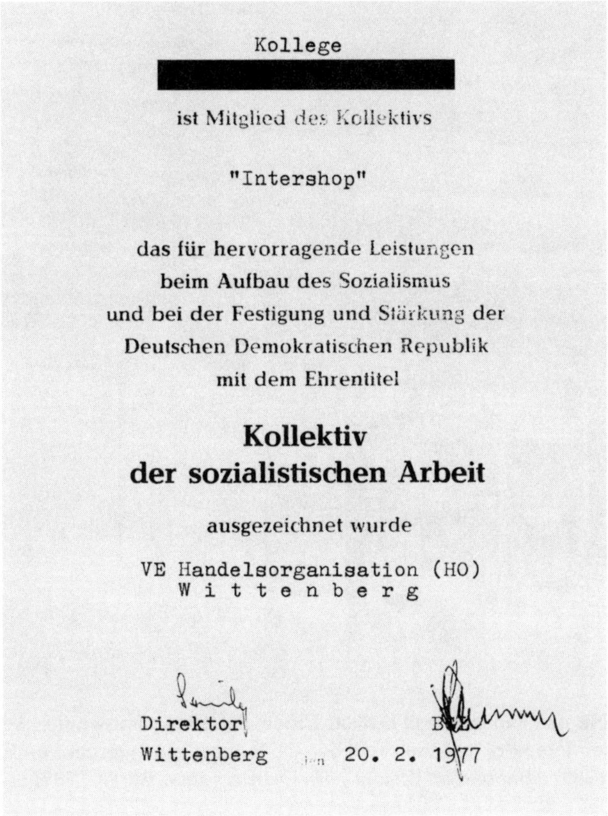
Kollege

[redacted]

ist Mitglied des Kollektivs

"Intershop"

das für hervorragende Leistungen
beim Aufbau des Sozialismus
und bei der Festigung und Stärkung der
Deutschen Demokratischen Republik
mit dem Ehrentitel

**Kollektiv
der sozialistischen Arbeit**

ausgezeichnet wurde

VE Handelsorganisation (HO)
W i t t e n b e r g

Direktor

Wittenberg den 20. 2. 1977

Obwohl der »Shop« kein ständiger Begleiter sein sollte, konnte man sich auch hier beim Aufbau des Sozialismus hervortun.



Im zeitlichen Umfeld der Einführung der Forumschecks zeichnete sich eine, im jeweiligen typischen Sprachgebrauch der ost- und westdeutschen Presse, wortgewaltige deutsch-deutsche Auseinandersetzung ab. Der Artikel »Springer geht auf den Strich« im »Neuen Deutschland« vom 8. August 1978 brachte wohl die Lawine ins Rollen: »Den Vogel schoß am Montag Springers ›Bild‹ ab. Das Blatt geht politisch auf den Strich – mit einer ›Reportage‹, die angeblich aus der Hauptstadt der DDR berichtet. ›Für harte D-Mark: Heißer Sex am Alex‹, heißt die Schlagzeile, unter der marktschreierisch die neueste Errungenschaft der westlichen Welt angepriesen wird: (...) ›Für 50 Mark ist dort der Abend inklusive Sex exzellent gelaufen!‹ heißt es fett gedruckt. Und mit ›drüben‹ meint man Berlin, die Hauptstadt der DDR. Diese geschmacklose Beleidigung der Berliner, insbesondere der Frauen in der Hauptstadt der DDR, ist so unerhört, daß sich einem die Haare sträuben (...) Schließlich geht es wohl nicht an, daß die DDR in der Frage der Besuchsgenehmigungen sehr großzügig handelt und gleichzeitig eine solch infame Herabsetzung ihrer Bürger hinnimmt. Man könnte doch in der DDR überlegen, den Umtausch

Rücksendungen zu vermeiden, sollten bei der Zusammenstellung und beim Versand von Geschenksensowie Ersatz- und Zubehörteile einschließlich der entsprechenden Dokumentationen, Bauanleitungen

Mit den Exquisit- und Delikat-Läden sollten qualitativ höherwertige Waren, die es sonst nur im Intershop gab, zu Mark der DDR angeboten werden. Im Exquisit (rechte Seite, Rostock 1989) konnte man Kleidung, im Delikat (oben, Berlin 1989) Lebensmittel kaufen.

frei konvertierbarer Währungen durch ein entsprechendes System stärker unter Kontrolle zu nehmen. Es ist ja durchaus vorstellbar, daß generell die Mark der DDR als einziges Zahlungsmittel gilt und daß es nur Ausländern – dazu gehören die Westberliner und die BRD-Bürger – gestattet ist, in den Intershops einzukaufen.«[11]

Der »Spiegel« reagierte prompt mit dem Artikel »Es zieht sich zu« vom 14. August 1978. »Unter dem Vorwand, die sozialistische Moral ›insbesondere der Frauen in der Hauptstadt der DDR‹ zu verteidigen, drohte die Parteiführung eine drastische innenpolitische Kurskorrektur an: schärfere Devisenkontrollen, Abschaffung der Westmark als zweiter DDR-Währung, Intershop-Verbot für Ostbürger.«[12] Und in seiner übernächsten Ausgabe wußte der »Spiegel« schon von »Hamsterkäufen« in den Intershops zu berichten.

Abgesehen von der im »Neuen Deutschland« abgedruckten Rede Erich Honeckers, in der er sich über die Intershops äußerte, waren bislang keine Äußerungen im Zentralorgan der SED über die *Zweitwährung* zu finden gewesen. Nach der Neuregelung der Devisenbestimmungen konnte man gleich mehrfach Recht-

dungen die nachstehenden Hinweise genau beachtet werden, daß nur Gegenstände für den persönlichen und anderen schriftlichen Unterlagen; Landkarten, Briefmarken, Briefmarkenkataloge, Filme, Fotoplat-

fertigungen darin lesen. »Die Frage, warum die Einführung von Mark-Wertschecks zum Einkauf in Einrichtungen des Außenhandels jetzt erfolgt, ist natürlich nicht ohne Bedeutung. Sie steht im Zusammenhang mit Bestrebungen bestimmter Kreise der BRD und Westberlins, Spekulationsgeschäfte mit der Westmark zu tätigen. Es versteht sich, daß das Außenhandelsministerium der DDR diesem Treiben nicht länger zusehen konnte. Deshalb wird ... den Bürgern der DDR, die im Besitz frei konvertierbarer Währungen sind, die Möglichkeit gegeben, sie entweder in Mark der DDR umzutauschen oder dafür Mark-Wertschecks zu erwerben, die zum Einkauf in den Einrichtungen des Außenhandels berechtigen.«[13]

Demnach sollten die DDR-Bürger ihre Devisen zuvor in die nicht übertragba-

Bedarf versandt werden. 2. Geschenksendungen: Geschenksendungen sind nach den DDR-Bestimmunten, Fotopapier, Kinderspielzeug militaristischen Charakter; Arzneimittel und ihnen gleichgestellte

ren und nicht rücktauschbaren Forumschecks umtauschen, um anschließend in den Intershops einkaufen zu können. Man versprach sich davon eine schnellere Verfügbarkeit der Devisen für den Staatshaushalt. Wer im Intershop damit bezahlte, wunderte sich manchmal über die eigenartige Rückgabe des Wechselgeldes. Die Forumschecks wurden im Wert von 500, 100, 50, zehn, fünf und einer Mark sowie 50 Pfennig gedruckt. Bei einer Kaufendsumme von beispielsweise 16,20 Mark erhielt der DDR-Kunde, der mit zwei Zehn-Mark-Schecks bezahlt hatte, drei Eine-Mark-Wertschecks, einen 50-Pfennig-Wertscheck und eine Packung Kaugummi oder drei Lutscher im Ausgleich für die fehlenden 30 Pfennig Rückgeld.

222 Forumschecks waren zwar bis zum Ende der Intershops im Umlauf, bei vielen DDR-Bürgern traf ihre Verwendung jedoch auf Unverständnis, und so übergingen sie die Prozedur des Umtauschs, wenn möglich, zumal Ausweiskontrollen in den späten achtziger Jahren kaum noch zu befürchten waren. Wenn sich eine Verkäuferin jedoch stur an die Regeln hielt, gab es Ärger im Laden oder eine nachträgliche Beschwerde. So beklagte sich eine Intershop-Kundin in ihrer Eingabe im März 1989 an die Forum Handelsgesellschaft über die Irrationalität im Umgang mit den Forumschecks: »Am 1.3. wollte ich im Intershop ... eine Strickzeitung zum Preise von 2,20 DM kaufen. Ich legte der Verkäuferin 2 Markscheine in Forumschecks und 0,20 DM in Münzen vor, worauf sie von mir den Ausweis als Bundesbürger oder aber den Gesamtbetrag in Forumscheinen verlangte. Da es keine Forum-Schecks für kleinere Beträge als 0,50 DM gibt, ist es üblich, den Differenzbetrag nicht in Hartgeld, sondern in Form von Glitzi-Schwämmchen, Milka-Täfelchen oder ähnlichem Kleinkram herauszugeben. Ich betrachtete dies erst als Böswilligkeit oder Uneinsichtigkeit der Verkäuferin. Auf meine Anfrage teilte man mir mit, daß dies in all Ihren Intershop-Verkaufsstellen üblich ist. Ich finde dies unzumutbar, da ich das Geld rechtmäßig erworben habe, als ich anläßlich eines Geburtstages in die BRD reisen durfte. Wenn man aus diesem Anlaß nur 15,00 DM tauschen darf, sind 0,30 DM keine Kleinigkeit und bereits der siebente Teil zum Kauf der nächsten Zeitung. In der BRD habe ich gemerkt, wie wichtig für mich der Besitz von Kleingeld war, da ich durch Zugverspätung meine Verwandten vom Bahnhof aus telefonisch benachrichtigen mußte, um abgeholt zu werden. Weder Ihre Forum-Schecks noch Milka, Schwämmchen oder anderer Kleinkram hätten mir das Telefonieren möglich gemacht. Es ist eine Schande, daß eine 3. Währung nur für uns DDR-Bürger eingeführt wurde und man in Ihren Handelseinrichtungen als Mensch 3. Klasse behandelt wird. (...) Wenn ich im Ausland bin, kann ich dort jederzeit in der im jeweiligen Land anerkannten Währung zahlen, ohne den Ausweis zeigen zu müssen. Seit 20 Jahren arbeite ich im Handel und weiß, daß Kompensationsgeschäfte unzulässig bzw. strafbar sind. Nur in Ihren Einrichtungen werden solche miesen Verkaufshandlungen praktiziert. Muß man erst den Antrag auf Ausreise stellen und das Land verlassen, um in Ihren Verkaufsstellen mit

gen »unentgeltliche Zuwendungen, die unmittelbar von einem privaten Absender (Bürger) an einen pri-

Stoffe oder Zubereitungen; Schallplatten, soweit diese nicht Werke des kulturellen Erbes oder des wirk-

Von 1979 an mußten DDR-Bürger ihre Devisen in Forumschecks eintauschen, wenn sie im Intershop einkaufen wollten.

jedem Geld zahlen zu dürfen? Ihr Ansinnen an die DDR-Käufer in den Intershop-Verkaufsstellen betrachte ich als eine bodenlose Unverschämtheit.«[14]

Auch der Unwillen über das Vorhandensein der Intershops in der DDR überhaupt wurde weiterhin geäußert. Zum Beispiel auf dem Wege der Eingaben an das Ministerium für Handel und Versorgung oder an das Ministerium für Außenhandel sowie direkt an den Staatsratsvorsitzenden der DDR erreichten die Kritiken die *oberen Stellen.* So schrieb eine Frau im Februar 1988 an das Ministerium für Handel und Versorgung in Berlin: »Die DDR ist ein sozialistischer Staat, in dem Privilegien bestimmter Menschen abgeschafft sein sollten. Desto mehr bin ich empört über die Intershops in diesem Land. Wie kann man in der DDR sogenannte Forumschecks erhalten oder sonstige Zahlungsmittel für Intershops, durch gute Arbeit im Betrieb oder durch andere Leistungen? Leider habe ich noch nichts davon gehört. Bleibt es nur den Bürgern vorbehalten dort einzukaufen (Waren, die es teilweise in HO- oder Konsum-Verkaufsstellen nicht gibt), die Geldgeber im kapitalistischen Ausland haben? Was soll man Kindern erklären, die gern Matchbox-Autos oder ähnliches haben möchten, ihre Eltern ihnen es aber in Ermangelung des ›entsprechenden‹ Geldes nicht kaufen können? Sie werden es nicht verstehen, daß andere es besitzen und sie nicht, ich kann es auch nicht verstehen. Diese Intershops bleiben also Leuten vorbehalten, die Devisen geschenkt bekommen. Das ist doch wohl eine sehr ungerechte Sache in einem sozialistischen Staat! Man kann noch so ein guter Arbeiter oder DDR-Bürger sein, aber ohne ›Westbeziehung‹ wird man sich diese Sachen nicht kaufen können. Ist das nicht ein arger Widerspruch in dieser sozialistischen Gesellschaft? Selbst wenn solche Verkaufsstellen dem Staat Devisen bringen, ist so eine Ungerechtigkeit nicht einzusehen!«[15]

vaten Empfänger (Bürger) auf Grund persönlicher Beziehungen zum persönlichen Verbrauch oder Gelich kulturellen Gegenwartsschaffens betreffen, Magnettonbänder und andere Tonträger sowie alle an-

Die Antwort des Generaldirektors der Forum Handelsgesellschaft war ein Appell an das Wir-Gefühl der Verfasserin dieser Eingabe: »In den vergangenen Jahren haben sich der internationale Reiseverkehr und die Wirtschaftsbeziehungen der DDR stürmisch entwickelt. Im Ergebnis ist der Zustrom von Devisen in die DDR folgerichtig angewachsen. Um ein Äquivalent hierfür zu schaffen, wurde der Intershop-Handel als Teil des Außenhandels gebildet. Die erzielten Einnahmen kommen allen Bürgern durch Verbesserung des Konsumgüter-Angebotes im Binnenhandel zugute. Dies betrifft unter anderem auch den Delikat- und Exquisit-Handel, wo DDR-Bürger, die nicht in den Besitz westlicher Währungen gelangen, hochwertige Importwaren kaufen können. Darüber hinaus wird die Leistungs-

kraft unserer Wirtschaft gestärkt. Ich hoffe, mit vorstehenden Ausführungen die von Ihnen aufgeworfenen Fragen ordnungsgemäß beantwortet zu haben.«[16]

Die Beantwortung jeder Eingabe der DDR-Bürger von der jeweils zuständigen Stelle suggerierte dem Betroffenen ein Gefühl von Verständnis und Mitbestimmung. Doch waren die verwandten Stereotype, die stete Zuhilfenahme der Ideale des Sozialismus und das Zitieren gehaltener Reden vergangener Zeiten in den Antwortschreiben eher Ausdruck eines unbeholfenen Rechtfertigungsdranges.

Ein Leser der »Jungen Welt« wollte es im April 1989 nun endlich einmal genau wissen: »Als aufmerksamer Leser Ihrer Zeitung verfolge ich natürlich die ›Junge-Welt‹-Serie ›100 Fragen zur sozialistischen Demokratie‹! Da diese Serie ja leider bald beendet ist, würde ich mich sehr freuen, wenn Sie noch folgende Fragen berücksichtigen könnten! 1. Welchen Zweck erfüllen Intershops in der sozialistischen Demokratie? 1.1. Wieviele Intershops gibt es insgesamt in der DDR? 1.2. Wie hoch ist der Jahresumsatz aller Intershops in der DDR? 1.3. Warum werden Dinge in Intershops verkauft, die oft in der DDR hergestellt sind, aber nicht in der DDR für Geld der DDR zu kaufen oder sehr sehr schwer zu kaufen sind? 1.4. Warum kosten Artikel der Nahrungs- und Genußmittelindustrie der BRD ein Vielfaches in Delikat-Geschäften zu den gleichen Erzeugnissen im Intershop, wo doch der Umtauschkurs der DDR Mark zur DM der BRD laut Staatsbank der DDR 1:1 steht?«[17]

Der Leser schrieb diesen Brief an die Redaktion der »Jungen Welt«, diese jedoch sandte ihn weiter an die Eingabenstelle des Ministeriums für Außenhandel und bat um die »Beantwortung der Leserfragen«. Von der Eingabenstelle wurde das Schreiben an die Forum Handelsgesellschaft geschickt, die dem Leser daraufhin direkt eine den gängigen Argumentationsvorgaben folgende Antwort zukommen ließ. Entsprechend wurde auch die Redaktion der »Jungen Welt« unterrichtet: »Liebe Jugendfreunde! Beiliegend übergeben wir Euch eine Kopie des Antwortbriefes ... an Euren Leser ... zu Fragen des Intershop-Handels. Diese Briefkopie ist ausschließlich für Eure Information und Argumentation gedacht und nicht für Veröffentlichungen bestimmt. Im Zusammenhang mit Fragen zum Intershop-Handel möchten wir Euch auf die veröffentlichte Rede des Genossen Erich Honecker

brauch zum Versand gebracht werden«. Jeder Bewohner der DDR und von Berlin (Ost) ist berechtigt,

Katalog der DDR-eigenen Geschenkdienst und Kleinexport GmbH.
Das Werbematerial durfte nicht in die DDR eingeführt werden.

Unser Fertighaus-Programm
Drei Typen –
ein gemeinsames und bewährtes Konzept:

«FHE 108»

«FHE 108 W»

«FHE 73»

- Moderne und praktische Architektur, funktionelle Solidität sowie der Einsatz geprüfter Materialien garantieren Qualität, Haltbarkeit und ein hohes Wohnniveau. Die komplette technische Ausstattung und die großzügigen Räume ermöglichen individuelles Wohnen für jede Familie.
- Alle Typen können mit oder ohne Kellergeschoß geliefert werden.
- Individuelle Beratung durch uns und unsere Partner schon in der Planungsphase bis zur schlüsselfertigen Übergabe sind selbstverständlich. So kann GENEX auch individuelle Ausstattungen ermöglichen, wie z.B.:
  - Einbau von edelholzfurnierten Türen
  - Decken und Wandvertäfelungen mit edlen Hölzern.
  - Individuelle Anfertigung von Spezialmöbeln, welche den Bauformen des Dachgeschosses angepasst sind.
  - Komplette Fensterdekorationen
  - Natürlich steht überdies das gesamte GENEX-Sortiment zur Verfügung.

  Ein solch komplett ausgerüstetes Musterhaus steht zur Besichtigung bereit.
- Kurze Bauzeit: Innerhalb von nur 6 Monaten kann ein Eigenheim nach individuellen Wohnvorstellungen schlüsselfertig übergeben werden.
- Voraussetzung ist lediglich das Vorhandensein
  - eines bebaubaren Grundstücks.
  - der Zustimmung der örtlichen Verwaltungen zur Errichtung eines Fertighauses einschließlich der gesicherten Versorgung mit Elektrizität, Trinkwasser und der Schmutzwasserableitungen.

Das komfortable «FHE 108» bietet bei ausgebautem Dachgeschoß auf 2 Etagen über 150 m² Wohnfläche, wobei das Dachgeschoß als eine abgeschlossene zweite Wohneinheit mit allen erforderlichen Funktionen ausgebaut werden kann.
Dagegen verfügt das eingeschossige «FHE 108 W» mit Walmdach über eine Wohnfläche von 96 m² und das «FHE 73» über 105 m².

**Richtpreise**

| | |
|---|---|
| «FHE 108» ohne ausgebautes Dachgeschoß | ca. 114.000,- |
| «FHE 108» mit ausgebautem Dachgeschoß | ca. 128.000,- |
| «FHE 108 W» | ca. 96.000,- |
| Kellerbauwerk ohne örtliche Angleichung | ab 35.000,- |
| «FHE 73» | ca. 103.000,- |
| Kellerbauwerk ohne örtliche Angleichung | ab 25.500,- |

162

Ganze Häuser konnte man sich aus dem Westen schenken lassen.
Genex-Katalog aus dem Jahr 1986.

Wer im Westen keine Zeit zum Geschenkekaufen fand, dem standen Genex-Standardpakete unterschiedlicher Preisklassen zur Verfügung.

**Zigaretten**

in Originalpackungen

| | | | | US $ |
|---|---|---|---|---|
| HB | m. F. | BRD | Packung 20 Stück | 0,44 |
| Ernte 23 | m. F. | BRD | Packung 20 Stück | 0,44 |
| Stuyvesant | m. F. | BRD | Packung 20 Stück | 0,44 |
| Stuyvesant Superlong | m. F. | BRD | Packung 20 Stück | 0,44 |
| Peer Export | m. F. | BRD | Packung 20 Stück | 0,44 |
| Peer 100 | m. F. | BRD | Packung 20 Stück | 0,44 |
| Lux | m. F. | BRD | Packung 20 Stück | 0,44 |
| Lord Extra | m. F. | BRD | Packung 20 Stück | 0,44 |
| Krone | m. F. | BRD | Packung 20 Stück | 0,44 |
| Astor | m. F. | BRD | Packung 20 Stück | 0,49 |
| Astor 100 | m. F. | BRD | Packung 20 Stück | 0,49 |
| Atika | m. F. | BRD | Packung 20 Stück | 0,49 |
| Reval | o. F. | BRD | Packung 20 Stück | 0,44 |
| Roth-Händle | o. F. | BRD | Packung 20 Stück | 0,44 |
| Pall Mall | o. F. | USA | Packung 20 Stück | 0,49 |
| Pall Mall Superlong | m. F. | USA | Packung 20 Stück | 0,49 |
| Camel | o. F. | USA | Packung 20 Stück | 0,44 |
| Camel | m. F. | USA | Packung 20 Stück | 0,49 |
| Chesterfield | o. F. | USA | Packung 20 Stück | 0,44 |
| Marlboro | m. F. | USA | Packung 20 Stück | 0,49 |
| Winston | m. F. | USA | Packung 20 Stück | 0,49 |
| Kent | m. F. | USA | Packung 20 Stück | 0,49 |
| Reyno (Menthol) | m. F. | USA | Packung 20 Stück | 0,49 |
| Rothmans | m. F. | England | Packung 20 Stück | 0,49 |
| Benson & Hedges | m. F. | England | Packung 20 Stück | 0,49 |
| Gitanes | o. F. | Frankreich | Packung 20 Stück | 0,44 |

intershop

25

Intershop-Katalog aus den siebziger Jahren. Das Angebot reichte von Zigaretten über Spirituosen bis zu Textilien und Kosmetika.

deren visuell nicht lesbaren Datenträger; Literatur, sonstige Druckerzeugnisse, Bilder und Darstellun-

aus dem Jahr 1977 ... vor den 1. Kreissekretären verweisen, in der er zu diesem Problem Stellung genommen hat. Die dort getroffenen Aussagen besitzen auch heute noch ihre volle Gültigkeit.«

Und so lautete das Antwortschreiben im Mai 1989 (!): »Der Intershop-Handel erfüllt eine wichtige Aufgabe bei der Erwirtschaftung von Devisen für die DDR. Wir sind ein internationales Reiseland mit einem hohen und weiter steigenden Transitverkehr durch die DDR. Auch der Reiseverkehr in die DDR und der DDR-Bürger in westliche Länder nimmt zu. Wie Sie wahrscheinlich aus der Presse entnommen haben, gibt es seit 1.10.88 eine Vereinbarung zwischen Einrichtungen der DDR und der BRD, wonach nichtkommerzielle Zahlungen, also Geldüberweisungen, zwischen Privatpersonen beider Länder ermöglicht werden. Das alles führt dazu, daß Bürger unseres Landes Devisen besitzen. Wir haben verständliches Interesse daran, diese Devisen für die DDR nutzbar zu machen. Das gelingt jedoch nur, wenn den Käufern internationale Waren zu international üblichen Preisen angeboten werden. Dafür wurde der Intershop-Handel geschaffen. Und das ist auch die Rolle, die der Intershop-Handel im Rahmen unserer Sozialpolitik spielt – die Einnahmen tragen auch dazu bei, die Leistungsfähigkeit der Volkswirtschaft zu erhöhen und Waren auch im gesamten Binnenhandel verkaufen zu können, die man nur gegen Devisen von internationalen Märkten importieren kann. Sie fragen, warum Dinge im Intershop-Handel verkauft werden, die in der DDR hergestellt aber nicht zu erhalten sind. Das ist leider ein weit verbreiteter Irrtum! Wir verkaufen – bis auf ganz wenige Artikel (Spirituosen) – ausschließlich internationale Waren. Selbst im Souvenirbereich für Hotelgäste und Transitreisende sind nur wenige DDR-Erzeugnisse enthalten. Ich bitte Sie um Verständnis, daß ich auf Fragen zu betriebsinternen Seiten des Intershop-Handels nicht näher eingehen kann, hoffe jedoch trotzdem, deutlich gemacht zu haben, daß auch der Intershop-Handel für die weitere dynamische Entwicklung unseres Staates eine wichtige Rolle spielt.«[18]



Wie sich die Käufergruppen gewandelt hatten, hatte sich auch das Angebot der Intershops verändert. Anfangs wurde die Nachfrage in erster Linie von BRD-Bürgern, Westberlinern und anderen ausländischen Besuchern bestimmt. Mit den sich verändernden devisenrechtlichen Bestimmungen kam nun auch der Faktor der Binnennachfrage hinzu. Die Intershops wurden zunehmend im Inland eingerichtet und zum Teil aus den Hotels und Bahnhofsgebäuden ausgelagert. Jetzt kamen sie also auch offiziell zum Vorschein. Vielen ehemaligen DDR-Bürgern werden sicherlich noch diese fensterlosen, so trefflich als *transportable Raumerweiterungshallen* bezeichneten Gebäude in Erinnerung sein, deren Konstruktion es erlaubte, sie bis auf eine bestimmte Länge segmentweise zu erweitern, vergleichbar mit einem Teleskop. Aber auch andere Gebäude entstanden, etwa Baracken mit Gittern vor den Fenstern. In den Hotels hingegen wurden teilweise mehrstöckige

jährlich bis zu 12 Geschenksendungen zu empfangen. Diese Begrenzung bezieht sich auf das Kalendergen, wenn deren Inhalt gegen die Erhaltung des Friedens gerichtet ist oder andere Hetze enthält, es sich

Intershop-Großverkaufsstellen eingerichtet, die einen separaten sichtbaren Eingang hatten, und ab Anfang der achtziger Jahre baute man in den Bezirken der DDR sogenannte Intershop-Großobjekte.

Während sich das Angebot der Waren in den sechziger Jahren vorrangig aus Nahrungs- und Genußmitteln, Textilien, zum Beispiel Dederon-Damenstrümpfen, Kosmetika, Fotokameras und Fotobedarf sowie ausländischen Presseerzeugnissen zusammengesetzt hatte, wurden in den siebziger und achtziger Jahren auch technische Gebrauchsgüter wie Kaffeemaschinen, Bügeleisen, Fernsehgeräte und Stereoanlagen, aber auch Möbel, Betten sowie Auto-Ersatzteile und Computer angeboten. Außerdem gab es Uhren und Schmuck, Büro- und Reisebedarf sowie weitere Textilien, wie Jeanshosen, Röcke, Jacken und T-Shirts, zu kaufen.



Bei den Intershop-Waren handelte es sich zum einen um westliche Importe, deren Notwendigkeit in einer Stellungnahme des Bereiches Kommerzielle Koordinierung vom 16.2.1977 so dargelegt wurde: »Mit den speziellen Warenimporten aus dem kapitalistischen Ausland für den Intershop-Handel werden gleichzeitig günstige handelspolitische Möglichkeiten für den Export unserer Erzeugnisse in die kapitalistischen Länder geschaffen«[19] – soll heißen: Wir kaufen nur vom Westen, wenn er auch von uns kauft.

Des weiteren wurden für den Export vorgesehene hochwertige DDR-Produkte und im Genußmittelbereich vor allem Waren aus der Gestattungsproduktion – von westdeutschen Firmen in der DDR produziert – angeboten. »Zur Erweiterung des Angebots von hochwertigen Konsumgütern für die Bevölkerung sowie zur Steigerung der Exportkraft der Volkswirtschaft ist in der DDR seit einigen Jahren die Gestattungsproduktion von bekannten Markenerzeugnissen kapitalistischer Firmen aufgenommen worden. Das bisher produzierte Sortiment umfaßt Zigaretten, Zigarillos und Zigarren, Rauchtabak, Cinzano-Wein, Underberg-Spirituosen, Fischkonserven, Pepsi-Cola, Trinkfix, Schlagschaum und Perücken.«[20]

Waren der sogenannten Gestattungsproduktion wurden dann in Originalverpackungen sowohl zurückgeliefert als auch in den Intershops verkauft. Für die DDR war diese Produktion in höchstem Grade gewinnbringend, da die Importaufwendungen für die Materialien durch die Rücklieferung und den Intershop-Umsatz realisiert werden konnten. Nach einer gewissen Abschreibungsfrist gingen diese Maschinen und Ausrüstungen in den Besitz und somit in die Nutzung des Volkseigenen Betriebes über.

Die Preise in den Intershops an den Grenzkontrollpunkten lagen niedriger als in den Verkaufsstellen im Inland. Es versteht sich von selbst, daß nur ein geringer Teil der DDR-Bürger, nämlich jene, die die Möglichkeit hatten, ins westliche Ausland zu reisen, die Grenzen passierte und somit Kenntnis von den Preisunterschieden erhielt.

Zweifellos war die Rentabilität der Intershops nicht nur für die Deviseneinnahmen der DDR und die Privatökonomie ihrer Bürger von großer Bedeutung, auch

jahr; sie bedeutet nicht, daß nur eine Sendung im Kalendermonat empfangen werden darf. Absender nur um Adressenverzeichnisse, Kalender, Almanache, Jahrbücher handelt, es sich um Presseerzeugnisse

Intershop in der Raststätte Magdeburg-Börde (1984). Hier kauften vor allem Transitreisende ein, die zwischen Westberlin und dem Bundesgebiet unterwegs waren.

für die westdeutschen Besucher und vor allem für die Westberliner waren die Intershops nützlich: Ob Jugendweihe, Hochzeit, Geburtstag oder andere Anlässe, ein jeder Beschenkte ist froh über die Aufmerksamkeiten im schmuckvoll verpackten Präsent. Nicht immer trifft der Schenkende aber auch den Geschmack desjenigen, dem er eine Freude machen will. Präsentgutscheine helfen hier weiter. Jedoch ist es wohl der einfachste und unverfänglichste Weg, einen Geldschein zur Glückwunschkarte zu legen und somit dem Adressaten auch die Freiheit zu schenken, seine Wünsche und Träume selbst erfüllen zu können.

Die allmähliche Legalisierung des Westgeldbesitzes für die DDR-Bürger erleichterte manchem Westverwandten – neben den Möglichkeiten, die die Genex Geschenkdienst GmbH bot (vgl. den Beitrag von Franka Schneider in diesem Buch) – die Prozedur des Schenkens, die sich jetzt auf die Übergabe von Geld beschränken konnte. Und wer freute sich nicht, mit dem richtigen Geld in der Tasche, im Intershop einkaufen zu gehen?

Neben dieser »Arbeitserleichterung« konnte die Existenz der Intershops von BRD-Bürgern manchmal auch gewinnbringend genutzt werden. In der »Frankfurter Allgemeinen Zeitung« vom 2. Januar 1985 beschrieb der Journalist Gerd Zitzelsberger die beiderseitige Lukrativität: »An dieser besonderen Nahtstelle zwi-

Privatpersonen: Der Versand von Geschenksendungen im Auftrage anderer ist nach den Bestimmungen handelt, die nicht in der Postzeitungsliste der Deutschen Post enthalten sind, ihr Inhalt bzw. ihre Einfuhr

Der Intershop unterhielt auch mobile Verkaufsstellen wie hier in Ahrenshoop (1989).



schen Ost und West [Bahnhof Friedrichstraße in Berlin] reißt das Geschäft nur selten ab. Eine kleine Schlange steht fast ständig von frühmorgens bis eine Stunde vor Mitternacht an den drei kargen Kiosken, die die Behörden der DDR noch vor die Grenzübergangsstelle nach Ost-Berlin gesetzt haben. (...) Dabei lockt hier keine verführerische Dekoration zum Kauf. Auch das Sortiment ist schmal. Aber wer hierher kommt, weiß, was ihn erwartet. In der Bundesrepublik hochversteuerte Waren gehen hier vergleichsweise billig über die Theke. Die Stange Zigaretten kostet statt 36 oder 40 DM hier nur 23 bis 25 DM (...) Die meisten verlangen ein, zwei Stangen Zigaretten und ein, zwei Flaschen Spirituosen, die Frauen noch ein Päckchen Kaffee. Die Flaschen verschwinden diskret in der Aktentasche, die Zigarettenstangen werden aufgerissen, die Päckchen oft am ganzen Körper verteilt. Vom Zoll erlaubt sind eigentlich nur eine Stange und eine Flasche, und auch das nur nach einem Aufenthalt in Ost-Berlin. Zu kontrollieren ist dies freilich kaum, denn die DDR drückt dafür keinen Stempel in den Ausweis, und das Visum behält sie ein. Die 50 Mann von der Zollkontrolle [in Westberlin] müssen sich ohnehin auf gelegentliche Stichproben beschränken.«[21]

Die Überschreitung der vom Zoll vorgegebenen Freimenge war für die westlichen Intershop-Kunden riskant, sollten sie damit auf dem Weg über die Grenze erwischt werden. Doch offenbar lohnte sich das Geschäft. Für den Westberliner Einzelhandel war der massenhafte Abkauf der Intershop-Waren mit einem Rück-

der DDR nicht zulässig. Dieses Verbot betrifft insbesondere Sendungen, die von Firmen (z.B. Versandin anderer Weise den Interessen des sozialistischen Staates und seiner Bürger widerspricht; Produk-

gang ihres Umsatzes verbunden. Vor allem in den siebziger und achtziger Jahren standen immer wieder Schlagzeilen, wie »Schmuggel im Transit« oder »Am Jahresende zum Schmuggel in die Intershops«, in der westdeutschen Presse.

Im August 1988 berichtete Harald Rohde in der Berliner »tageszeitung«: »Berliner Zollbeamte verstehen die Welt nicht mehr. Im ersten halben Jahr 1988 beschlagnahmten sie in den U- und S-Bahnen über 4,6 Mio. unversteuerte Zigaretten, so viel wie im Vorjahr insgesamt. (...) Der [Bahnhof Friedrichstraße] nämlich galt neben dem Frankfurter Flughafen als größte Drehscheibe für den Zigarettenschmuggel in die BRD. (...) Die Shopping-Touren sind nicht verboten und auch kein Schmuggel, da die BRD, Berlin und die DDR ein einheitliches Zollgebiet bilden. Trotzdem machen auf den Westberliner Bahnhöfen rund 80 Zollbeamte Jagd auf zurückkehrende Intershopkunden, um in der DDR nicht erhobene Verbrauchssteuern zu kassieren. Wer im Zug erwischt wird, muß elf Pfennig pro Zigarette nachzahlen – bei Heimlichtuerei auch einen Strafzuschlag bis zu 100 Mark oder die Ware beschlagnahmen lassen. Wer mehr als 50 Stangen bei sich hat, dem blüht unter Umständen ein Steuerstrafverfahren. (...) In den vergangenen Monaten wurden Zigaretten teilweise direkt aus den Nylontaschen für 20 Mark pro Stange verscherbelt.«[22]



Im Zuge der Währungsunion im Sommer des Jahres 1990 wurden natürlich auch die Intershops zusammen mit der DDR aufgelöst. Oder mit den Worten von Jens Reich, Mitbegründer des Neuen Forums und Bündnis-90-Abgeordneter: »Mit der Währungsunion wird jeder miese Laden zum Intershop, jedes vertrocknete Brot muß jetzt mit Westgeld bezahlt werden.«[23]

Der Begriff *Intershop* wurde in der Nachwendezeit häufig bemüht. Es gab ein Grundverständnis in der Interpretation dieses Begriffs, welches voraussetzte, daß sich durch seine bloße Nennung bereits die breite Palette der Assoziationen öffnete und Vorstellungen von Glück, Erhabenheit, Neid, Abgrenzung und Sehnsucht aufgerufen würden – womit zum Beispiel der Gründer der Jenaer Firma Intershop, die maßgeblich am Aufbau des weltweiten Internet-Handels beteiligt ist, bei der Benennung seiner Firma spielte. Darin kam aber auch noch einmal die Verschiedenartigkeit der Bedeutungen, die die Intershops für die DDR-Bürger gehabt hatten, zum Ausdruck. Während manche Westgeldbesitzer wie selbstverständlich in diese Einrichtungen gegangen waren, hatten diejenigen, die nicht in den Besitz von Westgeld gelangen konnten, mehr oder weniger neidvoll auf die unerreichbaren Waren geblickt. Wiederum andere, die vielleicht ein paar Devisen besessen hatten, hatten sich eher zurückhaltend oder gar verschämt benommen und verstohlene Seitenblicke beim Eintritt in den Intershop geworfen – so wie wenn sie einen Sexshop betreten wollten. So gesehen, ist es sogar recht naheliegend, daß aus einigen Intershops später Sexshops wurden, in denen fast die gesamte Belegschaft der ehemaligen Intershop-Verkäufer übernommen wurde ...

häusern oder Einzelhandelsgeschäften), Organisationen oder juristischen Personen zusammengestellt,

**Kein Happy End**

Im Jahre 1974 lernte ich über eine Freundin eine Familie mit vier Kindern kennen, die auf dem Lande bei Schwerin wohnte. Ich lebte in Westberlin, und da ich weder Verwandte noch Bekannte in der DDR hatte und diese Familie mir intensiv ihre Not schilderte, beschloß ich, ihr ab und an ein Paket zu schicken. Ich wollte etwas Gutes tun und vielleicht auch einmal eingeladen werden.

Ihre Wünsche waren groß – sie waren ja auch eine große Familie. So baten sie um speziellen Autolack, Ersatzteile für den Lada-Motor, besondere Bekleidungsstücke für die Kinder, Kosmetika, Strumpfhosen, Gewürze, Schokolade und Kaffee. Die Dankesbriefe waren umfangreich, mit ausführlichen Schilderungen, wie sich die Familienmitglieder gefreut hatten. Immer wieder wurde gefragt, wie man sich revanchieren könnte. Ich wünschte mir, wie gesagt, eine Einladung, Bücher oder Schallplatten, vielleicht auch nur einen selbstgebackenen Kuchen oder irgend etwas, was sie geben konnten. Aber keiner dieser Wünsche ging in Erfüllung. Meine Zeitvorstellungen paßten leider nie mit ihren Planungen überein usw. Statt dessen erhielt ich Briefe, in denen mir die Mängel in der DDR vor Augen geführt wurden.

Langsam entstand bei mir das Gefühl, ausgenutzt zu werden. So schickte ich Weihnachten 1980 zum letzten Mal ein Paket, und nach dem obligatorischen Dankeschön hörte ich nie wieder etwas von der Familie.

*Siegfried Kroworz, Berlin*



**Das Ende von Micky Maus**

Ich kann mich erinnern, ich zählte vielleicht sechs oder sieben Lenze, als meine Eltern ein Päckchen aus dem Westen bekamen: das einzige, das jemals über die Grenze hinweg unser sächsisches Heim erreichte. Mein Vater hatten noch einen Onkel drüben, irgendwo in Westfalen, aber mit der Familie gab es kaum Kontakt.

Jetzt war die Aufregung groß. Als meine Mutter fertig war mit dem Auspacken, hatten wir einen Riesenhaufen Lumpen auf unserer Couch zu liegen. Total abgetragene Klamotten. Enttäuscht starrten wir auf dieses Second-hand-Bündel. Bei uns landeten solche Klamotten entweder beim An- und Verkauf oder gleich im Müll.

Nach nochmaliger Begutachtung der Sachen fand sich schließlich noch ein klasse T-Shirt für mich. Mit Micky Maus drauf. Das zeigte ich sogleich mit stolzgeschwellter Jungpionier-Brust herum.

und Münzen, Wertpapiere; gebrauchte Textilien und Schuhe, sofern nicht eine Bescheinigung der zustän-

Es war ein herrlicher Sommertag. Meine Geschwister und ich liefen gleich nach dem Kaffeetrinken hinaus auf die sächsischen LPG-Felder und tobten herrlich herum. Ich hörte meine Mutter noch rufen: »Und paß auf dein schönes Shirt auf, Kind!«

Mit den Fahrrädern fuhren wir zu den die Landstraße säumenden Kirschbäumen. Wir wollten möglichst viele der saftigen, dunkelroten Kirschen nach Hause tragen. Ich saß oben auf einem Ast und pflückte Kirschen, so viele meine kleinen Hände ergrabschen konnten. Dann packte ich sie zwischen Haut und T-Shirt. Mein Bauch wölbte sich schon mächtig. Schließlich rief ich meinen Geschwistern zu: »Ich muß aufhören. Mein Bauch ist voll.« Die mußten köstlich lachen, als sie meinen Kirschwanst erblickten: »Mach schön langsam beim Runterklettern!«



Das wollte ich auch, aber das Gewicht vor meinem Bauch wog mehr als meine gute Absicht. Ich rutschte den Ast hinunter, und die Erde war plötzlich wieder so nah ... Aber meine Knochen blieben heil. Schließlich hatte ich einen einmaligen Puffer: die Kirschen. Ein einziger roter Brei klebte an meinem Bauch. Und mein herrliches, blütenweißes West-T-Shirt glänzte blutrot in der Sonne. Selbst Micky Maus war verschwunden. Ich heulte Rotz und Wasser.

Und meine Mutter – na, die hatte alles wohl schon geahnt, schimpfte heftig, daß ich noch mehr heulte, und warf schließlich das Shirt wutentbrannt auf den Müll zu all den anderen Klamotten aus unserem einzigen Westpaket.

Anschließend stellte sie kommentarlos den Versand der traditionellen sächsischen Christstollen nach Westen ein.

*Manuela Radde, Rielasingen-Worblingen*

**Ein Wäschekorb mit Marx und Engels**

Meine Ost-West-Geschichte begann 1970. Mein Cousin kam mit einem Freund aus der Schweiz zu uns zu Besuch. Der Freund war Lehrer und interessierte sich für die Schulbücher unserer Kinder. Nebenbei bemerkte er, er wünsche sich Bücher aus der DDR und suche jemanden, der sie ihm schickt. Ich sagte ihm, daß ich das machen würde.

Etwas später kam eine Karte mit der Bitte um die Marx-Engels-Werkausgabe. Ich ging also zur Buchhandlung. Dort fragte man mich, ob ich eine Zusammenfassung für ca. 20 Mark oder die Ausgabe für 500 Mark wolle. Ich fragte in der Schweiz an. Wieder kam eine Ansichtskarte: »Natürlich die Gesamtausgabe, Sie werden es nicht bereuen.«

Empfänger« geschickt werden. Das bedeutet nicht, daß die Sendungen nur an eine Einzelperson adres-

digen staatlichen Gesundheitsbehörde des Herkunftslandes über eine erfolgte Desinfizierung vorgelegt

Als mein Mann und ich dann einen Wäschekorb voll Bücher abholten, war mir regelrecht schlecht: Mehr als einen Monatslohn für einen fremden Menschen! Dazu die vielen Pakete packen und nach und nach abschicken!

Aber bald kam aus der Schweiz ein Riesenpaket nach dem anderen mit phantastischen Dingen. Ich rechnete das alles in DDR-Preise um und schrieb schnell zurück, daß die Bücher lange bezahlt seien. Doch jedes Jahr zu Weihnachten kam weiterhin ein riesengroßes schweres Paket mit den feinsten Leckereien, Kleidung, Spielzeug usw. Dazu entstand ein reger Briefwechsel. Aus jedem Urlaub kamen mindestens drei Ansichtskarten. Einmal waren es sogar 15 Stück! Aber es dauerte bis zur Wende, daß ich die gesamte Familie kennenlernen konnte. Der Briefwechsel über all die Jahre war eine Bereicherung für beide Seiten, und ich hoffe, unsere Freundschaft hält noch recht lange.

*Rita S., Mahlitzsch/Kreis Meißen*



**Hutparade**

Es war der Heiligabend des Jahres 1952. Meine Eltern, mein Bruder und ich lebten im Thüringer Wald, fast an der deutsch-deutschen Grenze. Da meine Mutter aus Niedersachsen stammte, hatten wir viele Verwandte im Westen. Alljährlich zum Weihnachtsfest trudelten kleine und größere Päckchen und selten mal ein Paket ein. Doch dieses Jahr war eines dabei. Alle waren voller Erwartung, denn wir hatten noch Lebensmittelkarten und vermißten noch viel. Auch mit der Kleidung sah es nicht rosig aus. Da stand nun ein großes Paket und ... es war leicht. Ich zitterte vor Aufregung und war voller Hoffnung auf ein abgelegtes Kleid, einen Pullover – ich war 17!

Das Paket wurde geöffnet. Als erstes kam etwas Tannengrün, dann Weihnachtspapier – und schließlich ein schwarzer Hut mit Tüll zum Vorschein. Es folgten ein weinroter Hut mit breiter Krempe und noch fünf weitere. Es waren sieben Hüte in dem Paket und sonst nichts.

Mein Vater konnte sich als erster nicht mehr zurückhalten, er setzte sich einen davon auf und lachte lauthals los. Ich konnte vor Enttäuschung zuerst nicht lachen, aber als dann später unsere Nachbarn zu uns kamen und wir alle mit schicken Hüten um den Tisch saßen, war es doch noch ein großer Spaß. Wie meine Mutter wohl damals den »Bedanke-mich-Brief« verfaßt hat?!

*Barbara Oswald, Plau am See*

siert sein dürfen. Zulässig ist z. B. auch eine Anschrift wie »Herrn Karl Müller und Familie«. Persönli-

wird. Aus der Bescheinigung müssen die Anzahl und die Bezeichnung der desinfizierten Gegenstände,

Jörg Roesler

# Ein Westpaket für Honecker?

## Die deutsch-deutschen Wirtschaftsbeziehungen



Ich muß einräumen, daß ich vor der Wende von den deutsch-deutschen Finanztransfers nicht mehr gewußt habe als jeder DDR-Bürger, der sich der zugänglichen Medien beider deutscher Staaten bediente. Von einer »Transitpauschale«, die die Bundesregierung für die Benutzung der Autobahn von Helmstedt nach Berlin (West) zu zahlen hatte, war da zu hören. Öfter noch ging es um den »Zwangsumtausch«, den Bundesbürger entrichten mußten, wollten sie zu Verwandtenbesuchen oder als Touristen in die DDR reisen. Auch am Autobahnbau Hamburg–Berlin (West) war die Bundesrepublik finanziell beteiligt, wußte ich. Eigentlich immer, wenn (im Fernsehen oder Rundfunk des Westens) darauf die Rede kam, wurden auch Zahlen genannt. Wie sie zusammenpaßten, auf welchen Betrag sie sich insgesamt beliefen, war für mich nicht erkennbar. Erst nach der Wende konfrontierte mich ein Fachkollege aus dem Westen, Historiker und Spezialist für die Polizeigeschichte der DDR, der vorher das Thema, soweit ich mich erinnern kann, nie angesprochen hatte, mit der These, die DDR wäre ja schon viel früher zusammengebrochen, wenn sie nicht regelmäßig Finanzspritzen von der Bundesrepublik bekommen hätte.

Die DDR seit langem nur noch wirtschaftlich existent dank »Westpaketen« von Schmidt und Kohl an Honecker? Ich war über diese Nachricht, die von meinem Kollegen im Brustton der Überzeugung vorgetragen wurde, zunächst regelrecht schockiert. Konnte das wahr sein? Wie ich herausfand, war seine Auffassung bei den »Wessis« weit verbreitet. Vielfach wurde sie mit einem deutlichen Unterton der Verachtung gegenüber jenem Staat und seinen Menschen vorgetragen, die sich jahrelang vom deutschen Westen hatten aushalten lassen – ob nun durch private oder staatliche Westpakete. Am bündigsten formuliert und auch im Ton getroffen fand ich diese Argumentation später bei Thomas Roethe wieder, der über die inzwischen zu »Neufünfländlern« gewordenen DDR-Bürger 1999 ausführte: »So haben sie über Jahrzehnte von der Substanz gelebt, international Schulden gemacht, dann und wann einen Häftling gegen Westgeld verkauft, den ›Swing‹ in Anspruch genommen, Antiquitäten verhökert, den einen oder anderen bundesrepublikanischen Kredit verschlungen, sie haben sich von den ›Bonner Ultras‹ Autobahnen bauen und Schienenstränge legen lassen, ohne auch nur einen Ostpfen-

cher Bedarf, keine Handelsware: Geschenksendungen dürfen nur Gegenstände enthalten, die zum perdas verwandte Mittel sowie die Art der Desinfizierung zu ersehen sein. Bescheinigungen, die früher als

nig dafür aufwenden zu müssen, und dann die später fälligen Transitpauschalen Jahr für Jahr verjubelt.«[1]

Die Frage, wie viel davon wahr sei, hat mich immer wieder einmal beschäftigt, wenn ich zwischen Akademieabwicklung, Kanadaaufenthalt, Arbeitslosigkeit, Jungunternehmerschaft und unzähligen Bewerbungen für diesen oder jenen anderen Job für das Thema deutsch-deutsche Wirtschaftsbeziehungen Zeit fand.[2] Zunächst war ich, wenn ich meine Neugier befriedigen wollte, auf oft wenig solide Zeitungsreportagen[3] und nicht weniger unsolide Bücher über die Machenschaften eines Schalck-Golodkowski[4] angewiesen, die vor allem »sensationslüstern, moralisierend, verständnisfrei und ohne historische Bezüge« waren. Als



solche hat Armin Volze, der herausragende Experte für die internationalen Finanzbeziehungen der DDR, meines Erachtens völlig zu Recht die Publizistik über die innerdeutschen Wirtschaftsbeziehungen in den ersten Jahren nach der Wende beurteilt.[5] Inzwischen stehen jedoch solidere Quellen zur Verfügung: Drei Jahre lang, von 1991 bis 1993, tagte ein Untersuchungsausschuß des Bundestages, der die Geschäfte des Bereichs Kommerzielle Koordinierung (KoKo) zum Gegenstand hatte. Abgesehen von allen Versuchen parteipolitischer Vereinnahmung, wurde für den Ausschuß durch zwei Wirtschaftswissenschaftler des Instituts für Wirtschaftsforschung am Hamburger Weltwirtschaftsarchivs (HWWA-Institut) eine nüchterne Analyse der Tätigkeit der KoKo erarbeitet, wurden Hunderte von Dokumenten, die deutsch-deutschen Wirtschaftsbeziehungen betreffend, zunächst den Ausschußmitgliedern und später der Öffentlichkeit zur Verfügung gestellt.[6] Fünf Jahre später hatte die Deutsche Bundesbank die Sisyphusarbeit vollbracht, die außenwirtschaftlichen Daten der DDR auf das Muster des Internationalen Währungsfonds (IWF) umzustellen. Seitdem verfügt die interessierte Öffentlichkeit über eine »(weitgehend) westlichen Standards entsprechende Zahlungsbilanz für die DDR«[7]. Seither ist es möglich, recht präzise Aussagen über die wirtschaftliche Bedeutung der deutsch-deutschen Beziehungen für die DDR zu treffen und damit auch Größe, Adressaten und Verwendung des »Westpakets« der Bundesrepublik für den Osten Deutschlands zu benennen.

Fragt man nach den größten Geld- bzw. Warenströmen, die die innerdeutsche Grenze passierten, so ergaben sie sich zweifellos aus dem innerdeutschen Handel. Im Jahre 1989 waren es allein von West nach Ost Güter im Werte von 6,4 Mrd. DM (= Valutamark, VM). Dem DDR-Import dieses Umfangs aus der Bundesrepublik standen Waren für 6,7 Mrd. DM, die die DDR in den Westen Deutschlands exportierte, gegenüber.[8] Mit Ausnahme der Jahre 1983 und 1986 war in den achtziger Jahren die Handelsbilanz der DDR mit der Bundesrepublik positiv. Ostdeutschland exportierte wertmäßig mehr, als es importierte. In der zweiten Hälfte der siebziger Jahre hatten dagegen eindeutig die Importüberschüsse dominiert. 1981 betrug deshalb das während der siebziger Jahre zustande gekommene (ku-

sönlichen Bedarf gehören. Zum persönlichen Bedarf gehören die für den Empfänger selbst und für seinen

14 Tage vor der Einfuhr ausgestellt wurden, werden nicht anerkannt; alle nach dem Weltpostvertrag und

Die deutsch-deutschen Finanzjongleure: Georg Tandler, Alexander Schalck-Golodkowski, Günter Mittag, Franz Josef Strauß, Theo Waigel und Erich Honecker (v.l.n.r.) während der Leipziger Frühjahrsmesse 1987.



mulierte) Passivsaldo der DDR bereits 3,7 Mrd. DM. In den achtziger Jahren stiegen die Verpflichtungen der DDR im innerdeutschen Handel dagegen nur noch sehr moderat (auf 4,0 Mrd. DM 1989) an.[9] Was auf den ersten Blick wie eine erfolgreiche Konsolidierung der Handelsbilanz aussah, war in Wirklichkeit unter enormen Kraftanstrengungen erreicht worden. Exporte in die Bundesrepublik und andere Staaten des »nichtsozialistischen Wirtschaftsgebietes« (NSW) hatten für fast alle DDR-Betriebe Vorrang vor Verpflichtungen gegenüber den RGW-Ländern (SW) und der Befriedigung der Nachfrage im eigenen Land. Exportiert wurde »um jeden Preis«, das heißt auch dann, wenn die Devisenerlöse aus dem innerdeutschen bzw. NSW-Handel nur einen Bruchteil des (in Mark der DDR gemessenen) DDR-Aufwandes betrugen. Die sogenannte Devisenertragskennziffer, das heißt der Valutaerlös je Mark Exportproduktion ins NSW, bewertet zu Inlandspreisen, sank insbesondere in den achtziger Jahren, als die Anstrengungen, den deutsch-deutschen Handel ausgeglichen zu halten, Vorrang hatten, deutlich ab. Um beim Export ins NSW eine Valutamark zu verdienen, mußten 1970 Erzeugnisse aus der DDR im Werte von 1,87 Mark aufgewendet werden, 1980 waren es 2,20 Mark und 1989 schließlich 4,40 Mark.[10] Der Verfall der Devisener-

Haushalt bestimmte Gegenstände. Sollen auch Gegenstände für Haushaltsangehörige oder Gegenstände dem Postpaketabkommen, anderen internationalen Konventionen und Vereinbarungen, den allgemein-



tragskennziffer hatte zwei Ursachen: das Zurückbleiben der DDR im Tempo der Arbeitsproduktivitätssteigerung gegenüber der westlichen Welt und die Tatsache, daß alle in der DDR produzierten Waren, die man in der Bundesrepublik und in anderen westlichen Ländern losschlagen konnte – zu welch niedrigem Preis auch immer –, exportiert wurden, während man noch in den siebziger Jahren zwischen mehr oder weniger günstigen Exportgütern einen Unterschied gemacht und über deren Verwendung entsprechend entschieden hatte.

Eines war sicher: Geschenkt wurde den DDR-Exporteuren auf den westlichen Märkten nichts, auch nicht in der Bundesrepublik. Zwar gab es eine Reihe von der Bundesregierung den deutschen Handelspartnern aus Ost und West gewährten Vergünstigungen wie Zollfreiheit der Lieferungen, Abschöpfungsbefreiung für die Lieferungen landwirtschaftlicher Erzeugnisse, umsatzsteuerliche Sonderregelungen für Lieferungen und Bezüge aus der DDR sowie einen als Swing bezeichneten zinslosen Überziehungskredit.[11] Jedoch gingen die Erzeugnisse aus der DDR an westdeutsche Privatunternehmen, die mit diesen Waren ihr Geschäft machten wollten und auch mußten. Noch einmal: Geschenkt wurde den DDR-Außenhandelsbetrieben, die die Erzeugnisse der Kombinate auf dem Markt losschlagen mußten, wirklich nichts. »Richtig ist lediglich, daß für die DDR durch Ausnutzung des Swings sowie durch Ersparnisse von Zöllen, Abschöpfungen und Mehrwertsteuer Vergünstigungen entstanden. Ob hiervon jedoch die DDR oder der westliche Handelspartner profitierte bzw. wie sich dieser Gewinn zwischen beiden aufteilte, läßt sich entgegen mancher zweifelhafter Versuche nicht quantifizieren.«[12]

Quantifizierbar ist lediglich die Zinseinsparung für die DDR-Seite durch Ausnutzung des Swing. Der von der DDR tatsächlich wahrgenommene Teil der vereinbarten Summe, das heißt der Umfang des zinslos gewährten Kredites, belief sich in der zweiten Hälfte der siebziger Jahre auf rund 20 Prozent, in der zweiten Hälfte der achtziger Jahre auf zwei bis sechs Prozent des Volumens der von der DDR in die Bundesrepublik exportierten Güter.[13] Die Auffassung, die DDR habe sich unter anderem am Swing gesundgestoßen, ist also maßlos übertrieben. Ganz und gar falsch aber ist die Behauptung, man habe im Osten »den einen oder anderen bundesrepublikanischen Kredit verschlungen«.[14]

So wichtig die von Strauß eingefädelten und indirekt durch die Bundesregierung gedeckten beiden Kredite der Jahre 1983 und 1984 in Höhe von insgesamt 1,95 Mrd. DM[15] auch für die Wiederherstellung der Kreditwürdigkeit der DDR waren: »Die Kreditverhandlungen selbst wurden ... ganz normal zwischen den beteiligten Banken geführt«[16]. »Verschlungen« im Sinne eines konsumtiven Verbrauchs, sei es durch die SED-Führung oder das DDR-Volk, wurden die auf fünf Jahre gewährten Kredite, für die die DDR jährlich Millionen an Zinsen aufbringen mußte, auch nicht. Die Milliarden blieben auf der Bank und dienten der DDR-Regierung als Liquiditätspolster, das heißt zur Festigung ihres Rufes als zahlungsfähiger Schuldner.[17]

des allgemeinen Haushaltsbedarfs versandt werden, empfiehlt es sich, die Sendung entsprechend zu gültigen Rechtsvorschriften der DDR verbotenen Gegenstände. 2. Von der Ausfuhr in Geschenksen-

In die möglichst wirtschaftliche Verwaltung der durch diese und andere Kredite erlangten »freien« Devisen wurde auch der Bereich Kommerzielle Koordinierung eingeschaltet. Das waren jedoch »Randgeschäfte«.[18] Seine größte volkswirtschaftliche Bedeutung erreichte KoKo in den achtziger Jahren nach Einschätzung des HWWA-Instituts durch Technologieimporte.

Der Technologieimport ist eine ganz übliche und häufig verfolgte Außenhandelsstrategie: Ziel ist die Einführung modernster Maschinen und Anlagen. Sie werden gegen Rohstoffe und Produkte der traditionellen Zweige der verarbeitenden Industrie des eigenen Landes getauscht. Wegen des Technologiegefälles zwischen der DDR und den anderen RGW-Ländern kamen für die DDR-Wirtschaft fast nur Technologieimporte aus dem Westen in Frage. High-Tech-Erzeugnisse von dort legal zu importieren war allerdings bereits seit dem Ende der vierziger Jahre kaum mehr möglich. Seit dieser Zeit sorgte ein in Paris ansässiges, von den USA beherrschtes »Coordinating Committee« (Cocom) dafür, daß östlichen Handelspartnern jeweils das Neueste, was westliche Firmen an Technologie zu bieten hatten, *nicht* zur Verfügung stand. Unter gewissen Umständen war die neue Technik allerdings doch zu erhalten, denn viele westliche Firmen sahen nicht ein, warum sie ihre Spitzenerzeugnisse nicht an jeden verkaufen sollten, der gut zahlte. Das »schnelle Geld«, auf das die Exporteure, ob nun japanische Konzerne oder mittelständische bundesrepublikanische Zulieferer im Bereich der Mikroelektronik, scharf waren, offerierten die KoKo-Unterhändler. Zwar mußten sie oftmals und beträchtlich draufzahlen im Vergleich zu dem, was unter westlichen Handelspartnern der übliche Preis war.[19] Doch waren die Schwarzmarktgeschäfte der KoKo-Firmen angesichts des technologischen Rückstands der DDR gegenüber dem Westen die einzige Möglichkeit, an das zum Beispiel für Siemens durch Jointventures mit den japanischen Firmen jederzeit legal verfügbare neueste Know-how im Bereich der Mikroelektronik heranzukommen[20]. »Schritt für Schritt«, schreibt einer der wichtigsten Organisatoren des illegalen Technologie-Transfers in die DDR in seinen Erinnerungen, »bauten wir Beschaffungslinien für Embargowaren auf und konzentrierten uns ... dabei besonders auf Japan.«[21] Devisen einbringen konnte dieser High-Tech-Schmuggel natürlich nicht. Vielmehr kostete er Dollars und D-Mark. Die Vorstellung, die DDR-Mikroelektronik mit Hilfe von Technologieimporten und Eigenentwicklungen auf ein solches Niveau zu bringen, daß man ihre Produkte später auch in den Westen exportieren und dadurch die von KoKo investierten Millionen wieder hereinbringen könnte, gingen nie auf. So gesehen waren die 2 Mrd. DM, die KoKo allein 1986 bis 1990 für den Import von Ausrüstungen, Bauelementen und Computertechnik ausgab, ein Verlustgeschäft. [22]



Wenn Schalck-Golodkowski trotzdem jährlich Millionengewinne machte, dann hing das mit anderen KoKo-Geschäften zusammen. Einige waren schon zu DDR-Zeiten bekannt, so das Genex- und vor allem das Intershop-Geschäft; »Devisen-

adressieren (z. B. »Herrn Müller und Frau« oder »Herrn Müller und Familie«). Der Versand von Gedungen sind ausgenommen: Personaldokumente und andere Ausweise; Funksende- und -empfangsan-



abschöpfung durch die Valutaplanträger« nannte man das (vgl. die Beiträge von Franka Schneider und Katrin Böske in diesem Band). Als »Valutaplanträger« firmierten verschiedene KoKo-Firmen. Im Jahre 1975 brachte das Intershop-Geschäft 210 Mio. Valutamark ein. Dieser Betrag wuchs bis 1989 auf 713 Mio. VM an.[23] Andere KoKo-Geschäfte sind zum Teil erst in und nach der Wende bekannt geworden. Sie erregten damals viel Aufsehen und sind im Gedächtnis der Bevölkerung geblieben, wie etwa der Antiquitäten- und der Waffenexport. Andere waren kaum spektakulär. Devisen wurden eingespielt, wenn bei Lieferungen westdeutscher Unternehmen in die DDR Vertreterfirmen des Bereiches Kommerzielle Koordinierung eingeschaltet wurden und Provisionen in Höhe von drei bis fünf Prozent am jeweiligen Geschäft kassierten.[24] Diese durchaus handelsüblichen Provisionen beliefen sich 1975 auf 107 Mio. VM und stiegen bis 1989 auf 4854 Mio. VM an.[25] Diese »stinknormalen« Einnahmen des Bereichs Kommerzielle Koordinierung übertrafen die Erlöse aus dem Waffen- bzw. Antiquitätengeschäft beträchtlich.

Die Firma IMES war von Schalck-Golodkowski auf Weisung Honeckers gegründet worden, um den Waffenexport aus der Produktion, vor allem aber aus den Beständen der Nationalen Volksarmee und anderer »bewaffneter Organe« der DDR (Grenzpolizei, Einsatzbereitschaften) zu organisieren. Empfänger waren im »Hauptgeschäftsjahr« 1983 Dritte-Welt-Länder wie Iran, Irak, Nordjemen, Ägypten und die PLO. Die monetären Ergebnisse aus den inoffiziellen Waffenexporten haben sich zwischen 1982 und 1989 auf etwa 675 oder 700 Mio. VM belaufen. Gemessen an den 2,7 Mrd., die die KoKo im gleichen Zeitraum als Provisionen einnahm, oder den 4,3 Mrd. DM aus dem Intershop-Geschäft war das DDR-Waffengeschäft – obwohl wie alle Rüstungsexporte in Krisengebiete moralisch anrüchig – vergleichsweise nicht umfangreich.[26] Als »von nachrangiger Bedeutung« schätzten es daher auch die Gutachter des HWWA-Instituts ein.[27]

Devisenbeschaffung mittels Antiquitäten war ein weiteres der anrüchigen KoKo-Geschäfte, das in der Wende für Aufregung sorgte. Die Gründung der Kunst- und Antiquitäten GmbH (KuA) erfolgte fast zehn Jahre vor dem Einstieg der DDR ins Waffengeschäft. Neben Kunstgegenständen und Antiquitäten, die zum Teil privaten Sammlern und Antiquitätenhändlern in der DDR abgepreßt worden waren, exportierte die KuA, die knapp 100 Beschäftigte zählte, Bücher, Briefmarken, Münzen, museumsreife Eisenbahntechnik, Elfenbeinschnitzereien, seit 1987 sogar Pflastersteine. Alles in allem beliefen sich die monetären Ergebnisse des Antiquitätenhandels zwischen 1974 und 1989 auf ca. 400 Mio. VM. Das Ergebnis von 15 Jahren »Antiquitätenausverkauf« entsprach den durchschnittlichen *jährlichen* Provisionseinnahmen der KoKo in der zweiten Hälfte der achtziger Jahre. Daß die Einnahmen nicht höher lagen, obwohl beim Antiquitätenhandel mit knappen und »wettbewerbsfähigen« Produkten – anders als beim Handel mit Industrieprodukten – durchaus Marktpreise erzielt wurden, spricht dafür, daß dieses

schenken für Personen, die nicht zum Haushalt des Empfängers gehören, ist nicht gestattet. In Gelagen sowie Ersatz- und Zubehörteile dazu; Magnettonbänder und andere Tonträger (außer Schallplatten)

Verkaufssalon für Devisenkunden im Exportlager von Schalck-Golodkowskis Kunst und Antiquitäten GmbH in Mühlenbeck bei Berlin.



»Nischengeschäft« des Bereichs Kommerzielle Koordinierung nur in »relativ bescheidenem« Umfang betrieben wurde.[28]

Vom Waffen- und Antiquitätengeschäft einmal abgesehen, saß die DDR *wirtschaftlich* gegenüber der Bundesrepublik bzw. dem Westen insgesamt eindeutig am kürzeren Hebel: Westliche Firmen diktierten die Preise, zu denen sie noch bereit waren, Waren aus DDR-Betrieben bei sich zu vermarkten. Westliche Händler bestimmten den Preis für High-Tech-Schmuggelgut, das die DDR dringend benötigte. Auf den westlichen Finanzmärkten bildete sich jenes Zinsniveau heraus, das man im Osten bedingungslos zu akzeptieren hatte, wollte man einen Kredit in harter Währung, um Produktions- und Konsumgüter einzuführen oder auch nur die nächsten fälligen Zinsen und Tilgungsraten für aufgenommene Kredite aufzubringen.[29] Die DDR erhielt im ökonomischen Bereich nur etwas, wenn sie dafür Güter oder Dienstleistungen lieferte. Gemessen am einheimischen Aufwand, zahlten sie im legalen Handel bei fast allen Erzeugnissen, anders als bei den meisten Dienstleistungen, im Ergebnis ihrer Politik des »Exports um jeden Preis« sogar drauf, ebenso, wegen der von den Lieferern geforderten Risikoprämien, beim High-Tech-Schmuggel.

schenksendungen enthaltene Waren dürfen nicht in Mengen versandt werden, die auf einen Verkauf, Kauf

*Politisch* dagegen saß die DDR, wenigstens gegenüber der Bundesrepublik und solange diese an dem Grundgesetzgebot der Wiedervereinigung und an Westberlin als besonderem Teil der Bundesrepublik festzuhalten bereit war, am längeren Hebel. Die politische Rücksichtnahme auf Westberlin, seine Bindungen und Verbindungen sowie auf die Entwicklung des innerdeutschen Reiseverkehrs und den Ausbau anderer »menschlicher Erleichterungen« erlaubten es der Bundesrepublik nicht, wie die Wirtschaftsunternehmen knallhart die eigenen Interessen zu vertreten und durchzusetzen. Vielmehr mußte sie sich immer wieder zu Konzessionen bereit erklären, wenn sie die DDR nicht einfach so behandeln wollte, wie die DDR-Führung es gern gesehen hätte: als beliebiges Ausland.



Erst haben sie sich »Autobahnen bauen und Schienen legen lassen, ohne auch nur einen Ostpfennig dafür aufwenden zu müssen, und dann die später fälligen Transitpauschalen Jahr für Jahr verjubelt« – diese Aussage trifft die Meinung wohl so manches braven Bundesbürgers, der sich erinnert, daß er gute DM für Straßenbenutzung und Visa-Genehmigung auf den Tisch blättern mußte, wollte er Berlin (West) oder seine Verwandten in der DDR besuchen. Die privaten Aufwendungen wurden dem Bundesbürger von der Bundesregierung wenigstens teilweise erstattet und zunehmend in die ab 1971 von ihr an die DDR gezahlte Transitpauschale einbezogen.

Die Pauschalzahlungen galten in der Bundesrepublik vielfach als beliebtes Beispiel der unangebrachten Freigiebigkeit der Bundesregierung gegenüber der DDR. »Pauschal« wurde in diesem Sinne mit großzügig oder gar verschwenderisch übersetzt. Um Geschenke an die DDR handelte es sich bei diesen Zahlungen allerdings nicht. Artikel 18 des Transitabkommens vom Dezember 1971 definierte als Gegenstand der Pauschale in enger Anlehnung an das Viermächteabkommen »Abgaben, Gebühren und andere Kosten, die den Verkehr auf den Transitwegen betreffen, einschließlich der Instandhaltung der entsprechenden Wege, Einrichtungen und Anlagen, die für diesen Verkehr benutzt werden«[30]. Was alles unter »Instandhaltung« zu verstehen ist, war damit nur ungenügend definiert. Die DDR-Seite verstand unter Instandhaltung ausschließlich die laufende *Unterhaltung* der Transitwege mit allenfalls kleineren Reparaturen, die Bundesregierung meinte dazu mindestens die dringend notwendige Grunderneuerung der Transitautobahnen rechnen zu müssen, konnte sich aber mit ihrer Auffassung nicht durchsetzen.[31]

Die erste ausgehandelte Transitpauschale belief sich auf jährlich 235 Mio. DM, die zweite (1976 bis 1979) auf 400 Mio. DM und die dritte (1980 bis 1989) auf 525 Mio. DM. Die Straßenbenutzungspauschale erhöhte sich gleichzeitig zwischen 1975 und 1980 von 20 auf 50 Mio. VM und verblieb dann bis 1989 auf dieser Höhe. Die beträchtlichen Steigerungsraten gaben immer wieder und geben bis heute Raum für das Argument, daß sich die Bundesregierung aus politischen Rücksichten bei den Pauschalen zunehmend über den Tisch ziehen ließ. Demgegenüber ist jedoch auch zu berücksichtigen, daß der Autoverkehr erheblich zunahm.[32] Wenn

Fotopapier; gültige und ungültige Zahlungsmittel und Münzen; Wertpapiere, Edelmetalle, Edelsteine,

Ausbau der Transitstrecke Berlin–Helmstedt mit Geldern aus der Bundesrepublik (Juni 1976).



die Transitpauschale zur finanziellen Stärkung der DDR beitrug, dann nicht, weil sie ohne (angemessene) Gegenleistungen war, sondern deshalb, weil von DDR-Seite überwiegend DDR-Mark eingesetzt werden konnten, um die Erhaltung der Transitwege zu gewährleisten, und weil sie im Rahmen der vertraglichen Möglichkeiten DDR-Qualitätsmaßstäbe zugrunde legte.

Den gleichen Vorteil, daß Devisen eingenommen, aber Gegenleistungen überwiegend in DDR-Mark möglich waren, boten Investitionen in Verkehrsleistungen, die die Bundesregierung zusätzlich zur Transitpauschale zu zahlen bereit war, um die ursprünglich mit ihr angestrebte *Verbesserung* der Verkehrsverbindungen nach Berlin zu erreichen, wie etwa im Falle der Grunderneuerung der Autobahn vom Berliner Ring bis Helmstedt (1976 bis 1979; 262 Mio. DM), des Neubaus des auf dem Gebiet der DDR verlaufenden Teiles der Autobahn Hamburg–Berlin (1979 bis 1982; 1,2 Mrd. DM) oder der Eisenbahnbaumaßnahmen in und bei Berlin (1975 bis 1983; 134 Mio. DM). Diese Investitionsbeteiligungen waren »nur bedingt als Transfers anzusehen. Die DDR mußte für die DM-Zahlungen wirtschaftliche Gegenleistungen in Form von Baumaßnahmen erbringen.«[33]

Zu der Höhe der Zahlungen ist zu sagen: Die bundesdeutsche Seite hat sich um Kalkulationen auf DM-Basis anhand westlicher Veröffentlichungen über vergleichbare Bauprojekte bemüht. »Das westdeutsche Angebot basierte auf einer überschlägigen Kostenkalkulation auf der Basis westdeutscher Preise, die aber deshalb vage bleiben mußte, weil keine detaillierten Planungsunterlagen zur Verfügungen standen und nicht einmal Ortsbesichtigungen möglich waren.«[34]

mehrere Sendungen am selben Tag abzuschicken, auch nicht nach verschiedenen Bestimmungsorten. 3.

Halbedelsteine und Perlen sowie Erzeugnisse daraus; Produktionsmittel; Mineralien aller Art; Umzugs-



Zog die DDR Nutzen aus der Transitpauschale und den Investitionen in Verkehrsmittel, weil die Bundesregierung um die technische Absicherung des politisch ausgehandelten Status des Berlin-Zugangs bemüht war, so ging es bei einer anderen Gruppe von Zahlungen der Bundesrepublik an die DDR ebenfalls um eine Konsequenz aus der nackten geographischen Tatsache, daß Westberlin einige hundert Kilometer vom nächsten Land der Bundesrepublik entfernt lag: Es handelt sich um Zahlungen an die DDR für die Sicherung des Funktionierens der Entsorgung der Großstadt Berlin (West), das sogenannte Müllgeschäft.

Das von westlicher Seite offiziell als »Zahlungen an die DDR für Berlin« bezeichnete Müllgeschäft enthielt die vom Bund dem Senat von Berlin erstatteten Zahlungen für Abfallstoffe und Abwässer, aber auch für den Betrieb der U- und S-Bahn, die an die DDR als Eigentümer der Deponien, Klärwerke bzw. Bahneinrichtungen gingen. Diese Zahlungen beliefen sich 1975 auf 39 Mio. DM und erreichten, bei beträchtlichen jährlichen Schwankungen, 1988 mit 236 Mio. DM ihren Höchstwert. Im Durchschnitt der Jahre 1985 bis 1989 beliefen sich die »Zahlungen an die DDR für Berlin« auf 169 Mio. DM.[35] Für das »Müllgeschäft« gilt das gleiche, was bereits über die Verkehrsleistungen gesagt wurde: Dahinter standen reale Leistungen der DDR auf dem Gebiet der Entsorgung, die eben nicht in DM, sondern Mark der DDR anfielen. Insofern war das »Müllgeschäft« der DDR hochwillkommen. Der von Kritikern aus der Bundesrepublik erhobene Vorwurf, daß diese Zahlungen zu hoch seien, ja daß es sich um eine verdeckte »politische Unterstützung« handelte, kann vom rein buchhalterischen Standpunkt weder bekräftigt noch ganz widerlegt werden. Die vereinbarten Gebühren beruhten auf in der Bundesrepublik üblichen Kostenkalkulationen, die nicht unbedingt den Aufwendungen der DDR entsprechen mußten. Daraus ergibt sich, daß es »auch nach Einsicht in alle Unterlagen schwierig zu beurteilen sein« wird, ob überhaupt und wenn, in welcher Höhe von bundesdeutscher Seite überbezahlt wurde.[36]

Das »Müllgeschäft« offenbart sich also ebenso wie die Transitpauschale und die Verkehrsinvestitionen als kommerzielles Geschäft, das heißt als Zahlung der Bundesrepublik gegen abrechenbare Gegenleistungen der DDR. Beide Geschäfte und ähnliche Leistungen – dazu gehören noch einige weitere »Devisenbringer« für die DDR wie die Zahlungen der Bundespost für Leistungen der DDR im Post- und Fernmeldeverkehr oder der Tourismus – können nicht zu den reinen Transfers gerechnet werden. Die Zahlungen der Bundespost nach international üblichen Tarifen erhöhten sich zwischen 1975 und 1989 von 34 auf 218 Mio. DM parallel zu zunehmenden Aktivitäten im Post- und Fernmeldetransfer. Nicht so stark stiegen die Zahlungen der bundesdeutschen Touristen in der DDR während des gleichen Zeitraums von 34 Mio. DM auf 143 Mio. DM an.[37]

Selbst der »Zwangsumtausch«, die wohl politischste Zahlung der westdeutschen Seite an die DDR-Behörden, hatte noch eine kommerzielle Grundlage. Der Reisende aus der Bundesrepublik erhielt einen Gegenwert in Mark der DDR. Der of-

Gewicht, Verpackung und Aufschrift der Sendungen. Zugelassene Sendungen und Gewichte: Geschenke und Erbschaftsgut; Kunstgegenstände, Archivgut und sonstige Gegenstände, die nach den Rechtsvor-

fizielle Umtauschsatz belief sich auf eine Mark der DDR für eine DM. Das entsprach zwar keinesfalls dem illegalen Kurs der DDR-Mark, der in den achtziger Jahren bei etwa einer DM zu vier Mark der DDR lag, aber durchaus dem Kaufkraftverhältnis auf dem DDR-Binnenmarkt, wo das umgetauschte Geld ausgegeben werden sollte: Die »relative Kaufkraft« der DDR-Währung betrug nach Berechnungen des Deutschen Instituts für Wirtschaftsforschung in Berlin (West) 1985 für einen Vier-Personen-Arbeitnehmerhaushalt 0,89 und für einen Zwei-Personen Rentnerhaushalt 1,10 Mark der DDR je 1 DM.[38] Von DDR-Seite wurde der Zwangsumtausch als »Mindestumtausch« bezeichnet. Bei seiner Einführung im Jahre 1964 belief er sich auf 13 DM pro Tag und Person, Rentner und Kinder ausgenommen. 1972/73 betrug er 10 DM, bis 1980 dann 20 DM. Im Jahre 1980 wurde er für alle Besucher aus dem Westen auf 25 DM erhöht, 1983 für Kinder wieder aufgehoben und 1984 für Rentner ermäßigt. Einführung und Anhebung des Mindestumtauschsatzes führten jedes Mal – allerdings nur vorübergehend – zu einem Rückgang der Besucherzahlen.[39] 

Was den im Westen mit dem Attribut »Zwangsumtausch« versehenen Geldwechsel bei Einreise den Bundesbürgern zu einem so großen Ärgernis machte, war

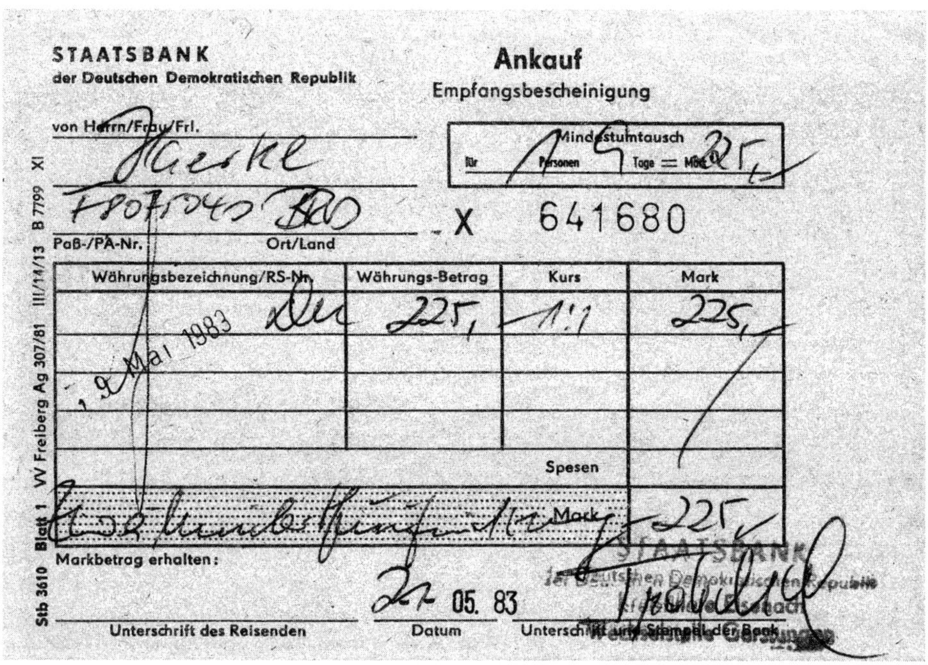
STAATSBANK
der Deutschen Demokratischen Republik

Ankauf
Empfangsbescheinigung

von Herrn/Frau/Frl.

Mindestumtausch für 1 Personen 9 Tage = Mark 225,-

X 641680

Paß-/PA-Nr. Ort/Land

| Währungsbezeichnung/RS-Nr. | Währungs-Betrag | Kurs | Mark |
| --- | --- | --- | --- |
| DM | 225,- | 1:1 | 225,- |
| Spesen | | | |
| Mark | | | 225,- |

9. Mai 1983

Markbetrag erhalten:

27. 05. 83

Unterschrift des Reisenden | Datum | Unterschrift und Stempel der Bank

Stb 3610 Blatt 1 VV Freiberg Ag 307/81 III/14/13 B 7799 XI

Für jeden Tag in der DDR mußte der Besucher aus dem Westen einen sogenannten Mindestumtausch zum Kurs 1:1 entrichten. Nicht ausgegebenes Geld durfte bei der Ausreise nicht zurückgetauscht werden.

dürfen nur mit der Post in gewöhnlichen oder eingeschriebenen Päckchen bis zu 2 kg und in Paketen bis erstens jener Schwarzmarktkurs von 1:4 und mehr, der beim Bundesbürger den Eindruck erweckte, er müsse für die »Ostmark« ein Vielfaches dessen zahlen, was diese eigentlich wert sei. Zweitens gab es nur wenige Waren, die der Westbesuch, sofern er das umgetauschte Geld nicht für Verkehrsmittel oder in Gaststätten ausgeben mußte, ausführen durfte. Bücher, Schallplatten und Kunstgewerbeartikel aus der DDR waren schließlich nicht jedermanns Geschmack. Vor allem aber war es drittens die Tatsache, daß kein bedarfsabhängiger Tausch stattfinden und nicht ausgegebenes Geld gegebenenfalls wieder zurückgetauscht werden durfte. Dieses Vorgehen wurde als bloße Abzockerei empfunden. Und natürlich stand die Jagd nach Devisen dahinter.

244 Was waren aber nun die wirklichen Transfers? In Gablers Volkswirtschaftslexikon sind sie definiert als »Zahlungen (der öffentlichen Hand) ... ohne Gegenleistungen«[40].

Dieser Definition entsprechen von den größere Summen umfassenden Zahlungen zwischen der Bundesrepublik und der DDR nur zwei: die Unterstützung der ostdeutschen Kirchen und die Häftlings- bzw. Ausreiserfreikäufe.[41]

Daß ausgerechnet das »Kirchengeschäft« kein »Geschäft« war, das heißt eine Leistung, die mit einer kommerziellen Gegenleistung verbunden war, sondern es sich um einen reinen Transfer handelte, ist nur der Beweis, daß politisch motivierte Benennung und sachlicher Inhalt nicht unbedingt übereinstimmen müssen.

Schon in den fünfziger Jahren wurden die Kirchen und kirchlichen Einrichtungen (zum Beispiel Altersheime und Krankenhäuser), sowohl die evangelischen wie auch die katholischen, durch direkte materielle Hilfslieferungen von den Kirchen der Bundesrepublik unterstützt. Das kirchliche Personal im Osten wurde teilweise aus diesen Mitteln (natürlich in Mark der DDR) bezahlt ebenso wie bestimmte Erhaltungs- und Erweiterungsinvestitionen an kirchlichen Bauten und Einrichtungen. Die finanzielle Situation speziell der evangelischen Kirche verschlechterte sich drastisch, als die DDR-Regierung 1965 die Finanzämter anwies, den Einzug der Kirchensteuer, den diese bis dahin automatisch vorgenommen und an die Kirche weitergeleitet hatte, zu beenden. Gleichzeitig wurden die jährlichen Leistungen des DDR-Staates an die Kirche halbiert. Das brachte die evangelische Kirche in eine schwierige Situation. Die Bezahlung der Pfarrer wie auch die der Mitarbeiter in anderen kirchlichen Einrichtungen war ebenso nicht mehr voll gewährleistet. An Investitionen war überhaupt nicht mehr zu denken. Die nun zunächst praktizierten Ostmarktransfers nach Umtausch in den Wechselstuben von Berlin (West) waren gemäß DDR-Bestimmungen illegal, führten zu Verhaftungen und belasteten das Verhältnis zwischen Staat und Kirche in der DDR zusätzlich. Eine direkte Übergabe von DM an die DDR-Regierung, dazu noch zum DDR-offiziellen Umtauschkurs von 1:1, die dann von den Kirche in der DDR an ihre Mitarbeiter bzw. zu Investitionszwecken hätte ausgezahlt werden können, wurde wiederum von seiten der Bundesrepublik nicht geduldet. In dieser schwierigen Situation wissenschaftlichen Dokumenten und Materialien ausfuhrverboten sind; Antiquitäten und Antiquariate;



handelten die Vertreter der Evangelischen Kirche in Deutschland (EKD) und der DDR-Regierung 1965 bis 1967 für die evangelische Kirche eine Kompromißlösung aus, die die Bezeichnung »Kirchengeschäft A« erhielt. Der Kompromiß hieß »Mischtransfer«. Im Kern bestand er darin, daß die DDR statt DM Rohstofflieferungen erhielt, deren Gegenwert den kirchlichen Institutionen in der DDR zunächst allein in Mark der DDR, später auch teilweise in Valutamark zugeführt wurde. Die ausgewählten Rohstoffe – Erdöl, Kupfer, Silber, Kautschuk, Rohkaffee, Wolle und anderes – wurden von sogenannten Vertrauensfirmen im Auftrag der westdeutschen Landeskirchen auf dem internationalen Markt gekauft und in die DDR geliefert. Die KoKo-Firmen konnten diese international leicht handelbaren Güter ohne größere Schwierigkeiten auf den Weltmärkten in die von der DDR dringend benötigten Devisen umwandeln. Die katholische Kirche begann 1966 mit derartigen Rohstofflieferungen in die DDR. Abgewickelt wurden diese als »Kirchengeschäft C« bezeichneten Lieferungen durch den Deutschen Caritas-Verband in Freiburg/Breisgau. In beiden Fällen zahlte die Bundesregierung. Insofern fungierten die westdeutschen Kirchen eigentlich nur als Vermittler der (staatlich finanzierten) Transfers. Die Summen, die über die Kirchengeschäfte an die evangelische Kirche der DDR flossen, erhöhten sich von 63 Mio. DM 1975 auf 87 Mio. DM 1989, wobei in der ersten Hälfte der achtziger Jahren mit Transferleistungen von 90 bis 100 Mio. Mark jährlich der Höhepunkt dieses Kirchengeschäftes erreicht wurde. Das »Kirchengeschäft C« belief sich 1975 auf 25 und 1989 auf 40 Mio. DM. Verglichen mit anderen Geldsummen, die zwischen West- und Ostdeutschland in den siebziger und achtziger Jahren flossen, waren diese Kirchengeschäfte vergleichsweise kleine Fische.[42]

Andere Dimensionen hatte das »Kirchengeschäft B«. Wie bei den »Kirchengeschäften A und C« ging es um von der Kirche vermittelte Zahlungen in bzw. an die DDR. Jedoch waren beim »Kirchengeschäft B« die Adressaten nicht die Kirchenorganisationen der DDR, sondern der DDR-Staat selbst. Für das »Kirchengeschäft B« gab es eine, allerdings nichtkommerzielle, Gegenleistung: Mit den aus der Bundesrepublik in die DDR transferierten Mitteln wurden Häftlinge freigekauft.

Seit Anfang der sechziger Jahre war die Bundesregierung bemüht, politische Häftlinge aus der DDR durch wirtschaftliche Gegenleistungen freizukaufen. Die damaligen Freikäufe betrafen verhaftete Pastoren und Kirchenmitarbeiter. Das war der eine, die Tatsache, daß die Bundesregierung in den sechziger Jahren die DDR offiziell nicht anerkannte, der andere Grund, praktische Erfahrungen der Kirche im Rahmen des bereits angelaufenen »Kirchengeschäftes A« ein dritter, warum die Transfers für Häftlingsfreikäufe treuhänderisch im Rahmen eines Sonderauftrages der EKD über das Diakonische Werk in Stuttgart liefen. Mitte 1964 wurde die erste Vereinbarung zwischen dem Beauftragten der westdeutschen Landeskirchen und dem Ministerium für Außenhandel und Innerdeutschen Handel abge-

chem Inhalt) können als gewöhnliche Sendungen oder als versiegelte Wertpakete eingeliefert werden. Für

Arzneimittel aller Art, die in der DDR rezeptpflichtig sind; feuerfeste und hitzebeständige Glaswaren

»Ja, ja, die Vorleistungen sind da, aber wo bleiben die Geschenke?«
Karikatur auf den Versuch, Ulbricht durch Bonner Zugeständnisse zu einer Lockerung der innerdeutschen Beziehungen zu bewegen (Wolfgang Hicks, Bundesrepublik 1969).

schlossen. Ab 1966/67 war der Bereich KoKo Verhandlungspartner von DDR-Seite. Ein Beauftragter der Bundesregierung verhandelte mit dem Rechtsanwalt Vogel über die freizulassenden Personen. Der sich aus dem Ergebnis der Verhandlungen ergebende Transferbetrag wurde den Vertretern des Diakonischen Werkes vorgegeben, die daraufhin in dieser Höhe mit KoKo die von der DDR gewünschten Güter vereinbarten. Diese Waren – ab Mitte der siebziger Jahre nur noch Erdöl, Kupfer, Industriediamanten, Quecksilber und Silber – wurden, ähnlich wie beim »Kirchengeschäft A«, von westdeutschen Vertrauensfirmen aufgekauft, von der EKD aus Bundesmitteln bezahlt und der DDR übergeben.[43]

Von 1964 bis 1990 sind in diesem Verfahren 34000 Häftlinge freigekauft worden. Insgesamt wurde rund 250000 DDR-Bürgern auf dem Wege der sogenannten Familienzusammenführung – der Begriff wurde oft großzügig verwendet – die Übersiedlung in die Bundesrepublik ermöglicht. Aus dem Haushalt des Ministeriums für innerdeutsche Beziehungen sind dafür insgesamt 3,4 Mrd. DM gezahlt worden. Die jährlichen Zahlungen stiegen tendenziell an. Sie beliefen sich 1975 auf 104 Mio. DM und 1989 auf 268 Mio. DM, Mitte der achtziger Jahre erreichten sie mit 388 Mio. DM (1984) und 302 Mio. DM (1985) ihren Höhepunkt. Die

Päckchen und Pakete ist Eilzustellung, für eingeschriebene Päckchen und Pakete ist ein Rückschein zugealler Art für Haushalt, Wissenschaft und Technik (»Saale-Glas« des VEB Jenaer Glaswerk und anderer

»Zur Erinnerung an den Werbellinsee …«
Die von Honecker gewährten Reiseerleichterungen waren offensichtlich doch kleiner ausgefallen als erwartet. Westdeutsche Karikatur von Walter Hanel (1982).



Steigerungen ergaben sich aus der Zahl der Freigekauften, wobei der Anteil der Häftlinge in etwa stabil blieb und von etwas unter 1000 bis maximal 2669 im Jahre 1985 schwankte. Die Zahl der durch Familienzusammenführung »verkauften« Personen hingegen stieg stark an, bis sie im Jahr 1989 bei 69447 lag.[44]

Abweichend von anderen Devisenzuflüssen, die meist direkt (Anlegung einer Liquiditätsreserve) oder indirekt (Modernisierung der Produktion, um Handelsgewinne in harter Währung im Westen zu erzielen) mit dem Kampf gegen die Verschuldung zu tun hatten, gingen die Einnahmen aus den Freikäufen auf »Konsumtionskonten«. Die insgesamt 3,4 Mrd. DM, die von der DDR mit dem »Kirchengeschäft B« eingenommen wurden, flossen auf das sogenannte Generalsekretärkonto 0628. Im Rahmen von »Auftragsgeschäften« führten die KoKo-Firmen auf Weisung von Honecker und Mittag mit Mitteln aus diesem Konto Sonderimporte zur Versorgung der Bevölkerung mit knappen bzw. qualitativ höherwertigen Konsumgütern, den »Westwaren«, durch. So wurden 1985 unter anderem PKW, Schuhe, Lederbekleidung, Kakaoerzeugnisse und Instantkaffee in Höhe von 260 Mio. VM importiert. Aus dem Konto 0628 beglich die DDR-Führung auch die sogenannten Festtagsimporte und die besonderen Importe zur »Versorgung

lassen. Verpackung: Für die äußere und innere Verpackung sollte wegen des in der DDR bestehenden Ver-

Herstellungsbetriebe); Bleikristall, Zier- und Gebrauchsporzellan, optische Geräte, Rohfedern, Bett-

der Hauptstadt«. 1988 gab man zu diesem Zweck 22,3 Mio. VM aus. Die Einfuhrliste reichte von Fettkäse und Bananenmark (zur Herstellung von »Säuglingszusatznahrung«) über Sekt und Pralinen bis zu Damen- und Kinderbekleidung.[45] Allerdings wurde nur ein Teil der Valutamittel des Kontos 0628 auf diese Weise verwendet – genaugenommen knapp ein Drittel. Denn 1989 befanden sich noch 2,34 Mrd. VM auf dem »Generalsekretärskonto«, die Anfang 1990 an das Ministerium der Finanzen der DDR abgeführt wurden »und im Zuge der Wirtschafts- und Währungsunion in den Bundeshaushalt geflossen sind«, wo sie ursprünglich auch einmal herkamen.[46]



Gesondert von der sporadischen Zusatzversorgung der Bevölkerung mit Konsumgütern aus dem Westen wurde die Politbüro-Siedlung Wandlitz regelmäßig mit »Westwaren« versorgt. Diese Importe beglich man über das von Mielke verwaltete Konto 0528. Von 1980 bis 1989 wurden für die Erfüllung der Sonderwünsche der Bewohner der Waldsiedlung für Importprodukte 62 Mio. DM zur Verfügung gestellt. Davon hat man Waren für 42,5 Mio. DM im Wandlitzer Ladenkombinat verkauft. Konsumgüter im Werte von ca. 20,3 Mio. DM gingen an MfS-Verkaufsstellen.[47]

Resümierend kann festgestellt werden: Von den behaupteten geschenkten Milliarden ist nicht viel nachweisbar. Transferiert im eigentlichen Sinne wurden allein die durch die Kirchen vermittelten Zahlungen. Von diesen wiederum war nur das aus den Einnahmen des Freikaufs gespeiste sogenannte Generalsekretärskonto 0628 als »Konsumkonto« anzusehen. Von den dort aufgelaufenen Beträgen ist allerdings über 17 Jahre nur ca. 1 Mrd. DM wirklich konsumtiv verbraucht worden. Das war etwa die gleiche Summe, die in einem Jahr, 1988, im Reiseverkehr zwischen der DDR und der Bundesrepublik durch Mindestumtausch, Tourismus und Intershop eingenommen und von der Bundesbank als »Dienstleistungseinnahmen aus dem Nichtsozialistischen Wirtschaftsgebiet« errechnet wurde.[48] Der übergroße Teil der Einnahmen aus den deutsch-deutschen bzw. NSW-DDR-Wirtschaftsbeziehungen ist also, bildlich gesprochen, als Schmieröl verwendet worden, um den Wirtschaftsmechanismus der DDR in Gang zu halten, vor allem, um die Zahlungsfähigkeit der auch mit dem Weltmarkt verbundenen, nicht nur in die regionale osteuropäische, sondern auch in die internationale Arbeitsteilung eingebundenen DDR-Wirtschaft zu sichern. Das ist auch gelungen. Entgegen allen Behauptungen, die 1989/90, auch von hohen DDR-Wirtschaftsfunktionären, gemacht wurden,[49] konnte die DDR ihren internationalen Zahlungsverpflichtungen bis zuletzt nachkommen. Ende 1989 beliefen sich die Liquiditätsreserven der DDR noch auf 29 Mrd. DM. Die überwiegend auf westlichen Banken deponierten Gelder, die verhindern sollten, daß für die DDR bei größeren fälligen Zahlungen Liquiditätsprobleme auftraten, deckten 59,3 Prozent der Gesamtverschuldung ab. Um die Größenordnung des Liquiditätspolsters zu verstehen, sei folgender Ver-

bots der »Einfuhr von Presseerzeugnissen, die nicht in der Postzeitungsliste der DDR enthalten sind«, nur federn, Daunen; Schuhwaren aller Art; Patent-, Konstruktions-, Erfindungs- und Forschungsunterlagen;

gleich gemacht: Das Verhältnis der Auslandsaktiva zu den Importen belief sich auf 158 Prozent, das heißt, die DDR hätte davon für anderthalb Jahre die notwendigen Importe aus dem NSW tätigen können, sogar wenn man die DDR-Ausfuhr mit Null ansetzen würde.[50]

Dies kann aber nicht über die Tatsache hinwegtäuschen, daß die DDR Ende 1989 eine Brutto-Verschuldung von 48,8 Mrd. DM gegenüber westlichen Ländern hatte. Damit war das erklärte Ziel, die 1982 bereits auf 40,5 Mrd. DM angehäuften Schulden Schritt für Schritt zurückzuführen, deutlich verfehlt worden.[51]

Die eingangs zitierte Behauptung, die DDR wäre ohne »Finanzspritzen« aus dem Westen schon Anfang der achtziger Jahre zusammengebrochen, erweist sich bei einer genaueren Analyse der deutsch-deutschen Wirtschafts- und Finanzbeziehungen als ebenso haltlos wie die Vorwürfe, die DDR-Nomenklatura habe sich, ebenso wie das einfache Volk, von der Bundesrepublik aushalten lassen. Die These gar, die DDR habe sich, bildlich gesprochen, jahrzehntelang gewissermaßen von Westpaket zu Westpaket gehangelt, entbehrt weitgehend der Substanz, ebenso wie Roethes Schlußfolgerung, die Ex-DDR-Bewohner säßen »wie halluzinative Sozialismus-Junkies nun da und warteten auf die nächste Finanzspritze«[52].



unbedrucktes Papier verwendet werden. (Pack- und Geschenkpapier mit Farb- und Schmuckmustern

**Warum ich mich im Westen gleich zurechtfand**

Meine Erinnerungen an unsere Ost-West-Beziehungen sind eigentlich die süßen Träume meiner Kindheit, denn zur Wendezeit war ich 14, 15 Jahre alt. Doch vieles ist im Gedächtnis haften geblieben, weil ich es als verwunderlich erlebt habe.

In den Paketen zum Beispiel war neben Gummibärchen und Schokolade auch immer »richtiger« Kaffee. Nach der Wende konnten wir feststellen, daß es den »guten« Albrecht-Kaffee, den wir so großzügig geschenkt bekamen, nur bei einer bestimmten Handelskette mit den billigen Preisen gab und wir uns wie wahnsinnig über eine Tafel Schokolade für 49 Pfennig gefreut hatten.



Parallel dazu nutzten unsere Verwandten auch gerne die Dienstleistungen des Ostens. Bei manchem Besuch wurden die kaputten Strumpfhosen der Tante mitgebracht, damit jemand aus unserer Verwandtschaft sie zum Laufmaschendienst am Bahnhof Jannowitzbrücke zum Repassieren brachte. Nach der Wende konnten wir es nicht fassen, als wir sahen, daß im Westen diese Strumfhosen für 1,99 DM zu haben waren und unsere Verwandtschaft trotzdem so sparsam gewesen war.

Was wurde dagegen bei uns aufgetischt, wenn Besuch aus dem Westen kam! Wochen vorher wurden die feinsten Sachen herbeigeschafft, stand man nach Rouladen an, wurde Wurst und Schinken vom Besten besorgt. So entstand bei unseren Verwandten der Eindruck, daß es sich hier doch gar nicht so schlecht leben ließ.

Lediglich einmal aber bekam ich ein wirklich schönes Geschenk, und das eher per Zufall. Ich interessierte mich schon als Kind für meine Heimatstadt Berlin. Als ich gerade über einem (Ost-)Berliner Stadtplan saß und die Straßen in Gedanken nachvollzog, kam ein Großonkel hinzu und bemerkte, daß manche Straßen darauf plötzlich endeten und eine weiße Fläche nur mit »Westberlin« beschriftet war. Daraufhin holte er aus seinem Auto einen vollständigen Stadtplan. Nun konnte ich mein Straßenstudium auch auf den mir unbekannten Teil der Stadt ausdehnen, so daß ich bei der Öffnung der Grenzen ein bißchen im Vorteil war, denn ich kannte mich ja schon ganz gut aus, wenn auch nur auf dem Papier. Es war nun ein leichtes, den »goldenen« Westen zu erobern.

*Thomas R., Berlin*

**Enten vergiften im Park**

Da bekanntlich die Sponsoren die Marschrichtung bestimmen, ging meine erste Westreise zum Onkel nach München. In seiner kleinen Wohnung traf ich all die Nußknacker, Weihnachtspyramiden und Holzengel wieder, die meine Mutter mühsam und teuer aus den Kunstgewerbeläden zusammengekauft hatte, um sie der Westverwandtschaft zu schicken. Schließlich wollte man sich für die so sehnlich erwarteten Westpakete auch dankbar erweisen.

Das Kulturprogramm hatte der Onkel schon organisiert. Ungeachtet seiner achtzig Lebensjahre schlug ein großes und noch starkes Herz in seiner Brust. Da ich das erste Mal in Bayern sei, würde ich doch sicher die Alpen sehen wollen, vermutete er. So war es. Der alte Herr war frisch verliebt. Eine rüstige Weißhaarige in Knickerbockern und Tirolerhut stieg zu, in den Händen einen großen Beutel. Marschverpflegung, vermutete ich. Allmählich stieg die Landschaft vor uns in die Höhe. Alpenpanorama.



An einem Bergsee war Pause. »Brotzeit«. Eine Baude, gepflegte Almen, gepflegter Rasen, gepflegte Bäumchen. Nicht etwa Krüppelbirken. Auf dem Wasser ein Schock Enten. Während der alte Herr für seinen jungen Gast aus dem Osten die obligatorische Maß Bier und Weißwürscht bestellte, begann die alte Dame ein kehliges Gerufe am Wasser und wedelte mit dem Beutel. Die Enten schienen darauf gewartet zu haben. Schnatternd und flügelschlagend kamen sie herangepaddelt. Aus dem Beutel wurde ihnen altes Backwerk zugeworfen. Der Vorrat schien unerschöpflich. Die Dame pfiffelte dazu fröhlich ein altes Kabarett-Liedchen. Das kannte ich auch: Tauben vergiften im Park.

»Ist das nicht herrlich hier?!« jubelte die alte Dame. »Hier fahren wir mindestens einmal im Monat her. Wegen der Enten. Die fressen am liebsten diesen Stollen. Da sind sie richtig wild danach. Und für uns ist es doch auch schön, nicht? Da hat man nicht mehr so ein schlechtes Gewissen. Man konnte doch diesen trockenen Stollen aus den Ostpaketen nicht einfach wegtun.«

Der Onkel schwieg.

Die Stollen hatte meine Mutter jedes Jahr vor Weihnachten nur unter der Hand bekommen und hatte sich so gefreut. Für ihre Westverwandtschaft.

*Thomas Münzberger, Malchow*

schestoffe. Andere Textilien, soweit ihr Gesamtwert pro Geschenksendung 60 M übersteigt, Fleisch



**Gründe, in den Osten zu ziehen**

Ende der achtziger Jahre lebte ich mit meiner Familie noch in einer kleinen 8000-Seelen-Gemeinde an der holländischen Grenze. Da unsere Wohnung im Außenbereich lag und der Postbote erst nachmittags kam, hatten wir ein Postfach in der örtlichen Poststelle, und ich fuhr jeden Morgen als erstes zum Postamt.

Eines Tages in der Vorweihnachtszeit lag eine Benachrichtigung für ein Paket darin. Ich betrat also den Schalterraum, in dem viele Menschen waren, und wollte mich anstellen, als der Postbote auch schon rief: »Frau Freimuth, Sie haben ein Ostpaket!« Die Leute traten beiseite, um mich vorbeizulassen, sie starrten mich an und sagten: »Gehen Sie nur vor.« So etwas hatte ich noch nie erlebt, weder hochschwanger noch mit Gipsfuß. Mir wurde ein etwas fremdartig verpacktes Paket gereicht, und jeder im Raum sprach mich an. Man wollte wissen, ob ich Verwandte in der DDR hätte, was die denn wohl zu verschicken hätten, jemand teilte mir mit, daß er selber gerade ein Paket für Tante Frieda in Leipzig abgeben wollte, und vieles mehr.

Nach all den Gesprächen fuhr ich dann mit meinem Paket nach Hause. Es war von netten Leuten, die wir in Ungarn auf einem Campingplatz kennengelernt hatten und mit denen wir in Kontakt geblieben waren. Herrlicher Baumkuchen, eine Schale aus Jenaer Glas und ein Stück Lachsschinken aus Thüringen, so lecker, wie ich ihn noch nie gegessen hatte, waren darin.

Als Ende 1989 mein Mann von seiner Firma nach Thüringen versetzt wurde, stand für mich fest: Ich ziehe mit – und nicht nur wegen des Lachsschinkens.

*Regine Freimuth, heute Erfurt*

die Bezeichnung »Päckchen« tragen. Postleitzahl: Zur Vermeidung von Fehlleitungen soll in der Anschrift und Fleischwaren aller Art, tierische und pflanzliche Fette und Öle; Milchpulver und Eier; Zucker, Spar-

Christoph Dieckmann

# Westen sammeln



Mein frühestes Gefühl gegenüber dem Westen ist Überlegenheit. Es datiert vom 3. August 1961. An diesem Tag machte unsere Familie einen Urlaubsausflug auf den Brocken. Auf dem Gipfel angelangt, kauften mir die Eltern einen Mecki. Ich war fünf, und ich weiß noch genau, wie Vater im furigen nassen Wind mit schwärmender Gebärde übers grüne Weltenrund des Harzes wies und uns die minderen Höhen ringsum bezeichnete. Das ist der Wurmberg, rief er, der liegt schon im Westen. – Westen? – Hinter der Grenze, da kann man nicht hin. – Ja, warum auch? Der Wurmberg maß 971 Meter. Der Brocken hatte 1 143 Meter aufzubieten; so stand es auf dem kleinen runden Gipfelfoto, das Brocken-Mecki auf dem Oberschenkel klebte.

Drei Wochen später stürzte Brocken-Mecki von der Waschkommode und brach sich das linke Bein. Ich weinte sehr. Vater nahte mit dem Universalkleber Duosan rapid, seinem Allheilmittel für weltliche Schäden. Ich aber begehrte unverzüglich zum Brocken zu reisen, um dort einen neuen Mecki zu bekommen. Das geht nicht, sagte Vater, da ist jetzt die Grenze. – Mit dem Mauerbau am 13. August 1961 lag der Brocken im Sperrgebiet der DDR. Für mich war er nun Westen, und mich bestürzte, wie ein Land, das sich zuvor mit Wurmbergen abzufinden hatte, uns so mir nichts dir nichts den Brocken stahl.

Dann kam der Westen zu mir. Er lächelte hold, er hob ein Pfötchen, das mit einem himmelblauen Wollknäuel spielte. Der Westen war Bild 8 der Köllnflocken-Sammelbilderserie »Gut Freund mit Tieren II«, Motiv »Gern spielt das Hauskätzchen mit dem Wollknäuel«, und hatte mit Tante Langhans' Paket aus Essen zu uns gefunden, ins Pfarrhaus von Dingelstedt bei Halberstadt am Huy.

Westverwandtschaft hatten wir so gut wie keine. Aber seit Mitte der sechziger Jahre kamen wir in den Genuß der sogenannten Bruderhilfe. Das war ein Spendenfonds westdeutscher Pfarrer für ihre dürftig bezahlten Kollegen in der DDR. Die Bruderhilfe betrug etwa 500 D-Mark pro Jahr. Der Ostpfarrer ließ die West-Kirchbehörde eine BRD-Kontaktadresse wissen, an die der Betrag überwiesen wurde. Aus der DDR empfing die Kontaktperson dann die Wünsche östlichen Bedarfs. Selbstredend investierten die Eltern ihre Bruderhilfe in was Praktisches, nicht in Halligalli und modischen Tand. Als erstes erbaten sie warme Decken; das uralte Dingelstedter Pfarrhaus war winters ein Eispalast. Im Hochsommer 1966 schob Frau Kappe, die Postbotin, ihre Gummikarre auf unseren Hof und enthob ihr zwei ungetüme Kartons. Der erste enthielt, in Mintgrün, die Decken für

den Postleitzahlen der DDR und von Berlin (Ost) das für den grenzüberschreitenden Kraftverzeugvergel, Aal; Gegenstände, die über den Rahmen üblicher Einzelhandelseinheiten hinaus ausgeführt werden

die elterliche Kemenate, der zweite die für uns Kinder. Sie wurden gleich verteilt und trotz exorbitanter Hitzegrade in der kommenden Nacht ausprobiert. Ich schwitzte in Hellgelb, Wolfgang in Azur. Michael, der Älteste, wickelte sich klaglos in Kackbraun.

Auch jenseits der Bruderhilfe erreichten uns des öfteren Westpakete irgendwie kirchlicher Herkunft. Ihr Inhalt entsprach dem väterlichen Ausdruck *Fressalien*. Den Nucleus des Freßpakets bildete stets das Pfund Bohnenkaffee. Um diese Sonne gruppierten sich mindere Gestirne wie der Becher Rama Butterfein, das gute Backfett Palmin, die gute Seife Lux, Atrix-Glycerincreme, Rosinen, Zitronat, Apfelsinen (falls zur Weihnacht), Kraft-Käsescheibletten mit ohne Geschmack, Sardellenpaste, Milchmädchen-Kaffeeweißer (fraß Vater aus der Tube), Nutella (äks!), Birkel-Eierspirelli, Tütensuppen von Knorr, die Kaltaufschlage-Creme Majala, Kaba der Plantagentrank und drei Tafeln Schokolade. Ja, und falls das Paket von der verwandtschaftlich undefinierbaren Tante Langhans aus Essen kam, so fand sich darin gewiß auch das Exponat meiner Träume: die Pfundtüte Haferflocken der Firma Kölln.



Muß ich erwähnen, daß nach jedem dieser Pakete innige Post westwärts reiste? Vater war ein Meister der untergegangenen Literaturgattung Dank-Korrespondenz. In warmer Prosa jenseits von Unterwerfung und Heuchelei lobte er jedwede Gabe, auf daß in Essen, Bremen, Stuttgart-Feuerbach spürbar werde, wie ohne Majala-Zitronencreme dem Sonntagsmahl die letzte Rundung fehlte, wie montags nach der großen Wäsche Mutters aufgerißne Hände der Heilung durch Atrix bedurften. Was Vater zu den Köllnflocken einfiel, übersteigt mein Ahnen, noch ist mir erinnerlich, daß uns Mutter jemals mit Haferflocken traktiert hätte. Vermutlich mischte sie die muffige Köstlichkeit zum Erntedankfest unter die Gaben am Altar, die dann ins Halberstädter Gehörlosenheim überführt wurden. Das dazugehörige Sammelbild hatte ich mir natürlich längst gekrallt.

Denn dies wurde mir zum Inbegriff des Westens: Man konnte ihn sammeln, seiner habhaft werden, ihn besitzend, sich vom Hiesigen unterscheiden. Westliches, da nicht alltäglich, hinterfing den Alltag mit Metaphysik. Ergriffen betrachtete ich mein Köllnflocken-Bild »Bauer und Pferd bei der Frühjahrsbestellung« (Serie »Gut Freund mit Tieren I«). Derlei war zwar kein seltener Anblick im Dorf. Aber hier, auf dem weitgereisten Bild, schien das Roß von edlerem Geblüt als die schweren Gäule unserer LPG »Ernst Thälmann«, und schritt nicht der Bauer wie ein Prinz durch die Furchen seines bronzenen Lands? Ich klebte das erstaunliche Motiv in mein selbstgebasteltes Album, das auch das Kätzchen barg und, aus der Blumenserie, die Königin der Nacht.

Laß es dir nicht zum Abgott werden! So lautete Vaters pastorale Mahnung wider zu emsiges Sammeln. Gern folgte der Tadel: Je mehr er hat, je mehr er will, nie stehen seine Wünsche still. Denn mit der Zeit verschob sich meine Sammelleidenschaft in Richtung Polygamie. Ich sammelte fast alles. Und nicht länger barg das Einzelstück ein volles Glück, sondern die Sammlung als ganze forderte und fraß. Schon nahte ich dem gefährlichen Punkt, da man sich weniger am Gehabten freut als ärgert über alles, was fehlt. Das Kind dorthin zu locken war des Westens schmutziges Kalkül. Der Birkel-Buchstabennudeltüte ein großes rotes Plaste-H zu entnehmen gewährte noch schlichtes Hochgefühl.

kehr geltende Unterscheidungskennzeichen DDR vorangestellt werden (z.B.: DDR-53 Weimar). Die Post-

Schon als ich ein J hinzubekam, zündelte der Wunsch, dermaleinst das gesamte Alphabet zu besitzen. Vollends dahin war meine Seelenruhe, als ich mich aufs Punktesammeln kaprizierte. Bei diesem perfiden West-Verfahren lag dem Paket die Freude nicht bei, sondern wurde lediglich versprochen: Für den Fall, daß man der Knorr-Zentrale acht Brühwürfelsammelpunkte übersende, gewinne man die kleine Knorri-Kuh. Ich bewegte Vater zu einer brühwarmen Dankbrief-Passage, die tatsächlich dazu führte, daß regelmäßig Knorr-Würfel eintrafen. Ich schaffte die acht Punkte. Vater schickte die Coupons an Tante Langhans nach Essen. Ein gewaltiges Warten begann.

Es kam kein Paket von Tante Langhans – nicht nach zwei und nicht nach vier Monaten. Endlich ein Brief: Sie habe lange im Krankenhaus gelegen. Es sei ihr dort (ich erinnere mich doch richtig?) der halbe Kopf abgenommen worden. Dies hindere sie derzeit, Pakete zu schicken. Auch sei sie nun 86. Sie habe aber ihre gute Freundin gebeten, diesen ihr so wichtigen Christendienst zu übernehmen. – Tatsächlich kam alsbald von der Freundin ein Paket, und darin befand sich wahrhaftig meine Knorri-Kuh. Ich war selig. Und obwohl ich in letzter Zeit nicht mehr so häufig mit der Knorri-Kuh spiele, bleibt mir der Tag unvergessen, an dem das liebe Tier durch Zoll und Todesstreifen zu mir fand.



Eine neue Gefahr tauchte auf: Wolfgang. Der jüngere Bruder hatte eine Neigung, meine Hobbys nachzuahmen. Was ich zu sammeln begann, begehrte zwei Stunden später auch er. Die Eltern negierten mein Erstgeburtsrecht und etablierten Regelungen falsch verstandener Demokratie. Ihr wechselt euch ab, hieß es, einmal kriegst du, und einmal kriegst du. – Und wer als erster? – Vater entschied: Da wird geknobelt, Stein-Papier-Schere. – Wenigstens hierbei war ich ungefährdet. Wolfgang machte immer Papier.

Folglich war ich der erste, der Kaba-Sammelpunkte horten durfte, die mir schließlich den Donald-Duck-Hampelmann eintrugen. Viel später kam auch Wolfgang zu seinem Klein Adlerauge, einer Aufblasfigur, deren Reiz alsbald verpuffte, weil Wolfgang mit ihr an die glühende Ofenklappe geriet. Ich bekam auch, gleichfalls nach Knobel-Duell, das Goofy-Kugelspiel aus dem Deckel von Onko´s löslichem Kaffee. Es war die Hoch-Zeit meiner Disney-Euphorie. *Sachen von Micky Maus* galten mir als der Güter edelste. Vetter Thomas aus Halberstadt besaß gar einige Micky-Maus-Hefte, die ich bei jedem Besuch durchschwartete, bis Vater zur Heimfahrt rief. Ich bettelte die Eltern, die Übersendung eines solchen Hefts zu veranlassen – zwei! schrie Wolfgang. Vater sagte nein. Das sei viel zu gefährlich. West-Drucksachen dürfe man nicht schicken, und falls man´s tue, gerate das ganze Paket in Gefahr, inklusive Bohnenkaffee. Aber Mutter instruierte Omi, die, da Rentnerin, nach Bonn fahren durfte. Omi wagte die rasende Tat. Sie band sich die Hefte ins Unterzeug, besuchte uns auf der Rückfahrt, entpellte sich, förderte ein Micky-Maus-Heft zutage, dann ein zweites: »Fix und Foxi«. Letzteres war Mist. Um das Micky-Maus-Heft entbrannte sofort ein Omi befremdender Streit zwischen Wolfgang und mir, bis Vater Ruhe gebot: Schluß jetzt! Es wird geknobelt! – Ich machte natürlich Schere. Heulend rannte Wolfgang aus dem Zimmer: Immer Pech! Mal muß es doch klappen mit Papier!

Ich schleppte das Heft mit zur Schule und zeigte es herum. Nach der Hofpause war es weg, aus meinem Ranzen verschwunden. Lautlos stürzte die Welt ein. Ich ging zu Musiktionen und Vereinbarungen, den allgemeingültigen Rechtsvorschriften der DDR verbotenen Gegen-

lehrer Polke, bei dem wir die nächste Stunde hatten, und schilderte mein Leid. Polke, ein strenger Mensch von Anfang Dreißig, fixierte mich mit seinen wasserblauen Augen derart, daß sein nächster Satz nur lauten konnte: Imperialistische Druckerzeugnisse haben an einer polytechnischen Oberschule unserer Republik nichts zu suchen. Die Klingel schrillte. Polke sagte: Nun geh mal auf deinen Platz. Dann sprach er zur Klasse: Christoph sei etwas weggenommen worden; der Betreffende wisse, worum es sich handle. Er möge sich melden, und zwar sofort. Stumm stand die Klasse. Niemand rührte sich. Polke blickte kalt, aber ratlos in die schweigenden Gesichter. Endlich ließ er setzen. Geh mal in den Keller, sagte er zu mir. Schau mal in den Toiletten nach, vielleicht findest du dort, was du suchst.



Das Heft blieb verschwunden. Ich fluchte dem Dieb und der DDR, die es nicht zuließ, daß ich in einen Laden ging und mir für 90 Pfennig ein neues Micky-Maus-Heft kaufte. Nach dem Mauerfall hat Stefan Heym das Ost-Volk abgeurteilt mit dem Satz, es habe seine Revolution an den Grabbeltischen von Hertie verbuddelt. Aber Freiheit contra Materialismus, das geht so einfach nicht auf. Heyms Bitternis war zu Teilen auch die meine; dennoch braucht Freiheit auch die Toleranz zum individuellen *pursuit of happiness*. Jedermanns Glück soll gelten, auch wenn´s einer im Kaufhaus sucht. Die rasche Währungsunion hat dem Osten den wirtschaftlichen Kahlschlag beschert. Trotzdem konnte sie nicht aufgeschoben werden, weil das Volk kein Höheres wußte als Freiheit im Kauf.

Zur Wende war ich Plattensammler – ein zutiefst westgeldbedürftiges Glück. Aber wir greifen vor. Es ist von einer gewaltigen Leidenschaft zu berichten, die mich mit zwölf Jahren faßte und deren Erfüllung kein Westpaket gewähren konnte. Diese Leidenschaft hieß »Mosaik« und betraf das einzige und beste Comic-Heft der DDR. Die monatlichen Abenteuer der Kobolde Dig, Dag und Digedag, allen Disney-Infantilitäten hoch überlegen, waren seit 1955 erschienen. Heft 99 (vom Februar 1965) war das erste, das ich selbst erwarb. Erst drei Jahre später, wir wohnten schon in Sangerhausen, durchzuckte mich das Begehren, auch all das Frühere zu kennen, von dem die Alten, die Fünfzehnjährigen raunten: die sagenhaften Abenteuer im antiken Rom, am Hofe des Sonnenkönigs, in James Watts England, im Rußland Katharina der Großen und auf dem Planeten Neos, wohin die Digedags entführt worden waren. »Mosaik«-Reprints, wie heute, gab es nicht. Selbst die aktuellen Hefte waren ja Bückware und im Nu vergriffen. Anderseits sorgte ihr Kultstatus dafür, daß »Mosaiks« selten weggeschmissen wurden. Die alten Hefte existierten also, hatten aber ihren Preis. Mit *Ost-Krempel* brauchte der »Mosaik«-Aficionado gar nicht erst zum Tausch anzutreten. Rarität verlangte Rarität, das Historische von hier was Neues von drüben.

Gold geb ich für Eisen, hieß ein Sammelslogan der antinapoleonischen Befreiungskriege. Ich gab den Westen für den Osten. Ich löste meine Matchboxauto-Sammlung auf. Ich trennte mich von den Micky-Maus-Heften, die Omi noch mehrfach als Nierenwickel heimgeschmuggelt hatte. Ich plünderte meine Briefmarken-Alben, wobei die Abteilung BRD kaum Schaden nahm. Westdeutsche Marken waren so ziemlich die popeligsten der

Keine schriftlichen Mitteilungen: Schriftliche oder gedruckte Mitteilungen, wie Briefe oder andere per-

Welt. Und solange ich »Mosaiks« sammelte, trug ich nach Westen wenig Begehr. Nach zweieinhalb Jahren auf der Pirsch fehlte mir nur noch Heft 10, »Der Kampf um den Korsarenschatz« (September 1957). Die Fahndung führte mich zu einem wüsten Menschen, Sitzenbleiber und Haudrauf der Hofpausen. Er faßte mich und mein schwitzendes Begehren arrogant ins Auge: Was zahlste? Ich bot mein letztes Matchboxauto, den Kleinbus mit dem Eisverkäufer, von Patenonkel Reinhold aus Stuttgart übersandt und ein Prachtstück, wenngleich ohne Federung. Der Unhold brüllte vor Hohn und forderte fünf Mark plus drei Pornobilder.

Das Geschäft kam zustande. Aber als ich nun auch das letzte »Mosaik« besaß, mischte sich in mein Glück alsbald eine unbekannte Trauer: die Lethargie der Erfüllung. Man kann ja nicht mehr wünschen, wenn man alles hat, so wie keine Westpakete kommen,  wenn man selber Westen ist. Glücklicherweise nahte bald die nächste Liebe: Rockmusik. Sie lockte mich wieder nach jenseits unserer Republik.

Es gibt zwei Arten von Menschen: die Sammler und die Kinder des Augenblicks. Letztere standen mit der Kofferheule in der Sangerhäuser Göpenstraße, hörten volle Pulle »School's Out« und »Under My Thumb«, rauchten, pfiffen nach den Weibern und bezoteten Elke Baages *Ohren* sowie Heidrun Wäldchens wohlgeprallte Rundstrickhosen. Die anderen, wir Sammler, *nahmen auf*. Die Westpaket-Aufschrift »Geschenksendung« gewann eine ganz neue Bedeutung, wenn man, den Finger am roten Knopf, mit der Rock-Strahlung des Hessischen Rundfunks und der Europawelle Saar ORWO-Band magnetisierte. Noch besaß ich kein eigenes Bandgerät, aber Vater lieh bei Wohlverhalten das kircheneigene ZK 120, auf dem er sonst Gemeindekreisen Hörstücke wie »Kirche, Welt und junge Leute« und »Christen am Kilimandscharo« vorführte. Unnötig zu erwähnen, daß sogleich auch Wolfgang aufzunehmen wünschte, wobei es ihn zur leichteren Muse zog. Dennoch drang ich auf Abgrenzung, denn im Zeitalter der technischen Reproduzierbarkeit ringt der Kunstsammler mit Originalitätsproblemen. Es sind gegenseitige Verzichtserklärungen erhalten: »Ich, Christoph Heinrich Dieckmann, verpflichte mich, den Titel ›Oh wann kommst du‹ von Dahlia Lahwie weder aufzunehmen noch aufnehmen zu lassen.« – »Ich, Wolfgang Andreas Dieckmann, verpflichte mich, den Titel ›Black matschig woman‹ von San Tuner weder aufzunehmen noch aufnehmen zu lassen.« Folgen die Unterschriften, inklusive die der Eltern, als Schiedskommission. Ich höre noch Mutters Seufzer: Seid ihr noch bei Troste? Vater: Knobelt lieber!

Die Existenz als Rocker schuf Bekleidungssorgen. Die Haare wuchsen gratis, aber mit Manchesterhosen oder sogenannten Wilhelm-Pieck-Jeans, lappigen Beintüten sozialistischer Produktion, stand man vor Heidrun Wäldchen und Elke Baage nicht gut da. West-Jeans mußten her, möglichst echte Levi's. Zwar landeten in unserem Pfarrhaus seit Menschengedenken wuchtige Westpakete mit Altkleidung, wobei eine amtliche Bescheinigung bezeugte, daß die Antiquitäten chemisch gereinigt ihren schweren Weg nach Osten angetreten hatten. Gern hielten die Eltern diese Plünnen des Grauens für *noch sehr gut*; wir Kinder hätten Nackheit vorgezogen. Nun via Bruderhilfe eine ganz spezielle, zudem teure Hose zu ordern, hielt Vater für kapriziös. Indes, die Jeans trafen ein, tatsächlich

Levi's, doch an der Hüfte zu eng. Mutter trennte die Bundseiten auf und setzte schwarze Keile ein. Ich trug das exklusive Stück die ganze 10. Klasse über und fühlte mich als King der Thomas-Münzer-Schule. Im September 1972 begann die Filmvorführer-Lehre in einem Internat im tiefsten Sachsen. Dort stürzte der King. Ein *Kunde* erklomm meinen Thron. Gunnar Kristlieb hieß er und kannte die Welt, denn er kam aus Berlin-Pankow und war darob derart blasiert, daß er sich »von Kristlieb« nannte. Zwar trug er die Haare kürzer und einen leichten Überbiß, doch seine Jeans und seine Lederjacke saßen wie Siegfrieds gehörnte Haut. Columbus, sprach Gunnar von Kristlieb und grinste maliziös, Columbus, in Pankow ist man mit Keiljeans nicht Kunde. Man fetzt nicht, man poppt nicht, man peitscht nicht, wenn man in Pankow Keiljeans trägt. In Pankow ist man mit



Keiljeans ein Fall für die Lumpensammlung.

Ich war vernichtet. Doch im Verlauf des Lehrjahrs gelang es mir, durch internatstypische Schandtaten aller Art, Gunnar von Kristliebs Achtung zu erringen, nebst zwei Verweisen und einem strengen Verweis. Und zum Geburtstag saß mir das korrekte Stück Stoff am Hintern, diesmal aus dem Intershop, also nach Anprobe. Als das zweite Lehrjahr begann, befand sich unter den Neuen wieder jemand aus Berlin-Pankow. Marina hieß sie und war süß und naiv, als wäre Pankow ein Dorf. Ich riß sie auf wie ein Westpaket.

Blieb Rockfans großer Kummer: Platten. Schlagerschrott gab´s reichlich in Amiga-Land. Wenigstens modifizierten mit Honeckers Machtantritt die Kultur-Erlauber der DDR ihre apodiktische Ablehnung der Rockmusik. Unter Ulbricht hatte dieses »yeah, yeah, yeah, und wie das alles heißt« als dekadenter Schüttelkrampf des Spätkapitalismus gegolten. Westplatten durften nicht eingeführt werden, ausgenommen »Erzeugnisse des wirklich humanistischen Gegenwartsschaffens«. Ganz allmählich bewies in der Ära Honecker dieser Gummiparagraph seine Elastizität. Jugendsendungen des DDR-Rundfunks verbreiteten auch West-Rock, Amiga edierte – Sensation! – LPs von Jimi Hendrix, Deep Purple und *San Tuner*, der auf der Plattentasche des VEB Deutsche Schallplatten *Santana* hieß. Die Stones blieben noch tabu, aber Freunde berichteten von Freunden, die Westplatten geschickt bekommen hätten. Was erlaubt sei, lasse sich schwer sagen. Auf das Cover komme es an. Zur Musikbewertung sei der DDR-Zoll viel zu blöde. Dann erreichte meinen Freund Micha ein Paket mit Eric Claptons »Layla« (Doppelalbum!), mit King Crimsons »U.S.A.« und »Live At Topanga Corral« von Canned Heat. Mir tränten die Augen, doch auch Micha war betrübt, denn die DDR-Kontrolletis hatten einen Zettel beigelegt: 1 Stck. nichtsoz. Tonträger sei einbehalten worden wg. Verstoßes gegen die Zollbest. d. Deutschen Demokratischen Republik. Sind die bescheuert, sagte Micha, das war die »Nursery Crime« von Genesis, da ist ein viktorianisches Mädchen drauf, das mit Puppenköpfen Kricket spielt. Halten die vermutlich für Aufruf zum Völkermord. – Er schrieb eine Eingabe und erläuterte die zutiefst antiimperialistische Gesinnung des Labour-nahen Ensembles Genesis, aber »Nursery Crime« blieb ein Raub der Behörde.

Es ist an der Zeit, Onkel Reinhold zu preisen, meinen Stuttgarter Paten. Seit 1977 schickte er mir jedes Jahr zu Weihnachten und zum Geburtstag eine Wunschplatte; die erste war »Dansere« von Jan Garbarek. Mittlerweile Jazzfan, hatte ich mich in die verhangene Melancholie des Münchner Labels ECM (Editions of contemporary music) vernarrt, wie sie Garbarek, Ralph Towner, John Surman, Gary Burton zelebrierten. 1982 faßte ich mir ein Herz und schrieb einen Brief nach München. Ich bat ECM schlankweg um das Doppelalbum »Trio Music« von Chick Corea, Miroslav Vitous und Roy Haynes und bot artverwandte Musiken osteuropäischer Pressung zum Tausch. Nach drei Wochen hatte ich einen Päckchenzettel im Briefkasten. Ich rannte zur Post und bekam eine Schachtel im Plattenformat ausgehändigt: »Trio Music«. Beigelegt war ein Brief: »Lieber Herr Dieckmann, Ihr Brief hat uns gefreut, und gerne kommen wir Ihrem Wunsch entgegen. Im übrigen können Sie ganz beruhigt sein: solche Post bekommen wir eher selten. Wie Sie es mit dem vorgeschlagenen ›Kulturaustausch‹ halten, überlassen wir gerne Ihnen. Über die osteuropäische Jazz-Szene sind wir hierzulande nur wenig informiert; lediglich aus dem ›Jazz Forum‹ läßt sich bisweilen herauslesen, daß auch bei Ihnen interessante Musiker agieren. Mit freundlichen Grüßen, Hans-Ulrich Klenner.«



Ich habe mit Herrn Klenner bis zur Wende Platten getauscht, wohl wissend, daß er nach den Scheiben von Amiga, Muza, Supraphon, Hungaroton, die ich aus der kargen Jazzproduktion des RGW zusammenkratzte, weit weniger Verlangen trug als ich nach seinen Wundergaben. Ich haute auch West-Jazzer, die in der DDR auftraten, um Platten an, von Willem Breuker bis Albert Mangelsdorff – meist mit Erfolg. Es kamen Päckchen von Peter Brötzmann aus Wuppertal, von Barbara Thompson aus Suttow in Surrey, von Andrew Cyrille aus Hackensack/New Jersey, von Lester Bowie aus Chicago … Jede einzelne dieser Platten wurde mir ein dauerhaftes Glück. Und dennoch blieb es peinlich, daß ich, nun doch erwachsen, immerfort bitten mußte.

Inzwischen hatte ich Theologie studiert und war Vikar geworden. Ich stand also im kirchlichen Dienst und bekam selbst Bruderhilfe. Nie habe ich sie in was Praktisches investiert, immer nur in Platten, die ich gewissermaßen selber kaufte. Der 2001-Versand in Frankfurt am Main beschäftigte eine steinalte Dame namens Frau Susemihl, mit der er in seinem Katalog einen Kult betrieb (»Frau Susemihls Kolumne«). Der Katalog wurde eingeschmuggelt, ich wählte die Tonträger meines Herzens und schickte den Bestellschein quasi als Privatbrief an Frau Susemihl Zweitausendeins, Frankfurt a. Main … Als Absender notierte ich meine Göttinger Freundin Ines, die das Devisenschätzchen verwaltete. Sie schickte die Platten dann in Schüben à drei Stück nach Osten.

Auch wenn´s banal klingt: Die Chance zur Plattensammelei war mir eine Hilfe, in der DDR zu bleiben. Dazu gehört freilich auch eine Geschichte, die mir bis heute ein schlechtes Gewissen macht. Etwa 1985 erreichte mich ein Brief aus Riga. Ein mir unbekannter Sabirjan Kurmayew trug mir einen Plattentausch an. Er habe das Ganelin-Trio anzubieten, Chick Coreas »Return to Forever« in Melodija-Lizenz und, und, und – eine Liste lag bei. Er wünsche dafür – Liste lag bei. Ich schickte, er schickte, aber so ab Päckchen drei verloren Sabirjan Kurmayews Offerten ihre Attraktivität. Das war nicht seine Schuld, sondern die der Sowjetunion. Kurzum – als aus Riga Dudelschrott eintraf, zusamt der Bitte (»I need …«) nach weiteren Exemplaren von Platten, die ich bereits übersandt hatte, da fühlte ich mich weniger als Übersender von Geschenk- als von Handelsware und schickte nichts mehr. Kurmayew schrieb noch mehrfach (»... your friend Sabirjan«), aber ich blieb hart – gewiß mit Gründen, doch auch im Gefühl, ich wüßte vom Westen zu nehmen und nach Osten nicht zu geben.

Dann fiel die Mauer. Die Ost-West-Enttäuschungen füllen mittlerweile Bücher, und der »Zeit«-Redakteur hat es in vielen West-Briefen gelesen: Wie undankbar die Ossis seien. Wie oft und wie vieles man zur Mauerzeit nach drüben geschickt habe in der Hoffnung, Bindungen zu erhalten und den ärmeren Deutschen abzugeben. Dann, nach 1989, sei der persönliche Kontakt deprimierend gewesen, obwohl doch keine Grenze mehr trenne. Ich weiß den Schreibern wenig zu raten, das sie nicht mittlerweile selber wüßten: Daß Geschenke Beziehungen begleiten können, aber nicht begründen. Daß die Trennung der Deutschen vierzig Jahre Unterschiedsgeschichte produzierte. Daß die gegenwärtige Kühle zwischen Ost und West zumindest ehrlich ist. Wenn wir jetzt miteinander reden, dann garantiert nicht behufs Geschenkverkehrs.



Die letzten Platten tauschte ich mit Hans-Ulrich Klenner 1989. Die letzte Geburtstagsplatte von Onkel Reinhold kam 1990. Herrn Klenner habe ich 1996 kennengelernt. Ich mußte nach München, ich schickte ein Kärtchen, Klenners alte Adresse stimmte noch, es wurde ein richtig schöner Abend. Ost und West relativierten sich im *tertium comparationis* Musik. Was Onkel Reinhold betrifft, so sahen wir uns zuletzt 1958, als er Vater, seinen Kriegskameraden, in der DDR besuchte. Ein Foto ist erhalten, chamois mit Zackenrand. Es zeigt mich im Alter von zwei Jahren, seppelhosig, unverwandten Blicks, da neben mir ein Fremder mit einem Kricket-Hammer kauert. Onkel Reinhold schrieb auch nach dem Fall der Mauer seine getreulichen Weihnachts- und Geburtstagsbriefe. Gern legte er Fotos von Rosenblüten bei, denn wie mein Vater, der 1993 gestorben ist, besitzt er die Stiftersche Empfindung der Natur. Zwei schöne Geschenke hat mir Onkel Reinhold noch gemacht: die erste Ausgabe der »Zeit«, deren Leser er war, längst bevor ich geboren wurde; und dann erreichte mich (in Pankow) ein Päckchen mit Briefen eines frischen jungen Mannes, wie ich ihn niemals kennenlernte: meines Vaters.

Im Mai 2000 verschlug´s mich endlich ins Schwäbische, zu einer Lesung nach Winnenden. Ich zögerte zunächst, das Onkel Reinhold mitzuteilen. Er war doch fast achtzig, und irgendwie existierte er nur im Brief. Winnenden erwies sich als sehr klein. Der Berliner muß dort langsam spazieren, sonst saust er, kaum daß er durchs eine Stadttor getreten ist, schon wieder zum anderen hinaus. Ich setzte mich vor eine kleine griechische Taverne gegenüber dem Haus, in dem am 24. Juni 1687 der schwäbische Pietist Johann Albrecht Bengel geboren worden war. Ich pichelte ein Viertelchen Rosé und schaute den Türkenkindern beim Fußball zu. Da nahte durch die Gasse ein kleiner alter Herr. Er hielt kurz inne, schaute, dann lenkte er seine Schritte behutsam, aber zügig an meinen Tisch und sagte: Na Chrischtoph, da bischte ja.

PS: Man weiß, daß die DDR-Kontrollorgane aus Westpaketen klauten. So warte ich immer noch auf mein CCR-Doppelalbum. Ebenso sei aber festgehalten: Als wir 1990 den Brocken zurückbekamen, da fehlte ein Meter. Er ist heute nur noch 1 142 Meter hoch.

# Anhang

# Anmerkungen

## 262 »Darstellungen unzüchtiger Charakters sind vom Paketverkehr ausgeschlossen«

### Bernd Lindner: Dein Päckchen nach drüben

1 Briefwechsel in der Sammlung des Zeitgeschichtlichen Forums Leipzig.
2 Alle Zitate aus der »Verordnung über den Geschenkpaket- und -päckchenverkehr auf dem Postwege mit Westdeutschland, Westberlin und dem Ausland« vom 5.8.1954 in: Gesetzblatt der Deutschen Demokratischen Republik Teil I, 74/1954. Berlin 20.8.1954, S. 727–729 (im folgenden: Verordnung über den Geschenkpaket- und -päckchenverkehr).
3 Gries, Rainer: Die Rationengesellschaft. Versorgungskampf und Vergleichsmentalität. Leipzig, München und Köln nach dem Kriege. Münster 1991, S. 133. Der Oberst der sowjetischen Besatzungsmacht Sergej Tulpanow erinnerte sich später an diesen frühen Ost-West-Bruch, der bereits in dem unterschiedlichen Habitus und Vermögen der Besatzungsmächte ihren Anfang nahm: »Viele Bürger, unter ihnen auch Angehörige der Intelligenz, ganz zu schweigen von den Vertretern des Kleinbürgertums, ließen sich davon beeindrucken, daß die amerikanischen Soldaten Schokolade, gute Zigaretten, Kaffee usw. im Überfluß hatten, während diese Dinge unseren Soldaten nicht zur Verfügung standen.« In: ders.: Deutschland nach dem Krieg (1945–1949). Erinnerungen. Berlin (Ost) 1987, S. 188.
4 In: Gesetzblatt der Deutschen Demokratischen Republik Teil I, 72/1954. Berlin 14.8.1954, S. 699–712.
5 Vgl. dazu u. a. Beier, Gerhard: Wir wollen freie Menschen sein. Der 17. Juni 1953: Bauleute gingen voran. Köln 1993, S. 15 f.
6 Alle Zitate aus der »Bekanntmachung des Beschlusses über Maßnahmen zur weiteren Entwicklung des Handels« vom 5.8.1954. In: Gesetzblatt der Deutschen Demokratischen Republik Teil I, 72/1954. Berlin 14.8.1954, S. 700.
7 Vgl. Verordnung über den Geschenkpaket- und -päckchenverkehr. Zusätzlich verboten war die Versendung aller »nach den Bestimmungen der Postordnung und des Weltpostvertrages in Postsendungen nicht zugelassenen Gegenstände« wie Waffen, leicht entflammbare Gegenstände, Rauschgifte etc.
8 Dementsprechend wurde die Verordnung in späteren Durchführungsbestimmungen wie folgt präzisiert: »Der Versand von Literatur, sonstigen Druckerzeugnissen, Bildern und Darstellungen ist nicht erlaubt, wenn ... es sich um Presseerzeugnisse handelt, die nicht in der Postzeitungsliste der DDR enthalten sind« und »ihr Inhalt bzw. ihre Einfuhr ›in anderer Weise den Interessen des sozialistischen Staates und seiner Bürger widerspricht‹.« Zitiert nach: Hinweise für Geschenksendungen in die DDR und nach Berlin (Ost), Ausgabe Oktober 1975. Herausgeber: Gesamtdeutsches Institut, Bundesanstalt für gesamtdeutsche Aufgaben. Bonn.
9 Auf ihrem 11. Plenum machte die SED-Führung Front gegen die bis dahin von ihr geduldete

bzw. sogar geförderte Beat-Musik. Die Pressung von Rockplatten auf dem staatseigenen Lable AMIGA wurde für mehrere Jahre ersatzlos eingestellt. Vgl. dazu u. a. Rauhut, Michael: Beat in der Grauzone. DDR-Rock 1964 bis 1972 – Politik und Alltag. Berlin 1992.

10 Hinweise für Geschenksendungen in die DDR und nach Berlin (Ost), Ausgabe 1973. Herausgegeben vom Gesamtdeutschen Institut, Bundesanstalt für gesamtdeutsche Aufgaben. Bonn.

11 Zitiert nach: Hinweise für Geschenksendungen in die DDR und nach Berlin (Ost), Ausgabe Oktober 1975. Herausgegeben vom Gesamtdeutschen Institut, Bundesanstalt für gesamtdeutsche Aufgaben. Bonn.

12 Gill, David; Schröter, Ulrich: Das Ministerium für Staatssicherheit. Anatomie des Mielke-Imperiums. Reinbek bei Hamburg 1993, S. 145f.: Die Überwachung der Telefon- und Telexverbindungen war Aufgabe der Abteilung 26 des MfS, die Ende 1989 »31 Endstellen und 279 technische Stützpunkte« zur Telefonüberwachung betrieb. In diesem Bereich arbeiteten insgesamt 1486 Mitarbeiter, die aufgrund ihrer technischen Ausrüstung zeitgleich 3780 Fernsprechanschlüsse überwachen und darüber geführte Gespräche mitschneiden konnten. Daß dafür reichlich Bandmaterial benötigt wurde, liegt auf der Hand. Auch wenn der Jahresetat allein dieser Abteilung (ohne Personalkosten) 15 Millionen Mark der DDR betrug, waren die 5,58 Millionen Tonkassetten, die Hochrechnungen des Institutes für Marktforschung Leipzig aus dem Jahre 1988 zufolge jährlich in den Westpäckchen zu finden waren, eine willkommene »Schützenhilfe vom Klassenfeind«. Vgl. dazu Institut für Marktforschung: Von der Mangel- zur Marktwirtschaft. Analyse der Konsumbedingungen und des Konsumverhaltens in der DDR. Erarbeitet von Susanne Müller. Leipzig 2000. Anlagenband, Anlage 28/4 (im folgenden: Von der Mangel- zur Marktwirtschaft). Neueren Erkenntnissen zufolge muß davon ausgegangen werden, daß mit den aus den Westpäckchen entnommenen Tonkassetten auch die Gespräche westdeutscher Spitzenpolitiker mitgeschnitten worden sind.



13 Zitiert nach: Von der Mangel- zur Marktwirtschaft, Anlagenband, Anlage 28/1. Der niedrigste Wert lag in diesen zwölf Jahren 1989 bei 24,7 Millionen Stück, der höchste noch ein Jahr zuvor bei 27,9 Millionen Stück. Aus den Jahren davor liegen keine vergleichbaren Angaben vor.

14 Dieser Satzteil ist im Original jeweils durch Fettdruck hervorgehoben.

15 Vgl. ebenda. Der niedrigste Wert in diesen zwölf Jahren lag 1978 bei 8,6 Millionen Stück, der höchste Wert 1988 bei 10,7 Millionen Stück. Aus den Jahren davor liegen keine vergleichbaren Angaben vor.

16 Vgl. dazu Dietzsch, Ina: Deutsch-deutscher Gabentausch. In: Neue Gesellschaft für Bildende Kunst (Hrsg.): Wunderwirtschaft. DDR-Konsumkultur in den 60er Jahren. Köln; Weimar; Wien 1996, S. 211 f.

17 Es waren bis zu vier Meter Stoff bzw. ein Stück, ein Paar oder eine Garnitur zugelassen.

18 Der Wert aller sonstiger zum Versand zugelassener Waren durfte pro Einzelstück 50 Mark nicht übersteigen. Daß bei derartigen Preisschranken kaum hochwertige Konsumgüter zum Versand kommen konnten, war Zweck dieser Begrenzungen.

19 In: Gesetzblatt der Deutschen Demokratischen Republik Teil I, 5/1955. Berlin 14.1.1955, S. 19.

20 In: Gesetzblatt der Deutschen Demokratischen Republik Teil I, 28/1973. Berlin 14.6.1973, S. 271–273.

21 Auf dem ab Mitte der sechziger Jahre das ZDF sendete und der erst Jahre später in der DDR offiziell freigeschaltet wurde, als dort ebenfalls ein zweites Fernsehprogramm eingeführt wurde.

22 Zitiert nach: Hinweise für Geschenksendungen in die DDR vom Oktober 1975.

23 Vgl. dazu: Von der Mangel- zur Marktwirtschaft. Alle folgenden Angaben sind dem Anlageband dieser Studie, Anlagen 28/1–28/4 entnommen. Vgl. hierzu auch die bei Judt, Matthias (Hrsg.): DDR-Geschichte in Dokumenten, Berlin 1998, S. 157 angegebenen Werte aus dem Jahr 1979; dort sind neben den Warenmengen aus dem Postverkehr zusätzlich auch

jene aus dem grenzüberschreitenden Besucherverkehr ausgewiesen, die in nahezu allen Positionen (außer Konserven) deutlich unter den per Päckchen verschickten lagen.

24 Im Vergleich dazu betrug der Wert der pro Päckchen in den Westen versandten Einzelhandelsgüter im gleichen Jahr lediglich 30 Mark der DDR.

**Christian Härtel: Ostdeutsche Bestimmungen für den Paketverkehr im Spiegel westdeutscher Medienblätter**

1 Die im folgenden zitierten Verordnungen und Durchführungsbestimmungen der DDR sind alle veröffentlicht im Gesetzblatt der DDR. Die angegebenen Daten beziehen sich immer auf das Ausgabedatum bzw. das Inkrafttreten der jeweiligen Verordnung, nicht ihre Veröffentlichung. Die Merkblätter befinden sich in der Sammlung des Hauses der Geschichte der Bundesrepublik Deutschland/Bibliothek zur Geschichte der DDR. Den Mitarbeiterinnen dort, insbesondere Frau Rodenbach, sei an dieser Stelle herzlich für ihre Hilfe gedankt.



**Uli Schulte Döinghaus: Eine »gesonderte Behandlung« jenseits des Regellaufs**

1 Bürgerkomitee Sachsen-Anhalt e. V. (Hrsg.): Die Post- und Telefonkontrolle durch die Staatssicherheit im Bezirk Magdeburg. Der Prozeß gegen die verantwortlichen Staatssicherheitsoffiziere. Magdeburg o. J., S. 37.

2 Winters, Peter Jochen: Unterschlagung soll es nicht gewesen sein. In: FAZ v. 21.2.1994, S. 4.

3 FAZ v. 7.1.1995, S. 8.

4 Diese Gespräche und alle im folgenden zitierten Interviews, die nicht im einzelnen nachgewiesen sind, führte der Autor im Jahre 1995. Vgl. die Interviews von Uli Schulte Döinghaus in: Schöll, Franz (Hrsg.): Einheitsfarbe Ginstergelb. Die Postler in West und Ost als Praktiker der Einheit. Berlin 1995, S. 61 f.

5 Stiehle, J.; Bleihauer, J.: Zu den Aufgaben und der Struktur des Zollrechts in der DDR. In: Sozialistische Zollkontrolle 4/1988, S. 11.

6 Die Verknüpfung der Zollverwaltung der DDR mit dem MfS war sehr eng: Die wichtigsten Entscheidungen mußten von der Staatssicherheit bestätigt werden, die gesamte Tätigkeit wurde von Stasi-Mitarbeitern kontrolliert. Die Postzollfahndung war eine Diensteinheit des MfS, die in Zolluniformen auftrat. Vgl. dazu Suwalski, Manfred: Die Entwicklung der Zollverwaltung der DDR (1945–1990). In: Diedrich, Torsten; Ehlert, Hans; Wenzke, Rüdiger: Im Dienste der Partei. Handbuch der bewaffneten Organe der DDR. Berlin 1998, S. 577–592.

7 Ministerium für Post- und Fernmeldewesen der DDR: Zollhandbuch für den internationalen Brief- und Paketpostverkehr. Berlin o. J.

8 BArch Berlin, DM 3 / 9821 (Min. f. Post- u. Fernmeldewesen, Postsonderfragen).

9 BArch Berlin, DL 203 , Az: 03-12-02.

10 Hans-Christoph Seebohm (DP, CDU) Bundesverkehrsminister von 1949–1966, Vertriebenensprecher Wenzel Jaksch (SPD) MdB.

11 BArch Berlin, DL 203 , Az: 03-12-02.

12 Ebenda.

13 Handelsblatt v. 10./11. 6. 1966.

14 BArch Berlin, DL 203 AZ 05-00-02.

15 Steinmetz, Hans; Elias, Dietrich: Geschichte der deutschen Post. Band 4. 1945 bis 1978. Hrsg. im Auftrag des Bundesministers für das Post- und Fernmeldewesen. Bonn 1979 (im folgenden: Geschichte der deutschen Post), S. 418.

16 Zitiert nach Schmidt-Eenboom, Erich: Der BND. Die unheimliche Macht im Staate: Schnüffler ohne Nase. Düsseldorf 1993, S. 61 f.

17 BArch Berlin, DM 3/17444.

18 BArch Berlin, DL 203/256.
19 Rost, Gottfried: Die Deutsche Bibliothek als »Loch in der Mauer«. In: Lehnstedt, Mark; Lokatis, Siegfried (Hrsg.): Das Loch in der Mauer. Der innerdeutsche Literaturaustausch. Leipzig 1997, S. 132 ff.
20 BArch Berlin, DL 203 Az 05-00-01.
21 Bäcker, H.: Der strafrechtliche Schutz des Nachrichtenverkehrs. Jur. Diss. Halle. Berlin (Institut für Post- und Fernmeldewesen) 1963.
22 Ministerium für Post- und Fernmeldewesen der DDR: Zwei deutsche Staaten – zwei deutsche Postgebiete. Berlin 1967, S. 48 f.
23 BArch Berlin, 03-12-02 / DL 203.
24 Ebenda.
25 BArch Berlin, DL2 / KoKo 1292.
26 Ebenda.
27 BArch Berlin, Bestand MPF, SekrMinÖk Az 1010-0, 17046.
28 http://www.bbe-online.de/marketing/Studien/SP/VERSAND/inhalt.htm.



**Andreas Hergeth: »Die Popularisierung der Maßnahmen«**

1 Alle Angaben im folgenden stammen aus einem Interview des Autors mit Ursula Burkowski am 11.4.2000.
2 Ihre Erlebnisse in insgesamt 16 Jahren Kinderheim hat Ursula Burkowski in ihrem Buch »Weinen in der Dunkelheit«(Berlin, 1991) aufgearbeitet.
3 BArch Berlin, DM 3/9831.
4 Interessante Einwohnerversammlung mit dem Amt für Zoll und Kontrolle des Warenverkehrs In: Freie Presse Plauen v. 11.6.1954, BArch Berlin, DM 3/9836.
5 Täglich kommen 400 Pakete beschädigt an. In: Freie Presse Plauen v. 17.6.1954, BArch Berlin, DM 3/9836.
6 BArch Berlin, DM 3/9831.
7 Das AZKW entstand per Verordnung vom 28.8.1952 aus den Dienststellen des Zolls und des Amts für Kontrolle des Warenverkehrs (AKW) und war dem Minister für Außenhandel und Innerdeutschen Handel unterstellt. Mit einem neuen Zollgesetz wurde das AZKW am 30.4.1962 in Zollverwaltung umbenannt. Vgl. dazu Suwalski, Manfred: Die Entwicklung der Zollverwaltung der DDR (1945–1990). In: Diedrich, Torsten; Ehlert, Hans; Wenzke, Rüdiger: Im Dienste der Partei. Handbuch der bewaffneten Organe der DDR. Berlin 1998, S. 577–592.
8 BArch Berlin, DM 3/9837.
9 Ebenda.
10 Ebenda.
11 Thüringische Landeszeitung v. 9.11.1962.
12 BArch Berlin, DM 3/10967.
13 Ebenda.
14 Von einer solchen weiß Werner Abel zu berichten. 1977 besuchte der damalige Mitarbeiter der Sektion Marxismus/Leninismus der Technischen Hochschule Karl-Marx-Stadt im Rahmen eines Kurses in der Sonderschule des Zentralkomitees der SED in Kleinmachnow eine Ausstellung des Zollamtes Teltow. Vgl. Abel, Werner: Warum ich nicht gezögert habe, Teilhaber zu werden. Meine besonderen Erfahrungen mit politischen Büchern am Rande des Erzgebirges. In: Links, Christoph; Härtel, Christian (Hrsg.): Über unsere Bücher läßt sich streiten. Zehn Jahre Ch. Links Verlag. Berlin 1999, S. 42.
15 BArch Berlin, DM 3/21062.
16 Ebenda.
17 BArch Berlin, DL 2/KOKO/1111/Bd. 25.
18 Ebenda.

19 BArch Berlin, DM 3/19047.
20 Veröffentlicht in: Gesetzblatt der Deutschen Demokratischen Republik Teil I, 25/1985. Berlin, 19.10.1987.
21 BArch Berlin, DM 3/21062.

## »Mutti und Anne lassen schön grüßen«

### Ina Dietzsch: Geschenkpakete – ein fundamentales Mißverständnis



1 Ein Gesamtkorpus von mehreren Tausend persönlichen Briefen, die zwischen 1948 und 1993 geschrieben und ausgetauscht wurden, ist mir freundlicherweise 1994 auf eine Anzeigenaktion in verschiedenen Zeitungen hin von Privatpersonen zur Verfügung gestellt worden und diente als Material für meine Dissertation mit dem Titel »Grenze denken. Herstellen von Differenz und Gemeinschaft in deutsch-deutschen Briefwechseln zwischen 1948 und 1989«, aus der wesentliche Überlegungen in diesen Beitrag eingegangen sind. Alle verwendeten Namen wurden geändert und die Orthographie und Kommasetzung behutsam angepaßt.
2 Brief v. 16.1.1958.
3 Brief v. 22.3.1982.
4 Vgl. Mauss, Marcel: Die Gabe. Formen und Funktionen des Austauschs in archaischen Gesellschaften. In: Ders.: Soziologie und Anthropologie. Bd. II, S. 11–144; Berking, Helmuth: Schenken. Zur Anthropologie des Gebens. Frankfurt a. Main; New York 1996.
5 Vgl. Thomas, William I.; Znaniecki, Florian: The Polish Peasant in Europe and America. Boston 1918–1920, Bd. I, S. 80 ff.
6 Für den aufmerksamen Leser: Erst im Laufe des Briefwechsels ging man zum Du über.
7 Über die Bedeutung von Markennamen, die mit der Entstehung von Selbstbedienungsläden in der Bundesrepublik der fünfziger Jahre eng verbunden war, schreiben Gries und andere unter Berufung auf E. Zahn 1960: »›Mit der Verpackung – und erst mit ihr! – wird der Konsumartikel zum Markenartikel, zu dem individuellen, mit einem geschützten Namen gekennzeichneten Produkt einer bestimmten Herstellerfirma.‹ (...) das Produkt ›gewinnt‹ an Persönlichkeit und sein Käufer gewinnt Persönlichkeit durch das Produkt.« Vgl. Gries, Rainer; Ilgen, Volker; Schindelbeck, Dirk: Gestylte Geschichte. Vom alltäglichen Umgang mit Geschichtsbildern. Münster u. a. 1989, S. 81.

### Petra Kabus: Liebesgaben für die Zone

1 Nicht nur Verwandte, sondern auch verschiedene Wohlfahrtsorganisationen wie die Caritas, die Arbeiterwohlfahrt und das Rote Kreuz schickten in die Lager, und es ist ein interessanter Nebenaspekt, daß schon die Kriegsgefangenen durch die Pakete in materieller Hinsicht zwischen der Ost- und den Westzonen Deutschlands zu differenzieren wußten. Vgl. Lehmann, Albrecht: Gefangenschaft und Heimkehr. Deutsche Kriegsgefangene in der Sowjetunion. München 1986, bes. S. 117 ff.
2 Was war in den ersten CARE-Paketen? Informationsblatt von CARE Deutschland e. V. Eine dem CARE-Prinzip verwandte Form des Paketversandes war später übrigens das Angebot westdeutscher Versandhäuser, z. B. von Quelle, oder auch des ostdeutschen Versandhandels Genex, standardisierte Pakete zu einem bestimmten Wert auf Bestellung zu verschicken – ein Angebot, das natürlich auch für den wirklich privaten Paketverkehr genutzt werden konnte (vgl. dazu den Beitrag von Franka Schneider in diesem Buch).
3 Vgl. hierzu und zu den Paketaktionen 1953 Weyerer, Godehard: C.A.R.E. für Deutschland. In: Die Zeit v. 7.6.1996.

4 Helene Weigel beispielsweise schrieb aus der amerikanischen Emigration an den Cheflektor des Aufbau-Verlags in Ostberlin: »Ein Paket von Naomi an Dich abgegangen. Von mir ein Carepaket und ein kleines Eßpaket.« Helene Weigel an Max Schroeder: 28.6.1947. In: Allein mit Lebensmittelkarten ist es nicht auszuhalten ... Autoren- und Verlegerbriefe 1945–1949. Berlin 1991, S. 41.

5 Vgl. dazu Karlsch, Rainer: Allein bezahlt? Die Reparationsleistungen der SBZ/DDR 1945–53. Berlin 1993.

6 Ich danke Herrrn Ansgar Klein vom Archiv der DRK-Zentrale Bonn und Frau Fielitz vom früheren DRK Berlin (West) herzlich für ihre Auskünfte.

7 Gesetzblatt der Deutschen Demokratischen Republik Teil I, 74/1954. Berlin 20.8.1954, S. 728.

8 Herrn Paul Gerhard Kunze meinen herzlichen Dank für sein damaliges Engagement und für seine freundlichen Auskünfte.

9 Kötter, Anton: Die Hilfen des Bonifatiuswerks. In: Hehl, Ulrich von; Hockerts, Hans Günter (Hrsg.): Der Katholizismus – gesamtdeutsche Klammer in den Jahrzehnten der Teilung? Paderborn; München; Wien; Zürich 1996, S. 114. 

10 Die Angaben differieren von einer internen Zwischenbilanz vom 3.9.1964 zu einer Stellungnahme vom 30.3.1965, die rückblickend von 3 449 000 DM Zuschüssen für 15 Organisationen spricht und in diesem Zusammenhang den Eigenaufwand der Hilfsorganisationen mit 5 384 000 DM beziffert. Vgl. BArch Koblenz B 137/2315, unpag. Mein Dank gilt Frau Brandes vom Bundesarchiv in Koblenz für ihre engagierte Hilfe.

11 BArch Koblenz, B 137/2315, unpag.

12 Die Welt v. 26.3.1965.

13 Die psychologische Lage in der SBZ. Lagebericht des Ministeriums für gesamtdeutsche Fragen vom 29.2.1968. In: BArch Koblenz, B 137/4788, unpag.

14 Private Kontakte nach Mitteldeutschland. Interne undatierte Notiz von 1967. In: BArch Koblenz, B 137/4790, unpag.

15 Interne Mitteilung des Ministeriums für gesamtdeutsche Fragen v. 13.2.1967. In: BArch Koblenz, B 137/4806, unpag.

16 Ministeriumsinterne Auswertung einer repräsentativen Umfrage durch infratest imJuni/Juli 1964: 29.9.1964. In: BArch Koblenz, B 137/4790, unpag.

17 Frühkommentar von Heinz Winter v. 11.12.1961. Im Tonarchiv des RIAS unter »Rundfunk der DDR« archiviert.

18 ADN-Meldung v. 26.10.1963. Auch solche Reaktionen aus dem Osten wurden im gesamtdeutschen Ministerium gesammelt, hier: BArch Koblenz, B 137/4788.

19 Grüß Gott, Frau H. Oder: Bettel-Bertas schmutziges Geschäft mit der christlichen Nächstenliebe. In: Freiheit v. 25.2.1964.

20 Karl Siebert an Herbert Wehner, Bundesminister für gesamtdeutsche Fragen, Brief v. 4.9.1968. In: BArch Koblenz, B 137/4802.

21 Hierbei muß freilich bedacht werden, daß der eine und andere die Not größer schildern mochte, als sie war, denn schließlich wollte er etwas erreichen.

22 Einer der Kerngedanken von Ina Merkels »Utopie und Bedürfnis« ist es, daß die DDR im ökonomischen Vergleich mit der BRD in eine Lage kam, der sie sich ursprünglich nicht hatte stellen wollen: Die DDR war ja eben als ein nicht an den materiellen Bedürfnissen orientiertes Gesellschaftsgefüge konzipiert worden, sie strebte Idealen, Utopien ganz anderer Art nach (man sprach ganz bewußt nicht mehr von Bedürfnis, sondern Bedarf!) – und trotzdem war sie bestimmt keine Mangelwirtschaft im strengen Wortsinn. Vgl. Merkel, Ina: Utopie und Bedürfnis. Die Geschichte der Konsumkultur in der DDR. Köln; Weimar; Wien 1999. An dieser Stelle sei darauf hingewiesen, daß auch die DDR-Bürger jahrzehntelang in der Lage waren, wenn auch nur schein-freiwillig, etliches an Soli-Beiträgen abzuführen (und wie die »Osthilfe« aus dem Westen kamen diese mit ideologischer Zielsetzung zum Einsatz, genau wie die Gelder, mit denen die DDR die SEW oder KPD/DKP unterstützte).

23 Merkblatt des Gesamtdeutschen Instituts, Bundesanstalt für gesamtdeutsche Aufgaben 1984.

**Simone Tippach-Schneider: Mit Bino gekocht und mit Maggi gewürzt**

1 Merkel, Ina: Konsumkultur in der DDR. Über das Scheitern der Gegenmoderne auf dem Schlachtfeld des Konsums. In: Vorwärts und nicht vergessen nach dem Ende der Gewißheit. 56 Texte für Dietrich Mühlberg zum Sechzigsten. Mitteilungen aus der kulturwissenschaftlichen Forschung 37/1996, S. 315.

2 Pence, Katherine: Schaufenster des sozialistischen Konsums. Texte der ostdeutschen »consumer culture«. In: Lüdtke, Alf; Becker, Peter: Akten. Eingaben. Schaufenster. Die DDR und ihre Texte, Erkundungen zu Herrschaft und Alltag. Berlin 1997.



3 Geschichte der Werbung. Ausgabe des Bayerischen Werbefernsehens anläßlich seines zehnjährigen Bestehens, 1966.

4 Böhme, Irene: Die Mauersegler kommen. Frankfurt a. Main 1986, S. 11.

5 Vgl. Der Kampf der Heimatschützer gegen die Werbung. In: Reinhardt, Dirk: Von der Reklame zum Marketing. Geschichte der Wirtschaftswerbung in Deutschland. Berlin 1991, S. 380 ff.

6 Vgl. hierzu Westphal, Uwe: Werbung im Dritten Reich. Berlin 1989.

7 Unsere Forderung, Entscheidende Wendung auch in der Werbung! In: Neue Werbung 6/1956, S. 3.

8 In: Neues Deutschland v. 14.12.1959, S. 2.

9 Als Mitte der siebziger Jahre dieser Innovationsschub deutlich nachgelassen hatte und das Warenangebot immer mehr hinter der Nachfrage zurückblieb, gab es auch immer weniger Anlässe zu werben. Folgerichtig wurde 1975 die Inlandswerbung verboten und 1976 das Werbefernsehen eingestellt.

10 Abschlußbericht über die Einstellung des Werbefernsehens, Berlin, den 2. Juni 1976. In: Deutsches Rundfunkarchiv, HA Werbefernsehen Abwicklung.

11 Fuchs, Helga: Planung des werbemethodischen Vorgehens für das Jahr 1970 zur Durchsetzung der Sendung »Tausend Tele-Tips« als ein Mittel zur Durchführung einer planmäßigen Absatzpolitik für Konsumgüter der DDR. Abschlußarbeit der Fachschule für Werbung und Gestaltung. Berlin 1969. In: Hochschule der Künste Berlin, Hochschularchiv.

12 Werbefilm für den MARS-Riegel aus dem Video: 1945 bis 1995, 50 Jahre Werbung in Deutschland. Deutsches Werbemuseum e. V.

13 Werbefilm für QUARTA-Pralinen des VEB Thüringer Schokoladenfabrik aus dem Video: Flotter Osten, DDR-Werbefilme der Sechziger. Mit/Schnitt/Film, Produktion und Verleih.

14 Wörterverzeichnis Werbung. Unterrichtsbrief der Fachschule für Werbung und Gestaltung. Berlin 1973, S. 161 ff.

15 Ebenda.

16 Ebenda.

17 Diese Informationen gehören zu Unterlagen, die mit dem Stempel »Vertrauliche Dienstsache« versehen waren. In: Deutsches Rundfunkarchiv, Planangebot 1971 der HA Werbefernsehen des Bereichs Wirtschaft/Wissenschaft.

18 Kraft, Siegfried K.: Die Schutzmarke. Hg. Verband Bildender Künstler der DDR. Berlin 1969, S. 7.

19 Paul, Stefan: Künstliche Versuchung. nylon – perlon – dederon. Köln 1999, S. 137.

20 MarkenRealitäten Ost. Die Studie zur erfolgreichen Markenführung in den Neuen Bundesländern. 1998. In Zusammenarbeit mit dem Trendbüro Hamburg und TBWA Berlin; MarkenRealität Ost 2. Quantifizierung der Studie zur erfolgreichen Markenführung in den Neuen Bundesländern von »Super Illu«. 1999. Durchgeführt von Emnid Bielefeld und Trendbüro Hamburg (im folgenden: MarkenRealität 2).

21 Ahbe, Thomas: Hammer, Zirkel, Kaffeekranz – Ostalgie als Methode. Wie sich die Ostdeutschen stabilisieren und integrieren. In: Berliner Zeitung v. 5./6. Februar 2000.
22 Ebenda.
23 Diese Studien des Instituts für Meinungsforschung Leipzig werden in MarkenRealität 2 im Kapitel »Der Markt. Größen und Unterschiede« zitiert.

## »Geschenksendung, keine Handelsware«

### Annette Kaminsky: »Nieder mit den Alu-Chips«



1 Losungen aus: Lindner, Bernd: Die demokratische Revolution 1989. Bonn 1998, S. 100.
2 Gries, Rainer: Die Rationengesellschaft. Münster. 1991.
3 In der DDR wurde ähnlich den CARE-Paketen ein System der Sonderzuteilungen in Form von »Pajoks« für besonders zu versorgende Gruppen – Funktionäre, umworbene und politisch brisante Arbeiter in Schwerpunktzentren, Angehörige der Intelligenz und Künstler – eingeführt. In diesen Pajoks steckten vor allem Grundnahrungsmittel wie Schmalz, Mehl und Zucker, die wieder bei den privilegierten Westbeziehern gegen Kaffee und andere Luxusgüter getauscht werden konnten. So wurde der Tauschwert auch hier von den Westwaren bestimmt.
4 Hans Werner Richter, Initiator der Gruppe 47, zitiert nach: Anderson, Arne: Der Traum vom guten Leben. Alltags- und Konsumgeschichte vom Wirtschaftswunder bis heute. Frankfurt; New York 1998, S. 10.
5 Diesen sogenannten Schaufenstereffekt wollte sich die DDR 1959 mit den Grundsätzen über »Die Entwicklung der Hauptstadt der Deutschen Demokratischen Republik« zu eigen machen und Berlin zum attraktiven Schaufenster des Sozialismus ausbauen. Vgl. Gesetz über den Siebenjahrplan zur Entwicklung der Volkswirtschaft der Deutschen Demokratischen Republik in den Jahren 1959 bis 1965. Gesetzblatt der Deutschen Demokratischen Republik Teil I, 56/1959. Berlin, 1.10.1959, S. 732.
6 Vgl. Pence, Katherine: Herr Schimpf und Frau Schande. In: Ciesla, Burkhard; Lemke, Michael; Lindenberger, Thomas (Hrsg.): Sterben für Berlin? Die Berliner Krisen 1948:1958. Berlin 2000 (im folgenden: Ciesla; Lemke; Lindenberger: Sterben für Berlin), S. 185–202.
7 Entwurf eines Referats für die »Konferenz gegen Schieber und Spekulanten«. In: SAPMO BArch Berlin, DY 34/20280 (1955), S. 8 f. (im folgenden: Referat).
8 Bericht zur Versorgungssituation vom 16.5.1960. In: SAPMO BArch Berlin, J IV 2 610-134, unpag.
9 Ebenda.
10 So konnten die Bestimmungen des »Gesetzes über den Schutz des innerdeutschen Handels« vom 21.4.1950 entsprechend angewendet werden und Gefängnisstrafen »nicht unter drei Jahren« verhängt werden. Wurde die Tat erwerbsmäßig begangen, waren sogar Zuchthausstrafen »nicht unter fünf Jahren und Vermögenseinziehung« vorgesehen. Vgl. Gesetzblatt der Deutschen Demokratischen Republik 43/1950. Berlin, 21.4.1950, S. 327.
11 Durchführungsbestimmung zur Anordnung über Umtausch und Verrechnung Deutscher Mark gegen Westgeld vom 19.6.1950, veröffentlicht in: Gesetzblatt der Deutschen Demokratischen Republik 69/1950. Berlin, 30.6.1950, S. 599 sowie Zweite Durchführungsbestimmung zu den Anordnungen über die Ein- und Ausfuhr von Zahlungsmitteln und über Umtausch und Verrechnung Deutscher Mark gegen Westgeld – Mitnahme von Zahlungsmitteln im Interzonen-Reiseverkehr vom 8.6.1954. In: Gesetzblatt der Deutschen Demokratischen Republik Teil I, 65/1954. Berlin, 27.7.1954, S. 632.
12 Müller, Klaus: Die Lenkung der Strafjustiz durch die SED-Staats- und Parteiführung der DDR am Beispiel der »Aktion Rose«. Frankfurt am Main; Berlin; Bern; New York; Paris;

Wien 1995.
13 Referat, S. 19a.
14 Bericht der operativen Abteilung Ring um Berlin (RuB) vom 23.3.1956 über »Mitarbeiter aus VE-Betrieben, die an den KPP [Kontrollpassierpunkten] des RuB bei illegalen Warentransporten angetroffen wurden«. In: SAPMO BArch Berlin, DY 34 5/289/4877, unpag.
15 Man trifft sich – ein deutsch-deutsches Familientreffen. Berlin 1998, S. 41.
16 Briefe zwischen Ost und West. Sonderausgabe für das Bundesministerium für gesamtdeutsche Fragen. München 1959 (im folgenden: Briefe zwischen Ost und West), S. 28.
17 Rainer Gries weist in seiner Rezension »Anatomie einer Mangelgesellschaft« im »Deutschlandarchiv« 3/2000, S. 463 darauf hin, daß die Bundesanstalt für Gesamtdeutsche Aufgaben in Bonn regelmäßig Merkblätter mit Empfehlungen verteilte, was die Bürger in den Osten schicken sollten. Er stellt fest: »Über Gebühr lange empfahl man spendierfreudigen Westbürgern, Grundnahrungsmittel statt Genußmittel an die Brüder und Schwestern zu versenden, um den Mythos einer akuten Not im Osten aufrechterhalten zu können.«

18 Gerhart Holtz-Baumerts »Alfons Zitterbacke« erschien erstmalig 1958, die Fortsetzung 1962. »Der brave Schüler Ottokar« von Ottokar Domma wurde 1967 geschrieben, die Fortsetzung 1970.
19 Briefe zwischen Ost und West, S. 40.
20 Gesetz über die Abschaffung der Lebensmittelkarten vom 28. Mai 1958, veröffentlicht im Gesetzblatt der Deutschen Demokratischen Republik Teil I, 33/1958. Berlin, 29.5.1958, S. 413 f.
21 Steiner, André: Vom Überholen eingeholt. Zur Wirtschaftskrise 1960/61 in der DDR. In: Ciesla; Lemke; Lindenberger: Sterben für Berlin, S. 247 f. Steiner weist darauf hin, daß die ausgewählten Ziffern traditionelle Nahrungsmittel betrafen, deren Pro-Kopf-Verbrauch bereits bei Beschlußfassung über dem Verbrauch der Bundesrepublik lag, und die DDR somit mit einem »Taschenspielertrick« versuchte, ihre Wirtschaftskraft und Ebenbürtigkeit zur Bundesrepublik unter Beweis zu stellen.
22 Der Handel im Siebenjahrplan der Deutschen Demokratischen Republik und seine Aufgaben zur weiteren Verbesserung der Versorgung der Bevölkerung. Berlin 1959, S. 4.
23 Slogan der Aktivistin Frida Hockauf 1955.
24 Böhm, Karl; Dörge, Rolf: Unsere Welt von morgen. Berlin 1961, 1. Umschlagseite.
25 Walter Ulbricht zitiert nach: Der Stacheldraht. Für Freiheit, Recht und Demokratie 6/1999, S. 1.
26 Bericht zur Versorgungslage vom 16.5.1960. In: SAPMO BArch Berlin, J IV 2 610–134, S. 7.
27 Maßnahmen zur Durchsetzung der Verordnung über den Geschenkpaket- und -päckchenverkehr im Jahresendverkehr 1963. In: SAPMO BArch Berlin, DY 30 IV A 2/6.10 58, unpag. Abt. Handel und Versorgung und Außenhandel (im folgenden: Maßnahmen).
28 Ebenda.
29 SAPMO BArch, Berlin DY 30 IV A 2/6.10 58, unpag. Abt. Handel, Versorgung und Außenhandel SED, Inhalt: Zollverwaltung der DDR 1963.
30 Weisung des Ministers für Handel und Versorgung an den Direktor des Instituts für Marktforschung vom 14.3.1969. In: BArch, Außenstelle Coswig, L102/22, unpag.
31 Vgl. z. B. den Bericht über eine politisch-erzieherische Einflußnahme von 1967, Absender wahrscheinlich Bezirksleitung der SED. In: Landeshauptarchiv Potsdam, 5597, unpag. (im folgenden: Bericht über eine politisch-erzieherische Einflußnahme).
32 Anordnung über die Ausübung von Tanz- und Unterhaltungsmusik vom 15.6.1964. Gesetzblatt der Deutschen Demokratischen Republik Teil II, 65/1964. Berlin, 9.7.1964, S. 597.
33 Bericht über eine politisch-erzieherische Einflußnahme.
34 Kaminsky, Annette: Kaufrausch. Die Geschichte der ostdeutschen Versandhäuser. Berlin 1998, S. 100–104.

35 Dies bezeichnet die Praxis westlicher Unternehmen, in der DDR Waren nach ihren Produktionsunterlagen herstellen und unter ihrem Namen verkaufen zu lassen. Bekannt war beispielsweise die Schuhherstellung für Salamander.
36 Analyse des Postpaket- und -päckchenverkehrs für das IV. Quartal 1986. In: SAPMO BArch Berlin, DL 102 VA 248 (im folgenden: Analyse IV. Quartal 1986).
37 Büro Mittag, Konzeption zur Durchsetzung der Einsparung von Valutamitteln beim Import von Rohkaffee v. 18.4.1977. In: SAPMO BArch, ZPA, vorl. SED 26574/2.
38 Vgl. Gesetzblatt der Deutschen Demokratischen Republik Teil I, 34/1976, S. 420. Berlin, 21.9.1976 sowie Teil I, 29/1977. Berlin, 21.9.1977, S. 335.
39 Anordnung über Exquisit-Verkaufsstellen (Industriewaren) vom 15.5.1962. In: Gesetzblatt der Deutschen Demokratischen Republik Teil II, 39/1962. Berlin, 9.6.1962, S. 353.
40 Klassenspaltung im Alltagsleben der DDR. In: Neue Züricher Zeitung v. 7.12.1988.
41 Die Versorgung mit hochwertigen Nahrungs- und Genußmitteln. 1981. In: BArch, Außenstelle Coswig, DL 102/1491, S. 6. 
42 Analyse des Postpaket- und -päckchenverkehrs für das IV. Quartal 1988 und Einschätzung der Jahresgrößen für 1988. In: BArch, Außenstelle Coswig, DL 102 VA 248 (im folgenden: Analyse IV. Quartal 1988).
43 Marktlagetest Haushaltsgeräte 1985. In: BArch, Außenstelle Coswig, DL 102/VA 121, S. 3.
44 BArch, Außenstelle Coswig, DL 102/2074.
45 Analyse IV. Quartal 1986.
46 Analyse IV. Quartal 1988.
47 Analyse IV. Quartal 1986, S. 6 und 9.
48 Ebenda, S. 14.
49 Ebenda, S. 10.
50 Analyse IV. Quartal 1988, S. 10.
51 Die Satirezeitschrift »Titanic« widmete ihr Titelbild der Novembernummer 1989 diesem Einkaufsverhalten.
52 Siehe hierzu Miteilungen des Instituts für Marktforschung 4/1989.

**Franka Schneider: Ein Loch im Zaun**

1 Alle im folgenden nicht ausgewiesenen Zitate stammen aus Gesprächen und Interviews der Autorin.
2 Die Abkürzung «Genex« des ursprünglichen Firmennamens bürgerte sich im Laufe der sechziger Jahre immer mehr ein, so daß z. B. die Kataloge unter dem Namen »Genex geschenkdienst GmbH« vertrieben wurden.
3 Vgl. zur Bedeutung des Schenkens Ina Dietzsch in diesem Band.
4 Verordnung über die Regelung von Geschenksendungen im Postverkehr aus dem Ausland oder aus dem Währungsgebiet der Bank Deutscher Länder v. 15.10.1952. In: BArch Berlin-Hoppegarten, DL-2 32803, 3373, Bl. 103. Siehe zu den einzelnen Bestimmungen den Aufsatz von Bernd Lindner.
5 Aus der Broschüre »HO Kundendienst für Geschenksendungen«. In: BArch Berlin-Hoppegarten, DN-1 11482 (Hervorhebung im Original).
6 Begründung zum Beschluß v. 10.12.1956. In: BArch Berlin-Hoppegarten, DL-2 32648, 2042, Bl. 5-6 (Hervorheb. F. S.).
7 Vgl. Jendretzky, ZKK an Honecker v. 11.2.1963 sowie Sektor Handel v. 18.3.1963. In: SAPMO-BArch DY-30 IV A 2/6.10/ 58, unpag.
8 Aufgabenstellung und Ergebnisse der Geschenkdienst- und Kleinexport GmbH (Genex) ... v. 29.10.1980. In: BArch Berlin-Hoppegarten, DL-2 KoKo 999, Bl. 271.
9 Auch privat ist der Umweg über Drittländer genutzt worden. So wurde Genex zur Auszahlung von Erbschaften als Ausweg genutzt, den komplizierten deutsch-deutschen Zahlungsweg zu umgehen, wonach den Erben im Osten der Betrag nur in DDR-Mark ausgezahlt

worden wäre.

10 Brief an Genex v. 21.3.1961. In: BArch Berlin-Hoppegarten, DN-1 11481, unpag.

11 Genex an das Sekretariat des Ministerpräsidenten v. 18.3.1960. In: BArch Berlin-Hoppegarten, DN-1 11481, unpag.

12 Vermerk v. 29.11.1961. In: BArch Berlin-Hoppegarten, DN-1 11481, unpag.

13 Genex meldete pro Katalogjahr die benötigten Mengen der Staatlichen Plankommission der DDR (SPK) in Absprache mit den Handelsministerien. Die SPK regelte und kontrollierte als oberste Planungsbehörde der DDR die gesamte Volkswirtschaft. Aufgabe war die Sicherung einer einheitlichen Planung sowohl langfristig als auch regional und branchenspezifisch. Sogenannte Kontingente sollten dabei u. a. die Verteilung materieller und finanzieller Güter an die einzelnen »Bedarfsträger« (Staatseinrichtungen, bezirksgeleitete Industrie, örtliche Versorgungsgeschäfte) in sinnvollen Proportionen sicherstellen. Benötigte Genex Waren über die vereinbarten Mengen hinaus, war dies nur durch Nachbilanzierungen, d. h. Abzug aus anderen verplanten Kontingenten, oder Reservenbildung, d. h. Nichtverplanung in Kontingenten, möglich.



14 Aktenvermerk v. 10.11.1958. In: BArch Berlin-Hoppegarten, DN-1 11481, unpag.

15 Genex an Ministerium de r Finanzen, Abt. Valuta v. 7.6.1960. In BArch Berlin-Hoppegarten, DN-1 11481, unpag.

16 Sieber vom Ministerium für Handel und Versorgung an Rumpf vom Ministerium der Finanzen v. 24.2.1966. In: BArch Berlin-Hoppegarten, DN-1 10849, unpag.

17 Stellungnahme ... v. 18.10.1973. In: BArch Berlin-Hoppegarten, DL-2 KoKo 998, Bl. 12.

18 Dieser Fonds des Außenhandels bezog sich auf eine im Jahresplan festgelegte Höhe bestimmter DDR-Produkte für den Export bzw. Auslandserzeugnisse für den Import, die von einzelnen Außenhandelsunternehmen (AHU) realisiert wurde. Genex wurde in diesen Jahresplan einbezogen und erhielt z. B. nun die benötigte Menge an PKW (Wartburg wie Lada) aus den Kontingenten des AHU Transportmaschinen.

19 Aufgabenstellung und Ergebnisse der Geschenkdienst- und Kleinexport GmbH (Genex) v. 29.10.1980. In: BArch Berlin-Lichterfelde DL-2 KoKo 999, Bl. 279 (Anlage 3).

20 Genex an das Ministerium der Finanzen, HA Valuta v. 3.3.1961. In: BArch Berlin-Hoppegarten, DN-1 11481, unpag.

21 Gedanken zur Erweiterung und Reorganisation des Valutageschenkdienstes, vermutlich des Geschäftsführers von Genex, o. D. In: BArch Berlin-Hoppegarten, DL-2 KoKo 998, Bl.13–16, Zitate: Bl. 13 u.15.

22 Rheinischer Merkur v. 20.11.1984.

23 Vertrauliche Preisliste. In: BArch Koblenz, B 137/4788; Besprechung des Arbeitskreises Allgemeine Hilfe v. 13.5.1969. In: B137/4856. Vgl. zu den Kirchen den Beitrag von Jörg Roesler in diesem Buch.

24 Ministerium der Finanzen, HA Valuta, Abt. Außenhandel v. 30.7.1958. In: BArch Berlin-Hoppegarten, DN-1 11480, unpag.

25 Der Stern v. 31.7.1975.

26 Die Welt v. 26.6.1979. Es handelt sich hierbei um einen Artikel über die Intershops; die Möglichkeit, für Westgeld Gutscheine für Autoersatzteile zu kaufen, bot Genex, nicht der Intershop – eine Feinheit, die das Ärgernis nicht schmälerte.

27 An wen und in welcher Höhe Genex die Valutagewinne abführte, ist nach bisher gesichteten Quellen unklar. Ein Teil ging offensichtlich als »operative Reserve« an das Außenhandelsministerium (Vgl. BArch Berlin-Hoppegarten, DL-2 Koko 999, Bl. 383). Hinsichtlich der SED fand sich nur ein Vermerk: Anläßlich der Auszeichnung von Genex mit dem Vaterländischen Verdienstorden in Silber (1984) heißt es, daß Genex »in den letzten 5 Jahren über 200,0 Mio. VM an die Partei abgeführt habe«. In: BArch Berlin-Hoppegarten, DL-2 Koko 998, Bl. 344.

## Katrin Böske: »Selbstverständlich kein ständiger Begleiter des Sozialismus«

1 Schreiben des Stellvertreters des Leiters der Abteilung Handel und Versorgung im Magistrat in Groß-Berlin an Ministerium für Handel und Versorgung v. 4.8.1956. In: BArch Potsdam, L-1 3077.
2 Brief des Amtes für Zoll und Kontrolle des Warenverkehrs an das Ministerium für Handel und Versorgung v. 10.6.1955. Ebenda.
3 Vertrag über die Errichtung einer Gesellschaft mit beschränkter Haftung v. 26.2.1962. In: BArch Potsdam, DM 200/223, S. 2.
4 Rededisposition des Ministers der Finanzen zur Erweiterung der Aufgabenstellung der Intershop GmbH v. 29.5.1965, S. 2. In: BArch Potsdam, DN-1 11481.
5 Information des Ministers für Außenhandel und Innerdeutschen Handel, undatiert. In: BArch Berlin-Lichterfelde, DL2/KoKo/110.
6 Geheime Ministerratssache Nr. 137/67 v. 6.2.1967. In: BArch Berlin-Lichterfelde, DL2/KoKo/1105. 
7 Protokollauszug: Zur Ergänzung bzw. Veränderung des Ministerratsbeschlusses 02 125/4/70 v. 23.7.1970 aus einer Mitteilung des Stellvertreters des Ministers, Genossen Schalck an Genossen Minister Sölle v. 16.11.1973. Ebenda.
8 Ausarbeitung des Bereiches Kommerzielle Koordinierung zur Aufgabenstellung der Forum GmbH. In: BArch Berlin-Lichterfelde, DL2/KoKo/1107. In meinem ersten Aufsatz zu den Intershops »Abwesend anwesend. Eine kleine Geschichte des Intershops« (In: Neue Gesellschaft für Bildende Kunst (Hrsg.): Wunderwirtschaft. DDR-Konsumkultur in den 60er Jahren. Köln; Weimar; Wien 1996) datierte ich das Gründungsdatum der Forum HG auf den 1.1.1974. Ich stützte mich dabei auf Volze, Armin: Die Devisengeschäfte der DDR. Genex und Intershop. In: Deutschlandarchiv 11/1991. Doch nach Einsichtnahme in die Akten des Bereiches Kommerzielle Koordinierung im Bundesarchiv Berlin-Lichterfelde korrigiere ich hiermit diesen Sachverhalt.
9 Maibaum, Werner: Geschichte der Deutschlandpolitik. Bundeszentrale für politische Bildung. Bonn 1988, S. 84.
10 Neues Deutschland v. 27.9.1977, S. 4 f.
11 Neues Deutschland v. 8.8.1978, S. 2.
12 Der Spiegel 33/1978, S. 30.
13 Neues Deutschland v. 7./8.4.1979, S. 2.
14 Brief v. 5.3.1989 an die Forum Handelsgesellschaft. In: BArch Berlin-Lichterfelde, DL2/KoKo/930.
15 Brief an das Ministerium für Handel und Versorgung v. 4.2.1988. Ebenda.
16 Brief vom Generaldirektor der Forum Handelsgesellschaft v. 23.2.1988. Ebenda.
17 Brief von Redaktion der »Jungen Welt« an Forum Handelsgesellschaft v. 9.5.1989. Ebenda.
18 Brief von Ministerrat der DDR, Ministerium für Außenhandel, Bereich Kommerzielle Koordinierung an die Redaktion der »Jungen Welt« v. 5.6.1989. Ebenda.
19 Erläuterungen: Zum Verkauf von Nahrungs- und Genußmitteln sowie Industriewaren in den Verkaufseinrichtungen des Intershop v. 16.2.1977. In: BArch Berlin-Lichterfelde, DL2/KoKo/1108.
20 Erläuterungen: Zur Gestattungsproduktion von Nahrungs- und Genußmitteln sowie Industriewaren v. 16.2.1977. Ebenda.
21 Zitzelsberger, Gerd: Lukrative Geschäfte zwischen Ost und West. In: FAZ v. 2.1.1985.
22 tageszeitung v. 24.8.1988, S. 24.
23 Geis, Matthias: Währungsunion – eine wunderschöne Sache. In: tageszeitung v. 30.6.1990.

1 Roethe, Thomas: Arbeiten wie bei Honecker, leben wie bei Kohl. Frankfurt a. Main 1999 (im folgenden: Roethe: Arbeiten wie bei Honecker), S. 34.

2 Vgl. u. a. Roesler, Jörg: Zum Einfluß von Kaltem Krieg und Entspannung auf die Entwicklung des Handels zwischen beiden deutschen Staaten Mitte der vierziger bis Anfang der siebziger Jahre. In: Timmermann, Heiner (Hrsg.): Deutschland und Europa nach dem 2. Weltkrieg. Entwicklung, Verflechtungen, Konflikte. Saarbrücken 1990, S. 571–593; ders.: Der Einfluß der Außenwirtschaftspolitik auf die Beziehungen DDR-Bundesrepublik. In: Deutschlandarchiv 5/1993 (im folgenden: Roesler: Der Einfluß der Außenwirtschaftspolitik), S. 558-572; ders.: Fortschritte und Rückschritte in den Wirtschaftsbeziehungen zwischen beiden deutschen Staaten 1945–1989 – eine Betrachtung in Zeitperioden. In: Hofmann, Jürgen; Nakath, Detlev (Hrsg.): Konflikt – Konfrontation – Kooperation. Deutsch-deutsche Beziehungen in vierzig Jahren Zweistaatlichkeit. Potsdam 1998, S. 69–86; ders.: Die Ökonomie als Bremser bzw. Beschleuniger von Einheitsbestrebungen und Spaltungstendenzen in Deutschland von 1945 bis 1989. In: Timmermann, Heiner (Hrsg.): Die DDR – Erinnerung an einen untergegangenen Staat. Berlin 1999, S. 139–158.



3 Selbst »Die Zeit« machte da teilweise keine Ausnahme. Sie hatte am 28. August 1992 in ihrem »Dossier« ausführlich über die sogenannten »Kirchengeschäfte B« mit der Schlagzeile »DDR-Häftlinge gegen DM – ein Milliardenschwindel« berichtet. Armin Volze hat nachgewiesen, daß der Artikel stark unter »sachlichen Defiziten« litt. Vgl.Volze, Armin: Eine Bananen-Legende und andere Irrtümer. In: Deutschlandarchiv 1/1993 (im folgenden: Volze: Eine Bananen-Legende), S. 66.

4 Als Beispiele genannt seien hier nur: Seifert, Wolfgang; Treutwein, Norbert: Die Schalck-Papiere. DDR-Mafia zwischen Ost und West. Wien 1991; Koch, Peter-Ferdinand: Das Schalck-Imperium lebt. Deutschland wird gekauft. München 1992; Koch, Egmont R.: Das geheime Kartell. BND, Schalck, Stasi & Co. Hamburg 1992. Zur Einschätzung dieser Publikationen vgl. deren Rezension durch Volze im Deutschlandarchiv: Volze, Armin: Schalck und kein Ende. Drei Bücher auf den Wogen des Zeitgeists. In: Deutschlandarchiv 6/1992, S. 646–665.

5 Volze: Eine Bananen-Legende, S. 58 f.

6 Der Bereich Kommerzielle Koordinierung und Alexander Schalck-Golodkowski: Werkzeuge des SED-Regimes. Abschlußbericht des 1. Untersuchungsausschusses des 12. Deutschen Bundestages. Anhangband I. Gutachten und Bericht zum Untersuchungsgegenstand. Hrsg. Deutscher Bundestag, Referat Öffentlichkeitsarbeit, Bonn 1994.

7 Die Zahlungsbilanz der ehemaligen DDR 1975 bis 1989. Selbstverlag der Deutschen Bundesbank, Frankfurt a. Main 1999 (im folgenden: Die Zahlungsbilanz), S. 8.

8 Ebenda, S. 50.

9 Haendcke-Hoppe-Arndt, Maria: Außenwirtschaft und innerdeutscher Handel. In: Kuhrt, Eberhard; Buck, Hannsjörg F.; Holzweißig, Gunter: Die wirtschaftliche und ökologische Situation der DDR in den achtziger Jahren. Opladen 1996 (im folgenden: Haendcke-Hoppe-Arndt: Außenwirtschaft), S. 61.

10 Ebenda, S. 59; Roesler: Der Einfluß der Außenwirtschaftspolitik, S. 560.

11 Er konnte beansprucht werden, wenn sich der Austausch bei bestimmten Warengruppen (Unterkonten) finanziell nicht ausgleichen ließ. Erst wenn die vereinbarte Summe überschritten, der Swing ausgeschöpft war, mußte bar gezahlt werden. Dies wurde zwischen den beiden deutschen Handelspartnern jeweils vertraglich geregelt, in den sechziger Jahren als Prozentsatz des Handelsumsatzes, seit Mitte der siebziger Jahre als Pauschalsumme, die zwischen 600 und 850 Mio. DM betrug. Vom Swing Gebrauch gemacht hat nur die DDR, allerdings fast nie vollständig. Vgl. Stichwort Innerdeutscher Handel. In: Zimmermann, Hartmut (wissenschaftliche Leitung): DDR-Handbuch, Bd. 2. Köln 1985, S. 645.

12 Nakath, Detlef: Zur Geschichte der deutsch-deutschen Handelsbeziehungen. Die besondere Bedeutung der Krisenjahre 1960/61für die Entwicklung des innerdeutschen Handels (hefte zur ddr-geschichte 4). Berlin 1993 (im folgenden: Nakath: Zur Geschichte der deutsch-

deutschen Handelsbeziehungen), S. 39. Trotzdem hat, insbesondere nach 1990, die Auffassung Verbreitung gefunden, daß der innerdeutsche Handel eine Art Wohltätigkeitsveranstaltung für die DDR war, daß man den »Brüdern und Schwestern« aus Solidarität etwas zu großzügig berechneten Preisen abnahm, was diese sonst nicht losgeworden wären.

13 Lösch, Dieter; Plötz, Peter: Die Bedeutung des Bereichs Kommerzielle Koordinierung für die Volkswirtschaft der DDR. In: Der Bereich Kommerzielle Koordinierung. Anhangband I. Bonn 1994 (im folgenden: Lösch; Plötz: Der Bereich Kommerzielle Koordinierung), S. 130 f.

14 Roethe: Arbeiten wie bei Honecker, S. 34.

15 »Für mich war von Anfang an völlig klar, daß ein staatlicher oder quasistaatlicher Kredit an die DDR nicht in Frage kam.« (Strauß, Franz-Josef: Die Erinnerungen. Berlin 1989, S. 474).

16 Lösch; Plötz: Die Bedeutung des Bereichs Kommerzielle Koordinierung, S. 99.

17 Die Zahlungsbilanz, S. 58.

18 Lösch; Plötz: Die Bedeutung des Bereichs Kommerzielle Koordinierung, S. 42. 

19 Roesler, Jörg: Industrieinnovation und Industriespionage in der DDR. In: Deutschlandarchiv 10/1994, S. 1032 f.

20 Roesler, Jörg: Im Wettlauf mit Siemens. In: Baar, Lothar; Petzina; Dietmar (Hrsg.): Deutsch-deutsche Wirtschaft 1945 bis 1990. St. Katharinen 1999, S. 349-389.

21 Ronneberger, Gerhardt: Deckname »Saale«. High-Tech-Schmuggler unter Schalck-Golodkowski. Berlin 1999, S. 242.

22 Ebenda, S. 301 f.

23 Die Zahlungsbilanz, S. 51.

24 Lösch; Plötz: Die Bedeutung des Bereichs Kommerzielle Koordinierung, S. 64–66.

25 Die Zahlungsbilanz, S. 51

26 Ebenda.

27 Lösch; Plötz: Die Bedeutung des Bereichs Kommerzielle Koordinierung, S. 60.

28 Ebenda, S. 62 f.; Die Zahlungsbilanz, S. 51.

29 Vgl. Ellis, James O.: Eastern Europe: Changing Trade Patterns and Perspectives. In: East European Economies: Slow Growth in the 1980's , Bd. 2: Foreign Trade and International Finance. Washington 1986, S. 6–30.

30 Zitiert in: Volze, Armin: Innerdeutsche Transfers. In: Materialien der Enquetekommission »Aufarbeitung von Geschichte und Folgen der SED-Diktatur in Deutschland«, Bd. V/3. Baden-Baden 1995 (im folgenden: Volze: Innerdeutsche Transfers), S. 2781.

31 Ebenda, S. 2781–2782. Es ist insofern nicht korrekt, wenn behauptet wird, die DDR habe sich prinzipiell geweigert, notwendige Erhaltungsarbeiten an den Transitwegen auszuführen, die Transitpauschale also einfach eingestrichen. (Vgl. z. B. Delius, F. C.; Lapp, Peter Joachim: Transit Westberlin. Berlin 1999, S. 169.)

32 Armin Volze räumt ein, daß die Höhe der Pauschalen nicht in jedem Jahr der Erhöhung des Personenverkehrs entsprach, ist jedoch der Meinung, daß eine in den achtziger Jahren darin zum Ausdruck kommende mögliche Überzahlung durch die Bundesregierung »politisch nicht gewollt, sondern das typische Risiko einer langfristigen Pauschale war«. (Volze: Innerdeutsche Transfers, S. 2784).

33 Ebenda.

34 Ebenda, S. 2788.

35 Die Zahlungsbilanz, S. 51.

36 Volze: Innerdeutsche Transfers, S. 2786.

37 Die Zahlungsbilanz, S. 51.

38 Melzer, Manfred; Vortmann, Heinz: Das Kaufkraftverhältnis zwischen D-Mark und Mark der DDR 1985. In: DIW-Wochenbericht 21/1986, S. 259–268. Die damaligen Berechnungen sind von der Leiterin der für diese Berechnungen zuständigen Abteilung »DDR und östliche Industrieländer« des Deutschen Instituts für Wirtschaftsforschung (DIW), Doris Cornelsen, kürzlich noch einmal ausdrücklich bestätigt worden. Vgl. Anatomie einer Pleite. Der Niedergang der DDR-Wirtschaft seit 1971. Berlin 2000, S. 12 f.

39 Diemer, Gebhard; Kuhnt, Eberhard: Kurze Chronik der Deutschen Frage. München 1991, S. 75, 101.

40 Gablers Volkswirtschaftslexikon. 3. Auflage, Wiesbaden 1990, S. 819.

41 Oftmals werden unter dem Begriff »Häftlingsfreikauf« etwas ungenau auch die Zahlungen für Ausreisewillige im Rahmen der Familienzusammenführung subsumiert.

42 Volze, Arnim: Ein Kronzeuge der deutsch-deutschen Beziehungen (Rezension). In: Deutschlandarchiv 4/1992, S. 423 f.; ders.: Innerdeutsche Transfers, S. 2769 f.; Lösch; Plötz: Die Bedeutung des Bereichs Kommerzielle Koordinierung, S. 76 f.; Die Zahlungsbilanz, S. 53.

43 Lösch; Plötz: Die Bedeutung des Bereichs Kommerzielle Koordinierung, S. 78 f.; Volze: Eine Bananen-Legende S. 60–63; ders.: Innerdeutsche Transfers, S. 2779.

44 Vgl. hierzu Volze: Innerdeutsche Transfers, S. 2799, die Büroakten von Wolfgang Vogel, Verlagsarchiv, sowie zu den mit dem »Kirchengeschäft B« aufgeworfenen ethischen Fragen Volze: Eine Bananen-Legende, S. 59.



45 Lösch; Plötz: Die Bedeutung des Bereichs Kommerzielle Koordinierung, S. 43.

46 Volze, Armin: Zur Devisenverschuldung der DDR – Entstehung, Bewältigung und Folgen. In: Kuhrt, Eberhard; Buck, Hannsjörg F.; Holzweißig, Gunter (Hrsg.): Die Endzeit der DDR-Wirtschaft – Analysen zur Wirtschafts-, Sozial- und Umweltpolitik. Opladen 1999, S. 166.

47 Lösch; Plötz: Die Bedeutung des Bereichs Kommerzielle Koordinierung, S. 45.

48 Die Zahlungsbilanz, S. 51.

49 Selbstkritisch dazu jüngst der damalige Chef der Staatlichen Zentralverwaltung für Statistik, Arno Donda. Vgl. Friedrich-Ebert-Stiftung. Forum Berlin (Hrsg.): Anatomie einer Pleite. Der Niedergang der DDR-Wirtschaft seit 1971. Berlin 2000, S. 9 f.

50 Die Zahlungsbilanz, S. 58.

51 Ebenda, S. 59.

52 Roethe: Arbeiten wie unter Honecker, S. 35.

# Angaben zu den Herausgebern und Autoren



*Kathrin Aehnlich,*
geboren 1957 in Leipzig; Bauingenieur; Studium am Literaturinstitut in Leipzig; seit 1992 Arbeit als freie Rundfunkredakteurin und Regisseurin sowie als Autorin von Hörfunkfeatures, Dokumentarfilmen, Kinderbüchern, Erzählungen und Romanen, u. a. »Wenn ich groß bin, flieg ich zu den Sternen« (1998).

*Katrin Böske,*
geboren 1968 in Halle-Dölau; Wirtschaftskaufmann für Außenhandel, zwei Semester in der Fachrichtung Außenwirtschaft an der Hochschule für Ökonomie in Berlin-Karlshorst, Studium der Kulturwissenschaften und Neueren Deutschen Literatur an der Humboldt-Universität zu Berlin; Aufsätze zu verschiedenen Themen der DDR-Geschichte.

*Christoph Dieckmann,*
geboren 1956 in Rathenow; Filmvorführer, Theologie-Studium, Vikar, Medienreferent, Publizist; seit 1991 Redakteur der »Zeit«; letzte Buchveröffentlichung: »Das wahre Leben im falschen« (1998).

*Ina Dietzsch,*
geboren 1966 in Leipzig; 1988–93 Fernstudium der Ethnographie an der Humboldt-Universität zu Berlin; bis 1999 wissenschaftliche Mitarbeiterin an der Professur für Frauenforschung der Universität Potsdam, 2000 Promotion im Fach Europäische Ethnologie an der Humboldt-Universität zu Berlin.

*Christian Härtel,*
geboren 1966 in Lörrach; 1988–90 Fotografenausbildung an der Berufsfachschule des Lette-Vereins in Berlin, 1991–1997 Studium der Germanistik und Publizistik an der Freien Universität Berlin; seit Oktober 1998 Arbeit als Lektor.

*Andreas Hergeth,*
geboren 1966 in Wittenburg/Mecklenburg-Vorpommern; Stahlschiffbauer, Re-

dakteur, Kulturwissenschaftler und Ethnologe; arbeitet als freier Journalist unter anderem für »taz«, »Tagesspiegel«, »Handelsblatt« und »FAZ«.

*Petra Kabus,*
Dr. phil., geboren 1963 in Cottbus; Studium der Germanistik, Anglistik und Pädagogik an der Humboldt-Universität zu Berlin, 1992 Promotion; seit 1994 freie wissenschaftliche Autorin und Lektorin, Arbeiten zur deutschen Literaturgeschichte des 19. und 20. Jahrhunderts; z. Z. wissenschaftliche Mitarbeiterin am Zentrum für Zeithistorische Forschung Potsdam.



*Annette Kaminsky,*
Dr. phil., geboren in Gera; Studium der romanischen Sprachwissenschaft an der Universität Leipzig; Arbeiten zu Alltag und Konsum in der DDR, wissenschaftliche Referentin bei der Stiftung zur Aufarbeitung der SED-Diktatur in Berlin; letzte Veröffentlichung: »Illustrierte Konsumgeschichte der DDR« (1999).

*Stephan Krawczyk,*
geboren 1955 in Weida/Thüringen; Studium der Musik in Weimar; oppositioneller Liedermacher, 1985 Berufsverbot, 1988 Inhaftierung und Abschiebung in den Westen; heute freier Schriftsteller, Komponist und Sänger; letzte Veröffentlichung: »Steine hüten« (2000).

*Bernd Lindner,*
PD Dr. phil., geboren 1952 in Wittenberg; 1974–78 Studium der Kulturwissenschaft, Literaturwissenschaft und Soziologie an der Humboldt-Universität zu Berlin; 1978–90 tätig am Zentralinstitut für Jugendforschung in Leipzig, 1995 Habilitation; arbeitet als wissenschaftlicher Mitarbeiter am Zeitgeschichtlichen Forum Leipzig beim Haus der Geschichte der Bundesrepublik Deutschland; zahlreiche Publikationen zur Kunstrezeption, Mediensoziologie und Jugendkultur, letzte Buchveröffentlichung: »Verstellter, offener Blick. Eine Rezeptionsgeschichte Bildender Kunst im Osten Deutschlands 1945–1990« (1998).

*Jörg Paulus,*
Dr. phil., geboren 1961 in Freudenstadt; Studium der Germanistik und Philosophie in Heidelberg und Berlin, 1996 Promotion; Autor und wissenschaftlicher Publizist; Buchveröffentlichung: »Der Enthusiast und sein Schatten« (1998).

*Hans Pleschinski,*
geboren 1956 in Celle; Studium der Romanistik, Germanistik und Theaterwissenschaften in München; arbeitet als freier Publizist und Autor; zahlreiche Publikationen, u. a. »Ostsucht. Eine Jugend im deutsch-deutschen Grenzland« (1993);

zu seinen letzten Buchveröffentlichungen gehört: »Zerstreuung. Spanische Novelle« (2000).

*Jörg Roesler,*
Prof. Dr. oec., geboren 1940 in Berlin; Studium der Wirtschaftsgeschichte an der Humboldt-Universität zu Berlin; Tätigkeit an der Akademie der Wissenschaften der DDR, Mitglied der Leibniz-Sozietät; arbeitet als freischaffender Wirtschaftshistoriker; letzte Veröffentlichung: »Der Anschluß in der modernen Geschichte« (1999).



*Franka Schneider,*
geboren 1973 in Pritzwalk; Studium der Europäischen Ethnologie und Neueren/Neuesten Geschichte an der Humboldt-Universität zu Berlin; Veröffentlichungen zu Fragen der Konsumkultur der DDR, Geschlechterverhältnissen der deutschen Nachkriegsgeschichte und Migration in Berlin.

*Uli Schulte Döinghaus,*
geboren 1949 in Geseke/Westfalen; arbeitet als freier Journalist und Autor u. a. für den »Tagesspiegel«; letzte Veröffentlichung zum Thema: »Einheitsfarbe Ginstergelb. Die Postler in West und Ost als Praktiker der Einheit« (1995; hrsg. von Franz Schöll).

*Simone Tippach-Schneider,*
geboren 1962 in Rostock-Warnemünde; Studium der Kulturwissenschaften an der Humboldt-Universität zu Berlin, Doktorandin an der Hochschule der Künste Berlin; Veröffentlichungen und Ausstellungen zur Konsumkultur der DDR; letzte Projekte: »Messemännchen und Minol-Pirol. Werbung in der DDR« (1999), »Wasser in der Stadt – Perspektiven einer neuen Urbanität« (2000).

# Abbildungsnachweis

Günter Blutke, Berlin: S. 239
Christian Härtel, Berlin: Titelfoto, S. 138, 184, 185, 261
Rudolf Härtel, Lörrach: S. 19, 99
Bertram Kober/Punctum Fotografie, Leipzig: S. III o.
Thomas Münzberger, Malchow: S. 17
A. R. Penck, Courtesy Galerie Michael Werner, Köln und New York: S. 23, 103
Wolfgang Petrovsky, Dresden: S. 8

Rössing/Winkler, Leipzig: S. 215
Günter Schneider, Berlin: S. 227
Hans Martin Sewcz/DDR- Fotoarchiv, Berlin: S. 35, I, II, III u., IV, 147, 159, 220
Sigrid Steidel, Dautphetal: S. 11
Hans Peter Stiebing, Berlin: S. 169
Siegfried Wittenburg, Rostock: S. 59, 111, 165, 221, 228

Archiv des Bundesbeauftragten für die Unterlagen des Staatssicherheitsdienstes der ehemaligen DDR, Berlin: S. 39, 40, 41, 155
Archiv Alfred Gottwaldt, Berlin: S. 33, 107
Archiv der Herausgeber: S. 29, 46, 47, 131, X, XI, 176, 177, 243
Archiv des Verlages: S. 235
Bundesarchiv: S. 13 (183/1986/1205/22), 15 (183/88579/1), (B137/4806), 76 (183/1990/1210/306), 77 (183/1990/207/26), 87 o. (183/88748/1), 87 u. (183/89187/5), 90 (183/1990/0207/24), 91 (183/1990/0207/25), 93 (183/89187/5), VII u. (5/48/49), VIII (5/48/48), IX (5/48/46), XII (5/48/44)
CARE Deutschland e.V., Bonn: S. 122, 125
Eulenspiegel, Berlin: S. 71, 114, 115, 163
Haus der Geschichte der Bundesrepublik Deutschland, Bonn: S. 246, 247
Haus der Geschichte der Bundesrepublik Deutschland / Bibliothek zur Geschichte der DDR, Bonn: S. 34, 44, 50, 51, 84, VII o.
Haus der Geschichte der Bundesrepublik Deutschland/Zeitgeschichtliches Forum Leipzig: S. VI
Institut für Marktforschung, Leipzig: S. 37
Landesbildstelle Berlin: S. 70, 241
Das Magazin, Berlin: S. 139, 143
Privatarchiv Helmut Banas, Pirna: S. 26
Privatarchiv Katrin Böske, Waltersdorf: S. 219, XVI
Privatarchiv Hans-Joachim Bratsch, Berlin: S. 142
Privatarchiv Eberhard Delius, Berlin: S. V
Privatarchiv Irmgard und Rudolf Günther, Lörrach: S. 195
Privatarchiv Annette Kaminsky, Berlin: S. 164, 173
Privatarchiv Thomas Kunze, Leipzig: S. 223
Privatarchiv Siegmund Menzel, Görlitz: S. 198, 199
Privatarchiv Edda Pommer, Nordhausen: S. 27
Privatarchiv Franka Schneider, Berlin: S. XIV
Sammlung zur DDR-Alltagskultur/Achim Bimschas, www.ddr-alltagskultur.de: S. 194, 202, 207, XIII, XV
Verein zur Dokumentation der DDR-Alltagskultur e.V., Berlin: S. 185